U0817736

北京中经阳光税收筹划事务所·房地产智库
Beijing Zhongjing Suntax Planning Firm · Think-tank of Real Estate

土地增值税实战与案例精解

Land Value Appreciation Tax Practice and Case Analysis（第二版）

北京中经阳光税收筹划事务所◎编著

中国市场出版社
China Market Press

图书在版编目（CIP）数据

土地增值税实战与案例精解/北京中经阳光税收筹划事务所编著. —2 版. —北京：中国市场出版社，2014.10

ISBN 978 - 7 - 5092 - 1322 - 3

Ⅰ. ①土… Ⅱ. ①北… Ⅲ. ①土地增值税-税收管理-案例-中国 Ⅳ. ①F812.424

中国版本图书馆 CIP 数据核字（2014）第 231052 号

土地增值税实战与案例精解（第二版）

编　　著　北京中经阳光税收筹划事务所
责任编辑　胡超平
出版发行　中国市场出版社
社　　址　北京月坛北小街 2 号院 3 号楼　　**邮政编码**　100837
电　　话　编 辑 部（010）68037344　读者服务部（010）68022950
发 行 部（010）68021338　68020340　68053489
68024335　68033577　68033539
总 编 室（010）68020336
盗版举报（010）68020336
邮　　箱　943341659@qq.com
经　　销　新华书店
印　　刷　河北鑫宏源印刷包装有限责任公司
规　　格　185 mm×260 mm　16 开本　　**版　　次**　2014 年 10 月第 2 版
印　　张　26.75　　**印　　次**　2014 年 10 月第 1 次印刷
字　　数　615 000　　**定　　价**　78.00 元

《房地产智库》编委会

《房地产智库》总序

行业现状

自20世纪90年代房地产市场化以来，房地产业已经成为我国国民经济的重要支柱产业之一。房地产涉及上下游60多个行业，它的发展对启动消费、扩大内需、拉动上下游产业发展和促进国民经济增长都起到经济杠杆作用。

自2007年以来，房地产行业的投资呈现爆发式增长，家电、纺织服装、食品饮料、商贸、有色金属等多个行业的知名企业都涉足其中，大量资金纷纷涌向房地产行业。除大家所熟知的海尔、海信、格力、格兰仕等家电巨头外，泰康人寿、阳光保险、安邦财险、中金公司、民生银行等金融机构也在房地产市场布下自己的棋子，就连一些民营企业也纷纷加入房地产开发大潮。一时间房地产市场热闹非凡，真可谓千军万马齐奔房地产。

丛书缘起

近年来，房地产价格的快速上涨，不仅影响到国民经济的增长速度与质量，还深刻地影响到社会民众的生活。国家已经并将继续推行房地产宏观调控，通过土地、财政、税收、金融等手段联合治理房地产业。因此，一方面，政府赋予房地产业严谨适度的经济调控，引导房地产业走向良性发展的轨道；另一方面，房地产企业应不断提升自身的管理水平，熟练掌握和运用现行财税、金融、管理、法律等政策，结合自身特点进行系统科学的管理，以实现房地产企业的长期战略目标。

但是，现实情况是，中国房地产市场化只有短短的20年时间，政府相关部门对房地产的管理还缺乏有效的手段，各地执法也是尺度不一。

我国房地产操盘人员储备不足，导致大量初学者加入，虽然也有一些具有实践经验的人士转行而来，但因缺乏房地产实操经验，亦不能很快展开工作。

对房地产的研究，市面上的图书主要集中在房地产策划和营销上，至于对其他环节的阐述，要么不细致，要么不够系统不够权威。读者难以找到理想的图书作为参考工具。

为了适应房地产发展形势，满足各类读者的需求，我们编写了这套《房地产智库》丛书，书目见下表。分别从财务、税收、法律、合同、管理等视角研究房地产企业的操作实务，直击房地产企业的管理软肋。我们希望通过这套丛书帮助房地产企业全面提升管理水平。

表：《房地产智库》丛书书目

序号	分册名称	关键词
1	房地产业九大税种操作实务	税制精解
2	800个房地产企业税收疑难问题精解	热点答问
3	土地增值税实战与案例精解	土地增值税
4	房地产优秀企业管理制度及实操要点	制度精选
5	房地产业法律制度手册	法律制度
6	房地产经济合同范本与签订技巧	合同、要点
7	房地产企业税收筹划八个实战方案	税收筹划
8	房地产企业全程会计核算与税务处理	会计核算
9	房地产企业财会税收工具箱	常用图表
10	标杆房地产企业财税管理模式与财务分析技巧	财务分析

丛书特色

本套丛书具有较高的权威性和实用性，是房地产企业总裁、高管及房地产各类从业人员科学管理、理财节税的得力助手。本套丛书具有以下特色：

系统权威。本套丛书的出版，经过长期精心的策划准备，遴选出了优秀的编委会成员，他们均来自实践一线，有财税专家、一线政府官员、知名公开课程培训讲师、资深的房地产从业人员和大学教授。丛书涉及的操作技巧与案例分析均源于实践，经过大量真实案例的检验，得到了一线实操人员的广泛认可。图书编写过程中根据国家政策、形势变化，几易其稿，并经各方面专家层层把关，保证了丛书的权威性和系统性。

通俗实用。本套丛书编写前，经过大量的市场调研，收集了众多的宝贵意见和建议，贴近读者需求。本书注重案例分析方法的运用，大量的实务案例贯穿始终，实现“以简驭繁”的目标，适用于房地产企业各类从业人员阅读，同时也可作为财税研究人员的参考读物。

注重时效。近年来我国房地产业的法律、税收、管理制度等方面的政策都发生了较大变化，本套丛书将新增的、调整的法律、税收、管理制度涵盖其中，力求做到时效性强，便于纳税人使用和借鉴。

查阅方便。本套丛书以房地产企业开发流程为主线，涵盖立项、征地、建设、预售、销售以及清盘清算等环节，结构完整，脉络清晰，逻辑性强，囊括了房地产项目开发的全过程、全业务、全领域，读者可以根据企业的项目进展情况，借鉴本书的内容指导企业纳税工作。

诚挚致谢

在本套丛书编写过程中，国内多家政府机关、财政主管机构、税务主管机构、中介机构都给予了大力支持，并提供大量一手资料；活跃在房地产管理与培训一线的专家学者参与丛书的编写工作；众多知名房地产企业的总裁、高管、财务总监等为丛书提供了真实的操作案例和管理经验；阳光财税前沿地产大量会员为丛书提供了宝贵的建议和精彩的实战案例。在此，向这些作出贡献的机构、企业和人士表示诚挚的谢意。

本套丛书是房地产企业总裁、高管人员、财务经理、房地产实操人员的必备工具书，也可作为政府财政、税务主管机构以及对房地产业感兴趣的学者作研究的参考读物，更是有志于从事房地产实践人员的必备工具书。

限于时间和编者的学识水平，书中不足之处在所难免，希望广大读者在阅读本丛书时，将遇到的问题与改进意见及时反馈给我们，以便再版修订，谢谢大家。我们的联系邮箱是：suntax888@126. com。

作者

2012 年 6 月于北京

序言　土地增值税的“黑洞”

2013年11月17日、24日，央视《每周质量报告》连续报道土地增值税追踪调查的情况，引发社会各界的广泛关注和热议。

一、央视报道称，房企欠缴巨额土地增值税

央视调查发现，多家知名房地产公司欠缴土地增值税，且数目惊人。房地产企业为何出现这么多的欠税？这些欠税又是如何测算出来的呢？据央视《每周质量报告》报道，北京一位执业律师、注册会计师、注册税务师李劲松先生，根据国家统计局、财政部以及国家税务总局公布的房地产相关数据作了如下分析测算，结果发现，自2005年1月1日至2012年12月31日这8年间，全国商品房销售总额超过31.2万亿元；中国社科院2011住房绿皮书披露，2009年全国房地产行业平均毛利率为55.72%，由于近几年房地产市场非常火爆，其中没有达到土地增值税清算条件的项目收入几乎可以忽略。照此测算，全国各类房地产企业应该缴纳的土地增值税超过4.6万亿元。而实际上，这8年间国家征收到的土地增值税仅为0.8万亿元。这就意味着，全国房地产开发企业应交未交的土地增值税总额超过3.8万亿元，其中29家上市房企存在巨额应交而未交的土地增值税，总额达640亿元。据统计，应交未交土地增值税金额排名前十的上市房企（截至2012年12月31日数据）分别是：雅居乐地产控股有限公司（83亿元）；SOHO中国有限公司（64亿元）；广州富力地产股份有限公司（58亿元）；万科股份有限公司（58亿元）；深圳华侨城股份有限公司（49亿元）；招商局地产控股股份有限公司（44亿元）；合生创展集团有限公司（42亿元）；融创中国控股有限公司（27亿元）；金地集团股份有限公司（26亿元）；新世界中国地产有限公司（24亿港元）。

报道称，据专家介绍，土地增值税征收的目的，就是要加强国家对房地产市场的调控，压缩房地产企业的利润空间，抑制房价过快增长，抑制开发商炒买炒卖土地、投机获取暴利的行为，避免国有土地收益流失，以增加国家财政收入。目前，土地增值税实行四级超率累进税率，对房地产企业售房

收入扣除开发成本等支出后的增值部分，土地增值率高的多征，低的少征，无增值的不征。经专业测算，房地产毛利率只要达到34.63%以上就需要缴纳土地增值税。而目前房地产企业通行的操作模式是，土地增值税被列入土地开发成本，即房地产商应向国家缴纳的土地增值税已经包含在消费者的购房款中了。根据现行税法规定，房地产开发项目销售超过85%，或获得商品房预售许可证满3年等条件下，税务部门就应该按规定对该项目进行土地增值税的清算征缴。

然而报道称，通过追踪调查，对国内知名的45家上市房地产公司的企业年报进行分析后发现，这些公司无一例外都有巨额应交而未交的土地增值税。同期，也几乎都有足够的用于缴税的货币资金。而且，不少房地产公司将应交未交的土地增值税长期挂在账上，导致应交土地增值税税额滚雪球般得一年比一年多。

央视记者对其中的几家公司展开了调查，发现相当数量的房地产上市公司，在向股民公布的年报中，把应付未付巨额土地增值税长期挂在自己企业的账上。招商局地产控股股份有限公司2012年企业年报显示，截至2012年12月31日，有应交未交土地增值税44亿元，其目的之一就是直接获取银行利息。据测算，SOHO中国截至2012年12月31日有应交未交土地增值税64亿元，仅按60亿元来算，月获银行存款利息高达1 500万元，一年仅此一项的利息收入就不少于1亿8千万元。截至2012年12月31日，广州富力地产有58亿元应交未交土地增值税，富力地产等房企虽然声称在年报中所列出的土地增值税不是现时义务，并不需要全部立即上缴，却将这部分土地增值税算成公司已经支出的经营成本，也就是说，这些上市公司向股民公布的年报中，所计算的企业利润已经减掉了这部分他们并没有足额上缴的土地增值税。这些地产上市公司为何采用这种计算方式，其相关负责人却避而不答。

央视记者向广州地税局、佛山顺德税务部门等了解情况时，地方税务部门表示没掌握房企土地增值税数据。

记者采访了部分专家、学者，财政部财政科学研究所副所长刘尚希表示，土地增值税实际上是一个征管非常复杂的税种，对税务部门的征管能力要求非常高，如果缺乏相应的征管能力，土地增值税就无法征收到位。李劲松表示，目前，很多房地产公司都是在境外注册的，假如未来资产被转移，公司就成为一个空壳，这种情况下不管账面挂欠多少土地增值税，国家都无法实现税款征缴。国家税务总局财产行为税司副司长杨遂周表示，核定土地增值税的征收率，比如说核定征收率为10%、5%、6%，等等，地方自由裁量权比较大，这样不仅使国家税款造成流失，而且还可能出现一些税收违纪问题。

二、一石激起千层浪，业界纷纷回应

央视报道“房企欠缴3.8万亿元土地增值税”的消息，可谓平地惊雷，震惊股市。房地产板块股票大面积连续下挫，这是对房地产行业非同小可的冲击和影响。社会舆论对房地产业再次形成“围攻之势”。这也再一次证明税收信用的力量可以牵动整个社会的神经。

（一）任志强认为房企未偷逃税

华远集团老总任志强认为相关媒体报道“愚蠢与无知”。任志强认为，土地增值税是按项目所在地政府规定的比例在预售时先预缴的税种，不存在逃税、避税和拖欠的可能，并列出如下八条理由，业内戏称“任八条”。

理由一：一家集团企业的合并报表是由全国各地的项目公司的情况汇总的，但税是在各项目所在地分别缴纳的，总部所在地的税务局当然不了解各地的情况，各地的税务部门也只掌握项目所在地的情况。

理由二：土地增值税是按项目所在地政府规定的比例在预售时先预缴，按项目进度和完成的条件进行最终结算的纳税方式缴纳的。政府的预缴正是无偿提前占用企业流动资金的纳税方式。

理由三：企业在项目预缴土地增值税时就必须预提应交未交的土地增值税成本，并列入公布的科目中说明这些应交而未交的税项，但在未达到税法规定的结算条件时，可以不交，并不违背税法，也非拖欠。

理由四：达到结算条件时，项目会重新进行结算，并根据实际结算调整预算情况。有的项目在结算时会提高实际上交的数额，有的则会因预算成本的增加而减少土地增值税的缴纳数额，甚至有可能出现实际应交数额小于已经预缴的土地增值税数额的情况。因此税法对此明确地规定为“多退少补”。尽管税务部门从来不退，而是转冲其他税种，但是“多退少补”说明，预算中计提的应交未交土地增值税科目中的数额并非结算时的实际交税数额。

理由五：一个集团中单独结算的项目，分别在不同的税务局管辖下，每个项目的进度不同，必然有大量的项目未达到税法的结算时间，就必然汇总为一个巨大的应交未交数，但分散到各个项目也许就只剩下结算的收尾数。

理由六：不排除项目公司合法利用税法中的规定拖延应结算的条件，如将预售的条件结点拖后，大项目分别领取预售证，等待现房或准现房时才开始销售等。但这种做法不违背税法，只能说是预缴税后结算的制度结果。企业会高预提，以减少后期风险。如果做尾盘处理或降价则必然减少结算时的实际交税额。

理由七：确实有项目可能已达结算条件而未结算的情况。每个税务部门都会在完不成税收增长任务时，深查或催税，甚至有为完成税收任务要求企业超额预缴的。企业无法避免，那就必然有企业在超额完成任务后要求延缓结算，税务机关适时调整实际收缴时间或与提前高预缴要求交换的情况。税务机关不是傻瓜！

理由八：开发商敢将应交未交土地增值税的数据公开，恰恰说明有其未及时上交的合法、合理性，是符合税法的结算规定的。延期交税如无合法理由，其换来的利息收入是抵不了罚款的。只有合法才可能利用预缴与实际结算的时间差。尤其是上市公司，更不会为利息而损失股票价值。央视的无知也许会给社会造成更大伤害。

（二）众房企发表纳税声明

更为值得注意的是，万科、招商、融创中国以及新世界中国地产等多家大型房企也纷纷发表公开纳税声明。21世纪网2013年11月25日报道，截至11月25日晚间已发布澄清公告的上市房企有如下十家：华远地产（证券代码：600743）；金地集团（证券代码：600383）；万通地产（证券代码：600246）；首开股份（证券代码：600376）；金隅股份（证券代码：601992）；北辰实业（证券代码：601588）；中华企业（证券代码：600675）；滨江集团（证券代码：002244）；北京城建（证券代码：600266）；城投控股（证券代码：600649）。

万科相关负责人认为，万科一贯坚持守法经营、照章纳税。近年来万科每年纳税额都约为净利润的两倍。2012年，万科总纳税额达211亿元，其中土地增值税52.8亿元。“相关报道应该是源于误解，是把会计上的‘预提’理解为了企业的‘现时纳税义务’。其实这是完全不同的概念，房地产项目要达到清算条件才需要清算并缴纳土地增值税，在此之前，按照会计上的配比原则和谨慎性原则，企业对尚未达到清算条件的项目进行土地增值税预提拨备。”万科认为，“我们相信，通过充分了解和专业讨论，这一误解完全可以消除”。

新世界中国地产也表示，“新世界中国地产一直根据现行的税例要求按项目的进度进行土地增值税结算，并将一如既往地继续按税例缴款，故此不存在应交未交的问题”。

招商地产也表示，之所以有未缴纳的税款，是因为尚未达到缴纳的条件。“年报上的土地增值税只是计提数额，实际该缴纳多少要项目卖完清算时才能纳税，因此会有一定的延后”。

融创中国也表示，“我们认为预提费用应理解为预先提取但尚未实际支付的费用，达到交付条件的，公司会按照相关规定依法纳税”。

华远地产和金隅股份认为，央视报道中关于欠缴土地增值税的说法应源于“误解”。两家公司在公告中称，根据《中华人民共和国土地增值税暂行条例》、《中华人民共和国土地增值税暂行条例实施细则》、《房地产开发企业土地增值税清算管理办法》等法规规定，土地增值税的征管方式为：纳税人在取得房地产预售收入时按照规定（具体详见各省、直辖市、自治区规定）预缴土地增值税，待项目达到清算条件后进行清算，对预缴的土地增值税款“多退少补”。公司已按照土地增值税相关政策和地方政府规定，取得房地产预售款的同时预缴了土地增值税，并按当期确认的收入及配比的成本对本期结算项目计提了土地增值税。根据会计准则计提的应交税金与根据税法缴纳税款存在时间上的差异是合理的，符合税法的规定。

金地集团表示公司严格按照会计准则的规定，对土地增值税进行了合理估计和预提，严格按照税务机关对土地增值税实行先预征后清算的管理办法履行纳税义务。截至2012年12月31日，金地集团计提的土地增值税余额为25.48亿元，并已按照会计准则的规定反映在利润表中。该计提部分未达到税法规定的土地增值税清算条件，尚未实际产生纳税义务。公司的财务报告公允地反映了公司的财务状况和经营成果，公司并无欠缴土地增值税的情况。

万通地产、首开股份、北辰实业和北京城建都明确表示已按照土地增值税相关政策和有关政府规定，取得房地产预售款的同时预缴了土地增值税，在土地增值税缴纳与核算方面符合税法和会计准则的相关规定。

中华企业明确表示公司严格遵守《中华人民共和国土地增值税暂行条例》及相关税法，严格执行《企业会计准则》相关规定。经自查，未发现欠缴土地增值税的情况。

城投控股表示，根据《中华人民共和国土地增值税暂行条例》有关规定，房地产开发企业按当年确认的收入，计提应交土地增值税，计提金额记入“应交税费——应交土地增值税”科目，实际缴纳时，冲减该科目。“应交土地增值税”的账面数为计提金额扣减预缴金额后尚未具备清算缴纳条件的余额。公司2011年和2012年应交土地增值税分别为2.4亿元和1.72亿元，均严格执行了《中华人民共和国土地增值税暂行条例》的有关规定。

滨江集团表示，根据《中华人民共和国土地增值税暂行条例实施细则》相关规定，纳税人在开发产品预售环节，由于涉及成本无法确定等问题，而无法据以计算土地增值税的，进行土地增值税预征。出于谨慎性考虑，对尚未达到清算条件的有关项目，根据配比原则，按销售结转、确认收入的比例，估算、计提相应的土地增值税。待项目竣工验收，达到清算条件时，进行土地增值税清算，多退少补。该集团表示，已按照上述规定按相应比例预缴了土地增值税，不存在应交未交的情况。

三、国家税务总局紧急回应

2013年12月2日，《国家税务总局关于深入开展土地增值税清算工作的通知》（税总函〔2013〕658号）紧急发布，对土地增值税清算问题补充规定如下：

为深入开展好土地增值税清算工作，全面提高土地增值税征管质量，提出以下政策性处理要求：

其一，加强税法宣传，强化纳税人清算主体意识。土地增值税清算是纳税人应尽义务，但部分纳税人对此还存在模糊认识。各级税务机关要加强纳税服务和税收宣传，2014年一季度内对房地产开发企业开展一次普遍性的纳税辅导，把清算的相关政策和规定宣传好、解读好，让纳税人熟悉政策，在达到清算条件后主动地自行清算申报。对不履行清算义务的纳税人，要依据相关规定的要求严肃处理。各级税务机关要在规定的审核期限内，及时、认真做好对纳税人清算申报的审核工作。

其二，深入贯彻《土地增值税清算管理规程》，定期开展清算情况的评估监管。主管税务机关要加强对房地产项目的日常管理，加强与相关部门的协调配合，建立信息沟通平台，完善对房地产项目从立项、施工、竣工、销售全流程的监管，准确掌握各项目开发、销售情况，对项目是否达到清算条件要做到及时掌握、有效控管。对于达到可要求清算条件的项目，主管税务机关要依照《土地增值税清算管理规程》的要求及时进行评估，在确认具备清算、审核条件后，通知纳税人进行清算申报。

其三，严控核定征收，防范税收流失。要严格控制核定征收的范围，严格执行核定征收的规定。对符合核定征收规定的，通过向国土部门查询项目土地价格、参照当地建安造价标准等数据对项目情况进行具体的评估后，核定税额，不能搞一刀切。

……

税总函〔2013〕658号文件指出，各地要在2014年1月底前报送土地增值税清算工作计划和业务培训计划；税务总局2014年将加大对土地增值税清算工作的督导、检查及考核工作力度，进一步扩大督导检查的范围，提早开展工作，细化督导内容，加大通报力度。半年多过去了，各地的土地增值税清理工作并没有实质性进展。迫于土地增值税压力当头，众多开发商已经准备通过增加成本、增大商业地产比例、提高价格等方式作为应对之策。目前已经有众多房地产企业纷纷加大对商业、租赁物业的持有比例，以回避土地增值税清算风险。

2014年3月18日颁布的《国家税务总局关于开展2014年全国税收执法督察工作的通知》（税总发〔2014〕38号）规定，土地增值税征收管理情况的执法监督要求如下：根据《中华人民共和国土地增值税暂行条例》（中华人民共和国国务院令第138号）及其实施细则，税务机关对土地增值税的管理是否按照《国家税务总局关于进一步做好土地增值税征管工作的通知》（税总发〔2013〕67号）等相关文件规定执行：一是对房地产开发项目是否按项目进行管理；二是预征土地增值税是否严格按照相关规定执行；三是对符合清算条件的房地产开发项目是否及时进行清算；四是房地产开发项目土地增值税核定征收范围是否符合规定；五是对土地增值税扣除项目范围是否按规定进行审核；六是对中介机构出具的土地增值税鉴证报告是否进行审核；七是企业所得税汇算清缴时，是否对已预提未缴纳的土地增值税进行纳税调整。

总之，新经济形势下，税务机关对土地增值税清算前的管理力度加大，主要体现在以下方面：一是实施项目管理。主管税务机关将从纳税人取得土地使用权开始，按项目分别建立档案、设置台账，对纳税人项目立项、规划设计、施工、预售、竣工验收、工程结算、项目清盘等房地产开发全过程情况实行跟踪监控，做到税务管理与纳税人项目开发同步。二是关注会计核算。纳税人分期开发项目或者同时开发多个项目的，税务机关将督促纳税人根据清算要求按不同期间和不同项目合理归集有关收入、成本、费用。三是实施专用票据。纳税人分期开发项目或者同时开发多个项目的，主管税务机关可结合发票管理规定，对纳税人实施项目专用票据管理措施。也就是说，税务机关可以根据不同的开发项目，实行专用预售票据和专用销售票据。

四、透视税收黑洞，对中国税收信用缺失的思考

“土地增值税黑洞”事件激起社会各界的广泛讨论与高度关注，再一次引发人们对税收信用的讨论。

首先，这一事件反映了社会对税收问题的关注程度和税收本身的敏感性。税收作为国家财政收入的主要形式，已经成为社会各界关注的焦点。这也从更深层次上说明目前税收征纳活动还存在一些问题，税收征纳环节依然存在一些亟待解决的关键性矛盾。

其次，这个事件凸显出税收信用的价值。税收信用具有社会价值，成为一种受到推崇的社会资本。央视播出“土地增值税黑洞”的报道，不仅在社会上产生很大的反响，而且引起房地产板块股价大幅下挫，彰显了税收信用的公信力及其对社会经济活动的影响力。更为引人关注的是，房地产业界企

业家、大型房地产公司纷纷回应，对央视报道的一些内容与细节进行反驳，辨析税法政策，对外发布纳税情况声明，以证明自己的税收清白。这更凸显了税收信用在纳税人心目中的地位。当然，卷入其中的纳税人积极发出诚信纳税信号，也是为了避免政府的怀疑和税务机关的严厉稽查。但这一事件也从侧面反映出目前的税收信用状况不容乐观，房地产企业拖欠税款甚至偷逃税款的违法问题可能真实存在。否则，房地产企业如果不存在税收违法行为，也就没有必要马上发布纳税声明以证明其清白。这里所透露出的税收信用缺失问题不容忽视，必须引起高度关注。事件爆发后，还有一些人建议税务机关立即派员彻查房地产企业纳税，以还社会真相。但我们认为，这样做不仅给政府带来大量的税收成本，而且漫天撒网去稽查也很容易使政府失去公信力。所以，比较适宜的办法是，在房地产企业项目清算条件满足后再对一个个项目进行严格清算审查。

再次，这个事件的争议焦点在于欠缴税款的数额。按照央视报道中李劲松根据相关数据所作的推算，全国各类房地产企业应该缴纳的土地增值税超过4.6万亿元，这一数据值得商榷。因为如果这么算下来，房地产企业土地增值税的平均税负率达到14.74%，而依照清算项目税负测算和经验推理，现实中这一平均税负率指标远远达不到。一些地区对开发项目实行定额征收率，一般征收率不低于5%。经济适用房、廉租房以及低增值率的普通住宅等项目一般都因为增值率低而享受免征土地增值税的优惠待遇。依此推算，以土地增值税定额征收率最低限5%再加上1%预估土地增值税的实际税率，即按照6%作为土地增值税的实际税率进行测算比较合适。这样全国房地产企业自2005年以来至2012年底，估计应该缴纳1.872万亿元土地增值税。如果已经实现入库0.8万亿元，那么应该还有1.072亿元土地增值税没有征收到位。但税款完全入库需要等到项目最后清算。这里并不排除一些房地产企业存在偷逃税款、达到清算条件拖欠税款等税收违法情况。考虑到未来税款清缴入库问题，政府必须拿出有效措施防止企业未来抽逃资金、转移资产、逃避税收监管等问题的发生。

此外，这个事件引发我们思考其产生的根源问题。其实，仔细分析不难发现，事件产生的根源基于两个因素：一是税法本身存在明显的缺陷。土地增值税目前存在一定程度的“政策空白”，所适用的政策还是国务院于1994年颁发的《土地增值税暂行条例》，该条例已经历时二十年，一直没有做大的修改，已经明显不适于当前的经济形势，尤其是在房地产价格上涨快、土地增值税税负高的情况下，一些房地产开发商就想办法蓄意逃避税收。二是征管方式不适应行业发展要求。由于土地增值税采用先预征后清算的征收制度，税法允许在开发项目未完工前不进行清算，所以很多企业以故意推迟工程进度、分批开盘、延迟确认竣工日期等方式人为控制开发进度、销售进度以及清算时间，以达到推迟清算晚缴税的目的。房地产企业的纳税活动的确有很大的操纵空间，这些操纵空间的存在削弱了土地增值税的权威性和执行力，从而在一定程度上引起了税收信用缺失问题。

最后，国家税务总局紧急下发补充文件，以回应该事件，说明税企之间存在认识上的偏差，而且社会各界对此问题认识模糊，一时间不知谁是谁非。补充文件一方面要求各地税务局充实和加强人员配备，重点加强房地产税收管理一线的征管力量，以适应征管工作的需要；另一方面，明确规定“土地增值税清算”只是一个确定税额的形式，不应成为纳税人应当履行纳税义务的时点，清算申报事项是纳税人应当主动承担的义务而不是税务机关的义务。对于需要清算的开发企业，税务机关应当及时督促纳税人履行清算申报纳税义务，并对不履行清算义务的纳税人，要依据相关规定的要求严肃处理。也就是说，纳税人承担着所有土地增值税自动清算、申报、纳税的义务，而税务机关只是这个过程中的一个监督裁判员，企业自己要对其纳税行为承担责任。各方对这一事件的关注和回应表明，中国的税收立法者、执法者和纳税人经历一次次风波，逐渐在成长，逐渐在进步，税收契约与民主的思想也渐渐被社会所关注。

前　言

房地产企业当前面临的税收形势

当下房地产业面临的清算形势更为紧迫。仅仅我们服务的房地产企业，已经有数十家企业接到了税务局下达的《土地增值税清算通知书》，要求企业必须在规定期限内完成清算，而这些企业分布在不同的省份，这足以判断当前清算形势的严峻性。

通过国家税务总局的政策动态，我们可以获知清算形势的变化。2013年，国家税务总局通过督导检查的方式，强化了土地增值税的征管工作：在对15个省市进行督导的基础上，2013年6月20日，国家税务总局又出台了税总发〔2013〕67号文件，即《关于进一步做好土地增值税征管工作的通知》，强调自2013年7月起，对辽宁、黑龙江、河北、天津、四川、重庆等省市进行督导。

2013年11月17日和11月24日，央视《每周质量报告》栏目分两期曝光了部分房地产企业拖欠土地增值税的问题，从中可以窥见土地增值税黑洞之巨大。

基于此，2013年12月2日，国家税务总局出台《关于深入开展土地增值税清算工作的通知》（税总函〔2013〕658号），再次要求对于达到可要求清算条件的项目，主管税务机关要依照《土地增值税清算管理规程》的要求及时进行评估，在确认具备清算、审核条件后，通知纳税人进行清算申报。

另外，这两年来，各地税务局不断出台土地增值税清算的细则与指南，对清算要求的细节予以明确。

本书缘起与再版修订

阳光财税作为国内税务咨询品牌机构，在与客户沟通的时候，经常听到客户如下诉求：

——税务局盯得紧，清算形势严峻，房地产企业财税人员不得不恶补功课，时刻为项目清盘清算作好准备。

——土地增值税作为地方税种，长期得不到重视，市面上关于土地增值税的专题资料如凤毛麟角，少之又少。即使好不容易找到一点，也面临不系统、不全面、不深入、不专业、不权威的困惑。

——土地增值税执行四级超率累进税率，企业本来挣钱就不容易，一不小心又全部交给税务局了，白给国家打工了。

——你们是国内权威的税收筹划机构，接触过那么多清算案例，应该写一本关于土地增值税的权威著作，给我们点拨一下。

应广大企业的要求，我们精心策划，2012 年组织编写了这本《土地增值税实战与案例精解》。作为房地产智库系列丛书的第二本，自 2012 年 7 月面市以来，深得各方好评，和《房地产业九大税种操作实务》一起，长期荣登当当网经济类图书畅销榜。

2014 年秋天，在分析总结各地税收政策的基础上，结合在税收服务实践中总结的经验，我们对本书进行了全面修订。在本次再版修订过程中，特别增加了一些企业咨询较多的特殊情况的处理。例如，红线外设施的成本与费用、精装修的处理、无产权地下车库的处理等。另外，还专门增加了土地增值税筹划的综合案例，方便读者参考借鉴。对于政策没有明确的省市，当地房地产企业可以参考执行，然后向税务局争取，以实现企业税收利益的最大化。

需要提醒注意的是，对于已经达到和即将达到清算条件但尚未清算的房地产企业，尤其是管理层和财务人员，需要枕戈待旦，提前做好税负测算，做到知己知彼，提前化解涉税风险，以免临阵磨枪，导致企业不必要的损失。如果有必要，也可以与我们联系，北京中经阳光税收筹划事务所愿意为您提供专业的咨询服务，为企业保驾护航。

本书特点

本书特点如下：

专家打造。本书的作者均为活跃在土地增值税培训、鉴证、征管领域的一线实战专家，有北京中经阳光税收筹划事务所项目部的同仁，有活跃在土地增值税公开培训讲坛上的知名讲师，有来自地方税务局和稽查局的税务官员，也有来自知名房地产企业的财务高管。一线人员的参与铸就了本书的价值，源于实战，贴近市场。

内容全面。本书以土地增值税实务操作为主线，内容由浅入深，涵盖税制解析、优惠政策、计算申报、预征预缴、核定征收、清算技巧、土地增值税鉴证、税务局审核、税收筹划、纳税评估、税务稽查等，全书精编了一百多个经典案例和知识链接，全面覆盖财税人员关注的问题，可以说是市面上知识点最全的土地增值税实战图书。

案例翔实。本书摒弃了晦涩难懂的理论说教，对土地增值税中难以理解的知识点从理论上深入浅出地诠释，再辅之以生动真实的案例，用事实说话，让读者学以致用。读者细细品读，将会受益匪浅。

总之，这是一本涵盖土地增值税操作全过程的实战性著作。对企业、税务师事务所、税务主管机构想了解而未了解的知识和操作技巧，进行了深入细致的分析，其中的重要环节，不仅仅对国家政策进行解读，也对土地增值税清算工作执行运用较好的地方政策进行了深度分析，力争能满足不同地域的读者需求。本书不足之处还敬请各位同仁、读者朋友批评补充，以便再版时充实、提高。

庸者偷税，智者节税！我们要做的，是在您土地增值税清算迷茫时为您树立一座灯塔，指明工作的方向。在这里，我们祝愿房地产企业提高财税管理水平，顺利渡过土地增值税清算难关，让企业法人和财务负责人不再夜不能寐。

作者

2014 年 9 月于北京

CONTENTS 目 录

第一篇 土地增值税税制解析

第二篇

土地增值税的征纳管理

第三篇
土地增值税清算

第四篇

土地增值税筹划实务

案例分析目录

知识链接目录

第一篇
土地增值税税制解析

CHAPTER

1 第一章 土地增值税的起源、特征和意义

一、土地增值税的起源

土地增值税是对转让国有土地使用权、地上建筑物及其附着物（简称转让房地产）并取得收入的单位和个人，就其转让房地产所取得的增值额征收的一种税。

土地增值税是一个比较新的税种。若追溯其源头，学界通常将 1898 年在中国青岛德租界开征土地增值税视为该税种的起源。

1898 年德国租借青岛后，面临的首要任务是收买中国人的土地。德国胶澳总督府最想拥有的是对土地收买和使用的行政垄断和广泛控制权。德国胶澳总督府认为：若土地升值并非由土地所有者出资经营造成，而是由于市政发达、社会繁荣所致，应收益归公。1898 年 9 月 2 日，世界首部对土地投机所得征税的土地法规《置买田地章程》在青岛公布。对此，青岛土地制度规定“所有买主如有将已买之地转卖与别人者，应许卖时将实赚银数三分之一缴与督署公用，并且政府有权按其申报的土地买卖价格优先购买”，这样就限制了违章交易。

青岛早期的土地制度取得了明显成效。青岛土地制度的功能和特点突出表现在调控地价、抑制房地产投机行为。在稳定地价、抑制投机方面，在上海等地深陷土地投机困境时，青岛地价则保持了合理水平，吸引众多企业前来投资立业，促进了城市的发展。德占时期的土地拍卖价格一直较为平稳，在 0.5～1.2 银元/平方米之间浮动，地价涨跌幅度很小，没有发生因不正当土地投机而造成的地价飞涨现象。

德国本土于 1904 年起效仿青岛的土地制度，并逐渐演变而成为联邦税制的一部分，此后普及到中欧各国。德国还将青岛的土地法应用于其非洲殖民地喀麦隆的土地改革。英国也在其殖民地北尼日利亚借鉴了青岛的土地政策。美国的一些观察家和《美国经济联盟通报》也对青岛的土地制度及其取得的成就予以高度评价。

据统计，历史上征收过土地增值税，后来因种种原因废止的国家/地区有：

1904 年开征，德联邦

1909 年开征，英国

1923 年开征，日本

目前世界上仍在征收土地增值税的国家/地区有：

1963 年开征，意大利

1963 年开征，韩国

1977 年开征，中国台湾地区

1994 年开征，中国内地

目前，中国内地征收土地增值税主要参考了中国台湾地区的税收管理经验。中国内地土地增值税始征于 1994 年。1994 年之前，我国涉及房地产交易市场的税收，主要有营业税、企业所得税、个人所得税、契税等，这些税对转让房地产收益可以起到一般性的调节作用，但对土地增值所获得的过高收入起不到特殊的调节作用。为了调控 1992～1993 年第一轮房地产过热，国务院于 1993 年 12 月 13 日发布了《中华人民共和国土地增值税暂行条例》，财政部于 1995 年 1 月 27 日颁布了《中华人民共和国土地增值税暂行条例实施细则》，决定自 1994 年 1 月 1 日起在全国开征土地增值税。

二、土地增值税的特征

（1）与营业税类似。土地增值税在房地产的转让环节征收，每转让一次就征收一次土地增值税。

（2）与企业所得税类似。土地增值税以转让房地产所取得的增值额为计税依据。在计算土地增值税时，要以转让房地产的收入减除规定的扣除项目金额后的余额作为税基来计征。这一点与企业所得税类似。

（3）与财产税类似。土地增值税在征管上采用以房地产的评估价格作为一种客观的标准或参照的标准。

（4）与特定目的税类似。土地增值税是贯彻国家宏观调控政策而出台的一个税种，是国家利用税收杠杆对经济进行必要的调节，具有特定的征收目的。

三、土地增值税的征管现状

在 1997 年亚洲金融危机爆发后，为拉动经济增长，国内一度暂停了土地增值税的征收。随后虽然再次恢复了征收，但由于各地发展房地产业的需要，在实际征收中，仅按出售商品房收入 1%～2%的比例进行了预征，部分地区甚至尚未开始预征。

2007 年是土地增值税政策实施的关键年。2006 年 12 月 28 日，国家税务总局下发《关于房地产开发企业土地增值税清算管理有关问题的通知》（国税发〔2006〕187 号），要求从 2007 年 2 月 1 日起全面清算土地增值税。其中列出了七种必须以及可以要求进行土地增值税清算的情况，包括开发商整体转让项目、直接转让土地使用权、项目销售率已达 85%、项目三年未销售完毕等。按照新规定：从 2007 年 2 月 1 日起，将正式向房地产开发企业征收 30%～60%不等的土地增值税。

进入 2010 年，由于《国家税务总局关于土地增值税清算有关问题的通知》（国税函〔2010〕220 号）细化了清算办法，以清算的方式征收土地增值税的可操作性加强，国内评论界认为"房地产开发项目全面引来清算时代"。

2013 年以来，国家强化了土地增值税的清算征管。国家税务总局陆续发布了两个新文件，即《国家税务总局关于进一步做好土地增值税征管工作的通知》（税总发〔2013〕67 号)、《国家税务总局关于深入开展土地增值税清算工作的通知》（税总函〔2013〕658 号)。税总发〔2013〕67 号文件强调自 2013 年 7 月起，对辽宁、黑龙江、河北、天津、四川、重庆等省市进行督导。税总函〔2013〕658 号文件再次要求对于达到可要求清算条件的项目，主管税务机关要依照《土地增值税清算管理规程》的要求及时进行评估，在确认具备清算、审核条件后，通知纳税人进行清算申报。

2014 年，随着营业税改征增值税覆盖面越来越大，具体到房地产怎么改，土地增值税未来何去何从，越来越成为大家谈论的热点。各地税务局乘势陆续出台了土地增值税清算的细则，计划把应征未征的税收一网打尽，"落袋为安"。因此，房地产企业需要未雨绸缪，早日应对。

四、开征土地增值税的意义

（1）征收土地增值税，是适应我国社会主义市场经济发展的新形势，进一步改革和完善税制，运用税收杠杆引导房产地产经营方向，增强国家对房地产开发和房地产市场调控力度的宏观需要。

（2）征收土地增值税，是为了抑制土地投机行为，规定房地产市场交易秩序，建立公平、公正竞争的市场机制。

（3）开征土地增值税，是为了规范国家参与土地增值税收益的分配方式，合理调节土地增值收益分配，增加国家财政收入。

（4）开征土地增值税，是为了促进土地资源的合理配置，促进房地产业健康发展。

CHAPTER

2 第二章 土地增值税的纳税人与征税范围

一、纳税人

（一）土地增值税纳税人的基本规定

《中华人民共和国土地增值税暂行条例》（以下简称《暂行条例》）第二条规定，转让国有土地使用权、地上的建筑物及其附着物并取得收入的单位和个人，为土地增值税的纳税义务人，应当依照本条例缴纳土地增值税。

《中华人民共和国土地增值税暂行条例实施细则》（以下简称《实施细则》）解释如下：

转让国有土地使用权、地上的建筑物及其附着物并取得收入是指以出售或者其他方式有偿转让房地产的行为，不包括以继承、赠与方式无偿转让房地产的行为；

国有土地是指按国家法律规定属于国家所有的土地；

地上的建筑物是指建于土地上的一切建筑物，包括地上地下的各种附属设施；

附着物是指附着于土地上的不能移动、一经移动即遭损坏的物品；

收入：包括转让房地产的全部价款及有关的经济收益；

单位是指各类企业单位、事业单位、国家机关和社会团体及其他组织；

个人：包括个体经营者。

因此，土地增值税的纳税义务人为转让国有土地使用权、地上的建筑物及其附着物（以下简称转让房地产）并取得收入的单位和个人。单位包括各类企业、事业单位、国家机关和社会团体及其他组织，个人包括自然人和个体经营者。

（二）土地增值税纳税人的四大特点

1. 不论法人与自然人

即不论是企业、事业单位、国家机关、社会团体及其他组织，还是个人，只要有偿转让房地产，都是土地增值税的纳税人。

2. 不论经济性质

即不论是全民所有制企业、集体企业、私营企业、个体经营者，还是联营企业、合资企业、合作企业、外商独资企业等，只要有偿转让房地产，都是土地增值税的纳税人。

3. 不论部门

即不论是工业、农业、商业、学校、医院、机关等，只要有偿转让房地产，都是土地增值税的纳税人。

4. 不论内资与外资企业、中国公民与外籍个人

根据1993年12月29日八届人大第五次常务委员会通过的《全国人民代表大会常务委员会关于外商投资企业和外国企业适用增值税、消费税、营业税等税收暂行条例的决定》（主席令〔1993〕第18号）和《国务院关于外商投资企业和外国企业适用增值税、消费税、营业税等税收暂行条例的有关问题的通知》（国发〔1994〕10号）以及《国家税务总局关于外商投资企业和外国企业及外籍个人适用税种问题的通知》（国税发〔1994〕123号）等文件的规定，土地增值税适用于涉外企业和个人。因此，不论是内资企业，还是外商投资企业、外国驻华机构；也不论是中国公民、港澳台胞、海外华侨，还是外国公民，只要有偿转让房地产，都是土地增值税的纳税人。

二、征税范围

土地增值税的征税范围包括：有偿转让国有土地使用权及地上建筑物和其他附着物产权所取得的增值额。

1. 转让国有土地使用权

转让国有土地使用权是指纳税人在取得按国家法律规定属于国家所有的土地的使用权之后，再次转让的行为。

2. 地上的建筑物及其附着物连同国有土地使用权一并转让

地上建筑物是指建于土地上的一切建筑物，包括地上地下的各种附属设施。附着物是指附着于土地上的不能移动或一经移动即遭损坏的物品。

准确界定土地增值税的征税范围十分重要，在实际工作中可以通过以下几条标准来判定：

（1）转让的土地，其使用权是否为国家所有，是判定是否属于土地增值税征税范围的标准之一。

根据《中华人民共和国宪法》和《中华人民共和国土地管理法》（以下简称《土地管理法》）的规定，城市的土地属于国家所有。农村和城市郊区的土地除由法律规定属于国家所有的以外，属于集体所有。国家为了公共利益，可以依照法律规定对集体土地实行征用，依法被征用后的土地属于国家所有。对于上述法律规定属于国家所有的土地其土地使用权在转让时，按照《暂行条例》的规定，属于土地增值税的征税范围。而农村集体所有的土地，根据《土地管理法》、《城市房地产管理法》及国家其他有关规定，是不得自行转让的，只有根据有关法律规定，由国家征用以后变为国家所有时，才能进行转让。故集体土地的自行转让是一种违法行为，应由有关部门来处理。对于目前违法将集体土地转让给其他单位和个人的情况，应在有关部门处理、补办土地征用或出让手续变为国家所有之后，再纳入土地增值税的征税范围。

土地增值税只对转让国有土地使用权的行为课税，转让非国有土地和出让国有土地的行为均不征税。

土地增值税是对国有土地使用权及其地上的建筑物和附着物的转让行为征税。

（2）土地使用权、地上的建筑物及其附着物的产权是否发生转让，是判定是否属于土地增值税征税范围的标准之二。该标准有两层含义：

第一，土地增值税的征税范围不包括国有土地使用权出让所取得的收入。国有土地出让是指国家以土地所有者的身份将土地使用权在一定年限内让与土地使用者，并由土地使用者向国家支付土地出让金的行为。由于土地使用权的出让方是国家，出让收入在性质上属于政府凭借所有权在土地一级市场上收取的租金，故政府出让土地的行为及取得的收入不在土地增值税的征税范围之列。

国有土地使用权的转让是指土地使用者通过出让等形式取得土地使用权后，将土地使用权再转让的行为，包括出售、交换和赠与，它属于土地买卖的二级市场。土地使用权转让，其地上的建筑物、其他附着物的所有权随之转让。土地使用权的转让，属于土地增值税的征税范围。

第二，土地增值税的征税范围不包括未转让土地使用权、房产产权的行为。是否发生房地产权属（指土地使用权和房产产权）的变更，是确定是否纳入征税范围的一个标准。凡土地使用权、房产产权未转让的（如房地产的出租、自建自用房产），不征收土地增值税。

（3）是否取得收入，是判定是否属于土地增值税征税范围的标准之三。

土地增值税的征税范围不包括房地产的权属虽转让但未取得收入的行为。如以继承、赠与等方式无偿转让的房地产，尽管房地产的权属发生了变更，但权属人并没有取得收入，因此也不征收土地增值税。

不征土地增值税的房地产赠与行为包括以下两种情况：一是房产所有人、土地使用权所有人将房屋产权、土地使用权赠与直系亲属或承担直接赡养义务人的行为；二是房产所有人、土地使用权所有人通过中国境内非营利的社会团体、国家机关将房屋产权、土地使用权赠与教育、民政和其他社会福利、公益事业的行为。

需要强调的是，无论是单独转让国有土地使用权，还是房屋产权与国有土地使用权一并转让的，只要取得收入，均属于土地增值税的征税范围，应对之征收土地增值税。

另外，根据《国家税务总局关于未办理土地使用权证转让土地有关税收问题的批复》（国税函〔2007〕645号）的规定，土地使用者转让、抵押或置换土地，无论其是否取得了该土地的使用权属证书，无论其在转让、抵押或置换土地过程中是否与对方当事人办理了土地使用权属证书变更手续，只要土地使用者享有占有、使用、收益或处分该土地的权利，且有合同等证据表明其实质转让、抵押或置换了土地并取得了相应的经济利益，土地使用者及其对方当事人应当依照税法规定缴纳土地增值税等相关税收。

三、征税范围具体情况的判定

1. 出售转让国有土地使用权、地上的建筑物及附着物

这种情况属于土地增值税的征税范围。这里又分为三种情况：

（1）出售国有土地使用权的。这种情况是指土地使用者通过出让方式，向政府缴纳了土地出让金，有偿受让土地使用权后，仅对土地进行通水、通电、通路和平整地面等土地开发，不进行房产开发，即所谓“将生地变熟地”，然后直接将空地出售出去。这属于国有土地使用权的有偿转让，应纳入土地增值税的征税范围。

（2）取得国有土地使用权后进行房屋开发建造出售的。这种情况即是一般所说的房地产开发。虽然这种行为通常被称作卖房，但按照国家有关房地产法律和法规的规定，卖房的同时，土地使用权也随之发生转让。由于这种情况既发生了产权的转让又取得了收入，所以应纳入土地增值税的征税范围。

（3）存量房地产的买卖。这种情况是指已经建成并已投入使用的房地产，其房屋所有人将房屋产权和土地使用权一并转让给其他单位和个人。这种行为按照国家有关的房地产法律和法规，应当到有关部门办理房产产权和土地使用权的转移变更手续；原土地使用权属于无偿划拨的，还应到土地管理部门补交土地出让金。这种情况既发生了产权的转让又取得了收入，应纳入土地增值税的征税范围。

2. 以继承、赠与方式转让房地产

这种情况因其只发生房地产产权的转让，没有取得相应的收入，属于无偿转让房地产的行为，所以不能将其纳入土地增值税的征税范围。这里又可分为两种情况：

（1）房地产的继承。房地产的继承是指房产的原产权所有人、依照法律规定取得土地使用权的土地使用人死亡以后，由其继承人依法继承死者房产产权和土地使用权的民事法律行为。这种行为虽然发生了房地产的权属变更，但作为房产产权、土地使用权的原所有人（即被继承人）并没有因为权属的转让而取得任何收入。因此，这种房地产的

继承不属于土地增值税的征税范围。

（2）房地产的赠与。房地产的赠与是指房产所有人、土地使用权所有人将自己所拥有的房地产无偿地交给其他单位或个人的民事法律行为。但这里的“赠与”仅指以下情况：

第一，房产所有人、土地使用权所有人将房屋产权、土地使用权赠与直系亲属或承担直接赡养义务人的。

第二，房产所有人、土地使用权所有人通过中国境内非营利的社会团体、国家机关将房屋产权、土地使用权赠与教育、民政和其他社会福利、公益事业的。

房地产的赠与虽发生了房地产的权属变更，但作为房产所有人、土地使用权的所有人并没有因为权属的转让而取得任何收入。因此，房地产的赠与不属于土地增值税的征税范围。

3. 房地产的出租

房地产的出租是指房产的产权所有人、依照法律规定取得土地使用权的土地使用人，将房产、土地使用权租赁给承租人使用，由承租人向出租人支付租金的行为。房地产的出租，出租人虽取得收入，但没有发生房产产权、土地使用权的转让，因此，不属于土地增值税的征税范围。

4. 房地产的抵押

房地产的抵押是指房地产的产权所有人、依法取得土地使用权的土地使用人作为债务人或第三人向债权人提供不动产作为清偿债务的担保而不转移权属的法律行为。这种情况由于房产的产权、土地使用权在抵押期间产权并没有发生权属的变更，房产的产权所有人、土地使用权人仍能对房地产行使占有、使用、收益等权利，房产的产权所有人、土地使用权人虽然在抵押期间取得了一定的抵押贷款，但实际上这些贷款在抵押期满后是要连本带利偿还给债权人的。因此，对房地产的抵押，在抵押期间不征收土地增值税；待抵押期满后，视该房地产是否转移占有来确定是否征收土地增值税。对于以房地产抵债而发生房地产权属转让的，应列入土地增值税的征税范围。

5. 房地产的交换

这种情况是指一方以房地产与另一方的房地产进行交换的行为。由于这种行为既发生了房产产权、土地使用权的转移，交换双方又取得了实物形态的收入，按《暂行条例》的规定，它属于土地增值税的征税范围。但对个人之间互换自有居住用房地产的，经当地税务机关核实，可以免征土地增值税。

6. 以房地产进行投资、联营

对于以房地产进行投资、联营的，投资、联营的一方以土地（房地产）作价入股进行投资或作为联营条件，将房地产转让到所投资、联营的企业中时，暂免征收土地增值税。对投资、联营企业将上述房地产再转让的，应征收土地增值税。

《财政部 国家税务总局关于土地增值税若干问题的通知》（财税〔2006〕21号）规定，从2006年3月2日起，对以房地产作价入股，凡所投资、联营的企业从事房地产开发的，或者房地产开发企业以其建造的商品房进行投资和联营的，或是投资、联营企业将上述房地产再转让，都要征收土地增值税。

知识链接

投资、联营企业将接受投资的房地产再转让时，纳税义务人的确认

问：对投资、联营企业将上述接受投资的房地产再转让时，土地增值税的纳税义务人是谁？是投资者还是接受投资的企业？

答：根据《财政部 国家税务总局关于土地增值税一些具体问题规定的通知》（财税字〔1995〕048号）第一条规定，再转让时土地增值税纳税人为投资联营企业，而投资、联营企业应是接受投资企业，而且相应不动产投入时，所有权已归属于接受投资企业，再转让的主体只能是接受投资企业而不是投资者。

7. 合作建房

根据《财政部 国家税务总局关于土地增值税一些具体问题规定的通知》（财税字〔1995〕048号）第二条规定，对于一方出地、一方出资金，双方合作建房，建成后按比例分房自用的，暂免征收土地增值税；建成后转让的，应征收土地增值税。

合作建房常见有两种方式：

一是甲方拥有土地，乙方拥有资金及资质，乙方立项，合作建房，然后分房子或者甲方提取固定利润。需要注意的是，《最高人民法院关于审理涉及国有土地使用权合同纠纷案件适用法律问题的解释》（法释〔2005〕5号）第二十四条规定：合作开发房地产合同约定提供土地使用权的当事人不承担经营风险，只收取固定利益的，应当认定为土地使用权转让合同。

二是甲方拥有土地，也拥有开发资质，乙方拥有资金，合作建房，然后分房子。基本操作模式是：（1）以甲方为开发主体，由乙方运作开发；（2）乙方将资金投入到甲方，乙方参与分配利润。

合作建房的风险很大：一个是股东合作不下去的风险；另一个就是税务风险。

知识链接

合作建房的营业税问题

《国家税务总局关于合作建房营业税问题的批复》（国税函〔2005〕1003号）规定，在项目开发建设过程中，土地使用权人和房屋所有权人均为甲方，未发生《中华人民共和国营业税条例》规定的转让无形资产的行为。因此，甲方提供土地使用权，乙方提供

所需资金，以甲方名义合作开发房地产项目的行为，不属于合作建房，不适用《国家税务总局关于印发〈营业税问题解答（之一）〉的通知》（国税发〔1995〕156号）第十七条有关合作建房征收营业税的规定。

本法规主要是针对乙方，如果乙方提取固定利润，就相当于借款给甲方，当然就不是合作建房。对于甲方来说，只要甲方采取提取固定利润的模式，无论是甲方立项，还是乙方立项，都不影响认定为土地使用权转让。

案例分析

合作建房的税务难题

某市天南房地产开发公司受让了某破产企业的一宗土地，各项开发审批手续都已办齐，但因为资金没有到位迟迟未能动工。该市的海北建筑有限公司了解到情况后，以3 000万元的价格取得天南公司地块中的其中一块土地使用权。为了把握房屋入市机遇，海北建筑公司被天南房地产公司授权，以天南房地产的名义进行开发，所以土地一直未办理过户手续，目前所开发的商品房也已开始预售。

但最近税务机关在检查中发现，天南房地产开发公司所取得的售房款均未确认收入，而是全额转给了海北建筑公司，且开发公司账务中未见开发项目支出票据。经过询问得知，开发过程中所发生的价款是海北建筑公司直接对外结算，票据直接开给了建筑公司，或者是发票虽开给开发公司，但最后也转给了海北建筑公司，即该项目实际是由海北建筑公司开发运作。

税务机关认为：虽然天南房地产开发公司转让给海北建筑公司的土地未办理过户手续，但按照《国家税务总局关于未办理土地使用权证转让土地有关税收问题的批复》（国税函〔2007〕645号）的规定，土地使用者转让、抵押或置换土地，无论其是否取得了该土地的使用权属证书，无论其在转让、抵押或置换土地过程中是否与对方当事人办理了土地使用权属证书变更登记手续，只要土地使用者享有占有、使用、收益或处分该土地的权利，且有合同等证据表明其实质转让、抵押或置换了土地并取得了相应的经济利益，土地使用者及其对方当事人应当依照税法规定缴纳营业税、土地增值税和契税等相关税收。

在此基础上，检查人员认定：天南房地产开发公司转让土地使用权未按规定缴纳营业税、土地增值税等相关税收，海北建筑公司未缴纳契税；海北建筑公司开发房地产所取得预售收入未按规定缴纳营业税，要求企业尽快整改，补办相关手续，规范运作。

分析：建筑公司虽然名义上受让了土地，但没有过户，从法律上来说，该经济行为尚未完成，还有重新认识和定性的余地。即可以规范为建筑公司与房地产开发公司以某种合作方式共同开发房地产。

8. 企业兼并转让房地产

根据《财政部 国家税务总局关于土地增值税一些具体问题规定的通知》（财税字

〔1995〕048号）第三条规定，在企业兼并中，对被兼并企业将房地产转让到兼并企业中的，暂免征收土地增值税。

9. 代建房行为

这种情况是指房地产开发公司代客户进行房地产的开发，开发完成后向客户收取代建收入的行为。对于房地产开发公司而言，虽然取得了收入，但没有发生房地产权属的转移，其收入属于劳务收入性质，故不属于土地增值税的征税范围。

知识链接

代建工程营业税的处理

代建工程同时符合以下条件的，可就收取的代建手续费按“服务业—代理业”征收营业税，如不同时符合下述条件，应按照国税函〔1998〕554号文件的规定，受托方按“销售不动产”征收营业税。

（1）由委托方自行立项；

（2）不发生土地使用权或产权转移；

（3）受托方不垫付资金，单独收取代建手续费（或管理费）；

（4）事先与委托方订有委托代建合同；

（5）施工企业将建筑业发票全额开具给委托建房单位（原票转交）。

10. 房地产的评估增值

这主要是指国有企业在清产核资时对房地产进行重新评估而使其升值的情况。这种情况下，房地产虽然有增值，但其既没有发生房地产权属的转移，房产产权人、土地使用权人也未取得收入，所以不属于土地增值税的征税范围。

11. 企业分立

根据《财政部 国家税务总局关于企业重组业务企业所得税处理若干问题的通知》（财税〔2009〕59号）的规定，分立是指一家企业（以下称为被分立企业）将部分或全部资产分离转让给现存或新设的企业，被分立企业股东换取分立企业的股权或非股权支付，实现企业的依法分立。

目前，对于公司分立是否缴纳土地增值税，国家税务总局没有明确的政策规定。

不过有的地方对此提出了自己的意见。例如，《青岛市地方税务局房地产开发项目土地增值税清算有关业务问题问答》（青地税函〔2009〕47号）规定，房地产开发企业依照法律规定、合同约定分设为两个或两个以上的企业，对派生方、新设方承受原企业房地产的，不征收土地增值税。派生方、新设方转让房地产时，按照分立前原企业实际支付的土地价款和发生的开发成本、开发费用，按规定计入扣除计算征收土地增值税。

政策没有明确的地方，纳税人在实践中，倾向于利用对企业有利的政策，例如《土地增值税暂行条例》第二条规定，转让国有土地使用权、地上的建筑物及其附着物并取得收入的单位和个人，为土地增值税的纳税义务人，应当依照本条例缴纳土地增值税。

有的企业是根据《财政部 国家税务总局关于中国建银投资有限责任公司有关税收政策问题的通知》（财税〔2005〕160 号）第一条规定，“重组分立过程中，原中国建设银行无偿划转给建银投资的货物、不动产，不征收增值税、营业税和土地增值税”。但是需要注意的是，财税〔2005〕160 号文件是对中国建银投资有限责任公司的个案规定，该文件未抄送全国，不具有普遍适用性。

各地税务局对企业分立是否缴纳土地增值税，分成两种情形处理：第一种是被分立公司将全部或部分资产及与其相关联的债权、负债和劳动力一并划转给分立公司的，不征土地增值税；但再转让该房地产时，按照分立前原企业实际支付的土地价款和发生的开发成本、开发费用，按规定计入扣除计算征收土地增值税。

第二种是只将房地产划转到分立公司，其他相关的债权、负债和劳动力不同时划转的，认定该公司的分立只是转让房地产，按转让行为征收土地增值税。

CHAPTER

3 第三章 应税收入和扣除项目的确认

一、转让房地产取得的收入类型

根据《土地增值税暂行条例》及其实施细则的规定，纳税人转让房地产取得的收入，应包括转让房地产的全部价款及有关的经济收益。从收入的形式来看，分为货币收入、实物收入和其他收入。

（一）货币收入

货币收入是指纳税人转让房地产而取得的现金、银行存款、银行支票、银行本票、汇票等各种信用票据和国库券、金融债券、企业债券、股票等有价证券。

对转让房地产取得的外币收入，应按取得收入当天或当月 1 日国家公布的外汇汇率折合人民币，据以计算土地增值税税额。对于以分期收款形式取得的外币收入，也应按实际收款日或收款当月 1 日国家公布的市场汇价折合人民币。

（二）实物收入

实物收入是指纳税人转让房地产而取得的各种实物形态的收入，如钢材、水泥等建材，房屋、土地等不动产等。实物收入的价值不太容易确定，一般要对这些实物形态的财产按公允价值进行估价确认。

（三）其他收入

其他收入是指纳税人转让房地产而取得的无形资产收入或具有财产价值的权利，如专利权、商标权、著作权、专有技术使用权、土地使用权、商誉权等。这种类型的收入比较少见，其价值需要进行专门的评估。

二、收入的确认

（一）土地增值税清算时收入的确认

根据《国家税务总局关于土地增值税清算有关问题的通知》（国税函〔2010〕220号）第一条规定：

土地增值税清算时，已全额开具商品房销售发票的，按照发票所载金额确认收入。

未开具发票的，以交易双方签订的销售合同所载的售房金额及其他收益确认收入。

销售合同所载商品房面积与有关部门实际测量面积不一致，在清算前已发生补、退房款的，应在计算土地增值税时予以调整。

（二）视同销售收入

《国家税务总局关于房地产开发企业土地增值税清算管理有关问题的通知》（国税发〔2006〕187号）规定，房地产开发企业将开发产品用于职工福利、奖励、对外投资、分配给股东或投资人、抵偿债务、换取其他单位和个人的非货币性资产等，发生所有权转移时应视同销售房地产。

《土地增值税清算管理规程》（国税发〔2009〕91号）第十九条“非直接销售和自用房地产的收入确定”规定：

（一）房地产开发企业将开发产品用于职工福利、奖励、对外投资、分配给股东或投资人、抵偿债务、换取其他单位和个人的非货币性资产等，发生所有权转移时应视同销售房地产，其收入按下列方法和顺序确认：(1) 按本企业在同一地区、同一年度销售的同类房地产的平均价格确定；(2) 由主管税务机关参照当地当年、同类房地产的市场价格或评估价值确定。

（二）房地产开发企业将开发的部分房地产转为企业自用或用于出租等商业用途时，如果产权未发生转移，不征收土地增值税，在税款清算时不列收入，不扣除相应的成本和费用。

知识链接

视同销售的确认

应当注意的是，对于开发产品的视同销售，企业所得税与土地增值税的规定有所区别，土地增值税核算中没有把开发产品转作企业自用或对外捐赠赞助列为视同销售，国税发〔2006〕187号和国税发〔2009〕91号文件对此都作了明确规定。这是因为，企业把开发产品转作自用，没有发生土地使用权和地上建筑物的转让行为，不征土地增值税。企业把开发产品对外捐赠或赞助，虽然发生了土地使用权和地上建筑物的转让，但是，开发企业并没有取得收入，也不属于土地增值税的征收范围。

开发企业将开发产品用于职工福利列为视同销售，征收土地增值税。这是因为开发产品用于职工福利之后，已经不再是企业生产经营所使用的资产，脱离了企业这个会计主体，不是企业会计核算的范围。同时，开发产品用于职工福利，如用于托儿所、职工浴池等，资产的管理权属于工会，费用应由职工福利费来支付，所以应视同销售处理。

1. 以房地产进行投资或联营

《财政部 国家税务总局关于土地增值税若干问题的通知》(财税〔2006〕21号)第五条"关于以房地产进行投资或联营的征免税问题"规定，对于以土地(房地产)作价入股进行投资或联营的，凡所投资、联营的企业从事房地产开发的，或者房地产开发企业以其建造的商品房进行投资和联营的，均不适用《财政部、国家税务总局关于土地增值税一些具体问题规定的通知》(财税字〔1995〕048号)第一条暂免征收土地增值税的规定。

2. 非直接销售和自用房地产

房地产开发企业将开发的部分房地产转为企业自用或用于出租等商业用途时，如果产权未发生转移，不征收土地增值税，在税款清算时不计入房地产转让收入，同时按照建筑面积比例确定相应的成本和费用，不计入扣除项目金额。

"自用或用于出租"是指同时满足下列条件：

(1)将开发产品转作开发企业固定资产的；

(2)从自用或用于出租之日起连续使用年限一年以上(含一年)的。

开发企业将开发产品转为企业自用或用于出租的，凡符合以上两个条件的，出售时依法不列入国家规定的清算范围，应按转让旧房及建筑物的税收规定计算缴纳土地增值税。

按照《暂行条例》和《实施细则》的规定，土地增值税是对转让国有土地使用权、地上建筑物及其附着物并取得的收入的行为征税，对企业将开发产品出租、没发生出售或者其他方式有偿转让房地产的行为不征税。这项规定明确了企业出租开发产品在征收土地增值税时不作为视同销售处理，在土地增值税的税款清算时不列收入，也不扣除相应的成本和费用，即不需要填报《土地增值税纳税申报表》。

3. 安置回迁户的安置用房

开发企业以开发产品实行实物补偿方式进行拆迁安置的，补偿给被拆迁人的开发产品应视同销售，其价格按照货币补偿方式计算的补偿金价款加上向被拆迁人实际收取的价款后，计入房地产转让收入；按照货币补偿方式计算的补偿金价款，计入土地征用及拆迁补偿费扣除项目。

《国家税务总局关于土地增值税清算有关问题的通知》(国税函〔2010〕220号)规定：

(一)房地产企业用建造的本项目房地产安置回迁户的，安置用房视同销售处理，按《国家税务总局关于房地产开发企业土地增值税清算管理有关问题的通知》(国税发

〔2006〕187号）第三条第（一）款规定确认收入，同时将此确认为房地产开发项目的拆迁补偿费。房地产开发企业支付给回迁户的补差价款，计入拆迁补偿费；回迁户支付给房地产开发企业的补差价款，应抵减本项目拆迁补偿费。

（二）开发企业采取异地安置，异地安置的房屋属于自行开发建造的，房屋价值按国税发〔2006〕187号第三条第（一）款的规定计算，计入本项目的拆近补偿费；房屋属于购入的，以实现支付的购房支出计入拆近补偿费。

知识链接

拆迁还房的土地增值税问题

根据《国家税务总局关于房地产开发企业土地增值税清算管理有关问题的通知》（国税发〔2006〕187号）、《土地增值税清算管理规程》（国税发〔2009〕91号）、《国家税务总局关于土地增值税清算有关问题的通知》（国税函〔2010〕220号）的规定，房地产开发企业将开发产品用于抵偿债务、换取其他单位和个人的非货币性资产等行为，发生所有权转移时应视同销售房地产，其收入可以按本企业在同一地区、同一年度销售的同类房地产的平均价格确定，也可以由主管税务机关参照当地当年、同类房地产的市场价格或评估价值确定，因此，拆迁安置问题中，房地产企业用建造的本项目房地产安置回迁户的，安置用房应视同销售处理。

需要说明的是，上述“拆一还一”行为，在按市场价格确认收入的同时，还应将此收入确认为房地产开发项目的拆迁补偿费。房地产开发企业支付给拆迁户的补差价款，计入拆迁补偿费；拆迁户支付给房地产开发企业的补差价款，应抵减本项目拆迁补偿费。

案例分析

拆迁还房的土地增值税计算

某房地产开发公司2011年度采取拆迁安置方式对某小区进行住宅开发建设，在安置方式上，公司采取“拆一还一，就地安置，差价核算，自行过渡”的产权调换方式，对拆除被拆迁人房屋进行安置补偿。2012年6月，该公司用已完工1 000平方米的自建商品房偿还被拆迁人，其中等面积还原部分800平方米，同类住宅房屋建造成本2 200元/平方米，销售价格3 500元/平方米。

解析：该房地产开发公司应就其还原面积与拆迁面积相等部分，按同类住宅房屋的成本价、商品房建安造价缴纳销售不动产营业税：

800×2 200×5%＝88 000（元）

而对超出部分，则按同类商品房市场价格缴纳销售不动产营业税：

(1 000－800)×3 500×5%＝35 000（元）

不动产发票开具金额也应按营业税计税依据开具。

由于不存在补差价问题，“拆一还一”等面积部分土地增值税的计税收入：

1 000×3 500＝3 500 000（元）

计入房地产开发成本中的土地征用及拆迁补偿费也是3 500 000元。

假如当地规定普通住宅的土地增值税预征率为2%，则应按规定预缴土地增值税3 500 000×2%＝70 000（元）。

（三）开发企业转让房地产收入确认的时间

1. 正常销售的房地产，已收讫全部价款或者取得索取全部价款的凭据。

（1）以预售方式出售商品房的，以实际取得预售房收入的当天确认为收入实现；

（2）以分期付款方式出售商品房的，以每期实际取得收入的当天确认为收入实现；

（3）以银行按揭方式出售商品房的，以取得首期付款收入和银行贷款的当天确认为收入实现；

（4）以其他方式出售商品房的，以实际取得售房收入的当天确认为收入实现。

2. 对视同销售的房地产，其房地产的所有权发生转移。

开发企业转让房地产，无论其是否与受让方办理了房地产权属证书转移或变更登记手续，只要有合同、收据、发票、判决书、裁定书等证据，其转让行为实质发生、取得了相应的经济利益，并且受让方享有占有、使用、收益或处分该房地产的权利，应当视为所有权转移。

3. 国家税务总局的其他规定。

（四）代收费用的处理

对于县级及县级以上人民政府要求开发企业在售房时代收的各项费用，如代收费用计入房价中且向购买方一并收取的，应当计入房地产转让收入，并开具销售不动产统一发票，可计入扣除项目金额予以扣除，但按规定不作为加计百分之二十扣除的基数。如代收费用未计入房价、在房价之外单独收取的，不计入转让房地产的收入，按规定不得开具销售不动产统一发票，也不得计入扣除项目金额。

（五）开发企业销售价格的确定方法

开发企业房屋销售价格明显偏低又无正当理由的，以及视同销售的房地产，其收入按下列方法和顺序确认：

（1）按本企业清算项目当月或最近月份同类开发产品市场销售的平均价格确定；

（2）按本企业在同一地区、同一年度销售的同类开发产品市场销售的平均价格确定；

（3）由主管税务机关参照当地、当年同类开发产品市场售价或评估价格确定。

案例分析

按揭销售收入的确认

白云房地产开发公司开发了郁金香花园项目，现部分户型已与购房人签署销售合同，但是有部分按揭款。请问：

(1) 12月份已签订销售合同、房屋未交付，收取首付款，银行按揭款将于次年收到，如何确定12月份的营业税、土地增值税、企业所得税的收入？

(2) 12月份签订销售合同，房屋已交付，合同中未约定收款时间，如何确定12月份的营业税、土地增值税、企业所得税的收入？

分析如下：

（一）营业税

《营业税暂行条例》第十二条规定，营业税纳税义务发生时间为纳税人提供应税劳务、转让无形资产或者销售不动产并收讫营业收入款项或者取得索取营业收入款项凭据的当天。国务院财政、税务主管部门另有规定的，从其规定。

《营业税暂行条例实施细则》第二十四条规定，条例第十二条所称收讫营业收入款项，是指纳税人应税行为发生过程中或者完成后收取的款项。

条例第十二条所称取得索取营业收入款项凭据的当天，为书面合同确定的付款日期的当天；未签订书面合同或者书面合同未确定付款日期的，为应税行为完成的当天。

第二十五条第一款规定，纳税人转让土地使用权或者销售不动产，采取预收款方式的，其纳税义务发生时间为收到预收款的当天。

因此，对于第一个问题，房地产企业属于采用预收账款方式销售不动产，纳税义务发生时间为收到预收款的当天。企业应按收到的首付款计算缴纳营业税。

关于第二个问题，合同未约定收款日期的，因房屋已交付，房屋交付的当天为该企业已取得营业收入款项凭据的当天，营业税的纳税义务已发生，企业应按房屋价款计缴营业税。

（二）土地增值税

《土地增值税暂行条例实施细则》第十六条规定，纳税人在项目全部竣工结算前转让房地产取得的收入，由于涉及成本确定或其他原因，而无法据以计算土地增值税的，可以预征土地增值税，待该项目全部竣工、办理结算后再进行清算，多退少补。具体办法由各省、自治区、直辖市地方税务局根据当地情况制定。

《财政部 国家税务总局关于土地增值税一些具体问题规定的通知》（财税字〔1995〕048号）第十四条规定，根据实施细则的规定，对纳税人在项目全部竣工结算前转让房地产取得的收入可以预征土地增值税。具体办法由各省、自治区、直辖市地方税务局根据当地情况制定。因此，对纳税人预售房地产所取得的收入，当地税务机关规定预征土地增值税的，纳税人应当到主管税务机关办理纳税申报，并按规定比例预缴，待办理决算后，多退少补；当地税务机关规定不预征土地增值税的，也应在取得收入时先到税务机关登记或备案。

因此，对于第一个问题，该企业已取得首付款，属于预售收入，应按预售收入（首付款）预缴土地增值税。

对于第二个问题，该企业房屋已交付，应取得索取收入款项的权利。虽然款项未收到，但也属于取得转让房屋收入，应按房屋价款预缴土地增值税。

（三）企业所得税

《国家税务总局关于印发〈房地产开发经营业务企业所得税处理办法〉的通知》（国税发〔2009〕31号）第六条规定，企业通过正式签订《房地产销售合同》或《房地产预售合同》所取得的收入，应确认为销售收入的实现，具体按以下规定确认：

（1）采取一次性全额收款方式销售开发产品的，应于实际收讫价款或取得索取价款凭据（权利）之日，确认收入的实现。

（2）采取银行按揭方式销售开发产品的，应按销售合同或协议约定的价款确定收入额，其首付款应于实际收到日确认收入的实现，余款在银行按揭贷款办理转账之日确认收入的实现。

根据上述规定，关于第一个问题，该企业已取得首付款，12月份应确认首付款收入，计算缴纳企业所得税。

关于第二个问题，房屋已交付，合同上未约定付款日期的，但是由于开发产品已经交付，可以说明企业取得了向客户取得索取款项的凭据（权利），应按房屋价款确认收入的实现。

三、扣除项目

根据暂行条例第六条规定，计算增值额的扣除项目如下：

（1）取得土地使用权所支付的金额；

（2）开发土地的成本、费用；

（3）新建房及配套设施的成本、费用，或者旧房及建筑物的评估价格；

（4）与转让房地产有关的税金；

（5）财政部规定的其他扣除项目。

下面，我们对以上5点依次进行分析。

（一）取得土地使用权所支付的金额

1. 纳税人为取得土地使用权所支付的地价款

（1）如果是以协议、招标、拍卖等出让方式取得土地使用权的，地价款为纳税人所支付的土地出让金；

（2）如果是以行政划拨方式取得土地使用权的，地价款为按照国家有关规定补缴的土地出让金；

（3）如果是以转让方式取得土地使用权的，地价款为向原土地使用权人实际支付的地价款。

2. 纳税人在取得土地使用权时按国家统一规定缴纳的有关费用

纳税人在取得土地使用权时按国家统一规定缴纳的有关费用指纳税人在取得土地使用权过程中为办理有关手续，按国家统一规定缴纳的有关登记、过户手续费。

但对取得土地使用权时未支付地价款或不能提供已支付的地价款凭据的，不允许扣除取得土地使用权所支付的金额。

房地产开发企业为取得土地使用权所支付的契税，应视同“按国家统一规定缴纳的有关费用”，计入“取得土地使用权所支付的金额”中扣除。

知识链接

土地竞拍佣金的扣除问题

问：《土地增值税清算管理规程》（国税发〔2009〕91号）有各类附表作为附件。有部分地方税务局的工作人员解释说，在进行土地增值税清算时，能否作为扣除项目，应以上述附表中列举的项目为准。那么，在参加土地竞拍时支付的佣金以及工程部门发生的差旅费，是否可以作为土地增值税的扣除项目呢？

答：根据《土地增值税暂行条例实施细则》第七条第一款的规定，取得土地使用权所支付的金额，是指纳税人为取得土地使用权所支付的地价款和按国家统一规定交纳的有关费用。佣金是支付给中介机构而不是支付给土地出让方或转让方的，因此不应当作为取得土地使用权所支付的金额，但可以计入管理费用计算比例扣除。

第二款规定，开发间接费用是指直接组织、管理开发项目发生的费用，包括工资、职工福利费、折旧费、修理费、办公费、水电费、劳动保护费、周转房摊销等。因此工程部门发生的“办公费——差旅费”可以作为土地增值税的扣除项目。

3. 特殊情况的处理

（1）土地出让金返还款的处理。

当前，各地政府在招商引资中以土地换项目，通过返还土地出让金、旧城改造费、配套费等形式，变相给予房地产企业补偿返还的行为时有发生。

房地产开发公司取得的“土地补偿款”正确的叫法应当是“土地出让金返还”，属于政府补助收入。政府补助主要有以下形式：财政拨款；财政贴息；税费返还（但不含增值税出口退税）；无偿划拨非货币性资产，如行政划拨土地使用权、天然起源的天然林等。

根据《中华人民共和国企业所得税法》的规定，企业取得的除国务院财政、税务主管部门规定专项用途并经国务院批准的财政性资金外都应纳税。之所以这样规定，其原因有三：

一是企业从政府取得的补贴收入导致经济利益的流入和企业净资产增加，符合收入总额的立法精神。

二是为了规范财政补贴和加强减免税的管理。自1994年分税制财政体制改革以来，中央集中管理税权，各地不得自行或擅自减免税，个别地区为了促进地方经济发展采取各种“财政补贴”形式变相减免税，造成对中央税权的侵蚀。对企业从政府取得的财政补贴征税，有利于加强对财政补贴收入和减免税的管理。

三是为了尽量减少税法与财务会计制度的差异。会计准则中把政府补助计入了“营业外收入”，税法也没有必要在此问题上保持差异，这有利于降低纳税遵从成本和征收管理成本。

既然企业取得的“政府补助——土地出让金返还”需要征收企业所得税，这就存在一个如何进行账务处理的问题。

知识链接

土地返还款的财税处理技巧

（一）财务处理：不得冲减土地购买成本

从土地出让业务实质来看，企业按照招拍挂确定金额全额缴纳的土地出让金已经取得了全额票据，计入土地受让成本，政府给予的返还并不是原票据的折让冲回，多是其他名目的财政返还。根据《企业会计准则第16号——政府补助（2006）》的规定，政府补助，是指企业从政府无偿取得货币性资产或非货币性资产，但不包括政府作为企业所有者投入的资本。显然，房地产企业从政府取得的土地返还款的法律性质是政府补助。

所以，房地产企业用取得的各种名义的土地返还款，在会计处理上应直接计入营业外收入，而不能够以实际收到的土地返还款冲减土地成本。

（二）税务处理

1. 企业所得税：必须缴纳

《财政部 国家税务总局关于财政性资金、行政事业性收费、政府性基金有关企业所得税政策问题的通知》（财税〔2008〕151号）规定，财政性资金，是指企业取得的来源于政府及其有关部门的财政补助、补贴、贷款贴息，以及其他各类财政专项资金。房地产企业由政府返还的土地出让金等按照财政收支规定当然属于财政性资金。

按照企业所得税法规定，并非所有的财政拨款、政府性基金都是不征税收入，还要根据财税〔2008〕151号文件和《财政部 国家税务总局关于专项用途财政性资金企业所得税处理问题的通知》（财税〔2011〕70号）的规定，注意区分当中的应纳税收入。

根据财税〔2008〕151号文件的规定，对企业取得的由国务院财政、税务主管部门规定专项用途并经国务院批准的财政性资金，准予作为不征税收入，在计算应纳税所得额时从收入总额中减除。除此之外的其他财政性资金则都属于征税收入。《财政部 国家税务总局关于专项用途财政性资金有关企业所得税处理问题的通知》（财税〔2011〕70

号）对此作了较为具体的规定，自2011年1月1日起企业取得的来源于县级以上各级人民政府财政部门及其他部门具有专项用途的财政性资金，同时符合以下条件可以作为不征税收入：一是企业能够提供资金拨付文件，且文件中规定该资金的专项用途；二是财政部门或其他拨付资金的政府部门对该资金有专门的资金管理办法或具体管理要求；三是企业对该资金以及以该资金发生的支出单独进行核算。

从实际情况看，房地产企业取得的政府返还款难以满足上述要求，只是政府为招商引资或变相的协议出让的一种策略而已，所以，此土地返还款应当计算缴纳企业所得税。

2. 土地增值税：不得作为扣除项目

根据土地增值税相关法规规定，土地增值税按照转让房地产所取得的收入减除规定扣除项目金额后的增值额和规定的税率计算征收。实施细则对扣除项目中“取得土地使用权所支付的金额”规定为取得土地使用权所支付的地价款和按国家统一规定交纳的有关费用。

房地产开发企业收到政府返还的“土地出让金”或政府给予的补偿返还款，是政府对房地产开发企业的一种补助，是企业的一项营业外收入，而不是地价款的折让或开发成本的冲减，因此不扣减土地成本。但是土地增值税属于地方财政收入，房地产企业也要关注地方税收政策的具体规定。

例如，《大连市地税局关于进一步加强土地增值税清算工作的通知》（大地税函〔2008〕188号）对土地使用权价款的扣除问题作出规定，纳税人应当凭政府或政府有关部门下发的《土地批件》、《土地出让金缴费证明》以及财政、土地管理等部门出具的土地出让金缴纳收据、土地使用权购置发票、政府或政府部门出具的相关证明等合法有效凭据，计算取得土地使用权所支付的金额。凡取得票据或者其他资料，但未实际支付土地出让金或购置土地使用权价款或支付土地出让金、购置土地使用权价款后又返还的，不允许计入扣除项目。又如，《青岛市地税局房地产开发项目土地增值税税款清算管理暂行办法》（青地税发〔2008〕100号）规定，对于开发企业因从事拆迁安置、公共配套设施建设等原因，从政府部门取得的补偿以及财政补贴款项，抵减房地产开发成本中的土地征用及拆迁补偿费的金额。

（2）土地闲置费的扣除问题。

土地闲置费是指向依法取得土地使用权但未按规定动工建设满一年、不满两年的建设单位征收的闲置土地费用。收取土地闲置费是防止闲置土地，制约利用闲置土地伺机炒卖地皮的行为，促使取得土地的单位尽快开发利用土地。我国实行土地的全民所有制和劳动群众集体所有制，因此对土地闲置费，应区分以下两种情况：

第一，以出让方式取得的土地使用权。

根据《中华人民共和国城市房地产管理法》（2007年修正）第二十六条的规定，超过出让合同约定的动工开发日期满一年未动工开发的，可以征收相当于土地使用权出让金20%以下的土地闲置费；满两年未动工开发的，可以无偿收回土地使用权。

第二，以划拨方式取得的集体土地使用权。

根据《中华人民共和国土地管理法》（中华人民共和国主席令第二十八号）第三十七条的规定，一年内未动工建设的，应当按照该省的规定缴纳闲置费；连续两年未使用的，经原批准机关批准，由县级人民政府无偿收回用地单位的土地使用权。

《闲置土地处置办法》（中华人民共和国国土资源部令）对闲置土地的认定作出了解释，其第二条明确："本办法所称闲置土地，是指国有建设用地使用权人超过国有建设用地使用权有偿使用合同或者划拨决定书约定、规定的动工开发日期满一年未动工开发的国有建设用地。

已动工开发但开发建设用地面积占应动工开发建设用地总面积不足三分之一或者已投资额占总投资额不足百分之二十五，中止开发建设满一年的国有建设用地，也可认定为闲置土地。

缴纳土地闲置费的起止时间是从签订"土地使用权出让合同"之日算起。未动工开发满一年的，按照土地出让或者划拨价款的百分之二十征缴土地闲置费，土地闲置费不得列入生产成本。未动工开发满两年的，无偿收回国有建设用地使用权。

房地产开发企业按规定缴纳的土地闲置费，记入"开发成本——土地费用"，对于土地闲置费能否在计算土地增值税税款时扣除，根据《国家税务总局关于土地增值税清算有关问题的通知》（国税函〔2010〕220号）第四条的规定，在进行土地增值税清算时，"房地产开发企业逾期开发缴纳的土地闲置费不得扣除"。

企业因资金困难，提出延期支付土地出让金，经批准同意后可在土地出让合同规定的期限后支付土地出让金，但必须向财政部门支付延期付款利息，这对房地产开发企业来讲相当于企业的融资费用。因此不能作为"取得土地使用权所支付的金额"直接扣除，更不能作为加计扣除的基数，而应作为财务费用（房地产开发费用的一种），在"取得土地使用权所支付的金额"和"房地产开发成本"之和的10%扣除限额内进行扣除。

知识链接

国有划拨地对外有偿转让时是否先缴纳土地出让金

问：国有划拨地对外有偿转让时是否应该先缴纳土地出让金？另外，计算土地增值税时是否可以将缴纳的土地出让金在取得的收入中扣除来计算增值额？

答：根据《中华人民共和国土地增值税暂行条例》第六条规定，计算增值额的扣除项目中包括：取得土地使用权所支付的金额。

根据《中华人民共和国土地增值税暂行条例实施细则》第七条规定，条例第六条所列的计算增值额的扣除项目，具体为：取得土地使用权所支付的金额，是指纳税人为取得土地使用权所支付的地价款和按国家统一法规缴纳的有关费用。

因此，转让国有划拨用地补缴的土地出让金属于取得土地使用权所支付的金额，计算土地增值税时允许扣除。

知识链接

受让人缴纳的土地出让金可否作为转让人应缴纳的土地增值税的抵扣项目

问：某企业转让一处房地产，由受让人缴纳土地出让金，但在办理税收手续时，地税部门说因主体不同，受让人缴纳的土地出让金不能作为转让人土地增值税的抵扣项目，为此转让人要缴纳高额的土地增值税。那么，在同一次房地产转让行为中，受让人缴纳的土地出让金可否作为转让人应缴纳的土地增值税的抵扣项目？

答：根据《土地增值税暂行条例》第二条规定，转让国有土地使用权、地上的建筑物及其附着物（以下简称转让房地产）并取得收入的单位和个人，为土地增值税的纳税义务人（以下简称纳税人），应当依照本条例缴纳土地增值税。

根据《土地增值税暂行条例实施细则》第七条规定，条例第六条所列的计算增值额的扣除项目，具体为：

取得土地使用权所支付的金额，是指纳税人为取得土地使用权所支付的地价款和按国家统一规定缴纳的有关费用。

因此，受让人缴纳的土地出让金不能作为转让人的扣除项目。

（二）房地产开发成本

房地产开发成本是指纳税人房地产开发项目实际发生的成本，包括土地的征用及拆迁补偿费、建筑安装工程费、基础设施费、公共配置设施费、开发间接费用等（如图3-1和表3-1所示）。

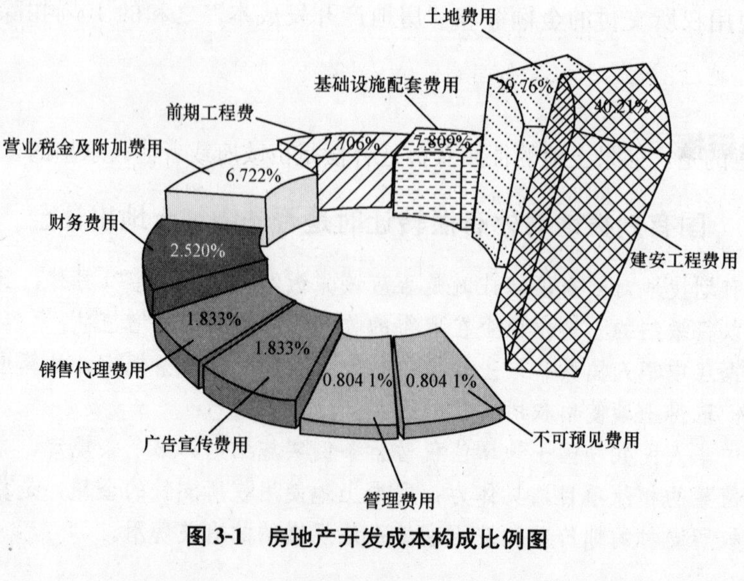

图 3-1　房地产开发成本构成比例图

表 3-1　　房地产开发成本构成及用途与流向

	项目费用构成	费用解释、用途	流向
前期开发成本	土地费用	开发商取得土地使用权所支付的土地出让金	政府
	建安工程前期费用	项目的规划、设计、可行性研究所需费用；“三通一平”等土地开发费用	市场
	建安工程费用	直接用于建安工程建设的总成本费用	
	基础设施配套费	主要包括不能有偿转让的开发小区内公共配套设施发生的支出	
	不可预见费用	包括基本预备费和涨价预备费。依据项目的复杂程度和前述各项费用估算的准确程度	未知
后期开发费用	营业税及附加	开发项目投资估算应考虑项目在开发过程中所负担的各种税金和地方政府或有关部门征收的费用	政府
	管理费用	企业行政管理部门（总部）为组织和管理生产经营活动而发生的管理费用，属于期间费用	企业内部
	财务费用	为筹集资金而发生的各项费用，主要为借款利息和其他财务费用	银行
	广告宣传费	开发商为楼盘销售做广告宣传所产生的费用	市场
	销售代理费	开发建设项目在销售产品过程中发生的各项费用以及专设销售机构或委托销售代理的各项费用	

1. 土地征用及拆迁补偿费

土地征用及拆迁补偿费是指为取得土地使用权或开发权而发生的各项费用。主要包括土地征用费，耕地占用税，劳动力安置费及有关地上、地下附着物拆迁补偿的净支出、安置动迁用房支出等。

根据《土地增值税暂行条例》第六条“计算增值额的扣除项目：（一）取得土地使用权所支付的金额；（二）开发土地的成本、费用……”的规定，房地产开发企业为取得农民的房屋及土地而支付的补偿费等支出，构成开发土地的成本、费用的一部分，并在计算缴纳土地增值税时作为计算增值额的扣除项目。

需要注意的是，如果土地的征用及拆迁补偿是由政府或者他人承担的，纳税人是在已征用和拆迁好的土地上进行开发，则这部分支出已体现在纳税人取得土地使用权所支付的金额中，这部分土地征用及拆迁费在纳税人的房地产开发成本中就不允许再扣除。

另外，房地产开发企业在扣除该部分费用时，应当取得或者提供合法、有效的凭证。例如：开发企业与被拆迁人双方签订的《拆迁补偿协议》；村委会开具的加盖公章的证明；被拆迁人的收款收据、个人签名及其身份证复印件等；开发企业通过金融机构支付补偿款的凭证；政府部门的相应文件等。

另外，关于被拆迁人收到的现金补偿是否缴纳个人所得税的问题，根据《国家税务总局关于征用土地过程中征地单位支付给土地承包人员的补偿费如何征税问题的批复》

（国税函〔1997〕87号）的规定，对土地承包人取得的青苗补偿费收入，暂免征收个人所得税；取得的转让建筑物等财产性质的其他补偿费收入，应按照个人所得税法的“财产转让所得”应税项目计征个人所得税。因此，房地产公司应当根据给予补偿费的不同性质及其实际情况，结合上述文件的具体规定确定是否需要代扣代缴个人所得税。

营业税方面，《国家税务总局关于外商投资企业从事城市住宅小区建设征收营业税问题的批复》（国税函发〔1995〕549号）规定，对偿还面积与拆迁建筑面积相等的部分，由当地税务机关按同类住宅房屋的成本价核定计征营业税，对最终转让时未作价结算的住宅区配套公共设施（如居委会用房、车棚、托儿所等），凡转让收入已包含在住宅房屋转让价格中并已征收营业税的，不再征收营业税。

另外，2014年1月8日，国家税务总局发布《关于纳税人开发回迁安置用房有关营业税问题的公告》（国家税务总局公告2014年第2号），文件规定，纳税人以自己名义立项，在该纳税人不承担土地出让价款的土地上开发回迁安置房，并向原居民无偿转让回迁安置房所有权的行为，按照《中华人民共和国营业税暂行条例实施细则》（财政部 国家税务总局令第52号）第五条之规定，视同销售不动产征收营业税，其计税营业额按财政部、国家税务总局令第52号第二十条第一款第（三）项的规定予以核定，但不包括回迁安置房所处地块的土地使用权价款。

知识链接

拆迁安置的税收处理

根据《国家税务总局关于土地增值税清算有关问题的通知》（国税函〔2010〕220号）第六条的规定，不同的拆迁方式在土地增值税清算时的处理方法如下：

（1）用本项目房产安置回迁户。

房地产企业用建造的本项目房地产安置回迁户的，安置用房视同销售处理，按《国家税务总局关于房地产开发企业土地增值税清算管理有关问题的通知》（国税发〔2006〕187号）第三条第（一）款规定确认收入，即按下列方法和顺序确认：

按本企业在同一地区、同一年度销售的同类房地产的平均价格确定；

由主管税务机关参照当地当年、同类房地产的市场价格或评估价值确定。

同时将此“视同销售”确认的收入金额，确认为房地产开发项目的拆迁补偿费。房地产开发企业支付给回迁户的补差价款，计入拆迁补偿费；回迁户支付给房地产开发企业的补差价款，应抵减本项目拆迁补偿费。

（2）异地安置。

开发企业采取异地安置，若异地安置的房屋属于企业自行开发建造的，房屋价值按国税发〔2006〕187号第三条第（一）款的规定计算出金额，计入本项目的拆迁补偿费；异地安置的房屋属于购入的，以实际支付的购房支出计入拆迁补偿费。

举例说明：某房地产公司有雅园和秀园两个项目，现在用秀园项目建好的房屋50套，安置雅园的“回迁户”。按照国税发〔2006〕187号文件规定，这50套房屋的“视同销售”价格是3 000万元，雅园项目安置“回迁户”确认的拆迁补偿费是3 000万元。

(3) 货币安置。

货币安置拆迁的，房地产开发企业凭合法有效凭据计入拆迁补偿费。但是，在实际操作中很难取得“合法有效凭据”。国税发〔2009〕91号文件对“合法有效凭据”作了阐述。

《国家税务总局关于印发〈土地增值税清算管理规程〉的通知》(国税发〔2009〕91号)第二十二条第三项规定，审核拆迁补偿费时应当重点关注：拆迁补偿费是否实际发生，尤其是支付给个人的拆迁补偿款、拆迁（回迁）合同和签收花名册或签收凭证是否一一对应。

拆迁补偿费支出证据链规范包括：

(1) 政策依据：政府部门的拆迁办法或具体拆迁文件；

(2) 民事合同：双方签订的房屋拆迁补偿安置协议；

(3) 中介证明：房屋评估及测绘资料；

(4) 计量标准：房屋拆迁补偿安置计算单；

(5) 权属证明：被拆迁房屋权属相关资料；

(6) 身份证明：被拆迁人身份证明材料；

(7) 支付证明：安置资金结算及交付证明材料；

(备注：有的地方税务局明文规定，通过现金支付拆迁补偿费的，税前扣除时不予认可。)

(8) 公证或法院裁定：针对钉子户。

案例分析

拆迁房屋的财税处理

东方房地产开发企业和拆迁户王先生达成拆迁协议。王先生取得东方房地产公司住宅拆迁补偿款71 304元，东方公司还原其房屋面积为92.56平方米。其中，属于拆迁置换面积为59.42平方米，置换单价为1 395元/平方米，超置换面积33.14平方米，市场单价为3 271元/平方米。东方公司为王先生开具不动产销售发票，开具金额为191 292元（59.42×1 395＋33.14×3 271）。该房屋单位成本为1 921元/平方米。请问，对此业务应如何进行财税处理？

账务处理如下：

(1) 支付拆迁补偿款时：

借：开发成本——土地征用费及拆迁补偿费	71 304	
贷：银行存款		71 304

(2) 销售房屋给拆迁户时：

借：银行存款	191 292	
贷：主营业务收入		191 292

计提税金及附加：

借：营业税金及附加	10 521.06	

贷：应交税费——应交营业税 9 564.60

——应交城市维护建设税 669.52

——教育费附加 286.94

营业税计税营业额为59.42×1 395＋33.14×3 271＝191 292（元），应缴纳营业税9 564.60元。

（3）结转成本时：

借：主营业务成本 177 807.76

贷：开发产品 177 807.76

主营业务成本＝1 921×92.56＝177 807.76（元）。

2. 前期工程费

前期工程费是指项目开发前期发生的水文地质勘察、测绘、规划、设计、可行性研究、筹建、场地通平等前期费用，包括规划、设计、项目、可行性研究和水平、地质、勘察、测绘、“三通一平”（通水、通电、通道路、平整地面）等支出。

这里需强调的是，如果纳税人取得的是已经进行了土地开发的“熟地”，即已经过“三通一平”，则这部分支出已体现在纳税人取得土地使用权所支付的金额中，这部分前期工程费在纳税人的房地产开发成本中就不允许再扣除。

3. 建筑安装工程费

建筑安装工程费是指开发项目开发过程中发生的各项建筑安装费用，主要包括开发项目建筑工程费和开发项目安装工程费等，如纳税人将房地产开发项目出包给建筑施工单位所支付给承包方的建筑安装工程费用；纳税人自己建房所发生的列入开发项目工程施工图预算内的各项建筑安装工程费用。

属于多个房地产项目共同的成本费用，应按清算项目可售建筑面积占多个项目可售总建筑面积的比例或其他合理的方法，计算确定清算项目的扣除金额。

$$清算项目可扣除金额=\frac{多个项目共同成本费用}{多个项目可售总面积}\times清算项目可售面积$$

根据《国家税务总局关于房地产开发企业土地增值税清算管理有关问题的通知》（国税发〔2006〕187号）第四条第（四）款规定，房地产开发企业销售已装修的房屋，其装修费用可以计入房地产开发成本。房地产开发企业的预提费用，除另有规定外，不得扣除。

4. 基础设施费

基础设施费是指开发项目在开发过程中所发生的各项基础设施支出，主要包括开发项目内道路、供水、供电、供气、排污、排洪、通信、照明等社区管网工程费和环境卫生、园林绿化等园林环境工程费。

5. 公共配套设施费

公共配套设施费包括不能有偿转让的开发小区内公共配套设施发生的支出。

房地产开发企业开发建造的与清算项目配套的居委会和派出所用房、会所、停车场（库）、物业管理场所、变电站、热力站、水厂、文体场馆、学校、幼儿园、托儿所、医院、邮电通信等公共设施，按以下原则处理：

第一，建成后产权属于全体业主所有的，其成本、费用可以扣除；

第二，建成后无偿移交给政府、公用事业单位用于非营利性社会公共事业的，其成本、费用可以扣除；

第三，建成后有偿转让的，应计算收入，并准予扣除成本、费用。

由于各开发项目配套设施情况不同，必须先确定允许扣除的配套设施面积后再计算分摊。对于成片开发分期清算项目的公共配套设施费用，在先期清算时应按实际发生的费用进行分摊；对于后期清算时实际支付的公共配套设施费用分摊比例大于前期的金额的，允许在整体项目全部清算时，按照整体项目重新进行调整分摊。

6. 开发间接费

开发间接费是指企业为直接组织和管理开发项目所发生的，且不能将其归属于特定成本对象的成本费用性支出，主要包括管理人员工资、职工福利费、折旧费、修理费、办公费、水电费、劳动保护费、工程管理费、周转房摊销以及项目营销设施建造费等。但开发商的行政管理部门（总部）为管理和组织经营活动而发生的管理费用，应在房地产开发费用中列支，不应在此扣除。

知识链接

企业所得税与土地增值税关于开发成本的分配方法比较

《房地产开发经营业务企业所得税处理办法》（国税发〔2009〕31号）第二十九条规定，企业开发、建造的开发产品应按制造成本法进行计量与核算。其中，应计入开发产品成本中的费用属于直接成本和能够分清成本对象的间接成本，直接计入成本对象；共同成本和不能分清负担对象的间接成本，应按受益的原则和配比的原则分配至各成本对象。具体分配方法可按以下规定选择其一：

（一）占地面积法。指按已动工开发成本对象占地面积占开发用地总面积的比例进行分配。

1. 一次性开发的，按某一成本对象占地面积占全部成本对象占地总面积的比例进行分配。

2. 分期开发的，首先按本期全部成本对象占地面积占开发用地总面积的比例进行分配，然后再按某一成本对象占地面积占期内全部成本对象占地总面积的比例进行分配。

期内全部成本对象应负担的占地面积为期内开发用地占地面积减除应由各期成本对

象共同负担的占地面积。

（二）建筑面积法。指按已动工开发成本对象建筑面积占开发用地总建筑面积的比例进行分配。

1. 一次性开发的，按某一成本对象建筑面积占全部成本对象建筑面积的比例进行分配。

2. 分期开发的，首先按期内成本对象建筑面积占开发用地计划建筑面积的比例进行分配，然后再按某一成本对象建筑面积占期内成本对象总建筑面积的比例进行分配。

（三）直接成本法。指按期内某一成本对象的直接开发成本占期内全部成本对象直接开发成本的比例进行分配。

（四）预算造价法。指按期内某一成本对象预算造价占期内全部成本对象预算造价的比例进行分配。

第三十条规定，企业下列成本应按以下方法进行分配：

（一）土地成本，一般按占地面积法进行分配。如果确需结合其他方法进行分配的，应经税务机关同意。

土地开发同时连结房地产开发的，属于一次性取得土地分期开发房地产的情况，其土地开发成本经商税务机关同意后可先按土地整体预算成本进行分配，待土地整体开发完毕再行调整。

（二）单独作为过渡性成本对象核算的公共配套设施开发成本，应按建筑面积法进行分配。

（三）借款费用属于不同成本对象共同负担的，按直接成本法或按预算造价法进行分配。

（四）其他成本项目的分配法由企业自行确定。

而土地增值税中规定如下：

《土地增值税暂行条例实施细则》第九条规定，纳税人成片受让土地使用权后，分期分批开发、转让房地产的，其扣除项目金额的确定，可按转让土地使用权的面积占总面积的比例计算分摊，或按建筑面积计算分摊，也可按税务机关确认的其他方式计算分摊。

国税发〔2006〕187号文件规定，属于多个房地产项目共同的成本费用，应按清算项目可售建筑面积占多个项目可售总建筑面积的比例或其他合理的方法，计算确定清算项目的扣除金额。

因此，在主管税务机关没有特别规定的情况下，纳税人可以自主选择有利的分摊方法。常用的方法同于企业所得税四种分摊方法。

较简便又直接的归集分配方法是建筑面积法，已售开发产品的计税成本，按当期已实现销售的可售面积和可售面积单位工程成本确认。

可售面积单位工程成本＝成本对象总成本÷成本对象总可售面积

已售开发产品的计税成本＝已实现销售的可售面积×可售面积单位工程成本

根据以上方法，能准确区分每个项目、每个类型建筑物已售部分和未售部分的开发成本，包括普通和非普通住宅、商铺等，这是计算土地增值税扣除项目中开发费用的重要基数，也是财政部规定的其他扣除项目加计20%的重要基数，更是计算土地增值额的重要依据。

知识链接

开发间接费的巧妙归类

实际操作中，很难划分“开发间接费”和“管理费用”，更是有很多企业把“开发间接费”误计入“管理费用”账户，导致在土地增值税清算时就少扣除了成本，多缴纳了土地增值税。

合理划分“开发间接费”和“管理费用”，首先要明确开发间接费核算的内容。开发间接费主要核算为直接组织、管理开发项目发生的费用，包括工资、职工福利费、折旧费、修理费、办公费、水电费、劳动保护费、周转房摊销等。为了区分项目支出和日常管理的支出，可以成立项目部，项目部人员的工资、职工福利，以及项目部的日常开支都可以记在“开发成本——开发间接费”科目里。

如果公司同时开发几个项目，为了简化核算手续，可以先计入“开发间接费用”科目，然后按照适当分配标准，将它分配记入各项开发产品成本。由于土地增值税计算过程的特殊性，不同的核算方法将会导致不同的税负结果。在进行会计核算时，如果将其在管理费用中核算，在计算土地增值税时由于管理费用及销售费用的扣除标准是一定的，企业将无法享受其他扣除项目加计扣除20%的好处。而如增设开发间接费用，不仅加大土地增值税的开发成本扣除额，而且也增大了加计扣除20%的基数。

房地产开发成本中的开发间接费用与房地产开发费用，两者很容易混淆。由于房地产开发费用有比例限制，并且开发间接费用可以作为加计扣除20%的依据，因此部分纳税人有意或无意将费用尽量转移到房地产开发成本。如果不细加区分，就会造成土地开发成本虚增，相应的房地产开发费用和加计扣除也会同时虚增。

案例分析

通过开发间接费巧妙降低土地增值税

白云房地产开发公司为开发某一项目，支付取得土地使用权金额1 000万元，开发土地和新建房及配套成本为1 200万元，其中开发间接费用50万元，包括管理人员工资福利5万元、办公设备折旧5万元、广告和其他销售的费用20万元。假设该公司不能按转让房地产项目计算分摊并提供金融机构证明的利息支出，房地产开发费用扣除比例为10%。

分析如下：

如果不对开发间接费用中不属于直接组织管理开发项目加以剔除，通过计算：

房地产开发成本虚增30万元，

开发费用虚增 30×10%＝3（万元），

加计扣除金额虚增 30×20%＝6（万元），

共计扣除项目金额虚增 30＋3＋6＝39（万元）。

由于扣除项目金额增加，必然造成增值额和增值率的减少，从而减少了应纳的土地增值税。

（三）房地产开发费用

房地产开发费用是指与房地产开发项目有关的销售费用、管理费用和财务费用。根据企业会计准则的规定，财务费用、销售费用、管理费用等三项费用作为期间费用，直接计入当期损益，不按成本核算对象进行分摊。

土地增值税的扣除项目金额中的“房地产开发费用”是指与房地产开发项目有关的管理费用、财务费用、销售费用。

1. 管理费用

土地增值税中的管理费用指开发企业的行政管理部门为管理和组织房地产开发经营活动而发生的各项费用。

房地产企业财务会计制度中的管理费用包括公司经费、工会经费、职工教育经费、劳动保险费、待业保险费、董事会费、税金、土地使用费、土地损失补偿费、技术转让费、无形资产摊销、开办费摊销、业务招待费、坏账损失、存货盘亏及毁损和报废（减盘盈）损失以及其他管理费用。

2. 财务费用

土地增值税中的财务费用指开发经营期间的利息净支出、汇兑净损失、调剂外汇手续费、金融机构手续费。

而房地产企业财务会计制度中的财务费用包括企业经营期间发生的利息净支出、汇兑净损失、调剂外汇手续费、金融机构手续费，以及企业筹资发生的其他财务费用。

3. 销售费用

销售费用包括应由企业负担的运输费、装卸费、包装费、保险费、维修费、展览费、差旅费、广告费、代销手续费、销售服务费、以及专设销售机构的销售人员工资、奖金、福利费、折旧费、修理费、物料消耗和其他经费等。

知识链接

房地产开发公司售楼部的相关费用账务处理

1. 售楼处的分类

根据售楼处的来源及其使用完毕后处理的方式，可以分为：

方案一：单独修建售楼处，待销售完成后，将其拆除；

方案二：单独修建售楼处，待销售基本完成后，将其转作自用或出租；

方案三：利用企业自有房屋或商品房作为售楼处，待销售基本完成，再将该售楼处对外销售；

方案四：利用企业自有房屋或商品房作为售楼处，待销售完成后，将其转作自用或出租；

方案五：租用外单位的房屋修建售楼处，待销售基本完成或房屋到期后，归还房屋。

当然还存在各种变化情况，如利用物管用房、利用开发单位自己的办公室等等。不管怎么样，都可以在上面的分类找出相类似点，所以基本的分类还是上面的五种。

由于分类不同，相关的处理也不同，后面的处理就按照这五种分类方式进行展开。

2. 相关规定

根据国税发〔2006〕31号文的规定，开发企业建造的售房部按如下思路处理：

(1) 凡能够单独作为成本对象进行核算的，可按自建固定资产进行处理；

(2) 凡不能够单独作为成本对象进行核算的，一律按建造开发产品进行处理；

(3) 售房部装修费用，无论数额大小，均应计入其建造成本。

3. 建造时的处理

(1) 建造。

方案一、二，需要重新修建售楼处，可以单独作为成本对象进行核算，因此按自建固定资产处理。

方案三、四、五，由于不用重新修建售楼处，不需要相关处理。

(2) 装修。

方案一、二，装修费用随着房屋本身走，继续按固定资产处理。

方案三、四、五，没有办法单独作为成本对象进行核算，因此应当通过开发成本处理，装修完毕后转入长期待摊费用（或开发产品）。

4. 使用时的处理

(1) 折旧和摊销。

无论采用哪一种方式，也无论在建造过程中按照自建固定资产还是按照开发产品或长期待摊费用处理，在售楼处使用过程中，计提的折旧和摊销，都要计入“销售费用”。

但在计算折旧和摊销中，分摊的期限需要根据具体的方式进行区分。例如方案五，根据《企业所得税法实施条例》第六十八条规定，按照合同约定的剩余租赁期限分期摊销。

(2) 房产税。

《关于房产税若干具体问题的解释和暂行规定》（财税地字〔1986〕8号）第十九条规定，纳税人自建的房屋，自建成之次月起征收房产税。《国家税务总局关于房产税、城镇土地使用税有关政策规定的通知》（国税发〔2003〕89号）第二条第四款规定，房地产开发企业自用、出租、出借本企业建造的商品房，自房屋使用或交付之次月起计征房产税，开发企业的利用商品房、原有住房以及自建售楼处，应自开始使用之次月缴纳房产税。

方案五由于是租用房屋，不是房产税的纳税义务人，不用缴纳房产税。

5. 清理时的处理

（1）拆除。

方案一进行拆除时，由于修建和装修时按照自建固定资产处理，因此拆除时按照固定资产清理的程序进行。

（2）自用或出租。

方案二自用和出租时，按照固定资产自用和出租处理。

方案四自用和出租时，根据《国家税务总局关于企业处置资产所得税处理问题的通知》（国税函〔2008〕828号）文件的规定，不视同销售确认收入。

无论方案二还是方案四，在自用或出租时，须按照资产原值或租金缴纳房产税。

（3）销售。

方案三销售时，其税务处理与一般商品房销售一致，即应该缴纳营业税、企业所得税、土地增值税等，并确认收入、结转成本税金。

（4）转为物管用房。

转为物管用房或会所的，根据31号文的规定，能够处理成属于非营利性且产权属于全体业主的，或无偿赠与地方政府、公用事业单位的，可将其视为公共配套设施，其建造费用按公共配套设施费的有关规定进行处理。

（5）租赁到期。

租赁到期时，长期待摊费用应当已经摊销完毕，将房屋归还给对方即可。

知识链接

单独修建的售楼部、样板房等营销设施费的扣除问题

国家税务总局纳税服务司给出的解释是：房地产企业单独修建的售楼部、样板房等营销设施费，应区分不同情况处理：

（1）房地产企业在开发小区内、主体外修建临时性建筑物作为售楼部、样板房的，其发生的设计、建造、装修等费用，应计入房地产销售费用扣除。售楼部、样板房内的资产，如空调、电视机等资产性购置支出不得在销售费用中列支。

（2）房地产企业在主体内修建临时售楼部、样板房的，其发生的设计、建造、装修等费用，建成后有偿转让的，应计算收入并准予扣除。

（3）房地产企业利用规划配套设施（如会所、物业管理用房），发生的售楼部、样板房的设计、建造、装修等费用，按以下原则处理：建成后产权属于全体业主所有的，其成本、费用可以扣除；建成后无偿移交给政府、公用事业单位用于非营利性社会公共

事业的，其成本、费用可以扣除；建成后有偿转让的，应计算收入，并准予扣除成本、费用。

从上述可知，土地增值税的扣除项目金额中的“房地产开发费用”是房地产企业会计核算中“管理费用、财务费用、销售费用”中的一部分，但两者的列支标准是不同的。也就是说，土地增值税扣除项目金额中的“房地产开发费用”，除利息可以按实际支出数（如果符合规定）扣除外，其余均按比例扣除。

而房地产开发企业会计核算中的管理费用、财务费用、销售费用，除管理费用中有些项目是规定列支比例外，其余一般是据实列支扣除的。

暂行条例及其实施细则之所以要作出这样的规定，是因为土地增值税是在房地产转让时，按转让收入减除扣除项目后的增值额征税，要求按转让项目计算增值额，但在房地产开发企业会计核算中，其管理费用、财务费用、销售费用是作为期间费用，直接计入当期损益，不按转让项目进行分摊。所以，土地增值税扣除项目金额不可能按实际支出数扣除。

对“房地产开发费用”中的银行贷款利息支出，由于考虑到其所占的比重较大，且可以通过金融机构提供的证明掌握其实际支出情况，因此作了特殊规定，对能够按转让项目计算分摊并提供金融机构证明的，可以按实际支出数扣除。具体规定如下：

(1)《土地增值税暂行条例实施细则》规定，财务费用中的利息支出，凡能够按转让房地产项目计算分摊并提供金融机构证明的，允许据实扣除，但最高不能超过按商业银行同类同期贷款利率计算的金额。

其他房地产开发费用，按《土地增值税暂行条例实施细则》第七条第（一）、（二）项规定（即取得土地使用权所支付的金额和房地产开发成本，下同）计算的金额之和的5%以内计算扣除。

开发费用＝利息支出＋(土地成本＋开发成本)×5%以内

（注：利息最高不能超过按商业银行同类同期贷款利率计算的金额。）

例如，某房地产开发企业开发项目支付的地价款为280万元，开发成本为520万元，利息支出能够提供金融机构证明。因此，利息按实际发生数扣除。其他开发费用扣除数额不得超过40万元，即（280＋520）×5%。

这里隐含着实际支付利息只要能够按转让房地产项目计算分摊，并能提供金融机构贷款证明的，可以超过《土地增值税暂行条例实施细则》第七条第（一）项“取得土地使用权所支付的金额”、第（二）项“房地产开发成本”规定计算的金额之和的5%。

(2) 凡不能按转让房地产项目计算分摊利息支出或不能提供金融机构证明的，房地产开发费用按《土地增值税暂行条例实施细则》第七条第（一）项“取得土地使用权所支付的金额”、第（二）项“房地产开发成本”规定计算的金额之和的10%以内计算扣除，简称“按照建造成本的10%扣除”。

开发费用＝（土地成本＋开发成本）×10％以内

开发费用的计算方法与扣除条件如下：

利息支出能否同时满足以下条件 ● 按照项目计算分摊 ● 提供金融机构证明	是	开发费用＝利息支出＋（土地成本＋开发成本）×5％
	否	开发费用＝（土地成本＋开发成本）×10％

例如，某房地产开发企业开发项目支付的地价款为280万元，开发成本为520万元，有利息支出，但不能提供证明。因此，房地产开发费用总扣除限额为80万元，即(280＋520)×10％，超限额部分不得扣除。

全部使用自有资金，没有利息支出的，按照此种方法扣除。

另外，土地增值税清算时，已经计入房地产开发成本的利息支出，应调整至财务费用中计算扣除。

此外，财政部、国家税务总局还对扣除项目金额中利息支出的计算问题作了两点专门规定：

一是利息的上浮幅度按国家的有关规定执行，超过上浮幅度的部分不允许扣除；

二是对于超过贷款期限的利息部分和加罚的利息不允许扣除，此项规定与企业所得税扣除规定明显不同，应特别引起注意。

开发企业为建造房地产开发项目向金融机构借款发生的利息支出，属于房地产项目完工前发生的，按规定计入房地产开发成本并予以扣除；属于房地产项目完工后发生的，应计入房地产开发费用中的财务费用并按规定予以扣除。

《国家税务总局关于企业所得税若干问题的公告》（国家税务总局公告2011年第34号）第一条“关于金融企业同期同类贷款利率确定问题”规定，根据《实施条例》第三十八条规定，非金融企业向非金融企业借款的利息支出，不超过按照金融企业同期同类贷款利率计算的数额的部分，准予税前扣除。鉴于目前我国对金融企业利率要求的具体情况，企业在按照合同要求首次支付利息并进行税前扣除时，应提供“金融企业的同期同类贷款利率情况说明”，以证明其利息支出的合理性。

“金融企业的同期同类贷款利率情况说明”中，应包括在签订该借款合同当时，本省任何一家金融企业提供同期同类贷款利率情况。该金融企业应为经政府有关部门批准成立的可以从事贷款业务的企业，包括银行、财务公司、信托公司等金融机构。“同期同类贷款利率”是指在贷款期限、贷款金额、贷款担保以及企业信誉等条件基本相同下，金融企业提供贷款的利率。既可以是金融企业公布的同期同类平均利率，也可以是金融企业对某些企业提供的实际贷款利率。

知识链接

金融机构的分类与范围

金融机构是指经中国人民银行批准专门从事货币信用活动的中介组织。从我国目前的情况看，我国金融机构按其地位和功能划分大致有以下四类：

(1) 货币当局，又称中央银行，即中国人民银行。

(2) 银行。包括政策性银行、商业银行。商业银行又分为：国有独资商业银行、股份制商业银行、城市合作银行以及住房储蓄银行。

(3) 非银行金融机构。主要包括国有及股份制的保险公司，城市合作社及农村信用合作社，信托投资公司，证券公司，证券交易中心，投资基金管理公司，证券登记公司，财务公司，及其他非银行金融机构。

(4) 境内开办的外资、侨资、中外合资金融机构。包括外资、侨资、中外合资的银行、财务公司、保险机构等在我国境内设立的业务分支机构及驻华代表处。

如果房地产开发企业发生的利息支出是通过未经中国人民银行批准的单位或个人发生的，则按不能提供金融机构证明来处理，房地产开发费用按土地成本、开发成本金额之和的10%以内计算扣除。

知识链接

土地增值税清算时贷款利息据实扣除的条件

根据土地增值税相关政策规定，金融机构的贷款利息支出允许据实扣除的条件有3个：

(1) 能够按转让房地产项目计算分摊的；

(2) 提供金融机构证明；

(3) 最高不能超过按商业银行同类同期贷款利率。

只要有一个条件不满足，就要按照扣除项目前两项（不包括资本化的项目贷款利息）规定计算的金额之和的10%以内计算扣除。

目前，很多房地产企业经常发生企业之间的拆借资金，其支付的利息显然无法取得金融机构的证明，尽管其可以取得资金提供者到所在地地方税务局代开的发票，但也不能据实扣除，而只能按照扣除项目前两项（不包括资本化的项目贷款利息）规定计算的金额之和的10%以内计算扣除。

从事房地产开发的纳税人按扣除项目的前两项规定计算的金额之和进行加计20%扣除时，也应把项目资本化利息剔除后再作为加计扣除计算基数。

案例分析

允许扣除的房地产开发费用的计算

某企业开发房地产取得土地使用权所支付的金额1 000万元；房地产开发成本6 000万元；向金融机构借入资金利息支出400万元并能提供贷款证明，其中超过国家规定上浮幅度的金额为100万元；该企业所在省规定能提供贷款证明的其他房地产开发费用为5%。

则该企业允许扣除的房地产开发费用为（400－100）＋(1 000＋6 000)×5%＝650（万元）。

（四）旧房及建筑物的评估价格

税法规定，转让旧房的，应按房屋及建筑物的评估价格、取得土地使用权所支付的地价款和按国家统一规定缴纳的有关费用以及在转让环节缴纳的税金作为扣除项目金额计征土地增值税。对取得土地使用权时未支付地价款或不能提供已支付的地价款凭据的，不允许扣除取得土地使用权所支付的金额。

旧房及建筑物的评估价格是指在转让已使用的房屋及建筑物时，由政府批准设立的房地产评估机构评定的重置成本价乘以成新度折扣率的价格。评估价格须经当地税务机关确认。

旧房是指已建成并办理房屋产权证或取得购房发票的房产以及虽未办理房屋产权证但已建成并交付使用的房产。

《财政部 国家税务总局关于土地增值税一些具体问题规定的通知》（财税字〔1995〕048号）规定，新建房是指建成后未使用的房产。凡是已使用一定时间或达到一定磨损程度的房产均属旧房。使用时间和磨损程度标准可由各省、自治区、直辖市财政厅（局）和地方税务局具体规定。

重置成本价是指对旧房及建筑物，按转让时的建材价格及人工费用计算，建筑同样面积、同样层次、同样结构、同样建设标准的新房及建筑物所需花费的成本费用。成新度折扣率是指按旧房的新旧程度作一定比例的折扣。

知识链接

各地对于新房和旧房的界定标准

1.《湖北省财政厅 省地方税务局转发〈财政部 国家税务总局关于土地增值税一些具体问题规定的通知〉》（鄂财税发〔1995〕544号）关于新建房与旧房的界定问题，经研究确定，凡是建成未交付使用的房产均属新建房；凡是已经交付使用，不论时间长短或磨损程度大小，均属旧房。

2.《上海市财政局 地方税务局转发〈财政部 国家税务总局关于土地增值税一些具体问题规定的通知〉及本市具体补充规定》（沪地税地〔1995〕38号）规定，财税字〔1995〕048号第七款所称使用时间和磨损程度标准为：新建商品房未投入使用，三年以内未出售的，可以按新建房的实际成本费用扣除，计征土地增值税；如超过三年出售的，均按旧房重新评估价格扣除，计征土地增值税。新建房投入使用在一年以上或达到磨损程度3%左右的均属旧房，在转让时均按评估价格扣除，计征土地增值税。

3.《广西壮族自治区财政厅、自治区国家税务局、自治区地方税务局转发〈财政部 国家税务总局关于土地增值税一些具体问题规定的通知〉》（桂财税字〔1995〕28号）规定，凡房屋建成后至第一次办理产权证完毕，这段时间属于新建房，如再办理产权转移的，不论时间长短与磨损程度如何，一律视为旧房。

由此可见，按照土地增值税相关政策规定，新旧房的界定标准是：

(1) 凡是已使用一定时间或达到一定破损程度的房产均属于“旧房”。

(2) 建成后未使用的房产不是旧房，转让时按“新”纳税。

一般旧房大多会涉及提取折旧问题。所以，判断是否属于旧房，是否作为固定资产管理并提取折旧也是重要的线索和征兆。

计算转让旧房土地增值税的扣除项目包括三种情况：

1. 按照评估价格确定扣除项目

扣除项目金额＝房屋评估后的重置成本×成新率＋土地的评估价值

对于能提供评估价格的，已缴契税在计算土地增值税时不允许扣除。

案例分析

房产评估价格与土地增值税计算

白云房地产企业准备以2 000万元出售一幢办公楼，办公楼账面价值300万元，累计折旧30万元。

现在无法找到原始凭证，只得委托某资产评估公司予以评估，评估土地价值为800万元，按照成本法对办公楼进行评估，重置成本为500万元，成新率70%，事后支付评估费8万元。

白云企业自行计算方案结果为：

转让办公楼税金共计111万元，

土地增值税的扣除项目金额：500×70%＋800＋111＝1 261（万元），

应申报缴纳土地增值税232.55万元。

分析如下：

该公司的资产转让行为土地增值税扣除项目，政策适用错误，扣除项目不准确。

所以白云公司土地扣除项目绝不能按照评估价值虚增扣除成本，只能按照取得土地使用权所支付的实际价款扣除。不能提供已支付的地价款凭据的，不允许扣除取得土地使用权所支付的金额。白云公司土地扣除成本只能为0。

按照评估价格正确计算应交土地增值税如下：

白云企业办公楼转让收入2 000万元。

办公楼评估价格（不含土地部分）为500×70%＝350（万元）

取得土地使用权所支付的地价款和按国家统一规定缴纳的有关费用为0。

与转让房地产有关的税金＝2 000×5%×(1＋7%＋3%)＋2 000×0.5‰＝111(万元)

支付评估费用8万元。

扣除项目合计＝350＋0＋111＋8＝469(万元)

增值额＝2 000－469＝1 531（万元）

增值率＝1 531÷469×100％＝326％

适用的土地增值税税率为60％，速算扣除系数为35％。

应纳土地增值税税额＝1 531×60％－469×35％＝754.45（万元）

2. 按照发票所载金额确定扣除项目

纳税人转让旧房及建筑物，凡不能取得评估价格，但能提供购房发票的，经当地税务部门确认，《土地增值税暂行条例》第六条第（一）、（三）项规定的扣除项目的金额，可按发票所载金额并从购买年度起至转让年度止每年加计5％计算。对纳税人购房时缴纳的契税，凡能提供契税完税凭证的，准予作为“与转让房地产有关的税金”予以扣除，但不得作为加计5％的基数。

即转让旧房不能提供评估价格但能提供购房发票的扣除项目金额包括三项：一是购房发票所载金额（实际上包含了《土地增值税暂行条例》中第六条的“取得土地使用权所支付的金额”以及“旧房及建筑物的评估价格”两部分）；二是加计扣除金额（加计扣除金额＝购房发票所载金额×5％×购买年度起至转让年度止的年数）；三是与转让房地产有关的税金（包括转让旧房时缴纳的营业税、城市维护建设税、印花税、契税以及教育费附加，上述四税及附加均必须提供相应的完税凭证）。

计算扣除项目时，“每年”按购房发票所载日期起至售房发票开具之日止，每满12个月计一年；超过6个月、未满12个月的，可以视同为一年，意味着不足6个月的不计算扣除额。比如，29个月的为两年，31个月的为三年。

扣除项目＝发票所载金额×［1＋（转让年度－购买年度）×5％］
＋与房地产转让有关税金＋与房地产转让有关费用

案例分析

按发票所载金额确定的扣除项目

我们还是以白云公司为例，现在找出了原来开具的购房发票，金额为300万元。支付房地产转让有关费用8万元。该房产未进行资产评估。

分析如下：

白云企业办公楼转让收入2 000万元。

与转让房地产有关的税金＝2 000×5％×（1＋7％＋3％）＋2 000×0.5‰＝111（万元）

支付房地产转让有关费用8万元。

土地增值税扣除项目＝发票所载金额×［1＋（转让年度－购买年度）×5％］＋与房地产转让有关税金＋与房地产转让有关费用＝300×（1＋4×5％）＋111＋8＝479（万元）。

增值额＝2 000－479＝1 521（万元）

增值率＝1 521÷479×100％＝318％

则适用税率为60％适用的土地增值税税率为60％，速算扣除系数为35％。

应纳土地增值税税额＝1 521×60％－479×35％＝744.95（万元）

3. 按照核定征收确定应纳土地增值税税额

既没有评估价格，又不能提供购房发票的，地方税务机关可以根据《中华人民共和国税收征收管理法》第三十五条的规定，实行核定征收。

案例分析

按核定征收确定应纳土地增值税税额（一）

我们还以白云房地产企业为例。支付房地产转让有关费用8万元。该办公楼既无法取得评估资料，也不能找到原始购买发票。

分析如下：

按照核定征收计算应纳土地增值税税额，核定征收率假设为20％。

(1) 白云企业办公楼转让收入2 000万元。

(2) 核定征收率20％。

(3) 应纳土地增值税税额为2 000×20％＝400（万元）。

根据案例得知，核定征收不一定对企业无利，关键是看主管税务机关确定的核定征收率是否会低于前述两种情形下的实际税负。

案例分析

按核定征收确定应纳土地增值税税额（二）

中华房地产公司于2011年3月将一栋旧楼出售，取得收入1 500万元；该楼账面原值1 000万元，已提折旧500万元。经评估机构评估确认：该楼重置成本价1 500万元，成新度折扣率60％。该企业已于3月10日与购买方签订了房地产转让合同，并办理了房地产产权变更登记手续。请计算该企业应纳的土地增值税，作出相应的会计处理。

分析如下：

1. 计算应税收入、扣除项目金额、土地增值额

(1) 转让房地产取得的收入1 500万元；

(2) 计算扣除项目金额：

根据评估机构出具的评估资料，确定计入扣除的旧房及建筑物的评估价格：1 500×60％＝900（万元）。

核实应计入扣除的与转让房地产有关的税金：

营业税：1 500×5%=75（万元）

城市维护建设税：75×7%=5.25（万元）

教育费附加：75×3%=2.25（万元）

印花税：1 500×0.5‰=0.75（万元）

准予扣除项目的税金合计82.5万元。

准予扣除项目金额合计：900+82.5=982.5（万元）。

(3) 计算增值额：

增值额=1 500−982.5=517.5(万元)

(4) 确定增值额占扣除项目金额的比率，并确定适用税率和速算扣除系数：

增值额占扣除项目金额的比率=517.5÷982.5×100%=52%

适用的土地增值税税率为40%，速算扣除系数为5%。

(5) 计算土地增值税应纳税额：

应纳税额=517.5×40%−982.5×5%=158(万元)

2. 进行会计处理

计算提取土地增值税：

借：固定资产清理　　1 580 000

　贷：应交税费——应交土地增值税　　1 580 000

下月初实际缴纳土地增值税：

借：应交税费——应交土地增值税　　1 580 000

　贷：银行存款　　1 580 000

（五）与转让房地产有关的税金

与转让房地产有关的税金是指在转让房地产时缴纳的营业税、城市维护建设税、印花税。因转让房地产缴纳的教育费附加，也可视同税金予以扣除。

转让房地产时，地方政府规定征收的社会事业发展费、基础设施附加费、以工建（补）农资金及旧房及建筑物的评估费用、交易手续费等可允许扣除。需要注意的是：

(1)《财政部 国家税务总局关于土地增值税一些具体问题规定的通知》（财税字〔1995〕048号）第九条“关于计算增值额时扣除已缴纳印花税的问题”规定，细则中规定允许扣除的印花税，是指在转让房地产时缴纳的印花税。房地产开发企业按照《施工、房地产开发企业财务制度》的有关规定，其缴纳的印花税列入管理费用，已相应予以扣除。其他的土地增值税纳税义务人在计算土地增值税时允许扣除。

(2) 对纳税人购房时缴纳的契税，凡能提供契税完税凭证的，准予作为“与转让房地产有关的税金”予以扣除，但不作为加计5%的基数。

对于个人购入房地产再转让的，其在购入时已缴纳的契税，在旧房及建筑物的评估价中已包括了此项因素，在计征土地增值税时，不另作为“与转让房地产有关的税金”予以扣除。

(六) 财政部规定的其他扣除项目

对从事房地产开发的纳税人，可按《土地增值税暂行条例实施细则》第七条第(一)项“取得土地使用权所支付的金额”、第(二)项“房地产开发成本”规定计算的金额之和，加计20%的扣除，简称按照建造成本的20%加计扣除。

加计扣除费用=(土地成本+开发成本)×20%

在此应特别指出的是，此条优惠只适用于从事房地产开发的纳税人，除此之外的其他纳税人不适用。这条规定对于房地产开发企业特别重要，计算时千万不能遗漏。

知识链接

地方政府要求房地产开发企业代收的费用的处理

首先，企业代收税款，不计入销售收入，例如，房地产企业代收的由购房人缴纳的契税。

财税字〔1995〕048号文件规定，对于县级及县以上人民政府要求房地产开发企业在售房时代收的各项费用，如果代收费用是计入房价中向购买方一并收取的，可作为转让房地产所取得的收入计税；如果代收费用未计入房价中，而是在房价之外单独收取的，可以不作为转让房地产的收入。

对于代收费用作为转让收入计税的，在计算扣除项目金额时，可予以扣除，但不允许作为加计20%扣除的基数；对于代收费用未作为转让房地产收入计税的，在计算增值税时不允许扣除代收费用。

对于县级以上人民政府要求房地产开发企业在售房时代收的各项费用，如果代收费用是计入房价中向购买方一并收取的，可作为转让房地产取得的收入计税，在计算扣除项目金额时，可予以扣除，但不允许作为加计20%扣除的基数。

如果代收费未计入房价中，而在房价之外单位收取的，可以不作为转让房地产的收入。未作为转让房地产的收入计税的，在计算增值税额时不允许扣除代收费用。

知识链接

房地产企业代收的维修基金的税务处理

根据《国家税务总局关于住房专项维修基金征免营业税问题的通知》(国税发〔2004〕69号)的规定，住房专项维修基金是属全体业主共同所有的一项代管基金，专项用于物业保修期满后物业共用部位、共用设施设备的维修和更新、改造。鉴于住房专项维修基金资金所有权及使用的特殊性，对房地产主管部门或其指定机构、公积金管理中心、开发企业以及物业管理单位代收的住房专项维修基金，不计征营业税。

根据《财政部 国家税务总局关于土地增值税一些具体问题规定的通知》（财税字〔1995〕048号）的规定，“对于县级及县级以上人民政府要求房地产开发企业在售房时代收的各项费用，如果代收费用是计入房价中向购买方一并收取的，可做为转让房地产所取得的收入计税；如果代收费用未计入房价中，而是在房价之外单独收取的，可以不作为转让房地产的收入。对于代收费用作为转让收入计税的，在计算扣除项目金额时，可予以扣除，但不允许作为加计20%扣除的基数；对于代收费用未作为转让房地产的收入计税的，在计算增值额时不允许扣除代收费用。”

因此，根据以上政策规定，如果维修基金计入房价，则可以扣除，但维修基金不在开发成本范围之内，不得作为加计20%扣除的基数。

四、扣除项目的特殊情况处理

房地产开发企业办理土地增值税清算时计算与清算项目有关的扣除项目金额，应根据土地增值税暂行条例第六条及其实施细则第七条的规定执行。除另有规定外，扣除取得土地使用权所支付的金额、房地产开发成本、费用及与转让房地产有关税金，须提供合法有效凭证；其实际发生的支出应当取得但未取得合法凭据的不得扣除。

开发企业应当按照房地产开发企业会计核算的规定，对房地产开发成本按照规定的科目进行成本归集和核算，区分房地产开发成本与开发费用。

在具体计算土地增值税的扣除项目金额时，应注意区分以下几种情况进行确定：

1. 对于取得土地（不论是生地还是熟地）使用权后，未进行任何形式的开发即转让的，计算其增值额时允许扣除：“取得土地使用权所支付的金额”和“与转让房地产有关的税金”两项扣除项目，但不能予以20%的加计扣除。

2. 对于取得土地使用权后，仅进行土地开发（如进行“三通一平”等），不进行房屋的建造，将土地使用权再转让出去的，在计算其增值额时允许扣除：“取得土地使用权所支付的金额”、“房地产开发成本”、“房地产开发费用”、“与房地产转让有关的税金”并可加计20%的扣除。

3. 对取得土地使用权后进行房地产开发建造的，在计算其增值额时允许扣除：“取得土地使用权所支付的金额”、“房地产开发成本”、“房地产开发费用”、“与房地产转让有关的税金”，并可加计20%的扣除。

4. 对于取得未竣工房地产后，未进行任何实质性的改良或开发即再转让的，计算其增值额时，只允许扣除取得房地产所支付的金额，以及与转让房地产有关的税金，但不得予以20%的加计扣除。

5. 对于取得了房产产权（或者楼花）后，未进行任何实质性的开发或改良即再行转让的，这一类型分两种情形：

（1）转让新建房。新建房是指新建成投入使用一年以内的房产。计算其增值额时允许扣除：取得房地产（楼花）时支付的价款和按国家统一规定缴纳的有关费用及“与转让房地产有关的税金”，不得予以20%的加计扣除。

（2）转让旧房。计算其增值额时允许扣除：“旧房及建筑物的评估价格”、取得土地使用权所支付的地价款和按国家统一规定缴纳的有关费用以及“与房地产转让有关的税金”，但不得予以20%的加计扣除。

6. 对于开发企业因从事拆迁安置、公共配套设施建设等原因，从政府部门取得的补偿以及财政补贴款项，抵减房地产开发成本中的土地征用及拆迁补偿费的金额。

7. 开发企业销售已装修的房屋，凡房价中包含装修费用的，其装修费用计入房地产开发成本中的建筑工程安装费。房地产开发企业的预提费用，除另有规定外，不得扣除。除另有规定外，开发企业的预提费用按规定不得计入扣除项目金额中。

8. 纳税人成片受让土地使用权后，分期分批开发、转让房地产的，其扣除项目金额的确定，可按转让土地使用权面积占总面积的比例计算分摊，或按建筑面积计算分摊，也可按税务机关确认的其他方式计算分摊。一般地说，对于房地产开发商建造的商品房，如果层次、建筑面积大体相同，则按土地面积分摊较为简单；如果层次、建筑面积相差很大，则按建筑面积分摊较为合理。

9. 开发企业开发多个房地产项目，其共有的成本费用，以及分期分批开发项目共有的公共配套设施的成本费用，应按多个或分期分批开发项目的建筑面积比例分摊，或其他合理的方法确定属于清算项目的扣除项目金额。

10. 房地产开发项目既包括普通住房又包括非普通住房的，开发企业应当分别计算增值额，按普通住房和非普通住房的增值率分别计算土地增值税税额。对于未分别核算的，扣除项目金额应按普通住房和非普通住房建筑面积占可售建筑面积的比例确定。

11. 开发企业在房地产开发项目完工前或完工后缴纳的清算项目的城镇土地使用

税，均应计入管理费用并按规定予以扣除。

12. 对于开发产品未全部销售完毕、达到通知清算规定条件进行清算的，其扣除项目金额按照已售建筑面积占可售建筑面积的比例确定。

13. 开发企业办理土地增值税清算所附送的前期工程费、建筑安装工程费、基础设施费、开发间接费用的凭证和资料不符合清算要求或不实的，主管税务机关可参照建设工程造价管理部门公布的建安造价定额资料以及政府有关部门公布的建设规费收取标准等资料，结合房屋结构、用途、区位等因素，核定上述四项开发成本的单位面积金额标准，并据以计算扣除。具体核定方法由省税务机关确定。

知识链接

装饰成本可否加计扣除

问：现有一家房地产公司开发沿街两层商铺 14 000 平方米，每平方米销售价格 6 000 元，现为提高沿街商铺商业价值，房地产公司与购房客户达成协议，由房地产公司代为沿街商铺统一装饰，收取购房户装饰款 5 000 万元，实际发生装饰成本 4 300 万元。收入 5 000 万元应计缴土地增值税，请问，装饰成本 4 300 万元可否享受土地增值税加计扣除？

答：根据《中华人民共和国土地增值税暂行条例》第五条的规定，纳税人转让房地产所取得的收入，包括货币收入、实物收入和其他收入。《中华人民共和国土地增值税暂行条例实施细则》第五条明确，条例第二条所称的收入，包括转让房地产的全部价款及有关的经济收益。《国家税务总局关于房地产开发企业土地增值税清算管理有关问题的通知》（国税发〔2006〕187 号）第四条第（四）款规定，房地产开发企业销售已装修的房屋，其装修费用可以计入房地产开发成本。因此，房地产公司销售房屋建筑物所收取的有关经济利益均要缴纳土地增值税。装饰成本属于开发成本一部分，可以按规定加计扣除。

但是在实践中，需要注意的是，有的地方税务局在认定时还会区分是属于硬装还是软装，一般认为硬装可以扣除，软装则不可。

例如，《江苏省地方税务局关于土地增值税有关业务问题的公告》（苏地税规〔2012〕1 号）第五条“关于房地产开发成本、费用的扣除”第（三）款规定：凡以建筑物或构筑物为载体，移动后会引起性质、形状改变或者功能受损的装修装饰物支出，可以作为开发成本计算扣除。上述之外的其他装修装饰费用支出，一律不得作为开发成本扣除。

对房地产开发企业售楼处等营销设施的装修费用，应计入房地产开发费用。

知识链接

房地产相关科目明细汇总

表 3-2 为房地产开发成本、期间费用科目明细表。

表 3-2 房地产开发成本、期间费用明细表

一级科目	项目	二级科目	三级科目
开发成本	土地获得价款	（一）土地出让金	
		（二）土地征用及拆迁补偿费	合计：
			其中：1. 土地征用费
			2. 耕地占用费
			3. 安置养老费
			4. 拆迁补偿费
			5. 土地补偿费
			6. 其他
		（三）合作补偿款	
		（四）中介费	
		（五）预提费用	
		（六）其他	
	前期工程费	（一）勘察设计费	合计：
			其中：1. 勘察及丈量费
			2. 规划设计费
			3. 竞标设计补偿费
		（二）三通一平费	合计：
			其中：1. 临时道路
			2. 临时用电
			3. 临时用水
			4. 场地平整
			5. 临时设施
		（三）可行性研究费	合计：
			其中：1. 可行性研究编制费
			2. 市场调查费
			3. 项目建设咨询费
			4. 其他
		（四）人防费	
		（五）大市政配套费	
		（六）预提费用	
		（七）其他	合计：
			其中：1. 招标代理及管理费
			2. 配套方案征询费
			3. 测绘费
			4. 工程保险费
			5. 环境评估费
			6. 竣工档案编制费
			7. 日照分析
			8. 审图费
			9. 晒图费
			10. 其他

续表

一级科目	项目	二级科目	三级科目
开发成本	基础设施费（红线内）	（一）室外给排水系统	合计：
			其中：1. 上水配套费
			2. 雨污水
			3. 直饮水
			4. 热水
			5. 其他
		（二）室外电气系统	合计：
			其中：1. 供电配套工程费
			2. 其他
		（三）室外燃气系统	合计：
			其中：1. 燃气配套费
			2. 其他
		（四）通讯系统	
		（五）环卫设施	
		（六）采暖系统	
		（七）预提费用	
		（八）其他	
	建筑安装工程费	（一）建筑结构工程	合计：
			其中：1. 基础工程
			2. 主体结构工程
			3. 门窗工程
			4. 公共部位精装修
			5. 室内精装修
			6. 样板房
		（二）设备及设备安装工程	合计：
			其中：1. 室内水暖气电管线设备
			2. 室内设备及安装
			3. 消防系统
			4. 智能化系统
		（三）室外总体工程	合计：
			其中：1. 道路系统
			2. 园林环境工程
			3. 其他
		（四）工程管理费	合计：
			其中：1. 工程监理费
			2. 咨询费
			3. 施工合同外奖金
			4. 质监费、验收费
		（五）预提费用	
		（六）其他	

续表

一级科目	项目	二级科目	三级科目
开发成本	公建配套设施费	（一）会所、物管楼	
		（二）儿童乐园	
		（三）学校、幼儿园	
		（四）游泳池	
		（五）网球场	
		（六）预提费用	
		（七）其他	
	资本化利息	（一）利息支出	
		（二）利息收入	
		（三）汇兑损益	
		（四）金融机构手续费	
	开发间接费	（一）工程管理费	合计：
			其中：1. 行政管理费
			2. 在建工程抵押费
			3. 其他
		（二）营销费用	合计：
			其中：1. 媒介广告费
			2. 样板间
			3. 其他
		（三）预提费用	
		（四）其他	
期间费用	财务费用		包括利息和其他财务费用，如汇兑损失
	管理费用		包括行政管理部门（总部）产生的费用
	销售费用		包括售楼处、销售部门办公费、人员工资等

CHAPTER

4

第四章 土地增值税优惠政策

土地增值税征税范围的具体判定标准如表 4-1 所示。

表 4-1　　土地增值税征税范围的判定

序号	有关事项	是否属于征税范围
1	出售	征。包括三种情况：(1) 出售国有土地使用权；(2) 取得国有土地使用权后进行房屋开发建造后出售；(3) 存量房地产买卖。
2	继承、赠予	继承不征（无收入）。赠予中公益性赠予、赠予直系亲属或承担直接赡养义务人不征；非公益性赠予征。
3	出租	不征（无权属转移）。
4	房地产抵押	抵押期不征；抵押期满偿还债务本息不征；抵押期满，不能偿还债务，而以房地产抵押，征。
5	房地产交换	单位之间换房，有收入的征；个人之间互换自住房不征。
6	以房地产投资、联营	房地产转让到投资联营企业，不征；将投资联营房地产再转让，征。
7	合作建房	建成后自用，不征；建成后转让，征。
8	企业兼并转让房地产	暂免。
9	代建房	不征（无权属转移）。
10	房地产重新评估	不征（无收入）。

一、免征土地增值税

（一）建造普通标准住宅出售，增值额未超过扣除项目金额 20%

1. 开发的房地产项目是否属于普通标准住宅

《中华人民共和国土地增值税暂行条例实施细则》第十一条规定，纳税人建造普通标准住宅出售，增值额未超过本细则第七条第（一）、（二）、（三）、（五）、（六）项扣除项目金额之和20%的，免征土地增值税；增值额超过扣除项目金额之和20%的，应就其全部增值额按规定计税。

财税〔2006〕141号文件规定，“普通标准住宅”的认定，可在各省、自治区、直辖市人民政府根据《国务院办公厅转发建设部等部门关于做好稳定住房价格工作意见的通知》（国办发〔2005〕26号）制定的“普通住房标准”的范围内从严掌握。

国办发〔2005〕26号文件规定，享受优惠政策的住房原则上应同时满足以下条件：住宅小区建筑容积率在1.0以上、单套建筑面积在120平方米以下、实际成交价格低于同级别土地上住房平均交易价格1.2倍以下。各省、自治区、直辖市要根据实际情况，制定本地区享受优惠政策普通住房的具体标准。允许单套建筑面积和价格标准适当浮动，但向上浮动的比例不得超过上述标准的20%。

同时满足以上要求，才属于普通住宅的标准。

经济适用住房项目建设单位利润要控制在3%以内。

2. 增值额是否超过扣除项目金额的20%

虽从事普通标准住宅开发建设，但增值额超过扣除项目金额20%的，也不能予以免税。对增值额超过扣除项目金额20%的，全部增值额按规定计征土地增值税，不能仅按其超过扣除项目金额20%的部分计算征税。

3. 纳税人既建造普通住宅，又建造其他商品房的，应分别核算土地增值额

不分别核算增值额或不能准确核算增值额的，其建造的普通标准住宅不能适用这一免税规定。

因此，纳税人既从事普通标准住宅开发建造，又搞其他房地产开发建设的，在计算增值额时，如果能够准确区分建造普通标准住宅与开发其他房地产的收入额和扣除项目金额的，应分别计算，确定其征免土地增值税；如果不能准确区分建造普通标准住宅与开发其他房地产的收入额和扣除项目金额的，则不能按《暂行条例》和《实施细则》的规定享受减税免税的政策优惠。

知识链接

全国各地普通住宅标准

自从七部委《关于做好稳定住房价格工作意见》公布以来，普通住宅与非普通住宅如何区分界定就备受各界关注。按照国家的有关规定，各地享受优惠政策的普通住房的具体标准于2005年5月31日前公布执行，5月31日前没有对外公布具体标准的地区，将按《意见》规定的三项条件执行，不再上浮，即失去在120平方米建筑面积基础上上浮20%的权利。具体标准如表4-2所示。

表 4-2　　全国各地普通住宅标准一览表

地区	建筑容积率	单套建筑面积	实际成交价低于同级别土地上住房平均交易价格	其他
北京	1.0（含）以上	140（含）平方米以下	1.2（含）倍以下	—
上海	1.0（含）以上	140（含）平方米以下	1.44（含）倍以下	坐落在内环线以内的低于17 500元/平方米，内环与外环之间的低于10 000元/平方米，外环线以外的低于7 000元/平方米。
广东	1.0（含）以上	120（含）平方米以下	1.2（含）倍以下	地级以上市可根据本地实际，在标准的基础上对单套住房套内建筑面积标准适当上浮，但上浮幅度不得超过10%，并须报经省人民政府批准后方可执行。
杭州	1.0（含）以上	140（含）平方米以下	—	宁波、嘉兴确定普通住房面积标准为140平方米，其他3个城市将标准定在了上浮比例的上限：144平方米。
南京	1.0（含）以上	144（含）平米以下	1.44（含）倍以下	—
江苏	1.0（含）以上	120（含）平方米以下	1.2（含）倍以内	江苏各地可根据实际情况制定具体标准，但单套建筑面积和价格标准适当上浮的比例不得超过20%，即不得超过144平米。而一旦成为高档房，所交契税要从现在的2%调整为4%，比原来多交一倍。
福建	1.0（含）以上	140（含）平米以下	1.38（含）倍以下	—
厦门	1.0（含）以上	140（含）平米以下	—	实际成交价格在7 000元/平方米以内。
济南	1.0（含）以上	120（含）平米以下	1.2（含）倍以下	—
重庆	1.0（含）以上	144（含）平米以下	1.4（含）倍以下	—
南昌	1.0（含）以上	144（含）平米以下	1.2（含）倍以下	南昌城区普通商品住房分为四类不同的地段，其中位于主城区的一类地段普通住房价格标准为3 600元。

（二）国家依法征用、收回房地产

因国家收回国有土地使用权、征用地上的建筑物及其附着物而使房地产权属发生转移的，这种情况发生了房地产权属的变更，原房地产所有人、土地使用人也取得了一定的收入（补偿金），但根据条例的有关规定，对此免征土地增值税。此外，对于因城市实施规划、国家建设的需要而搬迁，由纳税人自行转让原房地产的，实施细则规定也免征土地增值税。

《土地增值税暂行条例》第八条第（二）项规定，因国家建设需要依法征用、收回的房地产免征土地增值税。

在财税〔2006〕21号文件第四条中，对免税的具体条件作出了明确解释：

（1）因“城市实施规划”而搬迁，是指因旧城改造或因企业污染、扰民（指产生过量废气、废水、废渣和噪声，使城市居民生活受到一定危害），而由政府或政府有关主管部门根据已审批通过的城市规划确定进行搬迁的情况。

（2）因“国家建设的需要”而搬迁，是指因实施国务院、省级人民政府、国务院有关部委批准的建设项目而进行搬迁的情况。

《土地增值税暂行条例实施细则》第十一条第四款规定，因“城市实施规划”而搬迁，是指因旧城改造或因企业污染、扰民（指产生过量废气、废水、废渣和噪音，使城市居民生活受到一定危害），而由政府或政府有关主管部门根据已审批通过的城市规划确定进行搬迁的情况；因“国家建设的需要”而搬迁，是指因实施国务院、省级人民政府、国务院有关部委批准的建设项目而进行搬迁的情况。

知识链接

实施城市规划、国家建设需要转让房地产业务土地增值税减免办理须知

1. 办理主体：

符合免税规定的单位和个人。

2. 办理条件：

因城市实施规划、国家建设的需要而搬迁，由纳税人自行转让原房地产的，符合免税规定的单位和个人，须向房地产所在地税务机关提出免税申请，经税务机关审核后，免予征收土地增值税。

因“城市实施规划”而搬迁，是指因旧城改造或因企业污染、扰民（指生产过量废弃、废水、废渣和噪音，使城市居民生活受到一定危害），而由政府或政府有关主管部门根据已审批通过的城市规划确定进行搬迁的情况；因“国家建设的需要”而搬迁，是指因实施国务院、省级人民政府、国务院有关部委批准的建设项目而进行搬迁的情况。

3. 受理部门：

主管税务机关受理，市地方税务局审批。

4. 办理对象需提交的材料：

（1）纳税人减免税申请书。

（2）房屋产权证明、土地使用权证明复印件。

（3）政府有关部门出具的城市实施规划、国家建设项目、工程计划的批文复印件。

（4）与有关部门签订的补偿协议原件和复印件。

（5）主管税务机关要求提供的其他相关材料。

5. 办理期限：

自受理之日起共60个工作日。

6. 办结告知方式：

送达减免税审批书面决定。

7. 办理事项的相关依据：

(1)《中华人民共和国土地增值税暂行条例》（1993年国务院令第138号）。

(2)《中华人民共和国土地增值税暂行条例实施细则》（财法字〔1995〕6号）。

(3)《财政部 国家税务总局关于土地增值税若干问题的通知》（财税〔2006〕21号）。

8. 申请表式：

纳税人书面申请。

（三）房地产投资、联营

在《财政部 国家税务总局关于土地增值税若干问题的通知》（财税〔2006〕21号）第五条“关于以房地产进行投资或联营的征免税问题”中规定，对于以土地（房地产）作价入股进行投资或联营的，凡所投资、联营的企业从事房地产开发的，或者房地产开发企业以其建造的商品房进行投资和联营的，均不适用《财政部 国家税务总局关于土地增值税一些具体问题规定的通知》（财税字〔1995〕048号）第一条暂免征收土地增值税的规定。

因此，以房地产进行投资、联营要区分投资主体、被投资行业及股权转让三种情况确定土地增值税征免。

第一，要区分投资主体是房地产开发企业还是非房地产开发企业。对于房地产开发企业，以其建造的商品房对外投资或联营的，属于土地增值税的征税范围。这里的投资，形式上是房地产开发企业建造的商品房而不是一般意义上的土地使用权与作为固定资产核算的房屋。对于非房地产开发企业，如果以土地（房地产）作价入股进行投资或联营的，凡所投资、联营的企业从事房地产开发的，应属于土地增值税的征税范围。凡所投资、联营的企业从事非房地产开发的，则不属于土地增值税的征税范围。

第二，要区分被投资联营企业是否属于从事房地产开发的行业。这里不再区分投资主体的行业性质，而以被投资、联营的企业所从事的行业是否属于房地产行业进行界定，对于以土地（房地产）作价入股进行投资或联营的，凡所投资、联营的企业从事房地产开发的，根据财税〔2006〕21号文的规定，属于土地增值税的征税范围；凡所投资、联营的企业从事非房地产开发的，则适用财税字〔1995〕048号文的规定，暂免征收土地增值税。但对房地产开发企业以其建造的商品房进行投资和联营的，不论被投资企业是否从事房地产开发均不适用财税字〔1995〕048号文第一条暂免征收土地增值税的规定。

第三，股权转让不缴土地增值税。无论房地产开发企业还是非房地产开发企业将所投资形成的股权进行处置转让时，由于股权已不对应其初始投资所形成的房地屋产权或土地使用权，所以《国家税务总局关于陕西省电力建设投资开发公司转让股权征税问题的批复》（国税函〔1997〕700 号）规定了对房地屋产权或土地使用权投资入股所形成的股权转让的行为，暂不征收土地增值税。这里需要提及的是，对被投资、联营企业将上述房地产再转让的，根据财税字〔1995〕048 号文第一条的规定，应征收土地增值税。

知识链接

股东投入的土地在计算土地增值税时如何扣除

问：我公司是一家国有房地产开发企业，股东将一块部分开发的土地投资给我公司作为实收资本增加。该地块取得时缴纳的出让金等为 1 亿元，投资进我公司时按评估值作价 5 亿元，增值部分当时已按规定缴纳土地增值税。我公司将其开发后进行了销售。请问，我公司在计算缴纳土地增值税时，该土地是否可按 5 亿元作为土地成本计算扣除额?

答：根据《财政部 国家税务总局关于土地增值税若干问题的通知》（财税〔2006〕21 号）文件第五条规定，关于以房地产进行投资或联营的征免税问题，对于以土地（房地产）作价入股进行投资或联营的，凡所投资、联营的企业从事房地产开发的，或者房地产开发企业以其建造的商品房进行投资和联营的，均不适用《财政部 国家税务总局关于土地增值税一些具体问题规定的通知》（财税字〔1995〕048 号）第一条暂免征收土地增值税的规定。

股东已就投资土地申报缴纳土地增值税，你公司应按评估值 5 亿元作为取得土地使用权的成本，在计算土地增值税时作为扣除项目处理。

（四）合作建房

在《财政部 国家税务总局关于土地增值税一些具体问题规定的通知》（财税字〔1995〕048 号）中提到，对于一方出地，一方出资金，双方合作建房，建成后按比例分房自用的，暂免征收土地增值税。

但是建成后转让的，应征收土地增值税。

《国家税务总局关于印发〈营业税问题解答（之一）〉的通知》（国税函发〔1995〕156 号）对合作建房的规定是：由一方（以下简称甲方）提供土地使用权，另一方（以下简称乙方）提供资金，合作建房。

合作建房的方式一般有两种。第一种方式是纯粹的“以物易物”，即双方以各自拥有的土地使用权和房屋所有权相互交换。具体的交换方式也有以下两种：

（1）土地使用权和房屋所有权相互交换，双方都取得了拥有部分房屋的所有权。在这一合作过程中，甲方以转让部分土地使用权为代价，换取部分房屋的所有权，发生了转让土地使用权的行为；乙方则以转让部分房屋的所有权为代价，换取部分土地的使用权，发生了销售不动产的行为。

（2）以出租土地使用权为代价换取房屋所有权。例如，甲方将土地使用权出租给乙方若干年，乙方投资在该土地上建造建筑物并使用，租赁期满后，乙方将土地使用权连同所建的建筑物归还甲方。在这一经营过程中，乙方是以建筑物为代价换得若干年的土地使用权，甲方是以出租土地使用权为代价换取建筑物。

第二种方式是甲方以土地使用权、乙方以货币资金合股，成立合营企业，合作建房。对此种形式的合作建房，则要视具体情况确定如何征税：

（1）房屋建成后如果双方采取风险共担、利润共享的分配方式，按照营业税“以无形资产投资入股，参与接受投资方的利润分配，共同承担投资风险的行为，不征营业税”的规定，对甲方向合营企业提供的土地使用权，视为投资入股，对其不征营业税；只对合营企业销售房屋取得的收入按销售不动产征税；对双方分得的利润不征营业税。

（2）房屋建成后甲方如果采取按销售收入的一定比例提成的方式参与分配，或提取固定利润，则不属营业税所称的投资入股不征营业税的行为，而属于甲方将土地使用权转让给合营企业的行为，那么，对甲方取得的固定利润或从销售收入按比例提取的收入按“转让无形资产”征税；对合营企业按全部房屋的销售收入按“销售不动产”税目征收营业税。

（3）如果房屋建成后双方按一定比例分配房屋，则此种经营行为，也未构成营业税所称的以无形资产投资入股、共同承担风险的不征营业税的行为。因此，首先对甲方向合营企业转让的土地，按“转让无形资产”征税，其营业额按实施细则第十五条的规定核定。因此，对合营企业的房屋，在分配给甲、乙方后，如果各自销售，则再按“销售不动产”征税。

案例分析

合作建房的补救

中银投资公司，对滨海市一地块调研，认为其进行房地产开发的潜力极大，土地使用方绿水房地产开发公司因国家房地产宏观调控，资金紧张，愿意与中银投资合作，拿出一部分规划用途为综合用地的土地进行房地产开发。中银投资进行可行性论证后提出如下方案：

方案一，中银投资、绿水公司合作建造普通住宅，设计方案确定后，由中银投资公司出资金，绿水公司出土地，共同建设完成后按一定方式分配房地产，各自处置。

方案二，中银投资、绿水公司联合英伦房地产公司共同开发高档商住小区项目，设计方案确定后，由中银投资公司出若干资金，绿水公司出土地，英伦公司报建并组织实施建设项目，不足资金由英伦公司筹集，建成的商住楼由三家企业按一定方式分配。经调查，方案所涉及行政审批事项均得到妥善解决，合作可顺利进行。

分析如下：

计征土地增值税的关键是确定其应税收入和扣除项目应税收入即文件所说转让房屋所得，这里的所得应该是广义的，包括货币、实物和其他收入，具体到合作建房则要根据实际的合作方式来确定。同样，扣除项目也要看合作协议约定的投入项目、投入形式，可以归为合作项目开发及转让业务的相关税金和费用等。

1. 如果属于纯粹的“以物易物”，则处理如下：

(1) 一方出土地，他方出资金，建成后按一定比例分房自用的，属于财税字〔1995〕048号文规定的暂免征收土地增值税的情况。如果分房后销售的，属于应征土地增值税的情形。

(2) 以出租土地使用权为代价换取房屋所有权。提供土地的一方未发生土地增值税应税行为，而合作他方在约定使用年限届满后，将房屋建筑物产权转移到绿水公司名下时，实际发生了销售不动产行为，属土地增值税应税行为，是否实际缴纳要视具体情况而定。

2. 如果属于建成合股企业的，则处理如下：

(1) 组建合股企业且合股各方只分享合股企业利润的，则合股企业要缴纳土地增值税。对应案例，中银投资公司和英伦公司均不涉及缴纳土地增值税问题，而绿水公司将土地使用权投资给合股企业的行为本应属于土地增值税应税行为，按照财税字〔1995〕048号文规定，对于以房地产进行投资、联营的，投资、联营的一方以土地（房地产）作价入股进行投资或作为联营条件，将房地产转让到所投资、联营的企业中时，暂免征收土地增值税。对投资、联营企业将上述房地产再转让的，应征收土地增值税。但在2006年3月2日以后发生的，按照《财政部 国家税务总局关于土地增值税若干问题的通知》（财税〔2006〕21号）规定，对于以土地（房地产）作价入股进行投资或联营的，凡所投资、联营的企业从事房地产开发的，或者房地产开发企业以其建造的商品房进行投资和联营的，均不适用《财政部 国家税务总局关于土地增值税一些具体问题规定的通知》（财税字〔1995〕048号）第一条暂免征收土地增值税的规定。即对于绿水公司以土地使用权作为出资，所组建的合营企业从事房地产开发的，需要对以土地使用权出资环节计征土地增值税。

(2) 绿水公司（出地方）按销售收入的一定比例提成的方式参与分配，或提取固定利润，而不是按比例分享合股企业的经营成果的，则绿水公司以土地参与合股的行为不能视为投资，不享受前述财税字〔1995〕048号文件的暂免规定，而应计征土地增值税。中银投资公司分得房产后转让的应该计征土地增值税。合股企业开发房地产行为归属于英伦公司，其享有最终的经营成果，因此要按规定对英伦公司就全部开发的房地产计征土地增值税。

(3) 合股企业实际建成房屋后按一定比例分配房产（而不是分配最终经营成果的），

不构成土地增值税所称的以无形资产投资入股可暂免征收土地增值税的情况。因此，首先要对绿水公司（出地方）向合股企业转让的土地使用权的行为计征土地增值税，其收入额按计征营业税核定的营业额确定。其次，合股企业分配房屋给合股各方的行为，视为合股企业发生了视同销售行为，对其征收土地增值税。最后，合股企业建成的房屋，在分配给合股各方后自行销售的，应对其销售行为征收土地增值税。

另外，《国家税务总局关于合作建房营业税问题的批复》（国税函〔2005〕1003号）所指出的“甲方提供土地使用权，乙方提供所需资金，以甲方名义合作开发房地产项目的行为，不属于合作建房”这一精神同样适用于土地增值税。也就是说，这种情况下，将建成的房产分配给出资金的单位不能享受暂免征收土地增值税的优惠，而应视为实际销售征税。至于出资金的一方取得房屋所有权后再行转让的，则其在该环节发生了土地增值税应税行为。

案例中，无论是以绿水公司名义建房还是以合股企业名义建房，其所建“普通住宅”是否属于《土地增值税暂行条例》以及《财政部 国家税务总局关于土地增值税若干问题的通知》（财税〔2006〕21号）所说的建造普通标准住宅享受免征土地增值税条件，要按照《暂行条例》第八条中“普通标准住宅”和《财政部 国家税务总局关于调整房地产市场若干税收政策的通知》（财税〔1999〕210号）第三条中“普通住宅”的有关规定确定。如果既建造普通住宅，又建造其他商品房的，应分别核算土地增值额。

（五）居民个人转让房产

对个人之间互换自有居住用房地产的，经当地税务机关核实，可以免征土地增值税。

财税〔2008〕137号文件规定，从2008年11月1日起，对居民个人转让住房一律免征土地增值税。

《土地增值税暂行条例实施细则》规定，个人因工作调动或改善居住条件而转让原自用住房，经向税务机关申报核准，凡居住满5年或5年以上的，免予征收土地增值税。

对居住满3年未满5年的，减半征收土地增值税。居住未满3年的，按规定计征土地增值税。

（六）个人互换住房

财税字〔1995〕048号文件规定，对个人之间互换自有居住用房地产的，经当地税务机关核实，可暂免征土地增值税。

（七）棚户区改造项目

企事业单位、社会团体以及其他组织转让旧房作为改造安置住房房源且增值额未超过扣除项目金额20%的，免征土地增值税。

二、不征土地增值税的范围

（一）房地产的继承

房地产的继承是指房产的原产权所有人、依照法律规定取得土地使用权的土地使用人死亡以后，由其继承人依法承受死者房产产权和土地使用权的民事法律行为。继承通常分为法定继承和遗嘱继承。法定继承主要是指由死者的父母、子女、兄弟姐妹等亲属继承该房地产；遗嘱继承主要是指由死者生前所立遗嘱中指定的继承人继承该房地产。这种行为中发生了房地产的权属变更，但作为房产产权、土地使用权的原所有人（即被继承人）并没有因为权属的转让而取得任何收入。因此，房地产的继承不属于土地增值税的征税范围。

（二）房地产的赠与

房地产的赠与是指房产的原产权所有人（即赠与人）依照法律规定取得土地使用权的土地使用人，将自己所拥有的房地产无偿地交给其他人（即受赠人）的民事法律行为。

《财政部 国家税务总局关于土地增值税一些具体问题规定的通知》（财税字〔1995〕048号）规定，上述“赠与”是指如下情况：

（1）房产所有人、土地使用权所有人将房屋产权、土地使用权赠与直系亲属或承担直接赡养义务人的。

（2）房产所有人、土地使用权所有人通过中国境内非营利的社会团体、国家机关将房屋产权、土地使用权赠与教育、民政和其他社会福利公益事业的。

上述社会团体是指中国青少年发展基金会、希望工程基金会、宋庆龄基金会、减灾委员会、中国红十字会、中国残疾人联合会、全国老年基金会、老区促进会以及经民政部门批准成立的其他非营利的公益组织。

这种行为虽发生了房地产的权属变更，但作为房产产权、土地使用权的原所有人（即赠与人）并没有因为权属的转让而取得任何收入。因此，房地产的赠与不属于土地增值税的征税范围。

（三）房地产的出租

房地产的出租是指房产的产权所有人、依照法律规定取得土地使用权的土地使用人，将房产、土地使用权租赁给承租人使用，由承租人向出租人支付租金的行为。房地产的出租，出租人虽然取得了收入，但没有发生房产产权、土地使用权的转让。因此，不属于土地增值税的征税范围。

但对于以出租名义转让房地产之实，以逃避土地增值税的，应根据《税收征管法》的有关规定进行处理。

（四）房地产的抵押

房地产的抵押是指房地产的产权所有人、依法取得土地使用权的土地使用人，作为债务人或第三人向债权人提供不动产作为清偿债务的担保而不转移占有的法律行为。这种情况由于房产的产权、土地使用权在抵押期间产权并没有发生权属的变更，房产的产权所有人、土地使用权人仍能对房地产行使占有、使用、收益等权利，房产的产权所有人、土地使用权人虽然在抵押期间取得了一定的收入，但实际上这些收入在抵押期满后是要连本带利偿还给债权人的。因此，对房地产的抵押，在抵押期间不征收土地增值税。

只是待抵押期满后，视该房地产是否转移占有而确定是否征收土地增值税。对于以房地产抵债而发生房地产权属转让，应列入土地增值税的征税范围。

（五）房地产的联建

房地产的联建行为是指由一方出土地，另一方出资金，共同建房，建成后双方各得一部分的行为。这实际上是以转让部分土地使用权来换取新建成房屋部分产权的行为。对其是否征收土地增值税，由财政部、国家税务总局另行规定。

（六）房地产的代建房

房地产的代建房行为是指房地产开发公司代客户进行房地产的开发，开发完成后向客户收取代建房收入的行为。对于房地产开发公司而言，虽然取得了收入，但没有发生房地产权属的转移，收入是一种劳务收入，故不属于土地增值税的征税范围。

代建房屋必须同时符合以下四个条件：

（1）必须事先与委托方订有委托代建合同，并在合同上载明取费依据及标准；

（2）所建房屋的基建计划与立项审批必须是下达给建设单位的，不发生土地使用权转移；

（3）以委托方名义与负责施工队结算；

（4）不垫付建设资金。

（七）房地产的重新评估

房地产的重新评估是指国有企业在清产核资时对房地产进行重新评估而使其升值的情况。这种情况下，房地产虽然有增值但其既没有发生房地产权属的转移，房产产权、土地使用权人也未取得收入，所以不属于土地增值税的征税范围。

第二篇
土地增值税的征纳管理

CHAPTER

5 第五章 土地增值税的计算与缴纳

一、土地增值税增值额

土地增值税增值额指的是：纳税人转让房地产所取得的收入减除规定的扣除项目金额后的余额。

《国家税务总局关于印发〈土地增值税宣传提纲〉的通知》（国税函发〔1995〕110号）规定，土地增值税的征税对象是转让国有土地使用权、地上的建筑物及其附着物所取得的增值额。增值额为纳税人转让房地产的收入减除《暂行条例》规定的扣除项目金额后的余额。

土地增值税增值额＝转让收入－扣除项目金额

增值额是计算土地增值税的基础。增值额与扣除项目金额的比值称作增值率，土地增值税实行四级超率累进税率，增值率越大适用税率越高。

税法规定，纳税人有下列情形之一的，按照房地产评估价格计算征收土地增值税，“房地产评估价格”是指由政府批准设立的房地产评估机构根据相同地段、同类房地产进行综合评定的价格。

（1）隐瞒、虚报房地产成交价格的。这是指纳税人不报或有意低报转让土地使用权、地上建筑物及其附着物价款的行为。

对于纳税人隐瞒、虚报房地产成交价格或者转让房地产的成交价格低于房地产评估价格，又无正当理由的，税务机关可参照房地产评估价格确定转让房地产的收入。

（2）提供扣除项目金额不实的。这是指纳税人在纳税申报时不据实提供扣除项目金额的行为。

对于纳税人提供扣除项目金额不实，如果虚增转让房地产的扣除项目的内容或金额，使税务机关无法从纳税人处了解计征土地增值税所需要的准确的扣除项目金额，那么，应由评估机构按照房屋重置成本乘以成新度折扣率计算的房屋成本价和取得土地使用权时的基准地价进行评估。税务机关根据评估价格确定扣除项目金额。

（3）转让房地产的成交价格低于房地产评估价格、又无正当理由的。这是指纳税人申报的转让房地产的实际成交价低于房地产评估机构评定的交易价，纳税人又不能提供凭据或无正当理由的行为。

转让房地产的成交价格低于房地产评估价格、又无正当理由的，由税务机关参照房地产评估价格确定转让房地产的收入。房地产所在地主管税务机关根据暂行条例和实施细则的有关规定，对应纳税房地产的评估结果进行严格审核及确认，地方税务机关依照确认后的评估价格，计算征收土地增值税。对不符合实际情况的评估结果不予采用。

凡转让国有土地使用权、地上建筑物及其附着物的纳税人，按照土地增值税的有关规定，对于需要根据房地产评估机构评估价格计税的，可委托经政府批准设立并按照《国有资产评估管理办法》规定，由省以上国有资产管理部门授予评估资格的资产评估事务所、会计师事务所等各类资产评估机构进行受理有关转让房地产的评估业务，并将评估报告如实报送地方税务部门确认。

二、土地增值税税率

土地增值税税率设计的基本原则是增值多的多征，增值少的少征，无增值的不征，对建造普通标准住房的适当照顾。

土地增值税实行四级超率累进税率：

（1）增值额未超过扣除项目金额50%的部分，税率为30%；

（2）增值额超过扣除项目金额50%、未超过扣除项目金额100%的部分，税率为40%；

（3）增值额超过扣除项目金额100%、未超过扣除项目金额200%的部分，税率为50%；

（4）增值额超过扣除项目金额200%的部分，税率为60%。

上述所列四级超率累进税率，每级“增值额未超过扣除项目金额”的比例，均包括本比例数。超率累进税率见表5-1所示：

表5-1 土地增值税超率累进税率

级数	增值额占扣除项目金额比率	税率（%）	速算扣除系数（%）
1	未超过50%的部分	30	0
2	超过50%至100%的部分	40	5
3	超过100%至200%的部分	50	15
4	超过200%的部分	60	35

增值率计算时可以直接用下式表示：

$$增值率=\frac{销售收入总额-扣除项目金额}{扣除项目金额}\times100\%$$

$$=\frac{营业收入-(建造成本+建造成本\times10\%+建造成本\times20\%+税金)}{建造成本+建造成本\times10\%+建造成本\times20\%+税金}\times100\%$$

$$=\frac{营业收入-(建造成本\times1.3+税金)}{建造成本\times1.3+税金}\times100\%$$

需要注意的是，暂行条例所列四级超率累进税率，每级“增值额未超过扣除项目金额”的比例，均包括本比例数。

三、应纳税额的计算方法

（一）分级逐级距计算

土地增值税按照纳税人转让房地产所取得的增值额和规定的税率计算征收。土地增值税应纳税额的计算公式是：

应纳税额＝$\sum$（每级距的土地增值额×适用税率）

具体如下：分级逐级距计算应纳土地增值税税额，然后各级距应纳税额相加之和，就是应纳土地增值税税额。

第一步，先计算增值额：

增值额＝转让收入额－扣除项目金额

第二步，再计算增值额与扣除项目金额之比公式为：

增值率＝增值额÷扣除项目金额

第三步，分别计算各级次土地增值税税额：

按照增值额超过扣除项目金额的比例，分别确定增值额中各级的适用税率，依次计算各级增值额的应纳土地增值税税额。

第四步，将各级的税额相加，得出总税额。

（二）速算扣除法

但在实际工作中，分步计算比较繁琐，一般可以采用速算扣除法计算，速算扣除法也称为查表法。即：计算土地增值税税额，可按增值额乘以适用的税率减去扣除项目金额乘以速算扣除系数的简便方法计算，就是用求出增值额占扣除项目金额的比例，直接查对四级超率累进税率表，然后按照计算公式求得应纳土地增值税税额。

第一、第二步同分级逐级距计算方法；

第三步计算税额：《土地增值税暂行条例实施细则》规定，计算土地增值税税额，可按增值额乘以适用的税率减去扣除项目金额乘以速算扣除系数的简便方法计算，具体公式如下：

（1）增值额未超过扣除项目金额50%：

土地增值税税额＝增值额×30%

（2）增值额超过扣除项目金额50%，未超过100%的：

土地增值税税额＝增值额×40%－扣除项目金额×5%

（3）增值额超过扣除项目金额100%，未超过200%：

土地增值税税额＝增值额×50%－扣除项目金额×15%

（4）增值额超过扣除项目金额200%：

土地增值税税额＝增值额×60%－扣除项目金额×35%

公式中的5%、15%、35%为速算扣除系数。

以上可以概括为：

应纳税额＝增值额×适用税率－扣除项目金额×速算扣除系数

案例分析

分级逐级距计算与速算扣除法计算的比较

某企业转让房地产所取得的收入为1 200万元，其扣除项目金额为300万元，请计算其应纳土地增值税的税额。

分析如下：

第一种方法：按分级逐级距方法计算：

第一步，先计算增值额。

增值额为：1 200－300＝900（万元）

第二步，再计算增值额与扣除项目金额之比。

增值额与扣除项目金额之比为：900÷300×100%＝300%

由此可见，增值额超过扣除项目金额200%，分别适用30%、40%、50%和60%四档税率。

第三步，分别计算各级次土地增值税税额。

（1）增值额未超过扣除项目金额50%的部分，适用30%的税率。

这部分增值额为：300×50%＝150（万元）

这部分增值额应纳的土地增值税税额为150×30%＝45（万元）

（2）增值额超过扣除项目金额50%，未超过扣除项目金额100%的部分，适用40%的税率。

这部分增值额为：300×(100%－50%)＝150（万元）

这部分增值额应纳的土地增税税额为：150×40%＝60（万元）

（3）增值额超过扣除项目金额100%，未超过扣除项目金额200%的部分，适用50%的税率。

这部分的增值额为：300×(200%－100%)＝300（万元）

这部分增值额应纳的土地增值税税额为：300×50%＝150（万元）

（4）增值额超过扣除项目金额200%的部分，适用60%的税率。

这部分的增值额为：900－(300×200%)＝300（万元）

这部分增值额应纳的土地增值税税额为：300×60%＝180（万元）

第四步，将各级的税额相加，得出总税额。

土地增值税税额为：45＋60＋150＋180＝435（万元）

第二种方法：按速算扣除法计算：

第一步，先计算增值额。

增值额为：1 200－300＝900（万元）

第二步，再计算增值额与扣除项目金额之比。

增值额与扣除项目金额之比为 900÷300×100%＝300%

由此可见，增值额超过扣除项目金额 200%，其适用的简单计算公式为：

土地增值税税额＝增值额×60%－扣除项目金额×35%

第三步，计算土地增值税税额。

土地增值税税额为：900×60%－300×35%＝435（万元）

不难看出，两种计算方法所得出的结果是一样的。

四、土地增值税分类计算

(一) 转让土地使用权和出售新建房及配套设施

(1) 汇集扣除项目的金额并计算转让房地产的增值额；

(2) 计算增值率，确认结果介于税率中哪一个层次；

增值率＝(转让房地产的总收入－扣除项目金额)/扣除项目金额×100%

(3) 运用公式进行计算。

土地增值税税额＝增值额×税率－扣除项目金额×速算扣除数

案例分析

出售新房的土地增值税计算

紫玉房地产公司开发 100 栋花园别墅，其中 80 栋出售，10 栋出租，10 栋待售。每栋地价 14.8 万元，登记、过户手续费 0.2 万元，开发成本包括土地征用及拆迁补偿费、前期工程费、建筑安装工程费等合计 50 万元，贷款支付利息 0.5 万元（能提供银行证明）。

每栋售价 180 万元，营业税税率 5%，城建税税率 5%，教育费附加征收率 3%。问该公司应缴纳多少土地增值税？

分析如下：

转让收入：180×80＝14 400（万元）

取得土地使用权所支付的金额与房地产开发成本合计：

(14.8＋0.2＋50)×80＝5 200(万元)

房地产开发费用扣除：

0.5×80＋5 200×5%＝300(万元)

转让税金支出：

14 400×5%×(1＋5%＋3%)＝777.6(万元)

加计扣除金额：

5 200×20%＝1 040(万元)

扣除项目合计：

5 200＋300＋777.6＋1 040＝7 317.6(万元)

增值额＝14 400－7317.6＝7 082.4(万元)

增值额与扣除项目金额比率＝7 082.4/7 317.6×100%＝96.79%

应纳增值税税额＝7 082.4×40%－7 317.6×5%＝2 467.08(万元)

(二) 出售旧房应纳税额的计算方法

(1) 计算评估价格；

其公式为：

评估价格＝重置成本价×成新度折扣率

(2) 汇集扣除项目金额；

(3) 计算增值率；

(4) 依据增值率确定适用税率；

(5) 依据适用税率计算应纳税额。

应纳税额＝增值税×适用税率－扣除项目金额×速算扣除系数

案例分析

出售旧房的土地增值税计算

通州区某企业转让一幢90年代建造的楼房，当时造价100万元，无偿取得土地使用权。如果按现行市场价的材料、人工费计算，建造同样的房子需600万元，该房子为七成新，按500万元出售，支付有关税费计27.5万元。计算企业转让旧房应缴纳的土地增值税额。

评估价格＝600×70%＝420(万元)

允许扣除的税金＝27.5万元

扣除项目金额合计＝420＋27.5＝447.5(万元)

增值额＝500－447.5＝52.5(万元)

增值率＝52.5÷447.5×100%＝11.73%

应纳税额＝52.5×30%－447.5×0＝15.75(万元)

(三) 特殊售房方式应纳税额的计算方法

纳税人成片受让土地使用权后，分期分批开发、转让房地产的，对允许扣除项目的金额可以按转让土地使用权的面积占总面积的比例计算分摊。若按此办法难以计算或明显不合理的，也可按建筑面积或税务机关确认的其他方式计算分摊。

按转让土地使用权的面积占总面积的比例，计算分摊扣除项目金额的公式为：

$$\text{扣除项目金额}=\text{扣除项目的总金额}\times\frac{\text{转让土地使用权的面积或建筑面积}}{\text{受让土地使用权的总面积}}$$

案例分析

特殊售房的土地增值税计算

某中外合资房地产开发公司，2014 年发生以下业务：

(1) 1 月通过竞拍取得市区一处土地的使用权，支付土地出让金 6 000 万元，缴纳相关税费 240 万元；

(2) 以上述土地开发建设普通标准住宅楼、会所和写字楼各一栋，占地面积各为 1/3；

(3) 住宅楼开发成本 3 000 万元，分摊到住宅楼利息支出 300 万元，包括超过贷款期限的利息 40 万元；

(4) 写字楼开发成本 4 000 万元，无法提供金融机构证明利息支出具体数额；

(5) 与住宅楼配套的会所开发成本 480 万元，无法准确分摊利息支出，根据相关规定，会所产权属于住宅楼全体业主所有；

(6) 9 月份全部竣工验收后，公司将住宅楼出售，取得收入 15 000 万元；将写字楼作价 9 000 万元与他人联营开设一商场，收取固定收入，不承担经营风险，当年收到 250 万元。

其他相关资料：该房地产公司所在地规定，按土地增值税暂行条例规定的高限计算扣除房地产开发费用。

要求：

(1) 计算公司应缴纳的营业税；

(2) 计算公司缴纳土地增值税时应扣除的土地使用权的金额；

(3) 计算公司缴纳土地增值税时应扣除的开发成本的金额；

(4) 计算公司缴纳土地增值税时应扣除的开发费用和其他扣除项目；

(5) 计算公司缴纳土地增值税时应扣除的税金；

(6) 计算公司应缴纳的土地增值税。

分析如下：

（1）营业税＝15 000×5%＋250×5%＝762.5（万元）

（2）土地成本＝(6 000＋240)×2/3＝6 240×2/3＝4 160（万元）

这里考虑到土地增值税可扣除项目的范围的规定，投资联营产权未转移的，在税款清算时不列收入，不扣除相应的成本费用；销售普通标准住宅以及虽不取得收入，但建成后产权属于全体业主所有的会所等，可扣除相应成本费用。

（3）开发成本＝3 000＋480＝3 480（万元）

（4）应扣除的开发费用和其他扣除项目＝(300－40)＋(3 000＋6 240÷3)×5%＋(480＋6 240÷3)×10%＋(3 480＋4 160)×20%＝2 298（万元）

（5）公司缴纳土地增值税时应扣除的税金＝15 000×5%＝750（万元）

（6）增值额＝15 000－(4 160＋3 480＋2 298＋750)＝15 000－10 688＝4 312（万元）

增值率＝4 312÷10 688×100%＝40.34%，适用 30%的税率

应纳土地增值税＝4 312×30%＝1 293.60（万元）

（四）单位转让存量房

1. 纳税人能够提供原购房发票的

（1）扣除项目＝购房发票记载金额＋转让时卖方所缴税金（营业税＋城建税＋教育费附加＋印花税）＋卖方买房时缴纳的契税＋购房发票记载金额×(5%×满年度)

（2）增值额＝收入总额－扣除项目

（3）应缴纳土地增值税额＝增值额×适用税率－扣除总额×速算扣除率

有发票的旧房转让土地增值税速算方法如表 5-2 所示。

表 5-2　旧房转让土地增值税快速计算表（有发票）

行次	计算方法	项目	金额（元）
1		收入总额	
2	(3＋4＋5＋6) 行	扣除项目	
3		购房发票金额	
4	转让时卖方所缴税金	营业税	
		城建税	
		教育费附加	
		印花税	
5		卖方在购房时所缴纳的契税	
6		加计：购房发票金额×(5%×满年度)	
7	(1－2) 行	增值额	
8	(7/2) 行	增值率＝(增值额/扣除总额)×100%	
9		适用税率	
10		增值额×适用税率	
11		扣除总额×速算扣除率	
12		应缴纳土地增值税	

2. 纳税人无法提供原购房发票需要提供评估报告的

（1）增值额＝收入总额－扣除项目

（2）应缴纳土地增值税额＝增值额×适用税率－扣除总额×速算扣除率

（3）扣除项目＝取得土地使用权所支付的金额（土地出让金及契税）＋卖房的房屋重置成本现值＋（营业税＋城建税＋教育费附加＋印花税）＋评估费用

无发票的旧房转让土地增值税速算方法如表5-3所示。

表5-3　　旧房转让土地增值税快速计算表（无发票）

行次	计算方法	项目	金额（元）
1		收入总额	
2	（3＋4＋5＋6）行	扣除项目	
3		取得土地使用权所支付的金额	
4	转让时卖方所缴税金	营业税	
		城建税	
		教育费附加	
		印花税	
5		房地产估价报告中房屋重置成本现值	
6	（1－2）行	增值额	
7	（7/2）行	增值率＝（增值额/扣除总额）%	
8		适用税率	
9		增值额×适用税率	
10		扣除总额×速算扣除率	
11		应缴纳土地增值税	

案例分析

土地增值税的综合计算

某地一加工型企业，2013年度发生如下业务：

（1）2月1日，企业取得80亩土地的使用权，支付出让金600万元。3月1日，将其中40亩土地使用权作价550万元作为投资，与另一企业建立合资企业。

（2）6月1日，该企业将剩余40亩土地的使用权，直接转让给附近的一家工厂，转让时价格为400万元，缴纳各项税费22.2万元。

（3）9月1日，企业将原职工集体宿舍大楼转让给其他单位，售价500万元，原价300万元，房地产评估机构评定的重置成本价格为700万元，该房屋成新率为四成。企业转让该房产时发生评估费用2.25万元，缴纳营业税、城市维护建设税、印花税和教育费附加27.75万元。

（4）12月份，企业因资金困难，将刚建成的一幢办公楼转让给其他单位，按照合同约定取得销售收入2 500万元。该企业当初为建造此楼支付的地价款为100万元；房地产开发成本为700万元；房地产开发费用中的利息支出为220万元（能够按转让房地产项目计算分摊并提供工商银行证明），但其中有40万元加罚利息。当地省级人民政府规定，其他房地产开发费用的计算扣除比例为5%，城市维护建设税税率为7%、教育费附加征收率为3%。

请根据上述资料，分析并逐项计算该企业应缴纳的土地增值税。

分析如下：

（1）企业以土地（房地产）作价入股对外进行投资或作为联营条件的，按规定暂免征收土地增值税。因此，该笔业务不予计征土地增值税。

（2）计算过程如下：

转让土地使用权取得收入400万元；

允许扣除的税金22.2万元；

扣除项目金额合计＝300＋22.2＝322.2(万元)

增值额＝400－322.2＝77.8(万元)

增值率＝77.8÷322.2×100%≈24%

应纳税额＝77.8×30%＝23.34(万元)

（3）企业出售旧房及建筑物，应按评估价格以及转让房地产时缴纳的税金作为扣除项目。此外，对纳税人因计算纳税需要对房地产进行评估而支付的评估费用也允许在计算土地增值税时予以扣除。计算如下：

房产评估价格＝700×40%＝280(万元)

扣除项目金额合计＝280＋27.75＋2.25＝310(万元)

增值额＝500－310＝190(万元)

增值率＝190÷310×100%≈61%

应缴税额＝190×40%－310×5%＝60.5(万元)

（4）确定转让房地产的收入为2 500万元。

确定转让房地产的扣除项目金额：

取得土地使用权所支付的金额为100万元；

房地产开发成本为700万元；

房地产开发费用＝100＋700×5%＋220－40＝220(万元)

允许扣除的税费合计＝2 500×5%×(1＋7%＋3%)＋2 500×0.5‰

＝138.75(万元)

允许扣除项目金额合计＝100＋700＋220＋138.75＝1 158.75(万元)

增值额＝2 500－1 158.75＝1 341.25(万元)

增值率＝1 341.25÷1 158.75×100≈116%

应纳税额＝1 341.25×50%－1 158.75×15%＝496.81(万元)

知识链接

土地增值税测算表

<table>
<tr><th>项目</th><th>行次</th><th>本年</th><th colspan="4">增值率级次情况</th></tr>
<tr><td>一、主营业务收入</td><td>1</td><td></td><td>级次</td><td>增值额占扣除项目金额的比例</td><td>税率</td><td>速算扣除率</td></tr>
<tr><td>二、扣除项目金额</td><td>2</td><td></td><td>1</td><td>50%以下</td><td>30%</td><td>0%</td></tr>
<tr><td>土地成本</td><td>3</td><td></td><td>2</td><td>50%～100%</td><td>40%</td><td>5%</td></tr>
<tr><td>开发成本</td><td>4</td><td></td><td>3</td><td>100%～200%</td><td>50%</td><td>15%</td></tr>
<tr><td>开发费用（10%合并利息算法）</td><td>5</td><td></td><td>4</td><td>200%以上</td><td>60%</td><td>35%</td></tr>
<tr><td>其他扣除项目（加计 20%）</td><td>6</td><td></td><td></td><td colspan="3" rowspan="2">速算法：应纳税额＝土地增值额×适用税率－扣除项目金额×速算扣除率，
其他扣除项目＝(取得土地使用权所支付的金额＋房地产开发成本)×20%</td></tr>
<tr><td>销售税金及附加</td><td>7</td><td></td><td></td></tr>
<tr><td>代收费用</td><td>8</td><td></td><td></td><td colspan="3"></td></tr>
<tr><td>小计</td><td>9</td><td></td><td></td><td colspan="3"></td></tr>
<tr><td>三、增值额</td><td>10</td><td></td><td></td><td colspan="3" rowspan="2">房地产开发费用＝(取得土地使用权支付的金额＋房地产开发成本)×10%或：
房地产开发费用＝利息＋(取得土地使用权支付的金额＋房地产开发成本)×5%</td></tr>
<tr><td>增值率</td><td>11</td><td></td><td></td></tr>
<tr><td>适用税率</td><td>12</td><td></td><td></td><td colspan="3" rowspan="5">房地产开发企业应严格区分借款利息资本化与费用化的界限，将完工之前发生的借款利息足额计入开发成本，使其成为房地产开发费用和房地产开发加计扣除 20%的基数，从而增加扣除项目金额，降低增值额，从税基和税率两个方面减轻税负。</td></tr>
<tr><td>速算扣除率</td><td>13</td><td></td><td></td></tr>
<tr><td>速算扣除额</td><td>14</td><td></td><td></td></tr>
<tr><td>四、土地增值税额</td><td>15</td><td></td><td></td></tr>
<tr><td>另：利息单独计算法</td><td>16</td><td></td><td></td></tr>
<tr><td>开发费用（成本×5%）</td><td>17</td><td></td><td></td><td colspan="3"></td></tr>
<tr><td>财务费用</td><td>18</td><td></td><td></td><td colspan="3"></td></tr>
<tr><td>增值额</td><td>19</td><td></td><td></td><td colspan="3"></td></tr>
<tr><td>增值率</td><td>20</td><td></td><td></td><td colspan="3"></td></tr>
<tr><td>适用税率</td><td>21</td><td></td><td></td><td colspan="3"></td></tr>
<tr><td>速算扣除率</td><td>22</td><td></td><td></td><td colspan="3"></td></tr>
<tr><td>速算扣除额</td><td>23</td><td></td><td></td><td colspan="3"></td></tr>
<tr><td>土地增值税额</td><td>24</td><td></td><td></td><td colspan="3"></td></tr>
</table>

CHAPTER

6 第六章 土地增值税纳税申报

一、纳税申报地点

房地产所在地是指房地产的座落地，纳税人转让房地产座落在两个或两个以上地区的，应按房地产所在地分别申报纳税。因此，不论纳税人的机构所在地、经营所在地、居住所在地设在何处，均应在房地产的所在地申报纳税。

在实际工作中，纳税地点的确定又可分为以下两种情况：

（1）纳税人是法人的。当转让的房地产坐落地与其机构所在地或经营所在地一致时，在办理税务登记的原管辖税务机关申报纳税即可；如果转让的房地产坐落地与其机构所在地或经营所在地不一致时，则应在房地产坐落地所管辖的税务机关申报纳税。

（2）纳税人是自然人的。当转让的房地产坐落地与其居住所在地一致时，在住所所在地税务机关申报纳税；当转让的房地产坐落地与其居住所在地不一致时，则在办理过户手续所在地的税务机关申报纳税。

二、纳税申报手续

根据《土地增值税暂行条例》第十条的规定，纳税人应按照下列程序办理纳税手续：

（1）纳税人应在转让房地产合同签订后的 7 日内，到房地产所在地主管税务机关办理纳税申报，并向税务机关提交房屋及建筑物产权、土地使用权证书，土地转让、房产买卖合同，房地产评估报告及其他与转让房地产有关的资料。

纳税人因经常发生房地产转让而难以在每次转让后申报的，经税务机关审核同意后，可以定期进行纳税申报，具体期限由税务机关根据情况确定。

（2）纳税人按照税务机关核定的税额及规定的期限缴纳土地增值税。

三、纳税申报办法

土地增值税纳税人主要有两大类：一是从事房地产开发（包括专营和兼营）的纳税人；二是非从事房地产开发的纳税人。这两类纳税人在办理纳税申报时略有不同。

《土地增值税纳税申报表》包括适用于从事房地产开发纳税人的《土地增值税项目登记表》和《土地增值税纳税申报表（一）》，及适用于非从事房地产开发纳税人的《土地增值税纳税申报表（二）》。

（一）从事房地产开发的纳税人

从事房地产开发的纳税人，应在取得土地使用权并获得房地产开发项目开工许可后，根据税务机关确定的时间，一般是取得开发项目 30 日内，向主管税务机关报送《土地增值税项目登记表》，并在每次转让（预售）房地产时，依次填报表中规定栏目的内容；纳税人转让（预售）其开发的房地产并取得收入的，应根据税务机关确定的时间，定期向主管税务机关报送《土地增值税纳税申报表（一）》。

（1）纳税人一次性转让每一计税项目房地产的，应在转让房地产合同签订之日起 7 日内办理。

（2）纳税人对每月每一计税项目的房地产分多次转让而难以在每次转让后的 7 日内申报的，经房地产所在地主管税务机关核准，可于月后 10 日内办理。

（3）纳税人在项目全部竣工结算前每月预售房地产的，应于月后 10 日内办理。

上述纳税人在办理纳税申报时，应同时向税务机关提供下列证件和资料：

（1）土地权属证明。

（2）土地转让、房产买卖合同。

（3）与转让房地产有关的资料。主要指与房地产开发有关的财务会计报表及有关凭证，包括：

第一，取得土地使用权所支付的金额。如果土地是通过有偿出让方式取得的，应提供土地使用权出（受）让合同；如果是通过转让方式取得的，应提供土地使用权转让合同。

第二，房地产开发成本方面的有关财务会计资料。

第三，房地产开发费用的资料。

第四，按国家规定缴纳的有关税、费，应提供缴款凭证。

第五，其他与房地产有关的资料，如计委批准立项时审批的项目设计任务书（项目可行性报告），房地产开发项目的预、概算，房地产开发项目的承包、发包合同等。

（4）根据税务机关的要求提供房地产评估报告。

（二）非从事房地产开发的纳税人

其他纳税人应从签订转让房地产合同之日起 7 日内，填写《土地增值税纳税申报表

(二)》，然后到房地产所在地主管税务机关办理纳税申报，并提供房屋及建筑物产权、土地使用权证书土地转让、房屋买卖合同，房地产评估报告，与房地产转让有关税金的缴款凭证，以及其他与房地产有关的资料。

其他纳税人如有以下转让行为的，应从签订房地产转让合同之日起7日内报房地产所在地税务机关备案：

（1）国家建设需要依法征用、收回的房地产，纳税人因此而得到经济补偿的。

（2）因城市规划、国家建设需要而搬迁，由纳税人自行转让的房地产，并同时提供政府规定其搬迁的有关文件。

（3）转让已居住三年以上的房地产，并同时提供开始居住时间的证明。

四、税款征收机关

土地增值税由税务机关征收。土地管理部门、房产管理部门应当向税务机关提供有关资料，并协助税务机关依法征收土地增值税。

纳税人未按照《土地增值税暂行条例》缴纳土地增值税的，土地管理部门、房产管理部门不得办理有关的权属变更手续。

土地管理部门、房产管理部门应当向税务机关提供有关资料是指向房地产所在地主管税务机关提供有关房屋及建筑物产权、土地使用权、土地出让金数额、土地基准地价、房地产市场交易价格及权属变更等方面的资料。

五、税款计算与缴纳的证据资料

（1）土地增值税纳税申报表；

（2）记录税款计算过程的有关资料；

（3）已缴税款的缴款书复印件；

（4）应交土地增值税明细账复印件。

六、税款征收

在我国现行中央地方财政收支划分中，土地增值税属于地方税种。土地增值税的设计是为了合理调节土地增值收益，抑制房地产的投机炒卖活动，但该税种计算复杂，再加上房地产开发周期长，投资活动比较复杂，征收和缴纳成本较高。

税务部门由于信息不对称，目前的土地增值税实行“预征＋清算”和核定征收的管理模式。

在项目销售阶段，按月或季度以申报收入预征土地增值税，往往倾向于用较低税率对纳税人按销售额进行预征；在项目售完之后，再按照实际销售收入所得，清算应纳所得税额。对于账目不清等情况，采用核定征收方式。

土地增值税纳税人在收到缴款通知书后，应在税务机关规定的期限内缴纳税款。其他纳税人或税源零散的土地增值税，委托房地产管理部门代征。下面我们将专门对土地增值税预征、核定征收和土地增值税清算分别展开阐述。

CHAPTER

7 第七章 土地增值税的会计处理

在《财政部关于印发企业缴纳土地增值税会计处理规定的通知》（财会字〔1995〕15号）中，对土地增值税的会计处理作了详细规定，下面我们具体分析。

一、会计科目设置

企业应在“应交税费”科目增设“应交土地增值税”明细科目，以具体核算土地增值税的形成、计算和缴纳情况。

二、会计处理方法

（一）对于主营房地产业务的企业

对于主营房地产业务的企业，如房地产开发企业，应根据计算的应纳土地增值税额，编制会计分录如下：

借：营业税金及附加

　　贷：应交税费——应交土地增值税

实际缴纳时，又根据工程进度分为竣工结算前预缴和竣工结算后清算两个环节：

1. 企业在项目全部竣工结算前转让房地产取得的收入，按税法规定预交土地增值税时，编制会计分录如下：

借：应交税费——应交土地增值税

　　贷：银行存款

2. 项目全部竣工，办理结算后进行清算，按土地增值税的规定计算出实际应缴纳的土地增值税时，对比已预提的土地增值税，并进行调整。

（1）预提数大于实际数时，编制会计分录如下：

借：营业税金及附加（红字，差额）

　贷：应交税费——应交土地增值税（红字，差额）

反之，编制会计分录：

借：营业税金及附加（蓝字，差额）

　贷：应交税费——应交土地增值税（蓝字，差额）

调整后的贷方发生额与借方发生额对比的差额，作为办理退补税款的依据。

（2）缴纳税款时，编制会计分录如下：

借：应交税费——应交土地增值税

　贷：银行存款

（3）税务机关退还税款时，编制会计分录如下：

借：银行存款

　贷：应交税费——应交土地增值税

（二）对于非主营业务的企业

对于非主营业务的企业，在转让房地产时，则应分别情况进行会计处理。

1. 兼营房地产业务的企业，房地产完工后未转入固定资产的，转让时计算应纳土地增值税时编制会计分录如下：

借：其他业务成本

　贷：应交税费——应交土地增值税

2. 转让以支付土地出让金等方式取得国有土地使用权，原已纳入“无形资产”科目核算的，其转让时计算应缴纳的土地增值税编制会计分录如下：

借：其他业务成本

　贷：应交税费——应交土地增值税

3. 转让的国有土地使用权已连同地上建筑物及其他附着物一并在“固定资产”或“在建工程”、“专项工程支出”、“固定资产购建支出”等科目核算的，其转让房地产（包括地上建筑物及其他附着物），借记“固定资产清理”、“在建工程”、“专项工程支出”、“固定资产购建支出”等科目，贷记“应交税费——应交土地增值税”科目。

4. 转让的以行政划拨方式取得的国有土地使用权，如仅转让国有土地使用权，转让时计算应缴纳的土地增值税，编制会计分录如下：

借：其他业务成本

　贷：应交税费——应交土地增值税

如国有土地使用权连同地上建筑物及其他附着物一并转让，转让时计算应缴纳的土地增值税，编制会计分录如下：

借：固定资产清理

　贷：应交税费——应交土地增值税

5. 企业缴纳土地增值税时，编制会计分录如下：

借：应交税费——应交土地增值税

　贷：银行存款

案例分析

房地产企业土地增值税计算

某房地产公司2014年5月发生业务如下：

（1）转让开发的写字楼一栋，共取得转让收入5 000万元，已知该公司为取得土地使用权而支付的地价款和相关税费为500万元，投入的房地产开发成本为1 500万元，房地产开发费用中的利息支出为120万元（能按照转让房地产项目计算分摊并提供某商业银行贷款证明）。

（2）转让旧办公楼一座，取得收入1 000万元，该账面价值为600万元，已经计提折旧300万元，经过相关权威机构评估，成新度为45%，目前重置成本价为1 200万元，转让旧房向政府补缴出让金80万元，发生其他税费20万元。

要求：（1）计算该企业缴纳的土地增值税；

（2）进行相关的会计处理。

分析如下：

一、应缴纳的土地增值税

1.（1）确定转让房地产的收入：转让收入为5 000万元。

（2）确定转让房地产的扣除项目金额：

①取得土地使用权所支付的金额为500万元

②房地产开发成本为1 500万元

③房地产开发费用为120万元

④与转让房地产有关的税金为：

5 000×5%+5 000×5%×(7%+3%)=275(万元)

⑤从事房地产开发的加计扣除为：

(500+1 500)×20%=400(万元)

⑥转让房地产的扣除项目金额为：

500+1 500+120+275+400=2 795(万元)

（3）计算转让房地产的增值额：

5 000−2 795=2 205(万元)

（4）计算增值额与扣除项目金额的比率：

2 205÷2 795≈78.13%

（5）计算应纳土地增值税税额：

应纳土地增值税=增值额×40%−扣除项目金额×5%

=2 205×40%−2 795×5%=742.25(万元)

2. 收入为1 000万元。

扣除项目:

(1) 成本=1 200×45%=540(万元)

(2) 出让金=80(万元)

(3) 税金=20(万元)

可扣除项目=540+80+20=640(万元)

增值额=1 000-640=360(万元)

增值率=360/640=56.25%

土地增值税=增值额×40%-扣除项目金额×5%

=360×40%-640×5%=112(万元)

3. 共计应缴纳土地增值税=742.25+112=854.25(万元)

二、会计分录

借:营业税金及附加 742.25

固定资产清理 112

贷:应交税费——应交土地增值税 854.25

案例分析

房地产企业土地增值税计算与会计处理

某房地产公司开发一号公馆,2009年开始对外销售,当年预售收入为10 000万元,2010年销售收入为50 000万元,至此该楼盘售罄,当年年底结转收入60 000万元,2011年10月税务清算土地增值税款为500万元,其相关处理如下(假设该项目均为普通住宅,企业所得税税率为25%):

该公司会计处理如下(分录单位:万元):

(1) 2009年取得预售收入10 000万元,其应缴纳的土地增值税税款=10 000×0.005=50(万元),账务处理为:

借:待摊费用——预交土地增值税 50

贷:应交税费——应交土地增值税 50

借:应交税费——应交土地增值税 50

贷:银行存款 50

(2) 2010年取得预售收入50 000万元时,其应缴纳的土地增值税税款=50 000×0.005=250(万元),账务处理为:

借:待摊费用——预交土地增值税 250

贷:应交税费——应交土地增值税 250

借:应交税费——应交土地增值税 250

贷:银行存款 250

2010年年底结转60 000万元销售收入时:

借：营业税金及附加——土地增值税　300

　贷：待摊费用——预交土地增值税　300

（3）2011年10月清算土地增值税税款时，需补交200万元（500—300）土地增值税税款：

借：营业税金及附加——土地增值税　200

　贷：应交税费——应交土地增值税　200

借：应交税费——应交土地增值税　200

　贷：银行存款　200

该公司税务处理如下：

（1）2009年，由于在计算当年的企业所得税时，已将预售收入10 000万元计入应纳税所得额，故其预交的50万元的土地增值税款应作为纳税调整事项，减少当年的应纳税所得额；

（2）2010年，当年缴纳的土地增值税为250万元，由于结算的收入为60 000万元，相关营业税金及附加为300万元，故应调整增加应纳税所得额50万元；

（3）2011年，税务处理和会计处理无差异。

CHAPTER

8 第八章 土地增值税预征

早在1994年开征土地增值税时，国家就要求按照四级超率累进税率进行征收。即：土地增值税要视增值率的大小，采取分段计算应纳土地增值税税额的方式，对增值额为扣除项目金额50%、50%～100%、100%～200%和200%以上的，分别适用30%、40%、50%和60%的税率计征。

在实际操作中，累进税率却极少被严格使用。由于房地产开发项目周期较长，且开发企业的成本核算存在较大的技术难题以及没有严格的征缴时限，大部分地区采取先预征后清算的办法，在项目销售面积不足85%时，按预售商品房收入的一定比例征收，到项目开发结束再进行清算补足。但在实际操作中，这常常成为开发商拖欠税款的借口。

为了吸引房地产企业投资，在2010年5月之前，各地对于土地增值税实际预征率普遍较低，基本上要求房地产企业按照预（销）售商品房收入1%～2%的比例进行预缴，与房价快速上涨明显不相匹配。

2010年5月25日出台的《国家税务总局关于加强土地增值税征管工作的通知》（国税发〔2010〕53号）明确指出：

预征是土地增值税征收管理工作的基础，是实现土地增值税调节功能、保障税收收入均衡入库的重要手段。各级税务机关要全面加强土地增值税的预征工作，把土地增值税预征和房地产项目管理工作结合起来，把土地增值税预征和销售不动产营业税结合起来；把预征率的调整和土地增值税清算的实际税负结合起来；把预征率的调整与房价上涨的情况结合起来，使预征率更加接近实际税负水平，改变目前部分地区存在的预征率偏低，与房价快速上涨不匹配的情况。通过科学、精细的测算，研究预征率调整与房价上涨挂钩的机制。

一、预征概念

预征是指税务机关按照某种方法，多数是按照规定的税率，提前征收税款，最后再进行税款清算。

土地增值税预征是指项目全部竣工结算前，对转让房地产取得的收入，按照当地规定的预征率征收税款，各地税率略有不同，预征的土地增值税税款，并不是最终的税款，最后还要进行土地增值税清算，多退少补。

实施细则第十六规定，纳税人在项目全部竣工前转让房地产取得的收入，由于涉及成本确定或其他原因，而无法据以计算土地增值税的，可以预征土地增值税，待项目全部竣工，办理结算后再进行清算，多退少补。

二、预征办法

土地增值税属于地方税种，各地预征办法略有不同。例如，《珠海市房地产开发企业土地增值税预征办法》（珠海市地方税务局公告 2010 年第 1 号）第二条规定，《办法》适用于珠海市房地产开发项目土地增值税预征工作。在我市开发经营房地产的各类企业及其他单位和个人（以下简称“纳税人”），在房地产项目未进行土地增值税清算前取得销售收入的，为预征土地增值税的纳税人，应当依照本办法预征土地增值税。

预征办法具体规定如下：

1. 单项预征率。即按每一计税项目预售合同中确定的转让收入作为计税收入，按房地产开发的预算成本作为扣除项目金额，计算预计的应纳税额；以预计的应纳税额除以预计的转让收入求出一个比例，作为预征率，在每次预收房款时，按每笔收入乘以该预征率，以此计算每次应预缴的税款。

2. 平均预征率。为了便于征管，各地根据实际情况确定当地适用的平均预征率，据以计算预征。

上述两种预征办法，各地可根据实际情况自行选用。土地增值税实行预征后进行纳税清算，即待每一计税项目房地产竣工结算并全部转让完后进行纳税清算，多退少补。

转让未竣工的房地产：对转让未竣工结算的房地产采取预征办法。

三、预征要求

《财政部 国家税务总局关于土地增值税一些具体问题规定的通知》（财税字〔1995〕048 号）第十四条规定，根据细则的规定，对纳税人在项目全部竣工结算前转让房地产取得的收入可以预征土地增值税。具体办法由各省、自治区、直辖市地方税务局根据当地情况制定。因此，对纳税人预售房地产所取得的收入，当地税务机关规定预缴土地增值税的，纳税人应当到主管税务机关办理纳税申报，并按规定比例预缴，待办理决算后，多退少补；当地税务机关规定不预缴土地增值税的，也应该在取得收入时先到税务机关登记或备案。

2010 年 5 月 25 日，《国家税务总局关于加强土地增值税征管工作的通知》（国税发〔2010〕53 号）要求，改变目前部分地区存在的预征率偏低，与房价快速上涨不匹配的情况。通过科学、精细的测算，研究预征率调整与房价上涨的挂钩机制。为了发挥土地增值税在预征阶段的调节作用，各地须对目前的预征率进行调整。

（1）保障性住房不预征；

（2）东部地区省份预征率不得低于2％；

（3）中部和东北地区省份不得低于1.5％；

（4）西部地区省份不得低于1％。

各地要根据不同类型房地产确定适当的预征率。此前，广西、河南、青岛等地都已经分别提高了土地增值税的预征率。

对尚未预征或暂缓预征的地区，应切实按照税收法律法规开展预征，确保土地增值税在预征阶段及时、充分发挥调节作用。

表8-1为国税发〔2010〕53号文件颁布实施前部分城市土地增值税预征率具体情况。

表8-1　国税发〔2010〕53号文件颁布实施前部分城市土地增值税预征率

地区	土地增值税预征率
北京	1％
上海	1％
重庆	1％
天津	普通住宅：0.5％；其他：2％
广州	普通住宅：1％；其他：2％
深圳	普通住宅：1％；别墅：3％；其他：2％
南京	普通住宅：0.5％；别墅：3％；写字楼2％；其他：1％

四、地方政策

根据国家税务总局的要求，各地方税务局对于房地产开发企业项目竣工结算前转让房地产取得的收入（包括预售收入）制定了具体的预征办法和预征率。

（一）北京

自征收土地增值税以来，北京的土地增值税预征率随着房地产市场一直变化。具体参见表8-2。

当前，《北京市住房和城乡建设委员会 北京市财政局 北京市地方税务局关于贯彻落实国家有关部门房地产市场宏观调控政策有关问题的通知》（京建发〔2010〕677号）关于土地增值税预征率问题：

自2010年10月1日起，房地产开发企业销售商品房取得的收入，按如下标准预征土地增值税：

（1）房地产开发企业销售经济适用住房、限价商品住房等保障性住房取得的收入，暂不预征土地增值税；

（2）容积率小于1.0的房地产开发项目，按照销售收入的3％预征土地增值税；

（3）其他房地产开发项目，按照销售收入的2％预征土地增值税。

表 8-2　　　　北京市土地增值税预征情况变动表

类别时间	房地产类型	预征比例	清算规定	法规依据
1994	所有征税对象	各省自定	各省自定	《土地增值税暂行条例实施细则》第十六条
1996.06.05至1996.09.24	宾馆、饭店、办公、写字楼	3	年度结利后1个月内和项目竣工清算后2个月内，清算期限3年	京地税二〔1996〕240号
	公寓、别墅、非普通标准住宅	2		
	普通标准住宅	0.5		
	其他	1		
1996.10.10至1996.06.11	宾馆、饭店、办公、写字楼	3	同上	京地税二〔1996〕431号
	公寓、别墅、非普通标准住宅	2		
	普通标准住宅	暂缓预征		
	其他	1		
1999.06.11至2002.12.31	同上	同上	取消年终结利后汇算清缴，调整为项目竣工清算后2个月内，清算期限3年	京地税二〔1999〕308号
2003.01.01至2003.12.31	同上，包括检查发现的以前年度税款	1	同上	京地税地〔2002〕398号
2004.01.01至2005.12.31	宾馆、饭店、办公、写字楼	1	项目销售率达到可销售总面积的85%，即可申请清算	京地税地〔2003〕653号
	公寓、别墅	0.5		
	普通标准住宅	暂缓预征		
	其他	1		
2006.01.01至2006.12.31	宾馆、饭店、办公、写字楼	1	项目在办理全部竣工决算手续后，凡销售面积达到可销售总建筑面积的85%（含）以上，均需在办理全部竣工手续后2个月内清算	京地税地〔2005〕557号
	单栋号内户均建筑面积超过140平方米的商品住房	0.5		
	单栋号内户均建筑面积小于等于140平方米	不预征		
	其他	1		
2007.01.01至2010.09.30	除政府批准的经济适用房和限价房外	1	主动清算： (一) 全部竣工并销售完毕 (二) 整体转让未竣工项目 (三) 直接转让土地使用权。 被动清算： (一) 须（销）售的房地产面积占可售85%（含）以上 (二) 取得许可证满三年仍未售完 (三) 税务机关纳税评估发现问题后	京地税地〔2006〕509号 京地税地〔2007〕134号 京地税地〔2008〕92号

续表

类别时间	房地产类型	预征比例	清算规定	法规依据
2010.10.01至2011.03.17	保障性住房	暂不预征	(一) 土地闲置费不得扣除 (二) 转让旧房可按取得首张发票所载时间	京建发〔2010〕677号 北京地方税务局公告2010年第2号
	容积率小于1.0	3		
	其他	2		
2011.03.18至今	保障性住房	暂不预征	同上	北京市地方税务局、北京市住房和城乡建设委员会公告2011年第5号
	新办理预售许可和现房销售确认的商品房	2～5		
	容积率小于1.0	3		
	已办理预售许可和现房销售确认的商品房			

（二）大连

《大连市地方税务局关于明确土地增值税若干问题的通知》（大地税函〔2006〕76号）第一条第一款“关于经济适用住房土地增值税预征问题”规定：

从事房地产开发的纳税人（以下简称纳税人）开发经国家有关部门批准建设的经济适用住房项目，应当向税务机关报送《经济适用住房土地增值税预征确认备案表》（见附件1）、经济适用住房的批准文件及经济适用住房的明细资料（包括街号、楼号、楼层、房号、户型、面积、价格或预计价格以及税务机关要求报送的其他资料），对经济适用住房项目中的普通标准住宅，免予预征土地增值税。

税务机关应加强对经济适用住房项目的土地增值税管理，严格执行备案制度，未按本通知规定备案的项目，应当预征土地增值税。

已报送《经济适用住房土地增值税预征确认备案表》的纳税人，如其实际转让的房地产中有不符合普通标准住宅条件的，应按规定预征土地增值税。

大连市新标准：

《大连关于预征率的规定大连市地方税务局公告》（2010年第1号）规定：

容积率大于1.0（含）的住宅项目，土地增值税预征率调整为1.5%；容积率小于1.0的住宅项目，土地增值税预征率调整为3%；非住宅项目，土地增值税预征率调整为3%。

（三）上海

《上海市地方税务局关于调整住宅开发项目土地增值税预征办法的公告》（上海市地方税务局公告2010年第1号）规定：

一、按不同的销售价格确定土地增值税预征率。除保障性住房外，住宅开发项目销售均价低于项目所在区域（区域按外环内、外环外划分）上一年度新建商品住房平均价格的，预征率为2%；高于但不超过1倍的，预征率为3.5%；超过1倍的，预征率为5%。

项目所在区域上一年度新建商品住房平均价格按市房屋主管部门提供的数据为准。

二、房地产开发企业开发住宅项目的，以项目为单位预缴土地增值税。分期开发的，以分期项目为单位预缴土地增值税。

三、住宅开发项目销售均价按以下公式计算：

项目销售均价＝项目可售住房总销售价格÷项目可售住房总建筑面积

项目可售住房总销售价格、总建筑面积按房屋主管部门备案通过的该项目“商品房销售方案”中可售住房的销售价格和建筑面积计算。

四、项目分批申报备案的，房地产开发企业应按最新备案通过的可售住房的销售价格和建筑面积重新计算确定项目销售均价，并调整土地增值税预征率。备案通过后的次月起按调整后的预征率执行。

（四）珠海

《珠海市房地产开发企业土地增值税预征办法》（珠海市地方税务局公告2010年第1号）规定：

…………

第八条，纳税人以每平方米售价和每平方米可扣除金额为计算依据，计算每平方米的增值额和增值率，按适用税率计算应缴税款，以税款占每平方米售价的百分比为依据，确定本项目当年度的预征率。

第九条，为计算和操作简便，预征率统一以0.2%为间距。百分比在间距中的，从低确定预征率。

第十条，除保障性住房项目外，纳税人报备的预征率不得低于2%，对报备预征率低于2%的，税务机关应加强审核，在审核结果确定前纳税人应先按2%进行预缴。

第十一条，预征率报备后，纳税人应当自首次实现收入的次月起，在月度终了后的纳税申报期内按月申报预缴税款，税款金额为当月的销售收入额乘以预征率。

销售收入的实现以下列方式确定：

（一）以预售方式出售商品房的，以实际取得预售房收入的当天确认为收入实现；

（二）以分期付款方式出售商品房的，以每期实际取得收入的当天确认为收入实现；

（三）以银行按揭方式出售商品房的，以取得首期付款收入和银行贷款的当天确认为收入实现；

（四）以其他方式出售商品房的，以实际取得售房收入的当天确认为收入实现。

…………

第十四条，纳税人开发的项目只有普通标准住宅一种类型且报备增值额未超过扣除项目金额20%的，经税务机关审核后，免予预征土地增值税。

第十五条，纳税人开发的项目达到清算管理规程规定的土地增值税清算条件的，应当按规定及时进行清算，预缴的税款按照清算的结果多退少补。

（五）河南

《河南省地方税务局关于明确土地增值税若干政策的通知》（豫地税发〔2010〕28号）第一条土地增值税预征率规定：

根据《中华人民共和国土地增值税暂行条例实施细则》第十六条的规定，我省土地增值税预征率按不同项目分别确定：

（一）普通标准住宅1.5%；

（二）除普通标准住宅以外的其他住宅3.5%；

（三）除上述（一）、（二）项以外的其他房地产项目4.5%。

《河南省地方税务局转发关于土地增值税清算有关问题的通知》（豫地税函〔2010〕202号）第三条规定，经济适用房是经政府批准建设的具有保障性质的普通标准住宅，一般来说增值额较低，在预征土地增值税时按0.5%预征率执行，在土地增值税清算时，对增值额未超过扣除项目金额20%的，应免征土地增值税；对增值额超过扣除项目金额20%的，应按照规定征收土地增值税；在土地增值税清算时无法准确进行清算的，按照普通标准住宅2%核定征收土地增值税。

表8-3为河南省地方税务局土地增值税预征率、核定征收率各阶段具体情况汇总。

表8-3　　河南省地方税务局土地增值税预征率、核定征收率一览表

时间 项目	第一阶段	第二阶段	第三阶段	第四阶段
	2004年11月以前	2004年11月至2007年1月	2007年2月至2010年4月	2010年5月1日之后
特点	查账征收方式	核定征收方式	对新项目采取按项目进行鉴定的方式进行管理（原则上鉴定为查账征收方式）	无论新老项目均按查账征收方式缴纳土地增值税（在审查纳税人清算申请过程中，发现纳税人符合核定征收条件的，经主管局长同意可按核定征收方式进行土地增值税清算）
预征率	①预售民用住宅的土地增值税预征率为1%； ②预售民用住宅以外的其他房地产项目的土地增值税预征率为3%； ③凡预售民用住宅和其他房地产项目划分不清的，一律按3%执行。	与第一阶段相同	与第一阶段相同	①普通标准住宅1.5%； ②除普通标准住宅以外的其他住宅3.5%； ③除上述①、②项以外的其他房地产项目4.5%； ④经济适用房0.5%
核定征收率	①预售或销售民用住宅核定征收率为0.8%； ②预售或销售民用住宅以外的其他房地产项目的核定征收率为1%； ③凡预售或销售民用住宅和其他房地产项目划分不清的，一律按1%执行。	与第一阶段相同	①普通标准住宅1.5%； ②除普通标准住宅及土地以外的其他房地产项目3.5%； ③土地5%	①普通标准住宅2%； ②除普通标准住宅以外的其他住宅4%； ③除上述①、②项以外的其他房地产项目5%； ④符合六个条件之一的8%
文件依据	豫地税发〔1997〕160号 豫地税函〔2004〕125号	与第一阶段相同	豫地税发〔1997〕160号 豫地税函〔2007〕16号	豫地税发〔2010〕28号 豫地税函〔2010〕202号

知识链接

土地增值税预征广州、上海有不同

羊城晚报2010年10月16日讯 记者严丽梅报道：对比广州、上海调控政策中的土地增值税预征办法发现，两市各有不同“版本”，其确定预征率的依据不同。

——“广州版”按住宅用途（普通住宅、非普通住宅和别墅三类）确定三档预征率。即对经济适用住房不预征外，对普通住宅按2%税率预征，对非普通住宅按3%税率预征，对别墅按4%税率预征。

——“上海版”则按不同的销售价格来确定预征率。规定：除保障性住房外，住宅开发项目销售均价低于项目所在区域（区域按外环内、外环外划分）上一年度新建商品住房平均价格的，按2%税率预征土地增值税；高于但不超过1倍的，按3.5%税率预征；超过1倍的，按5%税率预征。

对比“广州版”和“上海版”可以发现：

两市规定的预征率不同。其中上海有两档预征率比广州高，最高预征率达5%，而广州是4%。

广州有税务界人士向羊城晚报记者分析，对比各地的土地增值税预征新政，深圳、青岛、厦门、重庆、天津等市都与“广州版”相同，均以住宅用途分类来确定预征率，唯独上海与众不同。“上海版”明确把价格作为土地增值税预征政策调控的目标，换言之，如果该楼盘售价涨得越厉害，需要预缴的土地增值税也越多。

有关人士指出，“上海版”的这一特点透露出：上海市房产税改革试点的准备工作估计基本到位。因为准确、权威地评估房产价格，是房产税改革的关键。这次“上海版”土地增值税预征新政，核心就是市场销售价格，如果有关部门不能准确掌握各区域商品住房价格信息，则预征新政的落实难度会很大，上海既然能够“与众不同”，表明已经具备了条件。

记者同时发现，上海10月12日最新发布的《关于调整住宅开发项目土地增值税预征办法的公告》中，规定了“项目所在区域上一年度新建商品住房平均价格按市房屋主管部门提供的数据为准”。这表明，上海市房屋主管部门已掌握各区域商品住房价格信息。

五、预征额计算

应预缴税额＝(主营业务收入＋预收账款期末余额－预收账款期初余额＋视同销售＋与项目有关的经济收益)×预征率

六、特殊情况处理

(一) 多缴

实行土地增值税预征制度，在项目竣工结算前预征税款有利于企业资金平衡和税款均衡入库，是针对房地产开发周期比较长而采取的过渡性措施。但是，纳税人如果多缴税款，然后等待项目清算后税务机关再行退税，对于建设期间的开发企业来说，以一定资金成本取得的资金无偿、被动地被政府占用，无疑加重了纳税人的负担。因此，纳税人在不违背税法规定的前提下，预缴时尽量少缴。

我们通过往年清算数据库的基础分析和综合运用，结合建安成本、拆迁成本模型，建立以预征指标体系为核心的土地增值税动态模型，以准确测算项目的土地增值税预征率，不至于多缴。

知识链接

土地增值税预征率模型

(一) 动态预征模型的建立

经研究发现，无论何种类型的楼盘，销售价格、土地成本、建安成本三个主要因素对项目最终的增值率起到了决定性的作用。其中，土地成本可以按实计入，建安成本与最终售价之间存在一定的逻辑关系。因此，只要把握住这几个因素，土地增值税按项目核定预征率的问题就可以迎刃而解。

1. 销售收入（Y）的预估

(1) 对于新取得预售许可证的项目，依据房管局楼盘预售公告中给出的预售基价（±15%浮动）乘以预计可售面积，对销售收入（Y）进行预估。

(2) 对于已经在售的项目，根据上一期预售许可证的平均单价或者近3个月的预售平均单价乘以当期可售面积估算销售收入（Y）。

2. 扣除项目金额（S）的预估

土地成本（A）：包括取得土地使用权所支付的金额、拆迁成本、契税等，均按预计可售面积乘以当期可售面积分摊后据实计入。

建安成本（B）：仅指建筑安装工程费。

建安成本经验系数（α）：是指通常情况下，建安成本占销售收入（Y）的合理比例。用预估的销售收入乘以该系数，可以预计出不同类型楼盘的合理建安成本支出。

其他开发成本（C）：包括前期工程费、基础设施费、公共配套设施费、开发间接费用等。

其他开发成本经验系数（β）：是指在通常情况下，以上这些成本占销售收入的合理比例。用预估的销售收入乘以该系数，可以预计出不同类型楼盘的其他开发成本支出。

房地产开发费用（D）：$(A+B+C)\times 10\%$。

与转让房地产有关的税金（E）：营业税及附加等于销售收入（Y）的5.5%。

加计扣除（F）：$(A+B+C)\times 20\%$。

代收费用（G）：通常情况下不超过销售收入（Y）的5%。

扣除项目金额 $S=A+B+C+D+E+F+G=(A+B+C)\times 130\%+E+G=(A+\alpha\times Y+\beta\times Y)\times 130\%+5.5\%\times Y+5\%\times Y=(1.3\alpha+1.3\beta+0.105)Y+1.3A$。

3. 增值率（IR）的计算

增值额 $I=Y-S=(1-1.3\alpha-1.3\beta-0.105)Y-1.3A$

增值率 $IR=I/S=\dfrac{(1-1.3\alpha-1.3\beta-0.105)Y-1.3A}{(1.3\alpha+1.3\beta+0.105)Y+1.3A}$

4. 应纳税额（T）的计算

根据增值率找到适用税率，计算出预计应纳税额 T。

5. 预征率（P）的核定

预征率 $P=T\div Y$

综上所述，任何楼盘只要知道土地成本（A）、预计销售收入（Y），代入上述模型即可推算出该楼盘的土地增值税预征率。

（二）模型的验证

白云房地产公司某楼盘，占地面积14 064.27平方米，总可售面积约14 600平方米，其中住宅约为14 000平方米、商铺约600平方米。根据该公司3月中旬发布的楼盘预售公告，其住宅预售基价为11 000元/平方米，商铺预售基价为35 000元/平方米。

目前已能准确核算的成本为：取得土地使用权所支付的金额及契税4 900万元，拆迁补偿款100万元，即土地成本A为5 000万元。

根据总可售面积和预售单价预计出总销售收入 $Y=14\,000\times 1.1+600\times 3.5=17\,500$（万元）。

依据该楼盘性质找出相应的建安成本经验系数 α 为20%，其他开发成本经验系数 β 为6%。套入上述模型公式，计算出扣除项目金额合计14 270万元。

即 $S=(1.3\alpha+1.3\beta+0.106)Y+1.3A=(1.3\times 20\%+1.3\times 6\%+0.105)\times 17\,500+1.3\times 5\,000=14\,252.5$（万元）

增值额 $I=17\,500-14\,252.5=3\,247.5$（万元）

增值率 $IR=3\,247.5\div 14\,252.5=22.79\%$

预计应纳税额 $T=3\,247.5\times30\%=974.25$(万元)

核定预征率 $P=974.25\div17\,500=5.57\%$

因而，对该楼盘应确定土地增值税预征率为5.57%。采用动态预征率可以有的放矢，充分考虑各项目客观上的不同，实现土地增值税预征真正意义上的横向公平。

(二) 未缴

《财政部 国家税务总局关于土地增值税若干问题的通知》(财税〔2006〕21号) 要求，对未按预征规定期限预缴税款的，应根据税收征管法及其实施细则的有关规定，从限定的缴纳税款期限届满的次日起，加收滞纳金。

但是对税收检查查出企业预收购房款，未按土地增值税预征管理办法的规定申报或全部申报缴纳土地增值税的行为，不按照不缴或少缴税款的行为给予行政处罚。

《山东省地方税务局关于规范有关税务行政处罚问题的通知》(鲁地税函〔2004〕154号) 第三条给出的理由是：

1. 根据《土地增值税暂行条例实施细则》第十六条规定："纳税人在项目全部竣工结算前转让房地产取得的收入，由于涉及成本确定或其他原因，而无法据以计算土地增值税的，可以预征土地增值税，待项目全部竣工、办理结算后进行清算，多退少补"。因此，纳税人未按土地增值税预征办法的规定计算缴纳土地增值税，并不能真实反映纳税人不缴或少缴税款。

2. 对不按规定预缴土地增值税的处罚，目前没有明确的法律依据。

知识链接

预缴土地增值税的税前扣除

问：房地产开发企业按预收账款的1%预缴土地增值税，未进行清算前是否可以在企业所得税税前扣除?

答：《土地增值税暂行条例实施细则》第十六条规定，纳税人在项目全部竣工结算前转让房地产取得的收入，由于涉及成本确定或其他原因，而无法据以计算土地增值税的，可以预征土地增值税，待该项目全部竣工、办理结算后再进行清算，多退少补。具体办法由各省、自治区、直辖市地方税务局根据当地情况制定。

《国家税务总局关于印发〈房地产开发经营业务企业所得税处理办法〉的通知》(国税发〔2009〕31号) 第十二条规定，企业发生的期间费用、已销开发产品计税成本、营业税金及附加、土地增值税准予当期按规定扣除。

根据上述规定，房地产开发企业在项目清算前，按转让房地产取得的收入预缴的土地增值税，属于房地产企业发生的税金。预缴的土地增值税可在预缴年度税前扣除。

CHAPTER

9 第九章 土地增值税核定征收

一、核定征收的概念

核定征收，就是按照规定的方法计算出税款，是一种“准清算”模式，不存在多退少补的情况。核定应纳税额是针对纳税人的某些违法行为导致税务机关难以查账征收税款，而采取的一种补救措施。它也是一种征收税款的方式，是在正常的税款征收方式难以准确合理地征收税款的前提下而采取的一种征税方法，对于保证国家税收及时足额入库、促使纳税人遵守税法规定正确纳税，具有一定的作用。

二、核定征收的条件

《土地增值税清算管理规程》（国税发〔2009〕91 号）第五章对核定征收的条件作出了明确的要求：

第三十三条　在土地增值税清算过程中，发现纳税人符合核定征收条件的，应按核定征收方式对房地产项目进行清算。

第三十四条　在土地增值税清算中符合以下条件之一的，可实行核定征收。

（一）依照法律、行政法规的规定应当设置但未设置账簿的；

（二）擅自销毁账簿或者拒不提供纳税资料的；

（三）虽设置账簿，但账目混乱或者成本资料、收入凭证、费用凭证残缺不全，难以确定转让收入或扣除项目金额的；

（四）符合土地增值税清算条件，企业未按照规定的期限办理清算手续，经税务机关责令限期清算，逾期仍不清算的；

（五）申报的计税依据明显偏低，又无正当理由的。

第三十五条 符合上述核定征收条件的，由主管税务机关发出核定征收的税务事项告知书后，税务人员对房地产项目开展土地增值税核定征收核查，经主管税务机关审核合议，通知纳税人申报缴纳应补缴税款或办理退税。

上述第三十四条第（一）款指该建账不建账，又不报经批准，擅自不设账簿的，属于违规行为，因此，除限期改正、逾期不改予以处罚外，还要采取核定征收。

我国会计法、税法及其他经济法规对账簿等会计资料的保管、销毁有明确规定，纳税人擅自销毁账簿或者拒不提供纳税资料，属于严重的违法行为，除按规定处理外，税务机关有权核定其应纳税额。

上述第三十四条第（五）款是指纳税人在纳税申报时，通过少报收入，多列成本、费用，减少计税金额，达到少纳税的目的，属于虚假申报，偷逃税款，税务机关应当根据情况核定征收，并予以处理。

实际上核定征收是一柄双刃剑。一方面要求企业加强会计核算，及时准确地申报纳税，如果企业违反了税收征管法的有关规定，税务机关可以按规定对土地增值税采取核定征收；另一方面，也要求税务机关不得事先规定对企业的土地增值税进行核定征收。《国家税务总局关于加强土地增值税征管工作的通知》（国税发〔2010〕53号）第四条规定：

规范核定征收，堵塞税收征管漏洞。核定征收必须严格依照税收法律法规规定的条件进行，任何单位和个人不得擅自扩大核定征收范围，严禁在清算中出现“以核定为主、一核了之”、“求快图省”的做法。凡擅自将核定征收作为本地区土地增值税清算主要方式的，必须立即纠正。

为了控制核定征收范围，各地税务机关响应国家税务总局的要求，对计划以核定征收方式缴纳土地增值税的企业，提高了门槛。例如，海南省对土地增值税核定征收的项目，在时间上作了严格界定，《海南省地方税务局关于调整房地产开发项目土地增值税核定征收方法的公告》（海南省地方税务局公告2011年第5号）第一条第四款规定：

2006年12月31日前达到必须清算条件但至今仍未办理清算手续的房地产开发项目，或2007年1月1日后符合土地增值税清算条件，但未按照规定的期限办理清算手续，经税务机关责令限期清算，逾期仍不清算的房地产开发项目。

但是在一定条件下，房地产企业可以主动“选择”以较低的预征税率作为最终核定的税率。

《国家税务总局关于房地产开发企业土地增值税清算管理有关问题的通知》（国税发〔2006〕187号）第七条指出，房地产开发企业有规定情形之一的，税务机关可以参照与其开发规模和收入水平相近的当地企业的土地增值税税负情况，按不低于预征率的征收率核定征收土地增值税。

这一通知实际上给了部分房地产企业一种“税率选择”的空间。上述通知内容可以理解为，企业只要不能够提供证明就可以按照预征率来缴税。对于一些小型房地产开发企业来说，他们可以主动“选择”预征税率为其最终缴税额，也就是说，最终的清算将不会影响其已经产生的利润。

这一情形似曾相识。此前上海出台的个人二手房交易个人所得税细则规定，如果无法提供完备资料，二手房个人所得税税率以房产总价的1%～2%计算，而不是增值额的20%。

三、核定征收的税率

（一）国家税务总局土地增值税规定征收管理

《国家税务总局关于加强土地增值税征管工作的通知》（国税发〔2010〕53号）第四条规定：

对确需核定征收的，要严格按照税收法律法规的要求，从严、从高确定核定征收率。为了规范核定工作，核定征收率原则上不得低于5%，各省级税务机关要结合本地实际，区分不同房地产类型制定核定征收率。

（二）海南省土地增值税核定征收管理

《海南省地方税务局关于调整房地产开发项目土地增值税核定征收办法的公告》（海南省地方税务局公告2012年第3号）规定：

对纳税人开发的房地产项目，按照单个清算项目已售建筑面积的销售均价确定核定征收率，具体如下：

（一）销售均价未超过8 000元/m²的，核定征收率为5%；

（二）销售均价超过8 000元/m²、未超过10 000元/m²的，核定征收率为6%；

（三）销售均价超过10 000元/m²、未超过20 000元/m²的，核定征收率为8%；

（四）销售均价超过20 000元/m²、未超过30 000元/m²的，核定征收率为11%；

（五）销售均价超过30 000元/m²的，核定征收率为13%。

核定征收要求企业根据项目的具体情况认真把握。如果企业所在地区预征率明显偏低，但开发项目利润率很高，土地增值税清算时实行查账征收，就会出现适用税率明显高于预征率的情况。在这种情况下，企业可以争取按当地规定的预征率进行核定征收。

四、核定征收的公式

应交土地增值税税款＝转让房地产销售收入总额×适用核定征收率

五、核定征收审批流程

对符合规定的房地产开发项目，土地增值税核定征收按照以下流程办理：

（1）主管税务机关经过实地调查认定内容属实后，报经土地增值税清算工作领导小组决定，对该项目采取核定征收；

（2）向纳税人出具核定征收的税务事项告知书；

（3）组织进行核定征收核查；

（4）出具核定征收意见报告；

（5）报土地增值税清算工作领导小组讨论决定；

（6）税务机关做出清算结论，下发执行。

土地增值税核定征收工作流程如图 9-1 所示：

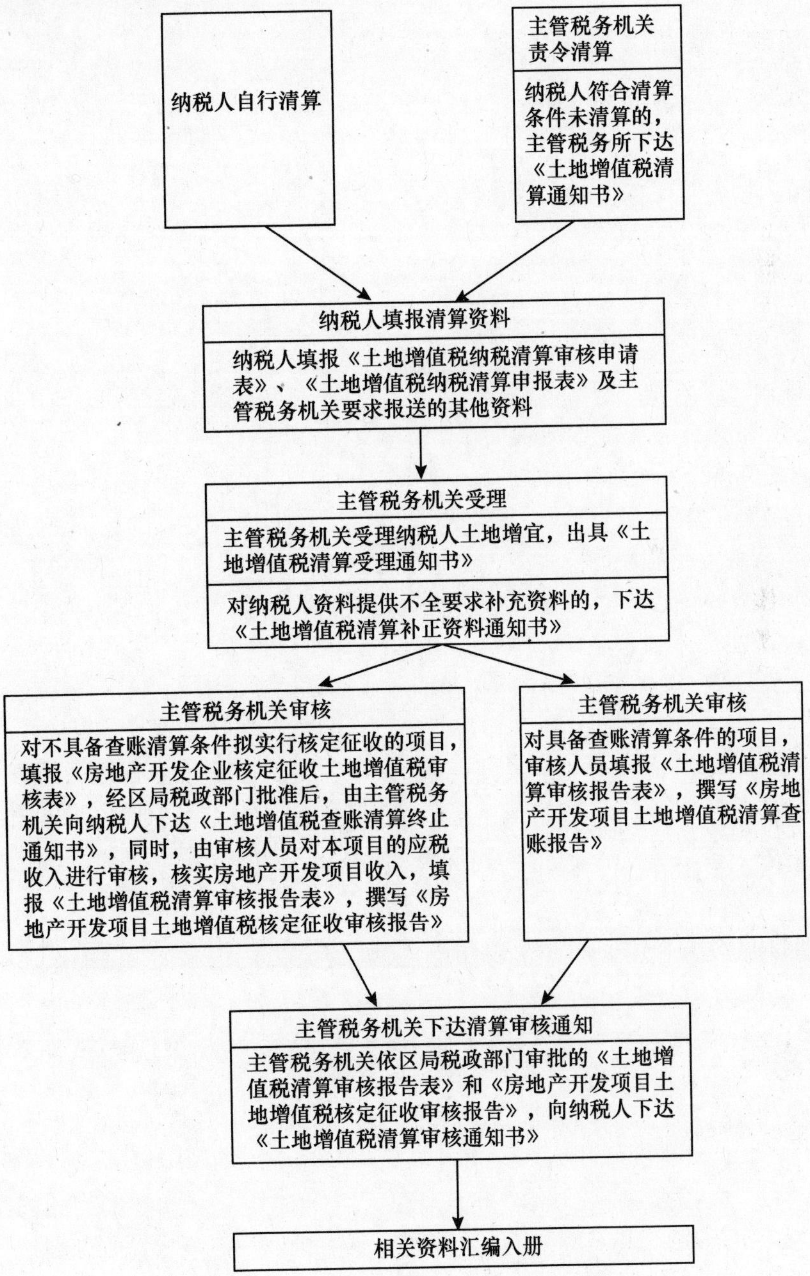

图 9-1　土地增值税核定征收工作流程图

第三篇
土地增值税清算

CHAPTER

10 第十章 土地增值税清算的形势

土地增值税清算是指纳税人在符合土地增值税清算条件后，依照税收法律、法规及土地增值税有关政策规定，计算房地产开发项目应缴纳的土地增值税税额，并填写《土地增值税清算申报表》，向主管税务机关提供有关资料，办理土地增值税清算手续，结清该房地产项目应缴纳土地增值税税款的行为。

作为国家房地产调控的重要举措之一，《国家税务总局关于土地增值税清算有关问题的通知》（国税函〔2010〕220号）一直是社会各界关注的焦点。而依目前的情况来看，各地观望气氛浓重，有关方面分析，一是由于土地增值税清算的工作量实在太大，各地地税局不敢轻易开展；二是地方政府还有很重的保护主义思想，怕一旦清算会给地方经济带来负面影响。

一、政策要求

房地产开发企业土地增值税清算，是税务部门对房地产开发企业税收征收管理的一项重要工作。开展房地产开发企业土地增值税清算，有利于摸清房地产开发企业税源底子，运用税收杠杆调节社会分配，抑制商品房价格增长过快，促进房地产市场健康发展。

但是由于房地产开发周期长，项目多，成本繁杂，核算起来难度较大，因此土地增值税的征收方式一直是实行预征，然后在项目竣工验收后进行清算。现实情况是房地产企业一直存在预征率较低，预征的税款只占清算税款很小的比例的情况，大部分的土地增值税都是在清算阶段缴纳。

仅自2006年以来，国家就八次发文强调征收管理，可见国家对土地增值税的重视。相关文件如下：

（1）2006年3月2日，《财政部 国家税务总局关于土地增值税若干问题的通知》（财税〔2006〕21号）明确了普通标准住宅的执行标准，重申混合开发项目分别核算原则，进一步明确了转让旧房准予扣除项目及计算方法，可操作性大大增强。

（2）2006年10月20日，《财政部 国家税务总局关于土地增值税普通标准住宅有关政策的通知》（财税〔2006〕141号）颁布实施。

（3）2006年10月28日，《国家税务总局关于房地产开发企业土地增值税清算管理有关问题的通知》（国税发〔2006〕187号），要求从2007年2月1日起全面清算土地增值税。

（4）2010年4月出台的"新国十条"中国务院再次要求，税务部门要严格按照税法和有关政策规定，认真做好土地增值税的征收管理工作，对定价过高、涨幅过快的房地产开发项目进行重点清算和稽查。

（5）2007年12月29日，《国家税务总局关于印发〈土地增值税清算鉴证业务准则〉的通知》（国税发〔2007〕132号）。

（6）2009年5月12日，《国家税务总局关于印发〈土地增值税清算管理规程〉的通知》（国税发〔2009〕91号）。

（7）2010年5月25日，《国家税务总局关于加强土地增值税征管工作的通知》（国税发〔2010〕53号）中，国税总局要求"各地须对目前的预征率进行调整"。除保障性住房外，东部地区省份预征率不得低于2%，中部和东北地区省份不得低于1.5%，西部地区省份不得低于1%。

（8）2010年5月26日，《国家税务总局关于印发关于土地增值税清算有关问题的通知》（国税函〔2010〕220号），明确土地增值税清算过程中若干计税问题，以减少开发商通过虚报开发费用等方式来避税。这一文件正是为了配合"国十条"的有关要求而出台的配套性文件，也是在"新国十条"和各地细则均加大土地增值税清算力度之后，再次对土地增值税清算若干计税问题进行明确，是自2006年以来第八次对土地增值税发文进行清算。

（9）2013年6月，《国家税务总局关于进一步做好土地增值税征管工作的通知》（税总发〔2013〕67号）规定，近年来，不少地区采取措施加强土地增值税征管工作，取得了一定成效，但从总体看，土地增值税征收管理工作仍需进一步规范，特别是在土地增值税清算工作、严格审核扣除项目、减少核定征收项目等方面还需要进一步加强管理。为进一步加强土地增值税征收管理，经研究，现提出以下要求：①提高认识，加强组织领导。土地增值税是房地产宏观调控的重要措施，做好土地增值税征管和清算工作是贯彻依法治税要求的重要体现，各地要充分认识加强土地增值税征管工作的意义，加强组织领导，按照深化征管改革的总体要求，全面加强土地增值税征管。②各地方税务局主要领导要高度重视土地增值税工作，把此项工作列入议事日程和绩效考核内容；分管局领导要亲自抓，把土地增值税征管作为财产行为税征管的重点，切实抓紧抓好；分管处室要认真总结近年来土地增值税征管工作经验，分析存在问题，提出本地区加强征管行之有效的办法；主管税务机关要加强房地产开发项目的全流程监管，形成动态监控机制，把预征、清算和清算后管理的各项工作做扎实；房地产税收专业管理局要充分发挥专业化管理的优势，通过相关税种联动、多税种间信息比对，强化土地增值税监管，集中力量做好清算工作。③深入工作，着力抓好土地增值税清算。土地增值税征管是系统性工作，各环节紧密联系，预征是土地增值税工作的基础，清算是落实土地增值税功能的关键，对房地产开发项目的全流程监管是夯实税源的保障。

对近几年积压未清算的项目进行全面清理，制定工作计划，督促企业限期自行清算，对拒不清算的要严肃处理。要严格执行核定征收规定，不得擅自扩大核定征收的范围，对不符合核定征收条件的，坚决不得核定征收，对符合条件、确需核定的，要根据实际情况从严确定核定征收率，不搞一刀切。四是清算审核时要严格依照政策和规定执行，不得擅自扩大扣除项目范围。

(10) 2013 年 12 月颁布的《国家税务总局关于深入开展土地增值税清算工作的通知》(税总函〔2013〕658 号) 对做好土地增值税清算工作，全面提高土地增值税征管质量提出以下要求：

第一，加强税法宣传，强化纳税人清算主体意识。土地增值税清算是纳税人应尽义务，在达到清算条件后主动地自行清算申报。对不履行清算义务的纳税人，要依据相关规定的要求严肃处理。各级税务机关要在规定的审核期限内，及时、认真做好对纳税人清算申报的审核工作。

第二，深入贯彻《土地增值税清算管理规程》，定期开展清算情况的评估监管。主管税务机关要加强对房地产项目的日常管理，加强与相关部门的协调配合，建立信息沟通平台，完善对房地产项目从立项、施工、竣工、销售全流程的监管，准确掌握各项目开发、销售情况，对项目是否达到清算条件要做到及时掌握、有效控管。对于达到可要求清算条件的项目，主管税务机关要依照《土地增值税清算管理规程》的要求及时进行评估，在确认具备清算、审核条件后，通知纳税人进行清算申报。

第三，严控核定征收，防范税收流失。要严格控制核定征收的范围，严格执行核定征收的规定。对符合核定征收规定的，通过向国土部门查询项目土地价格、参照当地建安造价标准等数据对项目情况进行具体的评估后，核定税额，不能搞一刀切。

(11) 2014 年 3 月 18 日颁布的《国家税务总局关于开展 2014 年全国税收执法督察工作的通知》(税总发〔2014〕38 号) 规定，土地增值税征收管理情况的执法监督要求如下：根据《中华人民共和国土地增值税暂行条例》(中华人民共和国国务院令第 138 号) 及其实施细则，税务机关对土地增值税的管理是否按照《国家税务总局关于进一步做好土地增值税征管工作的通知》(税总发〔2013〕67 号) 等相关文件规定执行：一是对房地产开发项目是否按项目进行管理；二是预征土地增值税是否严格按照相关规定执行；三是对符合清算条件的房地产开发项目是否及时进行清算；四是房地产开发项目土地增值税核定征收范围是否符合规定；五是对土地增值税扣除项目范围是否按规定进行审核；六是对中介机构出具的土地增值税鉴证报告是否进行审核；七是企业所得税汇算清缴时，是否对已预提未缴纳的土地增值税进行纳税调整。

进入 2014 年，全国各地的税务机关开始对土地增值税的征收问题进入实质操作阶段，众多开发商已经准备通过增加成本、增大商业地产比例和提高价格等方式进行应对。

土地增值税采用“预征”形式，即楼盘开发完毕，并取得销售（预售）证后，由地方税务部门按照既定的税率来征收，目前业内平均预征税额标准为：房地产项目销售收入的2%～3%。由于土地增值税的数目较大，而预征税额相对较小，所以开发企业会采用设法延长项目公司注销的时间，对应结算销户的项目搁置等办法，以拖欠土地增值税。在实际操作中还发现，某些热销的楼盘会故意留几套单元不售；或将部分物业长期出租，拖着不结算土地增值税。预征制度给偷逃土地增值税埋下了巨大的空间。

总之，新经济形势下，税务机关对土地增值税清算前的管理力度加大，主要体现在以下方面：一是实施项目管理。主管税务机关将从纳税人取得土地使用权开始，按项目分别建立档案、设置台账，对纳税人项目立项、规划设计、施工、预售、竣工验收、工程结算、项目清盘等房地产开发全过程情况实行跟踪监控，做到税务管理与纳税人项目开发同步。二是关注会计核算。纳税人分期开发项目或者同时开发多个项目的，税务机关将督促纳税人根据清算要求按不同期间和不同项目合理归集有关收入、成本、费用。三是实施专用票据。纳税人分期开发项目或者同时开发多个项目的，主管税务机关可结合发票管理规定，对纳税人实施项目专用票据管理措施。也就是说，税务机关可以根据不同的开发项目，实行专用预售票据和专用销售票据。

现在，无论是抗拒、迟疑还是观望都改变不了这样一个事实：土地增值税将开始实行严格征收，房地产企业利润空间将被极度挤压。有人说“房地产企业算总账的日子来了”。

对此，不同的地产企业反应完全不同。有的公司感觉就像在案板上等待被宰杀的鱼肉，惶惶不可终日，有的公司则由于前期准备充分，将项目公司及时清盘，从而不太担心，积极寻找对策化解。如何在新的税收征管环境下节税或降低企业的税收风险，成为很多房地产企业近期的工作重点也是各家公司一直在寻找的答案。

对此，我们建议的对策是，抓紧时间利用现行比较宽松的政策，主动与税务局协商，将原未完成项目清算手续的立即进行清算，对未注销的公司立即申请注销。在当前情况下，各地税务局惯常做法大都是按预征率进行清算。对那些分期开发无法将项目公司注销的，应尽快向当地税局申请，争取按国税发〔2006〕187号文件第七条规定，申请税务机关按不低于预征率的征收率核定征收土地增值税，征收完毕后也将视为清算完毕。

二、风险分析

按照《国家税务总局关于房地产开发企业土地增值税清算管理有关问题的通知》（国税发〔2006〕187号）的要求，符合规定条件之一，才进行土地增值税清算：房地产开发项目全部竣工、完成销售的；整体转让未竣工决算房地产开发项目的；直接转让土地使用权的。

针对上述规定，一些房产项目常采取消极的手段来达到不缴或迟缴税款的目的，比如在进行预售后，拖延项目工期，不实现竣工。或者在竣工后销售的，保留一定比例的开发产品，故意不实现土地增值税清算的条件。这些手段可能确实能够实现延缓清算的目的，但是由此可能会影响企业的经营，甚至可能产生税务甚至法律上的风险，具体分析如下：

（一）税务风险

1. 开发成本难以控制

销售回款速度受到土地增值税清算时间的影响。滚动开发是现行房地产开发的主流模式，这种开发模式特别依赖银行贷款和预售收入来支撑项目开发，因此，其销售的回款速度将直接影响到房地产项目的开发成本，回款的速度越快，开发的资金成本也就越低，利润空间就会加大。如果企业保留着相当部分的开发产品不进行销售，首先影响的就是企业的资金回收。资金回收的速度越慢，开发的成本就越高。

2. 税收负担可能加重

捂盘惜售的结果可能导致增值额越来越高，缴纳的税款也越来越多。

3. 形势变化难以预料

现在，除了房地产企业主动清算外，大部分楼盘只要符合条件还可能由税务机关主动进行清算。《土地增值税清算管理规程》中列举了税务机关主动清算的条件，包括：已竣工验收的房地产开发项目；已转让的房地产建筑面积占整个项目可售建筑面积的比例在85%以上，或该比例虽未超过85%，但剩余的可售建筑面积已经出租或自用的；取得销售（预售）许可证满三年仍未销售完毕的。但不排除将来税务机关进一步提高主动清算的条件。届时楼盘的增值额可能会比现在更高，有些企业早年开发的楼盘增值比率已达到200%以上，土地增值税将达到利润的60%，因此导致整个项目的税负比例提高。税务机关主动清算可能带来的处罚和土地增值额过大带来的沉重负担，都会对企业造成不良影响。

因此，延缓土地增值税清算，时间不能过长，更要需要综合考虑市场的发展和政策变化的风险。

（二）法律风险

1. 项目公司不能注销

《税收征管法》第十六条规定，在向工商局办理注销前，需要进行税务注销。

《税收征管法实施细则》第十六条规定，纳税人在办理注销税务登记前，应当向税务机关结清应纳税款、滞纳金、罚款，缴销发票、税务登记证件和其他税务证件。

因为房地产项目公司有大量土地增值税款没有清算，所以不可能获得注销。据不完全统计，目前房地产行业中进行注销的项目公司不足三分之一。

2. 项目公司难以转让

房地产行业一般采取一个开发项目一个项目公司的经营模式。一段时间之后，房地产企业可能积攒了数量可观的项目公司，造成在管理上十分混乱和不便。虽然这些项目公司都具有开发资质，具有一定的壳价值，但由于在税务上存在很大的不确定性，很难进行整体出售。

3. 拖延工期可能产生合同上的风险

房地产企业在项目没有竣工之前进行预售，在预售合同中一般和买方约定交房日期和办理房产证书的时间。如果房地产企业只考虑避免土地增值税清算，而把工期延长，迟迟不完成竣工，那么可能会影响与买方的合同履行，产生不必要的纠纷，甚至可能面临集体诉讼。

4. 债权债务关系无法清理

项目公司在完成项目后，其母公司（或股东）一般很少对其进行管理，而由于没有注销所以一直存续。由于管理上的疏忽，项目公司之前的债权债务关系没有理清，可能导致欠债时间过长，债权人提起诉讼，或债权过了时效无法追偿。

此外，母公司（或股东）在项目公司上的原始投资还可能无法收回。

5. 刑事责任风险

一些企业通过不合法途径，在没有完成税务清算的情况下，在工商局注销了项目公司。特别是部分合作开发项目，房地产公司系临时组建，企业账目较为混乱，不少项目建成销售后项目公司立即注销，投资者分钱走人。

即使没有以上违法行为，房地产企业以消极方式拖延土地增值税清算时间，在客观上实现了少纳税款或延迟缴纳税款，违反了税法规定，存在不按规定履行纳税义务甚至偷逃税款的情形，相关负责人（法人代表、财务负责人或税务负责人等）有可能涉及刑事责任。

因此，只有经过合法的清算、注销程序，公司才能从法律意义上灭失，公司及清算主体才能免除相关的法律责任。

三、当前的困境

土地增值税作为当前国家宏观调控房地产市场的税收工具之一，对调节房地产开发企业增值收益、抑制投资冲动有重要作用。然而，近几年来，税务人员在清算过程中发现，房地产企业仍存在不少问题，具体表现在以下方面。

（一）开发形式复杂多样

项目运作机制增加了清算的难度。目前主要表现为房地产开发存在独立开发、合作开发、滚动开发、成片开发等多种形式。

合作开发的房地产项目，房地产公司系临时组建，企业账目较为混乱，不少项目建成后公司立即注销，投资者分钱走人，待土地增值税清算后要其补缴税款，不仅征管成本较高，而且因为历时较久，个别投资商的经济状况发生变化，完全追缴到位困难重重。

滚动开发和成片开发项目开发周期较长，允许税前扣除的开发成本和费用无法按照每个项目进行分摊，准确计算缴纳土地增值税的难度较大。如果对滚动开发的房地产企业进行查账征收，往往需要投入大量的人力、物力，基层税务部门要做到“每项目必清算”确有难度。

另一方面开发企业与建安企业存在较强的关联关系或者本就是两块牌子、一套人马，债务关系复杂，加之开发企业账务核算混乱、收入不入账或结转不及时、费用归集不全、普通住宅与非普通住宅不能分别核算等各种原因，使得清算工作困难重重。

（二）“一房一价”，计税收入确定难

应征收土地增值税的房地产开发产品分为两类。

一类是非直接销售的开发产品，如用于职工福利、奖励、对外投资等，应在发生所有权转移时视同销售，应根据国税发〔2006〕187 号文件的规定确认收入，即按照“同一地区、同一年度、同类产品”的“平均价格”或者“市场价格”确认。但当前房地产销售多采取“一房一价”方式，即对房地产开发产品根据其楼位、层次和户型的不同，给予不同销售价格。在房地产开发过程中，地段、环境、楼层、面积、户型、销售时间等影响房价因素众多，房价千差万别，加之开发商在销售环节大多采取预收款方式进行核算，这种销售方式的普遍存在，使税务部门很难掌握全部收入情况，从而计税收入的确定具有明显的不确定性和滞后性。

另一类是直接销售的开发产品，在检查中问题较多，突出表现为：开发商因促销、照顾关系户等原因，给予购房人价格优惠，双方按实际结算价签订售房合同并开具发票。对这类优惠处理，一种意见认为，企业对开发产品有定价权，价格优惠属于商业折扣不应调整纳税；另一种意见则认为，企业给予购房人的价格优惠应该有合理范围控制，否则，土地增值税的税基将被严重侵蚀。商业折扣在税法上称为“折扣销售”，流转税和企业所得税相关法规对其均有明确规定，只有将价款与折扣额在同一张发票上注明的，才能以折扣后的价款作为营业额；如果将折扣额另开发票，不论在财务上如何处理，均不得从营业额中减除。但土地增值税对此没有明确规定，开发商不承认价格优惠属于“折扣销售”，而以“一房一价”、企业正常销售为由解释。另外《土地增值税暂行条例》第九条规定，对“隐瞒、虚报房地产成交价格的”可以按照评估价格计算征收，但细则的解释比较原则，“价格明显偏低”的标准是多少？“正当理由”的范围包括哪些？现行土地增值税政策均没有明确规定。

（三）虚开发票，调查取证难

在包工不包料施工方式下，部分开发商存在虚开发票、接受他人虚开发票和假发票等违法行为。其共同特点是：舍近求远，去外省市购买沙石、水泥等建材；绝大多数采取现金交易；发票金额较大且手工开具；销货方大多属于非正规企业或个体经营者。有些企业为防止税务机关发现假发票不准予列支成本，还借用他人名义“主动”到税务机关代开发票，企图掩盖虚假购销业务。根据税务机关代开普通发票的规定，申请代开发票人只需提供合法身份证件和付款方（或接受劳务服务方）对所购物品品名（或劳务服务项目）、单价、金额等出具的书面确认证明即可，税务机关对该项经济业务是否发生根本无法确定，对其中属恶意虚开或善意取得的假发票，也无法辨别。如果税务机关一律按照国税发〔2006〕187号文件第四条第一款“不能提供合法有效凭证的，不予扣除”处理，对企业显然不公，也违背了合理性原则。但如果准予企业计入开发成本，无疑助长了购销双方偷逃税的主观倾向，增加税收的系统风险。

（四）虚构工程项目和工作量，成本核实难

房地产企业的开发成本是土地增值税清算的核心，也是最难查实的关键环节。问题突出表现为：一是开发商移花接木。为了把不好入账的“灰色支出”（如公关费、招待费等）做实，采取虚构工程项目（大多为零星工程和配套设施），编造虚假工程合同和决算书，到税务机关套开建筑发票的方法予以转入。二是开发商和施工方相互勾结，采取虚假招投标或签订补充合同等方式虚构工程项目、虚增业务量，增加开发成本。由于税务检查人员对工程施工图、工程概算等知识匮乏，房地产项目零星工程、辅助和配套设施工程众多，加之部分开发商与施工方属关联企业，使检查人员调查取证具有较大难度。例如，某开发商虚构地下管网的辅助工程10万元，在地下隐蔽工程无法开挖检查且企业施工合同、建筑发票、工程决算书均完备的情况下，税务人员很难分辨出该项工程项目的真假。

另外，中介机构出具的鉴证报告不规范。由于中介机构没有经过土地增值税业务相关培训，虽然《土地增值税鉴证业务准则》严格规定了鉴证报告格式，但一次即符合要求的却极少，审核鉴证报告需要较大的精力。目前，基层税务部门日常征管、纳税评估等工作压力较大，在土地增值税清算管理方面难以兼顾，这也是清算工作进展缓慢的一个重要原因。

四、影响因素分析

（一）企业经济利益的驱使

房地产开发企业在进行房地产项目结算时将面临严格而全面的土地增值税清算。开发商的心态很复杂，主流的心态是观望。希望新政策能有回旋的空间，使企业避免将较大部分利润上缴。

事实上，房地产企业规避土地增值税有很多办法，主要的办法有通过关联交易低价销售、签订虚假协议多开发票做高成本、拖延清算时间递延纳税等。做高成本和贷款利息是通常做法，因为计算土地增值额是要扣除这些成本的。还有部分房地产企业利用种种手段钻《土地增值税暂行条例》的空子，迟迟不进行决算，或留下一两套尾房，致使整个项目不能决算，逃避土地增值税的清算。对上述做法各省税务机关都发现了很多案例，已经成为普遍现象。

大多数企业并不进行税务筹划，而是直接多开发票。尤其是在自己拥有工程队的小公司当中，这种做法非常普遍，比如说花了2 000万元而开成2 500万元。大型房地产公司一般都有好几十家上下游关联公司，装修、建筑安装等下属公司之间的关联交易和发票都可以被利用为提高成本的工具。

此外，土地增值税的清算会拉紧房地产公司的资金链，使一部分资金短缺、本来就捉襟见肘的小公司陷入困境，目前一些小公司不得不卖地卖项目筹措现金应对即将到来的清算。

（二）税务机关征管的原因

对房地产开发企业土地增值税的清算管理工作，实际工作中存在的问题较多，困难较大，土地增值税的征收确实有难度。这是因为房地产工程的周期比较长，涉及面比较广，产品也比较复杂，所以客观上会比一般的税种征收要复杂一些。单就土地增值税来说，其税基并不小，应该是个大税，但是实际征收上来的比例却不高，变成了小税。由于税务部门很难计算房地产的真实成本，只能按照销售收入的1.5%～2.5%预征土地增值税。

一是土地增值税清算的工作量实在太大，真正开展土地增值税清算工作，税务部门的工作人员根本忙不过来，因为土地增值税清算涉及复杂的扣除项目，包括土地款，房地产开发成本、费用和转让房地产有关的税金等。如果是滚动开发企业的查账征收，还需要更多的人力物力，所以，税务部门马上开展这项工作比较困难。加上现实中，不少开发企业财务制度不健全，成本核算不规范，使得税务部门在计算土地增值税时有许多不便于操作的地方。

二是土地增值税计算方式较为复杂。清算工作涉及复杂的扣除项目，包括取得土地使用权所支付的金额、房地产开发成本、房地产开发费用、与转让房地产有关的税金等等。再加上房地产项目的开发周期一般较长，投资活动较复杂，如果是滚动开发的房地产企业，对其进行查账征收往往需要投入大量的人力、物力，基层税务部门很难做到项目清算工作的严格监督。

三是项目运作模式多元化增加了清算的难度。一些房地产项目原属合作开发，房地产公司也系临时组建，企业账目较混乱，不少项目建成后公司立即注销，现在回过头来要求其清算补交税款，不仅征管成本较高，而且因为历时久，也很难查实。

（三）地方政府的行为考量

一是地方政府还有很重的保护主义思想。很多地方的房地产业是地方经济的龙头产业，如果清算土地增值税肯定会使房地产业受到影响，进而影响地方经济发展。

二是地方政府与开发商之间的经济利益关系纽带从来都不曾断过。房地产开发作为地方 GDP 的重要支撑，与地方财政有着相当大的利益牵连，这也是多数城市的清算细则迟迟难以出台的原因所在。尽管土地增值税的严格征收对于增加地方财政收入，优化地方财政收入结构具有积极作用，但地方政府不愿“舍大求小”，在清算政策执行上显得动力不足，难以形成好的执法环境。

（四）相关税收政策的缺陷漏洞

1. 政策尚未明确，实际执行尺度不一

尽管有国税发〔2006〕187 号文件及一年之后国家税务总局印发的《土地增值税清算鉴证业务准则》，以及各级地税部门实时出台的清算管理办法保驾护航，但是在实际工作中我们还是发现一些目前政策尚未明确的问题，实际执行尺度不一，包括土地增值税在内的房地产税收漏洞很多、很复杂，稽查困难。这给清算工作带来一定难度。

2. 税制设置失衡，计税依据失真

目前我国房地产税制政策基本上是不卖不税、不租不税，一旦租售，则数税并课，从而导致开发和经营环节税负过重。房地产开发税费偏重引发开发成本上升，并进而导致房地产价格上升。同时部分税种的计税依据不合理，不能反映房地产的市场价值。现行的房产税、土地使用税等的计税依据既不能准确地反映财产的市场价值，也不能反映土地的级差收益和房地产的时间价值，更不能随着经济的发展、房地产的增值而相应增加税收收入。如房产税按照房产原值扣除一定比例作为计税依据，这种计税方法，没有顾及房屋后期的升值因素，与房屋的市场价值相差很大，使得来源于房地产的税收收入无法随着房地产的增值而相应增加。

3. 假成本、假发票防不胜防

现实中的假成本、假发票的基本操作手段也在国家税务总局的关注之下。据内部人士透露，国家税务总局稽查风暴注意到了关联公司之间的问题，调查不仅针对房地产企业，也对其下属子公司和关联企业逐个展开。做高成本和使用假发票仅仅是税务上的技术手段，更大的问题在于一些相关部门的纵容。目前国家税务总局已有对土地增值税立法的计划，旨在消除土地增值税逃税的灰色空间。

（五）国家对涉税中介机构的重视不够

一是中介机构出具的鉴证报告不规范。由于中介机构没有经过土地增值税业务系统

培训，虽然《土地增值税鉴证业务准则》严格规定了鉴证报告格式，但一次符合要求的却极少，审核鉴证报告需要很大一部分精力。

二是税务中介作用发挥不足。建立完善税务中介机构参与土地增值税清算审核与税务管理部门日常检查、稽查部门稽查三位一体的土地增值税纳税清算模式势在必行。在土地增值税清算工作中，税务部门要注意定好位，做到“有所为”与“有所不为”。所谓“有所为”就是税务部门要创造一个完整、合理、便捷的清算环境，努力避免出现操作误差、存在政策制度衔接“真空”的弊端，督促纳税人尽量利用中介机构按照规定的要求清算到位，做好最终对各成本费用项目的审定调整把关；所谓“有所不为”，就是尽量不要“越俎代庖”地取代纳税人而直接进行清算，避免既清算不清又不便于对法律责任归属界定的情况出现。

三是资源整合不佳。有关部门应制定相应的激励和管理办法，规范中介机构鉴证行为，有效整合社会资源，减轻基层税务部门的工作强度，进一步提高清算管理工作的效率和质量。

（六）政府相关部门配合不力

目前税务机关与国土、规划设计、房地产行业主管部门的合作与配合，基本上处于松散和协议性状态，只是税务部门的一厢情愿。房地产开发项目从土地使用权的取得，到工程项目的立项、开工，再到商品房的预售、产权登记，都要经过政府相关部门的批准和监督。因此，对房地产行业税收的征管，要依靠相关部门的协助配合，以掌握房地产企业的税源资料，但是出于种种原因很难形成部门合力。如土地使用权取得环节，这是房地产项目成本构成的主要环节，尽管国务院颁发的土地增值税条例明确要求土地管理部门应向税务部门提供土地权属等与征税有关的各种资料，但在实务工作中并没有得以有效的实施。

CHAPTER

11 第十一章 土地增值税清算流程

一、各方责任

（一）清算中税务机关的责任

主管税务机关应当为纳税人提供优质纳税服务，加强土地增值税政策的宣传辅导工作。应及时对纳税人清算申报的收入、扣除项目金额、增值额、增值率以及税款计算等情况进行审核，依法征收土地增值税。

（二）清算中纳税人的责任

凡从事房地产开发的企业应办理清算土地增值税手续的房地产开发项目，包括未预征土地增值税税款的房地产开发项目。土地增值税清算以纳税人初始填报的《土地增值税项目登记表》中房地产开发项目为对象，对一个清算项目中既有普通标准住宅工程又有其他商品房工程的，应分别核算增值额。纳税人应当如实申报应缴纳的土地增值税税额，保证清算申报的真实性、准确性和完整性。

二、清算方式

（一）主动清算

主动清算也称为自行清算，符合下列情形之一的，纳税人应在满足清算条件之日起 90 日内到主管税务机关办理清算手续，进行土地增值税的清算：

（1）房地产开发项目全部竣工、完成销售的。

（2）整体转让未竣工决算房地产开发项目的。

本项规定适用于房地产企业转让在建项目的情况，转让已进入建筑物施工阶段的“在建项目”应当按“销售不动产”计算缴纳土地增值税。

（3）直接转让土地使用权的。转让土地使用权包括转让已完成土地前期开发或正在进行土地前期开发，但尚未进入施工阶段的在建项目。

（4）纳税人申请注销税务登记但未办理土地增值税清算手续的。这是一项常规政策，企业在向工商行政机关办理注销登记之前，应当先与税务机关结清所涉及的所有税款，注销税务登记。

凡符合办理土地增值税清算条件的纳税人，应在规定日期内向主管地方税务机关提出清算税款申请，并据实填写《土地增值税清算申请表》，经主管地方税务机关核准后，即可办理税款清算手续。纳税人清算土地增值税申请不符合受理条件的，税务机关不予核准，将有关资料退回纳税人，并说明理由。

对开发企业逾期不进行清算申报，不缴或者少缴应纳税款的，按照《税收征管法》的有关规定处理。对进行土地增值税清算后应补缴税款的开发企业，未按规定期限缴纳税款的，按照《税收征管法》的有关规定处理。

（二）被动清算

被动清算也称为通知清算或者要求清算。对于要求清算的，纳税人在收到税务机关书面通知的情况下，再按规定清算。没有收到税务机关书面通知的，可以不清算。

符合下列情形之一的，纳税人须在主管税务机关限定的期限内办理清算手续，进行土地增值税清算：

（1）已竣工验收的房地产开发项目，已转让的房地产建筑面积占整个项目可售建筑面积85%以上，或该比例虽未超过85%，但剩余的可售建筑面积已经出租或自用的。

开发项目达到上述标准的，税务机关可以要求纳税人按照转让房地产的收入与扣除项目金额配比的原则，对已转让的房地产进行土地增值税的清算，未转让的部分在实际转让时再进行土地增值税的清算。

（2）取得销售（预售）许可证满三年仍未销售完毕的。

此项规定主要是针对有些房地产企业借口整个项目未销售完毕而不进行土地增值税清算的情况。当取得销售（预售）许可证满三年时，税务机关可以要求企业对已经销售的部分进行清算。

（3）纳税人申请注销税务登记但未办理土地增值税清算手续的（应在办理注销登记前进行土地增值税清算）。

（4）省（自治区、直辖市、计划单列市）税务机关规定的其他情况。

凡主管地方税务机关要求纳税人办理土地增值税清算手续的房地产开发项目，主管地方税务机关应签发《土地增值税清算通知书》送达纳税人。纳税人在接到《土地增值税清算通知书》之后，应在规定时间内，填写《土地增值税清算申请表》报送主管地方税务机关，进入清算程序。

对符合通知清算条件规定进行土地增值税清算的开发企业，在主管税务机关做出土地增值税清算税款结论前取得的房地产转让收入，应按规定预缴土地增值税。

主管税务机关在清算审核过程中，对通知清算申报而拒不申报或者进行虚假的纳税申报，造成不缴或者少缴税款的，按规定程序移交稽查部门实施税务稽查，并按照《税收征管法》的有关规定处理。

（三）房地产开发企业自用或出租待售的商品房

房地产开发企业将建造完成的商品房，已自用或出租使用年限在一年以上再出售的，应按照转让旧房及建筑物的政策规定缴纳土地增值税，不再列入土地增值税清算的范围。

《青岛市地方税务局房地产开发项目土地增值税税款清算管理暂行办法》（青地税发〔2008〕100号）第十条规定：

开发企业将开发产品和公共配套设施转为企业自用或用于出租的，凡房地产所有权未发生转移的，不征收土地增值税；在税款清算时不计入房地产转让收入，同时按照建筑面积比例确定相应的成本和费用，不计入扣除项目金额。

“自用或用于出租”是指同时满足下列条件：

（一）将开发产品转作开发企业固定资产的；

（二）从自用或用于出租之日起连续使用年限一年以上（含一年）的。

（四）开发企业进行土地增值税清算时，可以委托有资格的税务师事务所进行土地增值税清算税款鉴证，也可采取自行计算并申报的方式。

税务师事务所按国家税务总局《土地增值税清算鉴证业务准则》的规定出具的鉴证报告，主管税务机关应当受理，并进行认真审核。税务师事务所出具无保留意见和保留意见的鉴证报告，可以按规定作为办理土地增值税清算申报或审批事宜的依据。

三、清算手续时限

无论是自行清算还是要求清算，纳税人应当在满足条件之日起90日内或在收到清算通知之日起90日内到主管税务机关办理清算手续。主管税务机关受理纳税人清算资料后，应在一定期限内及时组织清算审核。清算审核结束，税务机关应当将审核结果书面通知纳税人，并确定办理补、退税期限。

四、计税单位

土地增值税以纳税人会计核算的最基本的核算项目或核算对象为单位计算。在这里需要首先研究什么是土地增值税的成本核算对象。

《房地产开发企业会计制度》规定，企业应根据本企业的经营特点，选择本企业的成本核算对象。房地产开发企业一般以每一独立编制设计概算和施工图预算的单位工程作为成本核算对象，即以每栋独立的房屋作为成本核算对象；对同一开发地点、结构类型相同、开竣工时间相近，并由同一施工队伍施工的群体开发项目，也可合并作为一个成本对象。如果房地产企业以每栋独立的房屋作为成本核算对象，结合国税发〔2006〕187号文件的规定"开发项目中同时包含普通住宅和非普通住宅的，应分别计算增值额"。如果房地产企业以开发小区作为成本核算对象，同样也适用该文件的规定。这一点非常重要，因为，只要能把普通标准住宅和非普通标准住宅分别计算增值额，就可以执行《土地增值税暂行条例》对普通标准住宅的优惠政策，即增值率不大于20%的免征土地增值税。

具体规定如下：

(1)《土地增值税暂行条例实施细则》第八条规定，土地增值税以纳税人房地产成本核算的最基本的核算项目或核算对象为单位计算。

(2)《财政部 国家税务总局关于土地增值税一些具体问题规定的通知》(财税字〔1995〕048号）规定，对纳税人既建普通标准住宅又搞其他房地产开发的，应分别核算增值额。不分别核算增值额或不能准确核算增值额的，其建造的普通标准住宅不能适用《土地增值税暂行条例》第八条（一）项的免税规定（即纳税人建造普通标准住宅出售，增值额未超出扣除项目金额20%的，免征增值税）。

(3) 国税发〔1995〕90号文件规定，《土地增值税纳税申报表（一）》中各主要项目内容，应根据土地增值税的基本计税单位作为填报对象。纳税人如果在规定的申报期内转让两个或两个以上计税单位的房地产，对每个计税单位应分别填写一份申报表。

纳税人如果既从事普通标准住宅开发又进行其他房地产开发的，应分别填写《土地增值税纳税申报表（一)》。

(4)《国家税务总局关于武汉宝安房地产开发有限公司缴纳土地增值税的批复》(国税函〔2003〕922号）进一步明确，房地产开发有限公司一次性购入的土地，分别转让土地的行为，应按最基本的核算项目，分次分别计征土地增值税。

(5)《国家税务总局关于房地产开发企业土地增值税清算管理有关问题的通知》(国税发〔2006〕187号）规定，土地增值税以国家有关部门审批的房地产开发项目为单位进行清算，对于分期开发的项目，以分期项目为单位清算。开发项目中同时包含普通住宅和非普通住宅的，应分别计算增值额。

(6)《土地增值税清算管理规程》(国税发〔2009〕91号）第十七条规定，清算审核时，应审核房地产开发项目是否以国家有关部门审批、备案的项目为单位进行清算；对于分期开发的项目，是否以分期项目为单位清算；对不同类型房地产是否分别计算增值额、增值率，缴纳土地增值税。

关于土地增值税的清算单位归纳如下：

(1) 以国家有关部门审批的房地产开发项目为单位进行清算；

(2) 对分期开发的项目，以分期项目为单位清算；

(3) 开发项目中同时包含普通标准住宅和非普通标准住宅的，应分别计算增值额。

在实践中，以什么为清算单位是影响税收负担大小的关键因素。如果将增值额较大的清算单位和较小的合并清算，则可以降低税负；如果分开清算，则增值额较大的开发项目纳税多，总的纳税负担会增加。需要注意的是，普通标准住宅增值率不超过20%的，可以享受免税优惠，但要求分开核算，否则不能免税。此外，未经政府部门批准，企业自行分期开发的项目，本着实质重于形式的原则分期确定清算单位。

有的地方明文规定，纳税人不能将不同类型房地产、分期开发的项目和不同审批备案的项目合在一起清算，以避免平均不同清算单位增值额的现象。

例如，《青岛市地方税务局关于印发〈青岛市地方税务局房地产开发项目土地增值税税款清算管理暂行办法〉的通知》（青地税发〔2008〕100号）第二十条规定，房地产开发项目既包括普通住房又包括非普通住房的，开发企业应当分别计算增值额，按普通住房和非普通住房的增值率分别计算土地增值税税额。对于未分别核算的，扣除项目金额应按普通住房和非普通住房建筑面积占可售建筑面积的比例确定。

《广西自治区地方税务局关于明确土地增值税清算若干政策问题的通知》（桂地税发〔2008〕44号）第三条关于房地产开发项目同时涉及普通住宅、非普通住宅和其他用房的，应如何计算其增值额的问题规定：

（1）开发项目同时包含普通住宅与非普通住宅以及其他用房的，应分别核算其增值额。

（2）上述项目在计算时，如其成本费用混合核算的，应以不同类型的用房，分别按建筑面积进行分摊。

因此在实践中，对于同一个开发项目中有不同类型房地产的是否分开核算、分别清算缴纳增值税，具体操作需要参照当地政策规定，并向当地税务机关咨询。

案例分析

土地增值税清算时不同性质开发产品盈亏能否互补

某房地产开发企业开发了一栋商住混合楼，住宅中有普通标准住宅及非普通标准住宅，如果普通标准住宅分开计算时增值额为负数，是否可以不分普通标准住宅及非普通标准住宅，合并在一起计算土地增值税？

分析如下：

普通住宅与非普通住宅应当分别核算。

《国家税务总局关于房地产开发企业土地增值税清算管理有关问题的通知》（国税发〔2006〕187号）规定，开发项目中同时包含普通住宅和非普通住宅的，应分别计算增值额。

《国家税务总局关于印发〈土地增值税清算管理规程〉的通知》（国税发〔2009〕91号）规定，清算审核时，应关注不同类型房地产是否分别计算增值额、增值率，分别计算缴纳土地增值税。

《财政部 国家税务总局关于土地增值税一些具体问题规定的通知》（财税字〔1995〕048号）规定，对纳税人既建普通住宅又搞其他房地产开发的，应分别核算增值额。不分别核算增值额或不能准确核算增值额的，其建造的普通标准住宅不能适用《土地增值税暂行条例》第八条（一）项的增值额不超过20%免税的规定。

以上是政策的原则性规定，目前清算的实践中，确实存在自愿放弃普通住宅免税优惠从而降低整体开发产品增值率以便适用较低的土地增值税税率的情况，这样做的目的是减少税款支出。是否可以合并计算，还需要当地主管税务机关的认可。我们建议房地产开发企业与当地主管税务机关充分沟通以寻求良好的清算方式。

五、清算前的管理

税务机关要加强纳税人清算前的管理，一般从以下方面着手：

一是实施项目管理。主管税务机关将从纳税人取得土地使用权开始，按项目分别建立档案、设置台账，对纳税人项目立项、规划设计、施工、预售、竣工验收、工程结算、项目清盘等房地产开发全过程情况实行跟踪监控，做到税务管理与纳税人项目开发同步。

二是关注会计核算。纳税人分期开发项目或者同时开发多个项目的，税务机关将督促纳税人根据清算要求按不同期间和不同项目合理归集有关收入、成本、费用。

三是监控专用票据。纳税人分期开发项目或者同时开发多个项目的，主管税务机关可结合发票管理规定，对纳税人实施项目专用票据管理措施。也就是说，税务机关可以根据不同的开发项目，实行专用预售票据和专用销售票据。

六、清算流程

土地增值税清算工作流程如图 11-1 所示。

1. 凡符合应办理土地增值税清算条件的纳税人，应在90日内向主管地方税务机关提出清算税款申请，并据实填写《土地增值税清算申请表》，经主管地方税务机关核准后，即可办理竣工清算税款手续。

2. 凡主管地方税务机关要求纳税人办理土地增值税清算手续的房地产开发项目，主管地方税务机关应出具《土地增值税清算通知书》并送达纳税人。纳税人应在接到《土地增值税清算通知书》之日起 30 日内，填写《土地增值税清算申请表》报送主管地方税务机关。经主管地方税务机关核准后，在90日内办理清算税款手续。

3. 纳税人在办理土地增值税清算申报手续时，应向主管税务机关提交有关清税项目资料，并填写《土地增值税清算材料清单》。

4. 纳税人应准确、据实填写各类清算申报表和相关表格；纳税人委托中介机构代理进行清算鉴证的，在鉴证报告中应详细列举清算项目的收入、扣除项目和进行土地增值税清算的相关鉴证信息。

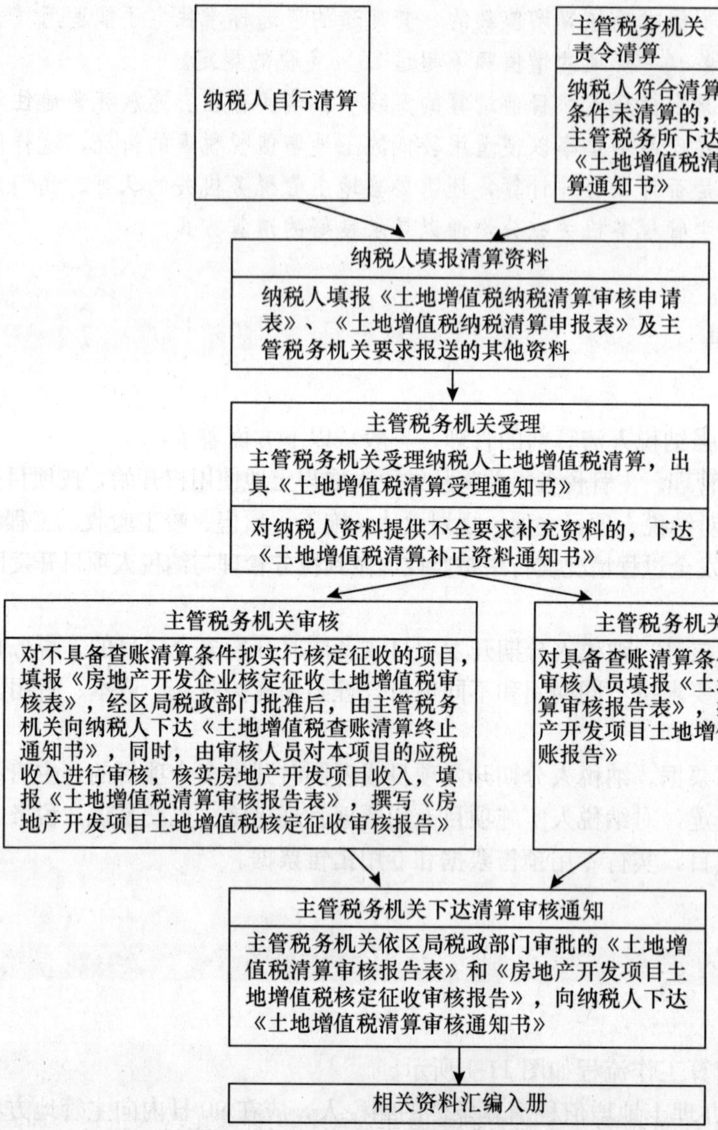

图 11-1　土地增值税清算工作流程图

5. 主管地方税务机关在收取纳税人提交的申请材料和鉴证报告时，应认真核对纳税人提供的资料，并严格按照鉴证报告标准格式进行验收，对纳税人提交的申请材料齐全的，主管税务机关应予以受理，并向纳税人开具《土地增值税清算受理通知书》交纳税人转入审核程序。

6. 对纳税人提交的清税资料不完整、鉴证报告内容不规范、审计事项情况不清楚的，应退回纳税人重新修改鉴证报告或补充资料，并向纳税人开具《土地增值税清算补充材料通知书》交纳税人，待清算资料补充完整后，重新办理税款清算手续。

7. 主管地方税务机关应自受理纳税人清算申请之日起 90 日内完成清算审核工作，不含纳税人应税务机关要求的补正资料时间。

8. 税务机关办理补（退）土地增值税清算手续。

不同的地方还要考虑当地税务机关的有关规定。例如，《青岛市地方税务局房地产开发项目土地增值税税款清算管理暂行办法》（青地税发〔2008〕100号）第三十四条规定：

主管税务机关出具土地增值税清算税款结论后，开发企业有下列情形之一的，需按规定向主管税务机关进行申报，经主管税务机关审核属实的，补充和完善税务机关清算结论，并按规定办理税款缴纳或退还手续：

（1）已清算完毕的开发项目又发生成本、费用的；

（2）纳税人取得清算时尚未取得的扣除项目相关凭证的；

（3）主管税务机关认为应调整清算结论的其他情况。

七、申报资料

（一）出示资料

（1）营业执照副本；

（2）税务登记证副本；

（3）法定代表人身份证明原件或复印件（复印件限于委托代办时出示并加盖公章）；

（4）经办人身份证明原件（委托代办时出示）。

（二）提交资料

（1）《土地增值税清算鉴证报告》；

（2）《土地增值税纳税申报表（一）》；

（3）《土地增值税清算材料清单》；

（4）《土地增值税清算申请表》（一式两份）；

（5）商品房购销合同统计表并加盖公章，内容包含：销售项目栋号、房间号、销售面积、销售收入、合同签订日期、用途等；

（6）取得土地使用权时所支付的地价款有关证明凭证及国有土地使用权出让或转让合同（加盖公章的复印件）；

（7）项目竣工决算报表、工程合同结算单、项目工程竣工验收报告（加盖公章的复印件）；

（8）《国有土地使用权证》（加盖公章的复印件）；

（9）能够按清算项目支付金融机构贷款利息的有关证明及借款合同清单（加盖公章的复印件）；

（10）清算项目的《销售许可证》（加盖公章的复印件）；

（11）与转让房地产有关的完税凭证（加盖公章的复印件），包括：已缴纳的营业税、城建税、教育费附加等；

（12）已缴纳土地增值税的完税凭证（加盖公章的复印件）；

（13）委托授权书原件、经办人身份证明（加盖公章的复印件）；

（14）国家税务总局或地方税务局要求提交的其他资料。

知识链接

土地增值税与企业所得税政策差异比较与核算指引

类别	项目	土地增值税	企业所得税	核算指引
一般规定	清算时间	项目清算	年度汇算	
一般规定	清算项目分类标准	（1）以国家有关部门审批的房地产开发项目为单位进行清算；（2）对于分期开发的项目，以分期项目为单位清算；（3）开发项目中同时包含普通住宅和非普通住宅的，应分别计算增值额。	计税成本对象的确定原则包括可否销售原则、分类归集原则、功能区分原则、定价差异原则、成本差异原则和权益区分原则。	
一般规定	预缴规定	对纳税人预售房地产所取得的收入，当地税务机关规定预征土地增值税的，纳税人应当到主管税务机关办理纳税申报，并按规定比例预交，待办理决算后，多退少补；当地税务机关规定不预征土地增值税的，也应在取得收入时先到税务机关登记或备案。	企业销售未完工开发产品取得的收入，应先按预计计税毛利率分季（或月）计算出预计毛利额，计入当期应纳税所得额。开发产品完工后，企业应及时结算其计税成本并计算此前销售收入的实际毛利额，同时将其实际毛利额与其对应的预计毛利额之间的差额，计入当年度企业本项目与其他项目合并计算的应纳税所得额。	
收入	收入确认	土地增值税清算时，已全额开具商品房销售发票的，按照发票所载金额确认收入；未开具发票或未全额开具发票的，以交易双方签订的销售合同所载的售房金额及其他收益确认收入。销售合同所载商品房面积与有关部门实际测量面积不一致，在清算前已发生补、退房款的，应在计算土地增值税时予以调整。	（1）采取一次性全额收款方式销售开发产品的，应于实际收讫价款或取得索取价款凭据（权利）之日，确认收入的实现；（2）采取分期收款方式销售开发产品的，应按销售合同或协议约定的价款和付款日确认收入的实现。付款方提前付款的，在实际付款日确认收入的实现；（3）采取银行按揭方式销售开发产品的，应按销售合同或协议约定的价款确定收入额，其首付款应于实际收到日确认收入的实现，余款在银行按揭贷款办理转账之日确认收入的实现；（4）采取委托方式销售开发产品的，区别合作的不同方式及协议内容来确定收入。	（1）工程已经竣工并通过有关部门验收； （2）实际销售面积符合合同规定； （3）完成房屋交付手续或购买方已接到书面交房通知，且购买方在通知确定的交付实现结束后无正当理由拒绝收房； （4）价款取得或确信可以取得； （5）成本能够可靠计量。
收入	视同销售类型	将开发产品用于职工福利、奖励、对外投资、分配给股东或投资人、抵偿债务、换取其他单位和个人的非货币性资产等行为，于发生所有权转移时确认收入的实现。	将开发产品用于捐赠、赞助、职工福利、奖励、对外投资、分配给股东或投资人、抵偿债务、换取其他企事业单位和个人的非货币性资产等行为，于开发产品所有权或使用权转移，或于实际取得利益权利时确认收入（或利润）的实现。	
收入	视同销售价格确认	（1）按本企业在同一地区、同一年度销售的同类房地产的平均价格确定； （2）由主管税务机关参照当地当年、同类房地产的市场价格或评估价值确定。	（1）按本企业近期或本年度最近月份同类开发产品市场销售价格确定； （2）由主管税务机关参照当地同类开发产品市场公允价值确定； （3）按开发产品的成本利润率确定。开发产品的成本利润率不得低于15%，具体比例由主管税务机关确定。	

续表

类别	项目	土地增值税	企业所得税	核算指引
扣除项目	土地闲置费	不可扣除	可以扣除	
	预提成本	(1) 在计算土地增值税时，建筑安装施工企业就质量保证金对房地产开发企业开具发票的，按发票所载金额予以扣除；(2) 未开具发票的，扣留的质保金不得计算扣除。	(1) 出包工程未最终办理结算而未取得全额发票的，在证明资料充分的前提下，其发票不足金额可以预提，但最高不得超过合同总金额的10%。(2) 公共配套设施尚未建造或尚未完工的，可按照预算造价合理预提建造费用。(3) 应向政府上交但尚未上交的报批报建费用、物业完善费用可以按规定预提。	
	开发费用（期间费用）	(1) 利息支出从开发成本调整至开发费用； (2)（取得土地成本+开发成本×5%）+利息支出或（取得土地成本+开发成本）×10%。	据实扣除。	
	利息支出	(1) 能够按转入房地产项目计算分摊； (2) 能够提供金融企业的证明； (3) 不超过商业银行同期同类贷款利率； (4) 超过贷款期限的利息部分和加罚的利息不允许扣除。	不超过金融企业同期同类贷款利率计算的利息支出可以扣除。	
	印花税	已作为管理费用扣除，不能单独扣除。	可以扣除。	
	项目营销设施建造费	不能扣除。	作为开发间接费用扣除。	如确认后期将要拆除的临时设施，发生的建造成本和装修费用先在“在建工程”科目归集，投入使用后转入“长期待摊费用”，在预计受益期内按直线法摊销到销售费用中。临时设施拆除的，长期待摊费用余额以及拆除费用或收入，全部计入当期的销售费用。
	配套设施	(1) 建成后产权属于全体业主所有的，其成本、费用可以扣除。 (2) 建成后无偿移交给政府、公用事业单位用于非营利性社会公共事业的，其成本、费用可以扣除。 (3) 建成后有偿转让的，应计算收入，并准予扣除成本、费用。	(1) 属于非营利性且产权属于全体业主的，或无偿赠与地方政府、公用事业单位的，可将其视为公共配套设施，其建造费用按公共配套设施费的有关规定进行处理。 (2) 属于营利性的，或产权归企业所有的，或未明确产权归属的，或无偿赠与地方政府、公用事业单位以外其他单位的，应当单独核算其成本。除企业自用应按建造固定资产进行处理外，其他一律按建造开发产品进行处理。	(1) 企业在开发区内建造的属于非营利性且产权属于全体业主的，或无偿赠与地方政府、公用事业单位的配套设施，应单独作为过渡性成本核算对象，归集、分配其成本；二次分配后结余成本为零。 (2) 属于营利性的，或产权归企业所有的，或未明确产权归属的，或无偿赠与地方政府、公用事业单位以外其他单位的，应当单独核算其成本。

续表

类别	项目	土地增值税	企业所得税	核算指引
成本分摊	共同成本	(1) 纳税人成片受让土地使用权后，分期分批开发、转让房地产的，其扣除项目金额的确定，可按转让土地使用权的面积占总面积的比例计算分摊，或按建筑面积计算分摊，也可按税务机关确认的其他方式计算分摊。 (2) 属于多个房地产项目共同的成本费用，应按清算项目可售建筑面积占多个项目可售总建筑面积的比例或其他合理的方法，计算确定清算项目的扣除金额。 (3) 纳税人分期开发项目或者同时开发多个项目的，或者同一项目中建造不同类型房地产的，应按照受益对象，采用合理的分配方法，分摊共同的成本费用。	(1) 土地成本，一般按占地面积法进行分配。如果确需结合其他方法进行分配的，应商税务机关同意。土地开发同时连结房地产开发的，属于一次性取得土地分期开发房地产的情况，其土地开发成本经商税务机关同意后可先按土地整体预算成本进行分配，待土地整体开发完毕再行调整。 (2) 单独作为过渡性成本对象核算的公共配套设施开发成本，应按建筑面积法进行分配。 (3) 借款费用属于不同成本对象共同负担的，按直接成本法或按预算造价法进行分配。 (4) 其他成本项目的分配法由企业自行确定。	(1) 土地成本按占地面积法分配； (2) 建安成本按建筑面积法或其他方法分配； (3) 单独作为过渡性成本核算对象核算的公共配套设施开发成本，按建筑面积法进行分配； (4) 资本化利息按造价法分配。

八、特殊情况

（一）补缴土地增值税的滞纳金

纳税人按规定预缴土地增值税后，清算补缴的土地增值税，在主管税务机关规定的期限内补缴的，不加收滞纳金。

（二）转让部分土地

许多纳税人在成片受让土地使用权后，分期分批开发、转让房地产，在分项目清算土地增值税时，要分别确定“取得土地使用权所支付的金额”这一扣除项目，应以实际转让土地的面积占可转让土地总面积之比计算分摊。

《国家税务总局关于广西土地增值税计算问题请示的批复》（国税函〔1999〕112 号）规定，在计算转让土地的增值额时，按实际转让土地的面积占可转让土地总面积来计算分摊。可转让土地面积，系开发土地总面积减除不能转让的公共设施用地面积后的剩余面积。

案例分析

精装房送家电、家具的税务处理

某市碧水蓝天房地产开发有限公司，为了筹措资金，应对宏观调控，对刚开盘的“人间仙境”项目，实行“买精装修商品房赠送家电家具”优惠酬宾，房屋销售合同价款200万元，售房合同中说明交房时送家电家具，家电家具的购进价格为2万元，即其公允价值为2万元，房屋的公允价值可推定为198万元，成本为150万元。

分析如下：

（一）土地增值税的处理

《土地增值税暂行条例实施细则》规定，开发土地和新建房及配套设施（以下简称房地产开发）的成本，是指纳税人房地产开发项目实际发生的成本（以下简称房地产开发成本），包括土地征用及拆迁补偿费、前期工程费、建筑安装工程费、基础设施费、公共配套设施费、开发间接费用。

《国家税务总局关于房地产开发企业土地增值税清算管理有关问题的通知》（国税发〔2006〕187号）关于土地增值税的扣除项目的规定：房地产开发企业销售已装修的房屋，其装修费用可以计入房地产开发成本。

根据上述规定，不属于以建筑物为载体的附属设备家电、家具，不论销售合同如何约定，都不能作为房地产"开发成本"处理。

（二）企业所得税的处理

《国家税务总局关于确认企业所得税收入若干问题的通知》（国税函〔2008〕875号）第三条规定，企业以买一赠一（有偿）等方式组合销售本企业商品的，不属于捐赠，应将总的销售金额按各项商品的公允价值的比例来分摊确认各项商品的销售收入，账务处理如下：

（1）借：银行存款	2 000 000	
贷：主营业务收入——房屋		1 980 000
——家电、家具		20 000
（2）借：主营业务成本——房屋	1 500 000	
——家电、家具	20 000	
贷：库存商品——家电、家具		20 000
开发产品——房屋		1 500 000

（三）营业税的处理

密不可分是混合销售实质所在，如销售空调并安装，为混合销售，两者密不可分。但是，销售房产不带家电、家具并不影响房屋的使用功能，因而本案例的销售行为不符合混合销售要件。应该将销售不动产所有权与赠送实物作为两项单独的业务，按兼营处理。企业卖精装房送家电、家具，属于销售行为，应该缴纳增值税，不计征营业税。

（四）增值税的处理

《增值税暂行条例实施细则》第四条规定，单位或者个体工商户将自产、委托加工或者购进的货物无偿赠送其他单位或者个人的行为，视同销售货物。

依据上述规定，开发商采取购房送家电、家具促销方式，将外购的家电、家具无偿赠送其他单位或者个人，视同销售货物，按照组成计税价格计算、缴纳增值税。

房地产企业属不经常发生应税行为的企业，可选择按一般纳税人或小规模纳税人纳税，家电、家具价值2万元：

一般纳税人增值税销项税额＝2×(1＋10％)×17％＝0.374(万元)

小规模纳税人应缴纳增值税＝2×(1＋10％)×3％＝0.066(万元)

账务处理如下：

1. 按一般纳税人处理

购进环节：

借：库存商品	20 000	
应交税费——应交增值税（进项税额）	3 400	
贷：银行存款		23 400

实现收入：

借：银行存款	2 000 000	
贷：主营业务收入		2 000 000

结转成本：

借：主营业务成本	1 500 000	
贷：开发产品——商品房		1 500 000

结转家电家具成本：

借：销售费用	23 740	
贷：库存商品		20 000
应交税费——应交增值税（销项税额）		3 740

2. 按小规模纳税人处理

购进环节：

借：库存商品	23 400	
贷：银行存款		23 400

实现收入：

借：银行存款	2 000 000	
贷：主营业务收入		2 000 000

结转成本：

借：主营业务成本	1 500 000	
贷：开发产品——商品房		1 500 000

结转家电家具成本：

借：销售费用	24 060	
贷：库存商品		23 400
应交税费——应交增值税		660

CHAPTER

12 第十二章 土地增值税清算计缴技巧

一、清算单位的选择

《土地增值税暂行条例实施细则》第八条规定，土地增值税以纳税人房地产成本核算的最基本的核算项目或核算对象为单位计算。《国家税务总局关于房地产开发企业土地增值税清算管理有关问题的通知》(国税发〔2006〕187号)第一条规定，土地增值税以国家有关部门审批的房地产开发项目为单位进行清算，对于分期开发的项目，以分期项目为单位清算。开发项目中同时包含普通住宅和非普通住宅的，应分别计算增值额。

目前，在房地产开发经营中，很多房地产开发企业为了获得最大的经济效益，将一些普通标准住宅商品楼的底层部分作为商铺开发销售，即底层是商业性用房，上层部分是住宅楼房或其他用房的商住一体楼。

对商住一体楼纳税问题，《财政部 国家税务总局关于土地增值税一些具体问题规定的通知》(财税字〔1995〕048号)明确规定，对纳税人既建普通标准住宅又搞其他房地产开发的，应分别核算增值额。不分别核算增值额或不能准确核算增值额的，其建造的普通标准住宅不能适用条例第八条的免税规定——纳税人建造普通标准住宅出售，增值额未超过扣除项目金额20%的，免征土地增值税。

《河南省地方税务局关于营业税、资源税、土地增值税若干征税问题的通知》(豫地税发〔1997〕160号)“关于普通标准住宅与商业用房同体如何计税问题”的规定为：一般情况下，企业是将“同体房”作为一个项目核算的。有偿转让时，应根据土地增值税的有关规定，按照各地普通标准住宅的划分标准，分别核算商业用房和普通住宅的开发成本及费用，正确分摊有关费用，分别计算增值额。凡不能准确核算扣除项目和增值额的，不得享受普通标准住宅减免税优惠。

《宁波市地方税务局关于宁波市土地增值税清算若干政策问题的补充通知》（甬地税二〔2010〕106号）规定，对于同一清算项目中不同房地产类型共同的成本包括土地使用权成本、房地产开发成本、费用的分摊计算，暂按照以下原则处理：

（1）同一清算项目中不同房地产类型应按规定分别计算增值额、增值率，缴纳土地增值税；

（2）对不同房地产类型共同的成本、费用包括土地使用权成本、开发成本、开发费用等，如无法按房地产类型进行完整、明确区分的，暂按可售建筑面积进行分摊，分别核算增值额、增值率；

（3）对不同房地产类型所属的土地使用权成本，如能提供确切证明材料（如决算报告、图纸等）且能明确区分的，可单独按其实际占地计算土地使用权成本；

（4）考虑到商业用房开发成本较高的实际情况，如同一清算项目中有住宅、办公用房、商业用房、车库、车位等多种房地产类型，且无法明确区分各类型成本、费用的，在按可售建筑面积分摊共同的成本、费用包括土地使用权成本、开发成本、开发费用时，允许商业用房分摊系数上浮10%计算，同时其他房屋类型相应下浮。

《辽宁省房地产开发企业土地增值税清算管理办法》（辽地税发〔2007〕102号）第三条规定，对一个清算项目中既有普通标准住宅又有非普通标准住宅的，应分别核算增值额；未分别核算增值额的，按照普通标准住宅和非普通标准住宅的可售面积占清算项目可售面积的比例计算扣除项目金额后，分别按照普通标准住宅和非普通标准住宅的销售收入和计算的扣除项目金额计算增值额。

依据上述规定，对一个清算项目中既有普通标准住宅又有非普通标准住宅的，在实际征收计算中，就会形成两种计算方法：

第一种是按核算项目先整体计算增值额和增值率，确定相应税率后，再按面积分别核算增值额，计算土地增值税；

第二种是先按面积分开项目计算增值额与增值率，再分别确定适用税率计算地增值税。

由于税法之间存在的差异，企业可在税收法律法规许可的范围内，根据自身的实际情况，选择有利于降低企业税负的方法进行核算。

案例分析

整体核算与分别核算的比较（一）

某房地产开发公司开发商住一体楼一幢，底层为商铺，面积1 000平方米，商铺以上为普通标准住宅，面积为5 000平方米，合计6 000平方米。该住宅楼项目土地成本为120万元，房屋开发成本600万元，其他费用按比例扣除。该项目商铺收入为500万元，普通标准住宅收入为500万元，合计1 000万元，营业税金及附加55万元。

（一）整体核算

扣除项目＝土地成本＋开发成本＋费用扣除＋加计扣除＋税金

＝120＋600＋(120＋600)×10%＋(120＋600)×20%＋55

＝991(万元)

增值额＝收入－扣除项目

＝(500＋500)－991＝9(万元)

增值率＝增值额÷扣除项目×100%

＝9÷991×100%＝0.9%

增值率低于50%，适用30%的税率。

应缴纳的土地增值税＝9×30%＝2.7(万元)

（二）分别核算

普通标准住宅扣除项目＝120×5 000÷6 000＋600×5 000÷6 000＋(100＋500)×30%＋27.5＝807.5（万元）（除税金及附加外其他按面积分摊）。

普通标准住宅增值额＝500－807.5＝－307.5（万元），无土地增值税。

商铺扣除项目＝120×1 000÷6 000＋600×1 000÷6 000＋(20＋100)×30%＋27.5＝183.5(万元)。

商铺增值额＝500－183.5＝316.5(万元)。

商铺增值率＝316.5÷183.5×100%＝172%，适用50%的税率。

商铺应缴纳土地增值税＝316.5×50%－183.5×15%＝130.72(万元)

由此可见，两种方法计算相差悬殊，按第一种方法应纳的土地增值税为2.7万元，按第二种方法应纳土地增值税为130.72万元。

第一种土地增值税计算方法符合按“最基本的核算项目或核算对象为单位计算”的规定，而且计算出整体项目增值额后，按面积进行了增值额分摊，也符合国家关于“分别核算增值额”的规定。后一种计算方法虽然符合税法“分别核算增值额”的规定，但是显然不符合“纳税人房地产成本核算的最基本的核算项目或核算对象为单位计算”的规定。

案例分析

整体核算与分别核算的比较（二）

某房开公司开发连体楼一幢，开发总面积5 000平方米。公司以该幢楼为核算对象，其中一、二层为超市，面积1 000平方米，超市以上为普通住宅，面积4 000平方米。连体楼的土地成本为400万元，房屋开发成本700万元。房地产开发费用为土地成本和开发成本的10%。一、二层超市平均售价为8 500元/平方米，销售收入850万元。普通住宅平均售价3 500元/平方米，销售收入1 400万元。连体楼销售收入合计2 250

万元。营业税金及附加为 123.75 万元。

（一）分别核算

1. 住宅部分

住宅分摊的土地成本：400×4 000÷5 000=320（万元）；
住宅分摊的建造成本：700×4 000÷5 000=560（万元）；
分摊的开发费用：(320+560)×10%=88（万元）；
加计扣除：(320+560)×20%=176（万元）；
营业税金及附加：123.75×1 400÷2 250=77（万元）；
扣除项目合计：1 221 万元；
增值率：(1 400−1 221)÷1 221×100%=14.66%；
增值率小于 20%，按现行税法规定不纳土地增值税。

2. 超市部分

超市分摊的土地成本：400×1 000÷5 000=80（万元）；
分摊的建造成本：700×1 000÷5 000=140（万元）；
分摊的开发费用：(80+140)×10%=22（万元）；
加计扣除：(80+140)×20%=44（万元）；
营业税金及附加：123.75×850÷2 250=46.75（万元）；
扣除项目合计：332.75 万元；
增值率：(850−332.75)÷332.75×100%=155.45%；
应纳土地增值税：(850−332.75)×50%−332.75×15%=208.71（万元）。

（二）整体核算

收入总额：2 250 万元；
扣除项目总额：1 221+332.75=1 553.75（万元）；
增值额：2 250−1 553.75=696.25（万元）；
增值率：696.25÷1 553.75×100%=44.81%；
超市和住宅应缴纳土地增值税：696.25×30%=208.87（万元）。

两种计算方法应纳税额仅相差 0.16 万元，不足应纳税额的 0.08%，第一种计算方法中普通住宅的增值额不缴纳土地增值税；第二种方法中却包含了普通住宅增值额应纳的土地增值税。方法一显然是分别核算，确切地讲是分摊核算，符合财税字〔1995〕048 号文件的精神。而方法二是以核算对象整栋楼为单位进行的核算。

分析以上案例可知，由于每个房地产开发项目的转让收入、扣除项目金额、建筑面积和销售比例都各不相同，因此，并不都是分别核算法优于整体核算法，企业应根据自身实际情况分析选择。

知识链接

土地增值税扣除项目金额分摊技巧

开发项目中同时涉及普通住宅、非普通住宅和其他用房的，应按照国家税务总局的规定，统一划分普通住宅、非普通住宅和商用房三大类别，分别核算其增值额。在计算上述混合核算的项目时，对其成本费用，应以普通住宅、非普通住宅和商用房三大类别，分别按建筑面积进行比例分摊。

但是对房地产开发企业同一项目中既包含住宅，又包含其他类型用房的，一直没有明确。南宁市地方税务局、福州市地方税务局分别引入了“层高系数建筑面积分摊法”作为扣除项目的分摊方法。

政策详见《南宁市地方税务局关于土地增值税清算若干政策问题的通知》(南地税发〔2008〕221号）和《福州市地方税务局关于房地产开发企业土地增值税若干政策问题的通知》(榕地税发〔2008〕108号)。

政策中对于层高系数建筑面积分摊法具体计算口径和步骤如下：

1. 计算层高系数

在纳税人同一项目（包含不同类型房地产）中，选取住宅层高为基数，设定为1；层高低于住宅的，以1为系数；其他类别用房层高高于住宅层高的，按其他类别用房层高与住宅层高之比，计算出其层高系数。

某类型用房层高系数＝该类型用房层高÷住宅层高

2. 计算层高系数面积

(1) 总层高系数面积＝$\sum$(某类型用房层高系数×类型用房可售建筑面积)

(2) 某类型用房已售部分的层高系数面积＝某类型用房层高系数×某类型用房已售建筑面积

3. 计算不同类型用房已售部分可分摊的房地产开发成本

某类型用房已售部分应分摊的房地产开发成本＝房地产开发总成本÷总层高系数面积×某类型用房已售部分的层高系数面积

案例分析

层高系数建筑面积分摊法运用

紫金房地产开发有限公司开发有爵士豪庭项目，现在准备清算。爵士豪庭项目中包含不同类型用房，其中普通住宅可售建筑面积20 000m^2，已售18 000m^2、非普通住宅可售建筑面积10 000m^2，已售9 000m^2（住宅层高3米）；商用房可售建筑面积

5 000m^2，已售 4 500m^2，其中商用房层高 4.5 米的有 3 000m^2，已售 2 700m^2，5.5 米的有2 000 m^2，已售 1 800m^2。扣除项目金额为 10 000 万元。

请按建筑面积分摊法或层高系数建筑面积分摊法分别计算可扣除项目金额。

分析如下：

（一）建筑面积分摊法

（1）计算每平方米应分摊的扣除项目＝扣除项目总金额÷总可售面积

＝10 000÷（20 000＋10 000＋5 000）

＝0.285 7（万元/m^2）

（2）已售普通住宅应分摊的扣除项目＝0.285 7×18 000＝5 142.6（万元）

（3）已售非普通住宅应分摊的扣除项目＝0.285 7×9 000＝2 571.3（万元）

（4）已售商用房应分摊的扣除项目＝0.285 7×4 500＝1 285.65（万元）

已售房扣除金额合计为 8 999.55 万元。

（二）层高系数建筑面积分摊法

1. 计算层高系数

（1）4.5 米商用房层高系数＝该类型用房层高÷住宅层高＝4.5÷3＝1.5

（2）5.5 米商用房层高系数＝该类型用房层高÷住宅层高＝5.5÷3＝1.83

2. 计算层高系数面积

（1）总层高系数面积

＝$\sum$(某类型用房层高系数×某类型用房可售建筑面积)

＝1×20 000＋1×10 000＋1.5×3 000＋1.83×2 000

＝20 000＋10 000＋4 500＋3 660

＝38 160（m^2）

（2）某类型用房已售部分的层高系数面积

＝某类型用房层高系数×某类型用房已售建筑面积

①普通住宅已售部分层高系数建筑面积：1×18 000＝18 000（m^2）

②非普通住宅已售部分层高系数建筑面积：1×9 000＝9 000（m^2）

③4.5 米商用房已售部分层高系数建筑面积：1.5×2 700＝4 050（m^2）

④5.5 米商用房已售部分层高系数建筑面积：1.83×1 800＝3 294（m^2）

3. 计算不同类型用房已售部分可分摊的房地产开发成本

$$\text{某类型用房已售部分应分摊的房地产开发成本} = \text{房地产开发总成本} \div \text{总层高系数面积} \times \text{某类型用房已售部分的层高系数面积}$$

①普通住宅已售部分应分摊的房地产开发成本＝10 000÷38 160×18 000＝4 716.98（万元）

②非普通住宅已售部分应分摊的房地产开发成本＝10 000÷38 160×9 000＝2 358.49（万元）

③4.5米商用房已售部分应分摊的房地产开发成本＝10 000÷38 160×4 050＝1 061.32（万元）

④5.5米商用房已售部分应分摊的房地产开发成本＝10 000÷38 160×3 294＝863.21（万元）

因此，商铺扣除合计金额：1 061.32＋863.21＝1 924.53（万元）

已售房扣除金额合计：4 716.98＋2 358.49＋1 061.32＋863.21＝9 000（万元）。

二、代收费用计价方式的选择

对地方政府要求房地产企业在转让房地产时代收的各种费用如何计征土地增值税问题，《财政部 国家税务总局关于土地增值税一些具体问题规定的通知》（财税字〔1995〕048号）规定，代收费用计入房价中向购买方一并收取的，可作为转让房地产所取得的收入计税，在计算扣除项目金额时，可予以扣除，但不允许作为加计20%扣除的基数；未计入房价中的，不作为转让房地产收入，在计算增值额时，也不允许扣除代收费用。

案例分析

代收费用的处理模式

紫霞房地产开发公司开发了一个普通房地产住宅项目，其中为取得土地使用权所支付的价款为1 000万元，支付房地产开发成本2 600万元，房地产开发费用200万元，预计转让收入5 860万元，在转让房地产的同时代地方政府收取费用200万元，营业税金及附加征收率为5.5%，计算应交的土地增值税。

（一）代收费用计入房价向购买方一并收取

扣除项目金额＝(1 000＋2 600)×(1＋20%)＋200＋200＋(5 860 ＋200)× 5.5%＝5 053.3(万元)

增值额＝(5 860＋200)－5 053.3＝1 006.7(万元)

增值率＝1 006.7÷5 053.3×100%≈19.92%

增值率低于20%，免交土地增值税。

（二）代收费用不计入房价

扣除项目金额＝(1 000＋2 600)×(1＋20%)＋200 ＋5 860×5.5%＝4 842.3(万元)

增值额＝5 860－4 842.3＝1 017.7(万元)

增值率＝1 017.7÷4 842.3×100%≈21.02%

增值率超过20%，应交土地增值税＝1 017.7×30%＝ 305.31（万元）

从以上计算结果可以看出，选择不同的代收费用计价方式，其增值率是不同的。企业若想把税负降低，就应在代收费用业务发生之前，充分考虑采用何种计价方式对企业最为有利，避免承担不必要的税负。

三、清算后再转让的计缴

根据《国家税务总局关于房地产开发企业土地增值税清算管理有关问题的通知》（国税发〔2006〕187号）的规定，并非项目销售完毕才开始清算。符合下列情形的，主管税务机关可要求纳税人进行土地增值税清算：

（1）已竣工验收的房地产开发项目，已转让的房地产建筑面积占整个项目可售建筑面积的比例在85%以上，或该比例虽未超过85%，但剩余的可售建筑面积已经出租或自用的；

（2）取得销售（预售）许可证满3年仍未销售完毕的。

此时房产尚未销售完毕，由于房价的不确定性，未售房产难以按估计售价确定，无法准确确定增值额，所以土地增值税清算仍限于已售部分。

此外，房地产开发企业在清算之前将开发的部分房地产转为企业自用或用于出租等商业用途时，如果产权未发生转移，这部分也未列作清算内容，导致相当一部分房企已清算项目还存在部分未售待售尾房现象。

对于清算后的尾盘发生销售，如何申报缴纳土地增值税问题值得引起重视。

纳税人已清算项目继续销售的，应在销售的当月进行清算，不再先预征后重新启动土地增值税清算。这是因为，土地增值税以国家有关部门审批的房地产开发项目为单位进行清算，对于分期开发的项目，以分期项目为单位清算。也就是说，土地增值税是以一个项目为单位进行的清算，对属于同一清算单位所发生的房地产开发成本费用不得从其他的房地产开发项目中扣除，同一项目也不能作为两个清算单位，所以，对一个开发项目清算后，剩余的房产再转让不能再单独作为一个清算单位计算土地增值税。

《国家税务总局关于房地产开发企业土地增值税清算管理有关问题的通知》（国税发〔2006〕187号）第八条“清算后再转让房地产的处理”规定，在土地增值税清算时未转让的房地产，清算后销售或有偿转让的，纳税人应按规定进行土地增值税的纳税申报，扣除项目金额按清算时的单位建筑面积成本费用乘以销售或转让面积计算。

清算时应当计算：

单位可售面积成本费用＝开发总成本费用÷总可售面积

清算后再销售或转让时计算：

扣除项目的建造成本＝单位可售面积成本费用×销售面积

扣除项目金额＝1.3×建造成本＋营业税金及附加

需要注意的是以上要符合同一物业类型；计算公式中1.3是最高系数，如果省级政府规定低于1.3的按省级政府的规定执行，但不能超过1.3。

需要注意的是：

1. 清算前期已售部分与清算后期销售部分，尽管单位建筑面积成本是相同的，但由于销售价格的不同，导致增值率可能不同。

例如，北京市通州区某楼盘在2009年清算时单位售价23 000元/平方米，由于受房地产政策调控，2012年初实际销售价下调到14 000元/平方米。

2. 清算后再转让房产纳税义务发生时间的确定。

《国家税务总局关于加强土地增值税管理工作的通知》（国税函〔2004〕938号）第三条规定，纳税人因经常发生房地产转让而难以在每次转让后申报，是指房地产开发企业开发建造的房地产因分次转让而频繁发生纳税义务，难以在每次转让后申报纳税的情况，土地增值税可按月或按各省、自治区、直辖市和计划单列市地方税务局规定的期限申报缴纳。

3. 在会计处理上，虽然属于完工产品，但由于预收款不符合会计准则收入确认条件，按规定分期申报缴纳的土地增值税不作损益结转，待房产交付完毕符合收入确认条件时，再计入营业税金及附加处理。

案例分析

清算后再转让的纳税技巧

某市玫瑰园房地产公司开发的玫瑰园小区，2010年已经达到土地增值税清算条件，向主管税务机关提出清算申请后，进行了土地增值税清算。

清算时，尚有部分房屋待售，经审核确认的“单位可售面积成本费用”为每平方米7 860元。2011年1月份，销售房屋12套，总面积1 176平方米，每平方米均价14 300元，计算2011年1月应缴纳的土地增值税。

销售和收入总额＝14 300×1 176＝16 816 800(元)

扣除项目金额＝(7 860×1 176)×1.3＋16 816 800×5.5％

＝12 941 292(元)

增值额＝16 816 800－12 941 292＝3 875 508(元)

增值率＝3 875 508÷12 941 292＝29.95％

适用税率30％，速算扣除率为零。

应交土地增值税 ＝3 875 508×30％－0＝1 162 652(元)

案例分析

土地增值税的计算与缴纳

桃花源房地产开发公司于2010年投资开发一个房地产项目，获得转让收入为1 150万元（转让收入中含政府部门收取的各种费用50万元），支付的土地使用权价款110万元，房地产开发成本320万元，实际发生的房地产开发费用100万元，财务费用中的利息支出无法分项目分摊，且无金融机构的证明。

国家规定城建税税率为7%，印花税税率为0.5‰，教育费附加征收率为3%，政府规定允许扣除的房地产开发费用为10%。请根据以上资料，计算应缴纳的土地增值税。

计算过程如下：

取得土地使用权所支付的金额为110万元；

房地产开发成本为320万元；

允许扣除的房地产开发费用=(110+320)×10%=43(万元)

不能按实际发生的房地产开发费用100万元计入。

扣除的税金=1 150×5%×(1+7%+3%)=63.25(万元)

按财务相关规定，房地产开发企业在转让房地产时缴纳的印花税应列入企业管理费用，故印花税不计入扣除项目。

加计扣除=(110+320)×20%=86(万元)

允许扣除项目金额合计=110+320+50+43+63.25+86=672.25(万元)

如果房价中含有为政府代收的各项费用，则可作为转让房地产所取得的收入计征土地增值税（和营业税）。相应地，在计算扣除项目金额时，代收费用可以扣除（如以上的50万元），但不得作为加计20%扣除的基数：

增值额=1 150−672.25=477.75(万元)

增值率=477.75÷672.25×100%=71.07%

适用40%的税率，速算扣除数为5%，

土地增值税税额=增值额×40%−扣除项目金额×5%

=477.75×40%−672.25×5%=157.34(万元)

四、成片开发，分块销售的计缴

《土地增值税暂行条例实施细则》规定，纳税人成片受让土地使用权后，分期分批开发、分块转让，对允许扣除项目的金额，原则上按转让土地使用权的面积占总面积的比例计算分摊。若按此办法难以计算或明显不合理的，也可按建筑面积计算分摊允许扣除项目的金额。

《财政部关于对一九九四年一月一日前签订开发及转让合同的房地产征免土地增值税的通知》（财法字〔1995〕7号）规定，对于个别由政府审批同意进行成片开发、周期较长的房地产项目，其房地产在规定五年免税期以后首次转让的，经所在地财政、税务部门审核（外商投资企业由当地财政和国税部门审核），并报财政部、国家税务总局核准，可以适当延长免税期限。

案例分析

成本费用分摊方法对土地增值税清算的影响

如果房地产开发仅为一个项目或者说是一个土地增值税清算单位，基本上不存在土地价款和开发成本费用的分摊问题。我们仅对成片受让土地使用权后，分期分批开发、转让房地产的情况进行分析。

根据《土地增值税暂行条例实施细则》第九条规定，纳税人成片受让土地使用权后，分期分批开发、转让房地产的，其扣除项目金额的确定。可按转让土地使用权的面积占总面积的比例计算分摊，或按建筑面积计算分摊，也可按税务机关确认的其他方式计算分摊。

例如，某房地产开发公司开发菊园项目，一次性征地 16 000 平方米，支付土地出让金、拆迁补偿费及“三通一平”共计支付 4 000 万元，根据规划，计划分两期建造，假定建筑成本均可分期核算清楚，具体如表 12-1 至表 12-3 所示：

表 12-1　菊园项目基本情况　　金额单位：万元

期数	容积率	占地面积	建筑面积	销售收入	建筑成本单价
一期（普通多层）	1.8	9 000	16 200	7 452	0.17
二期（普通高层）	3	7 000	21 000	14 700	0.2

表 12-2　按转让土地使用权的面积占总面积的比例计算分摊　　金额单位：万元

期数	占地面积	土地总面积	土地出让金等分摊	建筑成本	增值率	增值税
一期（普通多层）	9 000	16 000	2 250	2 754	6%	0
二期（普通高层）	7 000	20 000	1 750	4 200	67.8%	1 936

表 12-3　按建筑面积计算分摊　　金额单位：万元

期数	建筑面积	建筑总面积	土地出让金等分摊	建筑成本	增值率	增值税
一期（普通多层）	16 200	37 200	1 742	2 754	17%	0
二期（普通高层）	21 000	37 200	2 258	4 200	56%	1 639

由以上各表可以看出，同一宗土地，由于分期分批开发形式不同，不同的成本分摊方式，最终的土地增值税清算结果有较大的差距。

以上案例在房地产企业开发过程中非常普遍，第一期为吸引客户认购，开发商一般会采取低密度，低价格打出广告效应，尽快回笼资金，待时机成熟后，再开发容积率大、售价高的高层建筑，以获得高的利润。由于普通多层的普通标准住宅售价较低，经过土地增值税的加计扣除 20%后，大部份项目达不到 20%的免征点。房地产企业为了降低税负，一般会采用按建筑面积分摊，将更多的成本分摊到容积率高的项目，以达到增值额低的结果。

结论：

1. 成片转让，分期开发时，土地增值税清算时原则上按转让土地使用权的面积占总面积的比例计算分摊，较为合理。

2. 土地增值税清算时，一宗土地的各期均达到清算标准时，两种分摊方式均可操作；但当开发周期较长，前期达到清算标准，后期还未开发或销售时，由于后期建筑面积具有不确定性，那么按建筑面积计算分摊会对结果产生不确定性。

案例分析

分批出售房产的土地增值税计算方法

东方房产开发公司获得政府授权，成片开发某地块建成小区。其中该公司从村委会购买耕地 90 亩支付费用 180 万元，缴纳耕地占用税 27 万元，支付村民补偿费 85 万元；项目规划小区共建造 15 栋商品房，现已全部竣工，15 栋商品楼建筑造价 1 680 万元；可售总建筑面积为 60 000 平方米，小区建设中，投资副食店、百货店 20 万元，幼儿园 20 万元，供水设施 30 万元，公共健身场所 15 万元，地上机械车库一个 20 万元，小区园林绿化 20 万元。整体扣除项目合计金额 2 097 万元。

2009 年 1 月份售出 3 栋商品楼，建筑面积为 12 000 平方米，售价为 960 万元，销售税金 53 万元。请计算该房地产开发公司 2009 年 1 月份应缴纳的土地增值税税额。

分析如下：

该房地产房产开发公司成片受让土地使用权后，建造商品房，分批出售，而不是全部一起出售，所以要先计算出售出房产部分的扣除项目金额。

此例允许扣除项目的金额若按转让土地使用权的面积占总面积的比例计算分摊，既难以计算又不合理，所以此例中的允许扣除项目的金额按出售商品房部分的建筑面积占全部商品房建筑面积的比例进行分摊。

$$允许扣除项目金额=\frac{已售建筑面积}{可售建筑总面积}\times 全部扣除项目的金额$$

$$=12\,000\div 60\,000\times 2\,097$$

$$=0.2\times 2\,097=419.4(万元)$$

增值额＝960－419.4＝540.6(万元)

增值率＝540.6÷419.4×100%＝128.90%

适用 50%的税率，速算扣除率为 15%，

应纳税额＝540.6×50%－419.4×15%＝270.3－62.91＝207.39(万元)

该房产开发公司 2009 年 1 月应缴纳的土地增值税税额为 207.39 万元。

五、竣工前整体销售的计缴

房地产企业在开发项目时，有时会开发一些黄金地段或者紧俏户型的项目，这种项

目经常会在未完全竣工时，就被一些大型企业团购，签订售房合同卖出。这时，就会遇到清算的问题。根据《土地增值税暂行条例实施细则》的规定：对项目完全竣工前无法按实际成本计算的，可先按建筑面积预算成本计算，待该项目完全竣工后再按实际发生数进行清算，多退少补。

案例分析

清算后多退少补税款的计算方法

黑天鹅房产开发公司建设一栋商品住宅楼，尚未竣工，就已售给一外单位，合同售价为450万元，商品楼预算成本费用为180万元；一年后，商品楼建成交付使用，实际成本费用为215万元。请计算该公司应缴纳的土地增值税税额。

分析如下：

此例是属于建造商品房未完全竣工就签订售房合同售出的类型。

先按预算成本计算应纳土地增值税额，然后再按实际成本进行清算。

第一步，计算增值额

用预算成本计算增值额为：

$$450-180=270(\text{万元})$$

用实际成本计算增值额为：

$$450-215=235(\text{万元})$$

第二步，计算增值额占扣除项目金额的百分比

用预算成本计算为：

$$270\div180\times100\%=150\%$$

用实际成本计算为：

$$235\div215\times100\%=109.3\%$$

第三步，计算应纳税额

该房地产开发项目增值额占扣除项目金额的百分比用预算成本计算为150%，用实际成本计算为109.3%，均适用于第三级次50%的税率，速算扣除率为15%。

用预算成本计算应预缴税额为：

$$270\times50\%-180\times15\%=135-27=108(\text{万元})$$

用实际成本计算应纳税额为：

$$235\times50\%-215\times15\%=117.5-32.25=85.25(\text{万元})$$

该房产开发公司签订合同售房时按商品房预算成本计算应预缴土地增值税为108万元；商品房竣工后，按实际成本计算应缴纳土地增值税85.25万元。

85.25－108＝－22.75（万元）

因此该公司应申请退税22.75万元。

六、转让土地的土地增值税的计缴

《国家税务总局关于印发〈土地增值税宣传提纲〉的通知》（国税函发〔1995〕110号）第六条第二款规定，对取得土地使用权后投入资金，将生地变为熟地转让的，计算其增值额时，允许扣除取得土地使用权时支付的地价款、缴纳的有关费用，和开发土地所需成本再加计开发成本的20％以及在转让环节缴纳的税金。这样规定，是鼓励投资者将更多的资金投向房地产开发。

将生地变为熟地的开发过程中，对开发成本可以加计20％扣除，但期间费用及利息不得扣除。

如果属于未进行实质开发即转让的，则根据上述文件第六条第一款规定，对取得土地或房地产使用权后，未进行开发即转让的，计算其增值额时，只允许扣除取得土地使用权时支付的地价款、缴纳的有关费用，以及在转让环节缴纳的税金。这样规定，其目的主要是抑制“炒”买“炒”卖地皮的行为。则相关费用在计算土地增值额时不得作为扣除项目。

七、个人转让住房土地增值税的计缴

《财政部 国家税务总局关于土地增值税一些具体问题规定的通知》（财税字〔1995〕048号）规定，个人将房屋产权赠与直系亲属或承担直接赡养义务人的，免缴土地增值税；通过法定继承方式转让房屋产权的，免缴土地增值税；对个人之间互换自有居住用房地产的，经当地税务机关核实，可以免缴土地增值税。

《土地增值税暂行条例实施细则》规定，个人拥有的房地产因城市实施规划、国家建设的需要而被政府批准征用、收回的，免缴土地增值税；因城市实施规划、国家建设的需要而搬迁，由个人自行转让原房地产而取得收入的，免缴土地增值税；对个人转让自有住房，凡居住满5年或5年以上的，经向税务机关申报批准，免缴土地增值税；居住满3年未满5年的，减半征收土地增值税；居住未满3年，按规定计征土地增值税。

《财政部 国家税务总局关于调整房地产市场若干税收政策的通知》（财税字〔1999〕210号）规定，自1999年8月1日起，对居民个人拥有的普通住宅，在转让时暂免征收土地增值税。

根据现行政策规定，个人转让房地产土地增值税具体分为三种情况。

（一）能提供评估价格

应纳税额＝（转让收入－评估价格－与转让房地产有关的税金）×适用税率

(1)"评估价格"是指由政府批准设立的房地产评估机构评定的重置成本价乘以成新度折扣率后的价格;

(2)"与转让房地产有关的税金"包括营业税、城市维护建设税、教育费附加、地方教育附加、印花税;

(3)由政府批准设立的房地产评估机构评估发生的评估费用允许在计算土地增值税时予以扣除,但个人隐瞒、虚报房地产成交价格进行评估的,评估费用不允许扣除;

(4)能提供评估价格的,已缴契税在计算土地增值税时不允许扣除。

案例分析

能提供评估价格的个人转让住房土地增值税的计缴

柳先生于2008年11月以400 000元在某市区购买了一套面积为150平方米的商品房,缴纳契税12 000元,并花50 000元进行了装修,2010年12月将房屋以640 000元的总价卖出,经房地产评估机构评估价格为460 000元,支付评估费用600元,房屋出售支付了手续费、公证费等合理费用共计500元,上述房屋原值及相关费用均提供了合法有效凭据。柳先生转让这套商品房是否要缴纳土地增值税?应缴多少?合计缴税多少?

柳先生转让的这套商品房,由于房屋面积为150平方米,属于非普通住宅,且只居住了两年零一个月,因此其转让时应全额缴纳营业税、城市维护建设税、教育费附加、印花税、土地增值税和个人所得税。

柳先生应缴纳的税额为:

营业税=640 000×5%=32 000(元)

城市维护建设税及教育费附加=32 000×(7%+3%)=3 200(元)

印花税=640 000×0.05%=320(元)

土地增值税:

可扣除项目金额=460 000+600+(32 000+3 200+320)=49 6120(元)

增值额=640 000-49 6120=143 880(元)

增值率=143 880÷496 120×100%=29%

增值率不超过50%,适用税率30%。

应缴土地增值税=143 880×30%=43 164(元)

个人所得税:

可扣除的房屋原值=400 000+12 000=412 000(元)

可扣除的相关税金=32 000+3 200+320+43 164=78 684(元)

可扣除的合理费用=装修费+手续费(公证费等)=40 000+500=40 500(元)

税法规定可扣除的装修费最高限额为400 000×10%=40 000元,其实际支付的装修费为50 000元，则只能在税前扣除40 000元装修费。

应纳税所得额＝640 000－412 000－78 684－40 500＝108 816(元)

应纳所得税额＝应纳税所得额×20%＝108 816×20%＝21 763.2(元)

合计税款总额＝32 000＋3 200＋320＋43 164＋21 763.2＝100 447.2(元)

(二) 不能取得评估价格，但能提供购房发票

$$应纳税额=\left[\begin{matrix}转让\\收入\end{matrix}-购入价\times(1+5\%\times n)-\begin{matrix}与转让房地产\\有关的税金\end{matrix}\right]\times\begin{matrix}适用\\税率\end{matrix}$$

其中，“n”是指购入房屋到转让房屋的年数；

“与转让房地产有关的税金”包括营业税、城市维护建设税、教育费附加、地方教育附加、印花税；

根据《关于土地增值税若干问题的通知》(财税〔2006〕21号)规定，上手购房缴纳的契税可凭契税完税证在计算土地增值税时予以扣除，但不作为加计5%的基数。

案例分析

不能提供评估价格的个人转让住房土地增值税的计缴

刘先生于2008年11月以400 000元在某市区购买了一套面积为150平方米的商品房，缴纳契税12 000元，并花费50 000元进行了装修，2010年12月将房屋以640 000元的总价卖出，房屋出售支付了手续费、公证费等合理费用共计500元，上述房屋原值及相关费用均提供了合法有效凭据。刘先生转让这套商品房应缴纳哪些税？应缴多少？

分析如下：

刘先生转让的这套商品房，由于房屋面积为150平方米，属于非普通住宅，且只居住了两年零一个月，因此其转让时应全额缴纳营业税、城市维护建设税、教育费附加、印花税、土地增值税，并计征收个人所得税。

刘先生应缴纳的税额为：

营业税＝640 000×5%＝32 000(元)

城市维护建设税及教育费附加＝32 000×(7%＋3%)＝3 200(元)

印花税＝640 000×0.05%＝320(元)

土地增值税：

可扣除项目金额＝400 000×(1＋5%×2)＋12 000＋(32 000＋3 200＋320)
＝487 520(元)

增值额＝640 000－487 520＝152 480(元)

增值率＝152 480÷487 520×100%＝31.28%

增值率不超过50%，适用税率30%。

应缴土地增值税＝152 480×30%＝45 744(元)

个人所得税：

可扣除的房屋原值＝400 000＋12 000＝412 000(元)

可扣除的相关税金＝32 000＋3 200＋320＋45 744＝81 264(元)

可扣除的合理费用＝装修费＋手续费(公证费等)＝40 000＋500＝40 500(元)

税法规定可扣除的装修费最高限额为 40 000 元（400 000×10%），其实际支付的装修费为 50 000 元，则只能在税前扣除 40 000 元装修费。

应纳税所得额＝640 000－412 000－81 264－40 500＝106 236(元)

应纳所得税额＝应纳税所得额×20%＝106 236×20%＝21 247.2(元)

（三）既没有评估价格，又不能提供购房发票

土地增值税应纳税额＝转让收入×核定征收税率

案例分析

个人转让商品房需缴纳的税收

张先生于 2011 年 12 月将自己购于 2008 年 8 月的一套住房（非普通住宅）出售，售价为 50 万元，由于保管不善不能提供出原购房时的相关原始凭证，也不能提供房屋重置成本评估价格（假设当地规定个人转让房地产个人所得税按照 1.5%核定征收、土地增值税按照 1%核定征收）。张先生转让这套商品房应缴纳哪些税？应缴多少？

分析如下：

张先生转让的这套住房属于非普通住宅，其居住时间为 3 年零 4 个月，因此其转让时应缴纳营业税、城市维护建设税、教育费附加、印花税、土地增值税和个人所得税，土地增值税可享受减半征收的优惠。由于其不能提供出完整的成本费用凭证，也不能提供房屋重置成本评估价格，因此个人所得税按照 1.5%核定征收、土地增值税按照 1%核定征收。

张先生应缴纳的税额为：

营业税＝500 000×5%＝25 000(元)

城市维护建设税及教育费附加＝25 000×(7%＋3%)＝2 500(元)

印花税＝500 000×0.05%＝250(元)

土地增值税＝(500 000×1%)×50%＝2 500(元)

个人所得税＝500 000×1.5%＝7 500(元)

八、不同拆迁补偿方式的计缴

“拆迁补偿费”是房地产开发企业“开发成本”的重要组成部分，也是计算土地增值税时占比重较大的扣除项目。

房地产开发企业的房屋拆迁补偿有两种方式：货币补偿和实物补偿。由于两种拆迁补偿方式的不同，导致计算土地增值税加计扣除的基数不一致，直接影响到土地增值税清算结果。

（一）货币补偿方式

货币补偿是指房地产开发企业与被拆迁人（单位或个人）达成协议，按拆迁面积与单位面积应补偿金额计算出补偿费，房地产开发企业依据拆迁合同、付款凭证及税务部门开具的发票，将这部分拆迁补偿费计入“开发成本”，在计算土地增值税时，这部分支出作为扣除项目，并按《土地增值税暂行条例》的规定，作为“房产开发费用”，“财政部规定的加计扣除20%”的基数。

（二）实物补偿方式

实物补偿也叫实物还建，是指房地产开发企业与被拆迁人达成协议，按拆迁房屋的面积返还给被拆迁人房产，超过拆迁面积按市场价或协议价销售给被拆迁人，这就是我们通常所说“拆一还一”补偿方式。

由于在实物还建方式下交易的双方不进行现金结算。纳税人对实物还建的土地增值税处理容易产生误解。

从会计角度来看，实物补偿实质上是一种“以新换旧”业务，即房地产开发企业用新建的房产换入被拆迁人的旧房产。这笔经济业务是由两部分组成，房地产开发企业先从被拆迁人手中购入旧房，这是一种购买业务；另一部分是将新建房产以相同价格出售给被拆迁人，这是一种销售行为。

由于购买价与销售价相等，拆迁补偿协议上一般只反映拆迁及补偿的面积，而不反映其价值量，房地产开发企业在会计处理时，大多会错误地将“实物补偿方式”理解为是一种“非货币性资产交换”，按照《企业会计准则——非货币性资产交换》的规定进行账务处理，只将收到的补差部分的房价确认收入，从被拆迁人手中购入旧房产的价值账面不进行反映，这样，企业账面反映的资产是不完整的，这部分资产无法摊入开发成本，同时销售给被拆迁人的房产不作收入处理，这就导致少计转让房产的收入，同时少结转开发成本。

1. 实物补偿未按规定扣除

土地增值税政策规定，对房地产纳税人发生的由土地征用及拆迁补偿费组成的土地开发成本，应当在计算土地增值税时扣除。但实践中，有的房地产纳税人因未发生现金交割而误认为这部分成本不能扣除。由于未将实物补偿作为开发成本扣除，相应也未将该成本作为房地产开发费用定率扣除以及加计扣除的基数，从而少扣了应扣除的房地产开发成本费用。最终少缴或不缴税款而面临被处罚的风险，或者多缴了土地增值税却浑然不知。

案例分析

拆迁中实物补偿部分的扣除

白云房地产开发公司受政府委托开发一棚户区，与被拆迁户约定：还建比例为1∶1，其中包括住宅面积1 200平方米，商铺面积400平方米，还建的房产相当于600万元货币补偿。该公司在土地增值税清算时并未将实物补偿部分从增值额中扣除。

分析如下：

该房地产企业应扣房地产开发费用：600×10%＝60（万元）

加计扣除：600×20%＝120（万元）

多计算土地增值额：600＋60＋120＝780（万元）

假设本项目适用土地增值税最低税率30%

该公司多缴了土地增值税：780×30%＝234（万元）

2. 实物补偿未按项目正确分摊

《国家税务总局关于房地产开发企业土地增值税清算管理有关问题的通知》（国税发〔2006〕187号）规定，属于多个房地产项目共同的成本费用，应按清算项目可售建筑面积占多个项目可售总建筑面积的比例或其他合理的方法，计算确定清算项目的扣除金额。土地增值税是以开发项目为清算单位的，不同清算单位发生的成本费用不得相互抵减，因此。对于属于多个清算单位发生的共同成本费用，要在各清算单位之间按一定标准进行合理分配或分摊。

分摊方法通常有如下三种：

(1) 按转让土地使用权面积占可转让土地总面积的比例计算分摊；

(2) 按照转让的建筑面积占总建筑面积的比例来计算分摊；

(3) 按税务机关确认的其他方式计算分摊。

可售面积百分比法：

$$本次允许扣除项目金额＝允许扣除项目总金额\times\frac{已售建筑面积}{可售总建筑面积}$$

单位成本法：

$$本次允许扣除项目金额＝已售建筑面积\times\frac{允许扣除项目总金额}{可售总建筑面积}$$

实践中，不合理分摊实物还建成本的现象比较普遍。

案例分析

拆迁补偿费如何扣除

黑土房地产开发有限公司于2011年一次性征地10万平方米，计划在该宗土地上分六期开发商品房40栋，可售总建筑面积为500万平方米。

其中一期工程东一区占地面积为1万平方米，现在开发了商品房建筑面积20万平方米，把其中市场价值计600万元的30套商品房安置了30户被拆迁户。

在土地增值税清算时，该公司将以实物方式支付的拆迁补偿费全部在第一期开发项目中进行了扣除。税务稽查时税务机关提出了异议。

分析如下：该公司的做法不符合土地增值税规定。

正确的做法应当是：

（1）确定应分摊的清算单位。因该宗土地分六期开发，所以是六个清算单位。

（2）确定总建筑面积。六期开发项目的总建筑面积为500万平方米。

（3）确定一期开发项目应分摊的实物还建成本。

$$本次允许扣除项目金额＝允许扣除项目总金额\times\frac{已售建筑面积}{可售总建筑面积}$$

$$＝600\times(200\ 000\div5\ 000\ 000)＝24(万元)$$

因此，该房地产开发公司多扣除金额为：600－24＝576（万元）。

3. 实物补偿的价值确认不正确

有的税务机关认为，房地产开发公司付出的代价是建筑成本，所以，实物还建的补偿价值应以房地产开发公司所置换的商品房的建筑造价来确认。

从税法的角度看，实物补偿方式下，返还给被拆迁人的房产不按照市价应按成本价确认为计税收入，缴纳营业税金及附加。这里的“成本价”不是企业实际发生的单位开发成本，而应是当地主管税务机关或物价部门核定的单位开发成本。

房地产开发企业将拆迁返还房产按单位开发成本确认为计税收入，这是因为这部分计税收入房地产开发企业无法从被拆迁人处收到，实际收益人是被拆迁人。计税收入实际上用于抵偿被拆迁人的补偿费，作为拆迁补偿费，理所当然计入开发成本，按成本价作为计税收入符合税收的公平原则。否则，房地产开发企业反映的收入、成本就是不完整的。

实际操作过程中，主管税务机关很少核定单位开发成本，我们认为可参照以下办法确定：一是房地产开发公司与被拆迁户在拆迁协议中明确约定了补偿标准的，按约定的补偿标准确定；二是参照以货币形式补偿标准执行；三是以实物还建的销售价格作为扣除的依据。

4. 实物补偿的房产未视同销售

由于没有取得现金收入，所以一部分房地产开发企业在土地增值税清算申报时，没有把实物还建的房产确认为土地增值税的应税收入。

而土地增值税政策明确规定：纳税人将开发的房地产用于职工福利、奖励、对外投资、分配给股东或投资人、抵偿债务、换取其他单位和个人的非货币性资产等。发生所有权转移时应视同销售房地产。因此，实物还建的房产应视同销售，应确认为销售不动产收入。

在对实物还建房产收入的确定上，《国家税务总局关于印发〈土地增值税清算鉴证业务准则〉的通知》（国税发〔2007〕132 号）第二十三条规定，纳税人将开发的房地产用于职工福利、奖励、对外投资、分配给股东或投资人、抵偿债务、换取其他单位和个人的非货币性资产等，发生所有权转移时应视同销售房地产，其视同销售收入按下列方法和顺序审核确认：

（1）按本企业当月销售的同类房地产的平均价格核定。

（2）按本企业在同一地区、同一年度销售的同类房地产的平均价格确认。

（3）参照当地当年、同类房地产的市场价格或评估价值确认。

5. 拆迁补偿的税收政策

（1）营业税。

国税函发〔1995〕549 号：开发公司拆一还一，与拆迁面积相等的部分，按成本价征收营业税，超面积部分，按同类产品售价征收营业税。

即：偿还面积与拆迁建筑面积相等部分，由当地税务机关按同类住宅房屋的成本价核定计征营业税；偿还面积超过原拆迁面积的，按房屋实际销售价格或同类房屋的市场价格征收营业税。

国家税总局 2014 年第 2 号公告规定，纳税人以自己名义立项，在该纳税人不承担土地出让价款的土地上开发回迁安置房，并向原居民无偿转让回迁安置房所有权的行为，按照《中华人民共和国营业税暂行条例实施细则》（财政部、国家税务总局令第 52 号）第五条之规定，视同销售不动产征收营业税，其计税营业额按财政部、国家税务总局令第 52 号第二十条第一款第（三）项的规定予以核定，但不包括回迁安置房所处地块的土地使用权价款。

（2）个人所得税。

按规定取得的拆迁补偿费，免征个人所得税。

（3）企业所得税。

货币形式的拆迁补偿费，计入土地成本。

实物补偿的，按照公允价值或同类房屋市场价格计算的金额，以“拆迁补偿费”的形式计入开发成本的土地成本。

另外，对补偿的房屋应视同对外销售，销售收入按照公允价值或同类房屋市场价格计算的金额确定，同时应按同期同类房屋成本确认为视同销售成本。具体操作如下：

①直接支付给被拆迁户货币资金的，要有拆迁文件、拆迁补偿协议、付款证明、收款证明、收款人身份证复印件以及有关部门的测量面积证明文件等。

②拆迁还房，一方面对换出的房屋应视同销售，另一方面，以换出房屋的售价作为下一步开发产品的开发成本中的土地征用及拆迁补偿费。

案例分析

拆迁补偿费的账务处理

中盛房地产公司 2012 年 5 月开发某城中村改造项目，该项目占地20 000 平方米，住宅建筑面积为60 000平方米。其中，用于安置回迁户村民的住宅面积为10 000平方米，其余50 000平方米的住宅由开发商自行销售或使用。该项目于2013年9月完工，2013年12月开发项目全部销售完毕，房屋已交付业主入住。自行销售收入25 000万元，平均销售价格为5 000元/平方米。

该项目工程竣工决算成本包括开发成本16 000万元，其中，土地征用费（不包括拆迁补偿费）6 000万元，前期工程费700万元，建筑安装工程费7 200万元，基础设施建设费1 600万元，公共配套设施费200万元，开发间接费300万元。

分析如下：

拆迁补偿费支出＝10 000×0.5＝5 000（万元）

项目土地成本＝6 000＋5 000＝11 000（万元）

销售收入＝25 000＋5 000＝30 000（万元）

单位可售面积计税成本＝(16 000＋5 000)/6＝3 500（元/平方米）

补偿安置房销售成本＝10 000×0.35＝3 500（万元）

整个项目销售成本＝3 500＋50 000×0.35＝21 000（万元）

账务处理如下：

(1) 开发产品完工时，按安置时的同期同类房屋价格：

借：开发成本——拆迁补偿费　　5 000

　贷：应付账款——拆迁补偿费　　5 000

借：应付账款——拆迁补偿费　　5 000

　贷：主营业务收入　　5 000

(2) 结转安置房成本的会计处理

借：主营业务成本——安置房土地征用及拆迁补偿费　　3 500

　贷：开发产品　　3 500

(4) 土地增值税。

拆迁补偿费作为房地产开发成本，属于土地增值税清算的扣除项目。

房地产企业支付给回迁户的补差价款，计入拆迁补偿费，回迁户支付给房地产开发企业的补差价款，应抵减本项目拆迁补偿费。

(5) 契税。

被拆迁户取得的与拆迁面积相等的房屋，免征契税。

九、补退房价差额的处理

《国家税务总局关于土地增值税清算有关问题的通知》（国税函〔2010〕220号）第一条规定，销售合同所载商品房面积与有关部门实际测量面积不一致，在清算前已发生补、退房款的，应在计算土地增值税时予以调整。销售合同所载商品房面积与有关部门实际测量面积不一致，在清算前已发生补、退房款的，应在计算土地增值税时予以调整。

此处的规定“合同所载商品房面积与实际测量面积不一致”，是针对土地增值税清算前发生的。土地增值税达到清算条件时，房地产开发项目已竣工验收，相关的建筑面积等都已实际确定。在进行土地增值税清算时，相关的补、退房款可进行调整。

土地增值税清算后收取的清算时已售房产面积补差款，不同于清算时未售房产，尽管此部分收入可能增加已售部分增值额和提高增值率，但由于金额相对较小，可以简化处理。

例如，《厦门市地税局关于印发〈厦门市房地产开发企业土地增值税清算管理办法〉的通知》（厦地税发〔2010〕16号）规定，土地增值税清算后收取的清算时已转让房地产的补面积差款项直接作为增值额，按清算时确定的适用税率计算缴纳土地增值税。会计处理上，面积补差款计入当期营业收入，补缴土地增值税计入营业税金及附加处理。

十、清算时税款的补缴

《国家税务总局关于土地增值税清算有关问题的通知》（国税函〔2010〕220号）规定，纳税人按规定预缴土地增值税后，清算补缴的土地增值税，在主管税务机关规定的期限内补缴的，不加收滞纳金。

《税收征管法》第五十二条规定，因税务机关的责任，致使纳税人、扣缴义务人未缴或者少缴税款的，税务机关在三年内可以要求纳税人、扣缴义务人补缴税款，但是不得加收滞纳金。

因纳税人、扣缴义务人计算错误等失误，未缴或者少缴税款的，税务机关在三年内可以追征税款、滞纳金；有特殊情况的，追征期可以延长到五年。

对偷税、抗税、骗税的，税务机关追征其未缴或者少缴的税款、滞纳金或者所骗取的税款，不受前款规定期限的限制。

《税收征管法》第六十三条规定，纳税人伪造、变造、隐匿、擅自销毁账簿、记账凭证，或者在账簿上多列支出或者不列、少列收入，或者经税务机关通知申报而拒不申报或者进行虚假的纳税申报，不缴或者少缴应纳税款的，是偷税。对纳税人偷税的，由税务机关追缴其不缴或者少缴的税款、滞纳金，并处不缴或者少缴的税款百分之五十以上五倍以下的罚款；构成犯罪的，依法追究刑事责任。

扣缴义务人采取前款所列手段，不缴或者少缴已扣、已收税款，由税务机关追缴其不缴或者少缴的税款、滞纳金，并处不缴或者少缴的税款百分之五十以上五倍以下的罚款；构成犯罪的，依法追究刑事责任。

《税收征管法》第六十四条规定，纳税人、扣缴义务人编造虚假计税依据的，由税务机关责令限期改正，并处五万元以下的罚款。

纳税人不进行纳税申报，不缴或者少缴应纳税款的，由税务机关追缴其不缴或者少缴的税款、滞纳金，并处不缴或者少缴的税款百分之五十以上五倍以下的罚款。

根据上述规定，房地产公司进行土地增值税清算时应注意：

（1）清算补缴税款不缴纳滞纳金，并不表示预征税款没有滞纳金，即应该预征而未预征的要加收滞纳金；

（2）超过税务机关规定的期限内补缴，要加收滞纳金。

（3）提交的资料不真实，造成少缴纳土地增值税的，属于偷税行为，企业应补缴少缴的土地增值税及滞纳金，并且主管税务机关有权对其处以罚款。

由于房地产开发企业土地增值税的具体清算管理办法，由各省税务机关结合当地实际情况制定，因此，各地的规定可能有所不同，企业在具体核算中应多关注和了解项目开发所在地政府和税务部门的有关政策，结合本单位实际，制定具体的清算方案，在符合税法的前提下，充分利用税收优惠政策，实现企业利益的最大化。

知识链接

河北省地方税务局关于对地方税有关业务问题的解答

一、国税发〔2006〕187号第二条第二款“竣工验收的房地产开发项目”是指什么？“占整个项目可售建筑面积的比例在85%以上”如何计算？

“竣工验收的房地产开发项目”应符合下列条件之一：1. 开发产品竣工证明材料已报房地产管理部门备案；2. 开发产品已开始交付购买方；3. 开发产品已取得了初始产权证明。

“占整个项目可售建筑面积的比例在85%以上”是指已转让的房地产建筑面积与出租或自用的可售建筑面积合计占清算单位可售建筑面积比例在85%以上。

二、国税发〔2006〕187号第一条中“国家有关部门”具体指哪个部门？依据哪个部门规定确定分期？

一般应以发改部门发放的《河北省固定资产投资项目备案证》或《河北省固定资产投资项目核准证》所载内容为依据，如证书中标注不详细或备注中明确“以规划部门最终审批条件为准”的，则应结合规划部门审批的《建设用地规划许可证》和《建设工程规划许可证》来确定清算单位和项目分期。

三、房地产项目中同时包含多种产品类型，依据什么原则来分别计算增值额？

房地产开发项目中同时包含住宅、商铺、车库等不同类型产品的，应划分为普通住宅、非普通住宅、其他（商铺、车库等）三类分别计算增值额。

房地产开发商与购房者签订地下室、车库转让合同的，其收入计征土地增值税，其成本费用允许按照对应配比原则在土地增值税清算中扣除。对于赠送地下室、车库的情形，按购买房地产的金额一并核算，收入不再区分类型，其成本费用归集到购买的房地产类型进行扣除。

四、土地增值税扣除项目按不同类型房地产进行分摊时的分摊方法有哪些？

按照《土地增值税暂行条例》及《实施细则》的有关规定，对于纳税人成片受让土地使用权后，分期分批开发、转让房地产的，其扣除项目金额应采用占地面积法计算分摊。

对于同一项目中包含不同类型房地产的，土地成本应采用占地面积法，其他开发成本应采用建筑面积法计算分摊。

对于同一建筑物中包含不同类型房地产的，可以采用层高系数建筑面积法计算分摊。

层高系数建筑面积分摊法具体计算口径和步骤如下：

（一）计算层高系数

选取住宅层高为基数，设定为1；其他类别用房层高与住宅层高之比，计算出其层高系数。

某类型用房层高系数＝该类型用房层高÷住宅层高

（二）计算层高系数面积

1. 总层高系数面积＝$\sum$（某类型用房层高系数×某类型用房可售建筑面积）

2. 某类型用房已售部分的层高系数面积＝某类型用房层高系数×某类型用房已售建筑面积

（三）计算不同类型用房已售部分可分摊的房地产开发成本

$$\text{某类型用房已售部分应分摊的房地产开发成本}=\text{房地产开发总成本}\div\text{总层高系数面积}\times\text{某类型用房已售部分的层高系数面积}$$

五、房地产公司收取的违约金、更名费是否缴纳土地增值税？

违约金、更名费不计入土地增值税的销售收入，不征收土地增值税。

六、土地增值税收入的纳税义务发生时间如何确定？房地产开发企业已收取房款，未开具销售不动产发票，是否需要缴纳土地增值税？

房地产开发企业已收取房款，但未开具销售不动产发票的，按规定预征率预征土地增值税，并按房地产所在地主管地方税务机关确定的申报期限，于月末或季末终了后15日内，缴纳土地增值税。开发企业转让房地产，无论其是否与受让方办理了房地产权属证书转移或变更登记手续，只要有合同、收据、发票、判决书、裁定书等证据，其转让行为实质发生、取得了相应的经济利益，并且受让方享有占有、使用、收益或处分该房地产的权利，税务机关应当视其为所有权转移。

七、已竣工项目，但未最终决算，未支付的工程价款，以后取得发票，还允许扣除吗？是否可以在取得合法凭证后进行补充清算？

在土地增值税清算中，其实际发生的支出应当取得但未取得合法凭据的不得扣除。对个别企业因暂时困难未支付应扣除项目的工程费用的情形，在清算完成后三年内取得合法有效票据的，企业可申请对该项目重新清算。

八、房地产开发企业销售精装修房时，如其装修中包括销售家用电器、可移动家具、日用品、可移动装饰用品（如窗帘、装饰画等）费用是否可以计入开发成本？

房地产开发企业销售精装修房，其装修费用可以计入房地产开发成本。但其装修费用不包括房地产开发企业自行采购或委托装修公司购买的家用电器、可移动家具、日用品、可移动装饰用品（如窗帘、装饰画等）所发生的支出。

房地产开发企业销售精装修房时，如其销售收入包括销售家用电器、可移动家具、日用品、可移动装饰用品（如窗帘、装饰画等）等取得的收入，应以总销售收入减去家用电器等的采购价格作为房地产销售收入计算土地增值税。

九、纳税人整体购置未竣工房地产开发项目后，再投资建设后转让的，在清算土地增值税时，其整体购置未竣工房地产开发项目的价款是否可以作为加计20%扣除的基数？

企业购买在建房地产开发项目后，继续投入资金进行后续建设，达到销售条件进行商品房销售的，其购买在建项目所支付的价款及税金允许扣除，但不得作为取得土地使用权所支付的金额和房地产开发成本加计20%的扣除；后续建设支出扣除项目的处理按照《土地增值税暂行条例》第六条及《土地增值税暂行条例实施细则》第七条相关规定执行。

十、房地产转让价格明显偏低的标准如何掌握？

转让价格达不到交易时交易地的指导价或者市场交易价百分之七十的，且无正当理由的，一般可以视为明显不合理的低价。

十一、房地产开发企业提供的开发成本凭证或资料不符合清算要求或不实的，应采取什么方法进行核定？

对于国税发〔2006〕187号第四条第二款规定的土地增值税扣除项目的清算附送资料不符合清算要求或不实的，考虑到不同的时期、地域、项目工程建设成本高低不一致的情况，省局不便统一明确。主管地税机关可在项目清算时，根据开发项目的工程预算，结合本地当年原材料、人力价格等因素，参照当地建设工程造价管理部门公布的建安造价定额资料，合理进行确定，并报上级地税机关（县级）确认。

十二、公共配套设施的移交手续和移交形式如何确定？

符合国税发〔2006〕187号第四条第三款规定的配套设施的，对于"无偿移交的"情形，应根据政府及有关部门出具的证明资料或主管税务机关认可的移交手续为准。

对于"产权属于全体业主所有的"情形，应提供产权属于全体业主的相关证明资料或主管税务机关认可的证明资料。

十三、企业取得土地使用证或已签订土地转让合同，但由于政府动迁不及时等原因，政府没有按照合同约定时间将土地交付给受让者，其土地使用税纳税义务发生时间如何确定？

对于这种情况，土地受让人应与出让者签订补充协议（或重新签订协议），重新明确交付土地的时间，或由当地政府出具有关证明资料，经主管地税机关确认后，可按补充协议或当地政府证明资料的时间确定土地使用税纳税义务发生的时间。

十四、房地产企业因商品房的出售而终止其城镇土地使用税纳税义务的时间如何确定？

"纳税义务终止时间"应按照《财政部 国家税务总局关于房产税城镇土地使用税有关问题的通知》（财税〔2008〕152号）第三条"实物或权利状态发生变化的当月末"执行。在实际工作中，终止缴纳的时间按照实物或权利状态发生变化孰先的原则确定，实物移交较早的，按相关移交手续（如将房屋钥匙交付给买受人等情形）办理的日期确定；房产证或土地证等不动产权利许可证照较早的，按证照的签发日期确定。

十五、怎样为安置残疾人就业单位办理城镇土地使用税减免（财税〔2010〕121号）？

主管地税机关可在当年第一个征期按当年已发生月份的有关数据进行比例计算，如符合减免税备案条件的，可视同全年符合条件享受优惠。待到12月征期进行申报时，再统一计算全年情况，如不符合减免条件，须补交以前税款，但不计算滞纳金。

十六、《城镇土地使用税暂行条例》第九条“征用的耕地，自批准征用之日起满1年时开始缴纳土地使用税”。在实际工作中如何把握1年的时间？

应按照政府或政府有关部门批准文件的日期为起点来计算。

知识链接

土地增值税清算操作实务10问

1. 清算单位如何确定？房开企业自行分期的能否分期清算？

答：根据《细则》第八条、国税发〔2006〕187号文件的规定土地增值税以国家有关部门审批的房地产开发项目为单位进行清算，对于分期开发的项目，以分期项目为单位清算。开发项目中同时包含普通住宅和非普通住宅的，应分别计算增值额。即对纳税人既建普通标准住宅又搞其他房地产开发的，应分别计算增值额。不分别核算增值额或不能准确核算增值额的，其建造的普通标准住宅不能适用《条例》第八条第一项的免税规定。涉及普通标准住宅的房地产开发项目仍应以项目为单位进行清算。

清算单位是由发改委（计委）、经发局审批的项目或分期项目，以发改委（计委）、经发局的立项批文为准。

2. 如何区分开发间接费用和房地产开发费用？

答：根据《细则》第七条第二款规定，开发间接费用指直接组织、管理开发项目发生的费用，包括工资、职工福利费、折旧费、修理费、办公费、水电费、劳动保护费、周转房摊销等。而纳税人的行政管理部门（总部）为管理和组织经营活动而发生的管理费用应在房地产开发费用中扣除，不在此扣除。

3. 房地产企业向境外金融机构的借款利息支出，如何扣除？

答：房地产企业向境外金融机构的借款利息支出，凡能够按转让房地产项目计算分摊并提供境外金融机构证明的，允许据实扣除，但最高不能超过按境内商业银行同类同期贷款利率计算的金额。不能按转让房地产项目计算分摊利息支出或不能提供金融机构证明的，房地产开发费用按《细则》第七条（一）、（二）项规定计算的金额之和的10%计算扣除。

4. 对取得土地使用权（房地产产权）后，未进行任何形式的开发即转让的，如何计算增值额？对于取得土地使用权后，仅进行土地开发（如进行“三通一平”等），不进行房屋建造，即将土地使用权再转让出去的，如何计算增值额？

答：根据国税函发〔1995〕110号文件的规定，对取得土地使用权（房地产产权）后，未进行任何形式的开发即转让的，计算增值额时只允许扣除：取得土地使用权（房地产）时支付的价款、按国家统一规定交纳的有关费用，以及在转让环节缴纳的税金，不能加计20%扣除。

对于取得土地使用权后，仅进行土地开发（如进行“三通一平”等），不进行房屋建造，即将土地使用权再转让出去的，在计算增值额时只允许扣除：取得土地使用权时支付的金额、按国家统一规定交纳的有关费用、开发土地的成本、费用，以及与转让土地使用权有关的税金，再加计开发土地的成本的20%。

5. 以土地（房地产）作价入股进行投资或联营，如何确认收入或取得土地支付的金额？

答：自2006年3月2日起，若投资（联营）方或被投资（联营）方从事房地产开发的，在投资或联营环节已对土地使用权投资确认收入，并对投资人按规定征收土地增值税的，以征税时确认的收入作为被投资（联营）企业取得土地使用权所支付的金额据以扣除。投资方未缴纳土地增值税的，投资方应以土地（房地产）作价入股的金额确认收入，同时，被投资方以作价入股金额作为取得土地使用权支付的金额予以扣除。执行中，以被投资（联营）方接受土地（房地产）的入账金额为准，该金额一般略低于或等于中介机构出具的资产评估报告评估该土地（房地产）的价值。

对于在2006年3月2日之前以土地（房地产）作价入股的，无论投资（联营）方或被投资（联营）方是否从事房地产开发，均按照财税字〔1995〕48号文件的规定暂免征收土地增值税。

6. 车库（位）在计算土地增值税时如何确认收入和成本、费用？

答：车库（位）存在三种情形：

一是利用地下人防设施作为车库（位）的，对无法按规定将建成的人防设施移交给人防部门的，不能扣除相关的成本、费用。对已有相关移交规定的地级市，若房开企业将建成后的人防设施按规定移交给人防部门的，按照国税发〔2006〕187号文件的规定允许扣除相关的成本、费用；无相关移交规定的地级市，因地下人防设施始终由房开企业使用、收益，不属于转让，也不符合第四条第三项无偿移交给政府、公用事业单位用于非营业性社会公共事业的规定，不扣除相关成本和费用。

二是作为公共配套设施使用的车库（位），按规定是不得转让的。若建成后移交给物业公司管理的，其收入已含在房价中，准予扣除相关的成本、费用。若房开企业建成后未移交给物业管理，而是以自身名义出租给业主使用的，无论租赁期为多少年，不确认相关收入，不扣除相关成本、费用。

三是两证齐全、可有偿转让的车库（位），包括地上单独建造的车库和部分地下车库（位）。清算时，按已转让部分确认收入，并扣除相应的成本、费用。

7. 房地产开发企业自用房产达1年以上转让的，按新房还是旧房清算？

答：土地增值税中所说的旧房，是指已建成并办理房屋产权证或取得购房发票的房产以及虽未办理房屋产权证但已建成并交付使用的房产。其中的交付使用指交付给购房人使用。虽然房地产公司自用房产超过1年，但并未办理房屋产权证，也未交付其他产权人，因此还作为新房对待。如果房地产公司对自用的房产结转为固定资产，则应该按照旧房对待。

8. 有产权的停车场、车库（位）在土地增值税预征或核定征收时，如何确定相关比例？

答：有产权的停车场、车库（位）在土地增值税预征或核定征收时，一般暂按普通住宅的相关比率执行。也有一些地方对于随同商业地产出售的，按照商业地产的预征率预征土地增值税，对于随同普通住宅出售的，按照普通住宅的预征率预征土地增值税。

9. 拍卖破产企业土地时，对无法取得相关成本的，如何计算土地增值税？

答：拍卖破产企业土地时，对无法取得相关成本的，暂以核定征收方式征收土地增值税。核定征收率不得低于5%。

10. 样板房、会所、售楼处、物业中的家具、电器等设备，如何计征土地增值税？

答：样板房、会所、售楼处、物业中的家具、电器等设备，不属于土地增值税征收范围，在确认转让房地产收入时不能包括家具、电器等设备的价值（以合法有效凭证为准）。

CHAPTER

13 第十三章 土地增值税清算鉴证

土地增值税清算鉴证，是指税务师事务所接受委托，对纳税人土地增值税清算税款申报的信息实施必要审核程序，提出鉴证结论或鉴证意见，并出具鉴证报告，增强税务机关对该项信息信任程度的一种鉴证业务。

土地增值税清算鉴证的鉴证对象，是指与土地增值税纳税申报相关的会计资料和纳税资料等可以收集、识别和评价的证据及信息。具体包括：企业会计资料及会计处理、财务状况及财务报表、纳税资料及税务处理、有关文件及证明材料等。

《国家税务总局关于房地产开发企业土地增值税清算管理有关问题的通知》（国税发〔2006〕187号）第六条“土地增值税清算项目的审核鉴证”要求，税务机关要对从事土地增值税清算鉴证工作的税务中介机构在准入条件、工作程序、见证内容、法律责任等方面提出明确要求，并做好必要的指导和管理工作。

税务师事务所从事土地增值税清算鉴证业务，应当遵从国家税务总局印发的《土地增值税清算鉴证业务准则》（以下简称《鉴证业务准则》）。以法律、法规为依据，按照独立、客观、公正原则，在获取充分、适当、真实证据的基础上，根据审核鉴证的具体情况，出具真实、合法的鉴证报告。

《国家税务总局关于印发〈土地增值税清算管理规程〉的通知》（国税发〔2009〕91号）第十二条第四款规定，纳税人委托税务中介机构审核鉴证的清算项目，应报送中介机构出具的《土地增值税清算税款鉴证报告》。

一、准入条件

《中国注册税务师协会关于印发〈土地增值税清算鉴证业务指导意见（试行）〉的通知》（中税协发〔2011〕110号）第一条规定，纳入税务机关行政监管并通过年检的税务师事务所，承接土地增值税清算鉴证业务，应当具备下列条件：

（1）具有实施清算鉴证业务的能力；

（2）质量控制制度健全有效，能够保证执业质量；

（3）能够获取有效证据以支持其结论，并出具书面鉴证报告；

（4）能够承担执业风险。

二、资料要求

税务师事务所应当要求委托人如实提供如下资料：

（1）土地增值税纳税（预缴）申报表及完税凭证。

（2）项目竣工决算报表和有关账薄。

（3）取得土地使用权所支付的地价款凭证、国有土地使用权出让或转让合同。

（4）银行贷款合同及贷款利息结算通知单。

（5）项目工程建设合同及其价款结算单。

（6）商品房购销合同统计表等与转让房地产的收入、成本和费用有关的其他证明资料。

（7）无偿移交给政府、公共事业单位用于非营利性社会公共事业的凭证。

（8）转让房地产项目成本费用、分期开发分摊依据。

（9）转让房地产有关税金的合法有效凭证。

（10）与土地增值税清算有关的其他证明资料。

知识链接

土地增值税鉴证所需资料清单

中经阳光税收筹划事务所土地增值税鉴证所需资料目录

资料类型	资料目录		是否提供
备查资料	1	营业执照、公司章程、投资协议或股权转让协议	
	2	税务登记证	
	3	组织机构代码证书	
	4	设立、变更验资报告	
	5	资产评估报告	
	6	减免税批复文件、备案资料	
	7	企业财务制度及有关内部控制制度	
	8	股东会、董事会重大决议文件	
	9	单位组织结构框架图	
	10	土地使用权证书	
	11	房产证书	
	12	车辆产权证明	
	13	其他需要提供的资料	

续表

资料类型	资料目录		是否提供
工程资料	1	开发项目简介	
	2	开发项目立项批复	
	3	相关合作开发协议	
	4	建设用地规划许可证	
	5	建设工程规划许可证	
	6	建筑工程施工许可证	
	7	建设工程施工图设计审查证书	
	8	招投标方案、招投标文件	
	9	设计合同	
	10	建筑合同	
	11	安装合同	
	12	装修合同	
	13	工程监理合同	
	14	竣工验收备案表或工程质量竣工核定证书、工程概况及备案意见	
	15	建设工程规划验收合格证	
	16	专业测绘机构出具测绘面积成果	
	17	房地产开发经营项目交付许可证书	
	18	会所、学校、卫生所等公共配套设施的移交协议	
	19	其他需要提供的资料	
清算资料	1	国有土地使用权出让（转让）合同	
	2	缴纳土地出让金收据或支付转让价款凭证的复印件	
	3	项目基本情况说明及清算项目平面图	
	4	全部公共配套设施配置情况	
	5	土地增值税项目登记表	
	6	土地增值税纳税申报表（一）	
	7	商品房预售许可证	
	8	商品房销售许可证	
	9	销售（预售）合同	
	10	销售情况汇总表、销售台账复印件	
	11	清算项目成本清单	
	12	建筑工程预（决）算书	
	13	工程结算审价报告	
	14	工程结算单	
	15	租赁合同	
	16	拆迁合同（协议），拆迁补偿情况表	
	17	其他需要提供的资料	

续表

资料类型	资料目录		是否提供
财务资料	1	历年审计报告（项目开发至今）	
	2	历年会计报表（项目开发至今）	
	3	历年全部账目、会计凭证、科目余额表	
	4	历年银行存款对账单、余额调节表	
	5	固定资产盘点表、存货盘点表	
	6	投资协议、被投资单位营业执照、被投资单位会计报表	
	7	借款合同，抵押、担保资料（项目开发至今）	
	8	利息清单及能够按清算项目支付贷款利息的有关证明	
	9	不动产销售发票使用情况表	
	10	历年各月纳税申报表及税单	
	11	税务稽查情况说明	
	12	拆迁补偿情况表	
	13	其他需要提供的资料	

三、审核内容

（一）检查人员应当对下列事项充分关注：

1. 明确清算项目及其范围。
2. 正确划分清算项目与非清算项目的收入和支出。
3. 正确划分清算项目中普通住宅与非普通住宅的收入和支出。
4. 正确划分不同时期的开发项目，对于分期开发的项目，以分期项目为单位清算。
5. 正确划分征税项目与免税项目，防止混淆两者的界限。
6. 明确清算项目的起止日期。

（二）纳税人能够准确核算清算项目收入总额或收入总额能够查实，但其成本费用支出不能准确核算的，应按规定审核收入总额。

（三）纳税人能够准确核算成本费用支出或成本费用支出能够查实，但其收入总额不能准确核算的，税务师事务所应当先按照《鉴证业务准则》第四章的规定审核扣除项目的金额。

（四）有下列情形之一的，应核定应纳税额：

1. 依照法律、行政法规的规定应当设置但未设置账簿的。
2. 擅自销毁账簿或者拒不提供纳税资料的。
3. 虽设置账簿，但账目混乱或者成本资料、收入凭证、费用凭证残缺不全，难以确定转让收入或扣除项目金额的。

4. 符合土地增值税清算条件，未按照规定的期限办理清算手续，经税务机关责令限期清算，逾期仍不清算的。

5. 申报的计税依据明显偏低且无正当理由的。

6. 纳税人隐瞒房地产成交价格，其转让房地产成交价格低于房地产评估价格且无正当理由，经税务师事务所与委托人沟通，沟通无效的。

（五）土地增值税清算项目收入审核的基本程序和方法包括：

1. 评价收入内部控制是否存在、有效且一贯遵守。

2. 获取或编制土地增值税清算项目收入明细表，复核加计正确，并与报表、总账、明细账及有关申报表等进行核对。

3. 了解纳税人与土地增值税清算项目相关的合同、协议及执行情况。

4. 查明收入的确认原则、方法，注意会计制度与税收规定以及不同税种在收入确认上的差异。

5. 正确划分预售收入与销售收入，防止影响清算数据的准确性。

6. 必要时，利用专家的工作审核清算项目的收入总额。

7. 清算项目的收入，是指转让国有土地使用权、地上的建筑物及其附着物（以下简称房地产）并取得的全部价款及有关的经济收益，包括货币收入、实物收入和其他收入。

8. 应当按照税法及有关规定审核纳税人是否准确划分征税收入与不征税收入，确认土地增值税的应税收入。

9. 土地增值税以人民币为计算单位。转让房地产所取得的收入为外国货币的，以取得收入当天或当月 1 日国家公布的市场汇价折合成人民币，据以计算应纳土地增值税税额。

对于以分期收款形式取得的外币收入，应当按实际收款日或收款当月 1 日国家公布的市场汇价折合人民币。

（六）纳税人将开发的房地产用于职工福利、奖励、对外投资、分配给股东或投资人、抵偿债务、换取其他单位和个人的非货币性资产等，发生所有权转移时应视同销售房地产，其视同销售收入按下列方法和顺序审核确认：

1. 按本企业当月销售的同类房地产的平均价格核定。

2. 按本企业在同一地区、同一年度销售的同类房地产的平均价格确认。

3. 参照当地当年、同类房地产的市场价格或评估价值确认。

（七）收入实现时间的确定，按国家税务总局有关规定执行。

（八）对纳税人按县级以上人民政府的规定在售房时代收的各项费用，应区分不同情形分别处理：

1. 代收费用计入房价向购买方一并收取的，应将代收费用作为转让房地产所取得的收入计税。实际支付的代收费用，在计算扣除项目金额时，可予以扣除，但不允许作为加计扣除的基数。

2. 代收费用在房价之外单独收取且未计入房地产价格的，不作为转让房地产的收入，在计算增值额时不允许扣除代收费用。

《财政部 国家税务总局关于土地增值税一些具体问题规定的通知》（财税字〔1995〕048号）第六条规定，对于县级及县级以上人民政府要求房地产开发企业在售房时代收的各项费用，如果代收费用是计入房价中向购买方一并收取的，则可作为转让房地产所取得的收入计税。如果代收费用未计入房价中，而是在房价之外单独收取的，可以不作为转让房地产的收入。对于代收费用作为转让收入计税的，在计算扣除项目金额时，可予以扣除，但不允许作为加计20%扣除的基数。如果代收费用未作为转让房地产的收入计税的，在计算增值额时不允许扣除代收费用。

《国家税务总局关于印发〈土地增值税清算鉴证业务准则〉的通知》（国税发〔2007〕132号）第二十五条进一步明确，对纳税人按县级以上人民政府的规定在售房时代收的各项费用，应区分不同情形分别处理：

1. 代收费用计入房价向购买方一并收取的，应将代收费用作为转让房地产所取得的收入计税。实际支付的代收费用，在计算扣除项目金额时，可予以扣除，但不允许作为加计扣除的基数。

2. 代收费用在房价之外单独收取且未计入房地产价格的，不作为转让房地产的收入，在计算增值额时不允许扣除代收费用。据此分析，假如房地产开发企业收取的不是按照县级以上人民政府的规定要求代收的费用，则也要作为开发产品的销售收入征税。只有及时将代收费用按规定转付给委托单位，才可以从土地增值税的应纳税收入额中扣除。

（九）必要时，应当运用截止性测试确认收入的真实性和准确性。审核的主要内容包括：

1. 审核企业按照项目设立的“预售收入备查簿”的相关内容，观察项目合同签订日期、交付使用日期、预售款确认收入日期、收入金额和成本费用的处理情况。

2. 确认销售退回、销售折扣与折让业务是否真实，内容是否完整，相关手续是否符合规定，折扣与折让的计算和会计处理是否正确。重点审查给予关联方的销售折扣与折让是否合理，是否有利用销售折扣和折让转利于关联方等情况。

3. 审核企业对于以土地使用权投资开发的项目，是否按规定进行税务处理。

4. 审核按揭款收入有无申报纳税，有无挂在往来账，如“其他应付款”，不作销售收入申报纳税的情形。

5. 审核纳税人以房换地，在房产移交使用时是否视同销售不动产申报缴纳税款。

6. 审核纳税人采用“还本”方式销售商品房和以房产补偿给拆迁户时，是否按规定申报纳税。

7. 审核纳税人在销售不动产过程中收取的价外费用，如天然气初装费、有线电视初装费等收益，是否按规定申报纳税。

8. 审核将房地产抵债转让给其他单位和个人或被法院拍卖的房产，是否按规定申报纳税。

9. 审核纳税人转让在建项目是否按规定申报纳税。

10. 审核以房地产或土地作价入股投资或联营从事房地产开发，或者房地产开发企业以其建造的商品房进行投资或联营，是否按规定申报纳税。

（十）应当审核纳税人申报的扣除项目是否符合《土地增值税暂行条例实施细则》第七条规定的范围。审核的内容具体包括：

1. 取得土地使用权所支付的金额。

2. 房地产开发成本，包括：土地征用及拆迁补偿费、前期工程费、建筑安装工程费、基础设施费、公共配套设施费、开发间接费用。

3. 房地产开发费用。

4. 与转让房地产有关的税金。

5. 国家规定的其他扣除项目。

（十一）扣除项目审核的基本程序和方法包括：

1. 评价与扣除项目核算相关的内部控制是否存在、有效且一贯遵守。

2. 获取或编制扣除项目明细表，并与明细账、总账及有关申报表核对是否一致。

3. 审核相关合同、协议和项目预（概）算资料，并了解其执行情况，审核成本、费用支出项目。

4. 审核扣除项目的记录、归集是否正确，是否取得合法、有效的凭证，会计及税务处理是否正确，确认扣除项目的金额是否准确。

5. 实地查看、询问调查和核实。剔除不属于清算项目所发生的开发成本和费用。

6. 必要时，利用专家审核扣除项目。

（十二）审核各项扣除项目分配或分摊的顺序和标准是否符合下列规定，并确认扣除项目的具体金额：

1. 扣除项目能够直接认定的，审核是否取得合法、有效的凭证。

2. 扣除项目不能够直接认定的，审核当期扣除项目分配标准和口径是否一致，是否按照规定合理分摊。

3. 审核并确认房地产开发土地面积、建筑面积和可售面积，是否与权属证、房产证、预售证、房屋测绘所测量数据、销售记录、销售合同、有关主管部门的文件等载明的面积数据相一致，并确定各项扣除项目分摊所使用的分配标准。

如果上述性质相同的三类面积所获取的各项证据发生冲突、不能相互印证时，税务师事务所应当追加审核程序，并按照外部证据比内部证据更可靠的原则，确认适当的面积。

4. 审核并确认扣除项目的具体金额时，应当考虑总成本、单位成本、可售面积、累计已售面积、累计已售分摊成本、未售分摊成本（存货）等因素。

（十三）取得土地使用权支付金额的审核，应当包括下列内容：

1. 审核取得土地使用权支付的金额是否获取合法有效的凭证，口径是否一致。

2. 如果同一土地有多个开发项目，审核取得土地使用权支付金额的分配比例和具体金额的计算是否正确。

3. 审核取得土地使用权支付金额是否含有关联方的费用。

4. 审核有无将期间费用计入取得土地使用权支付金额的情形。

5. 审核有无预提的取得土地使用权支付金额。

6. 比较、分析相同地段、相同期间、相同档次项目，判断其取得土地使用权支付金额是否存在明显异常。

（十四）土地征用及拆迁补偿费的审核，应当包括下列内容：

1. 审核征地费用、拆迁费用等实际支出与概预算是否存在明显异常。

2. 审核支付给个人的拆迁补偿款所需的拆迁（回迁）合同和签收花名册，并与相关账目核对。

3. 审核纳税人在由政府或者他人承担已征用和拆迁好的土地上进行开发的相关扣除项目，是否按税收规定扣除。

（十五）前期工程费的审核，应当包括下列内容：

1. 审核前期工程费的各项实际支出与概预算是否存在明显异常。

2. 审核纳税人是否虚列前期工程费，土地开发费用是否按税收规定扣除。

（十六）建筑安装工程费的审核，应当包括下列内容：

1. 出包方式。重点审核完工决算成本与工程概预算成本是否存在明显异常。当二者差异较大时，应当追加下列审核程序，以获取充分、适当、真实的证据：

（1）从合同管理部门获取施工单位与开发商签订的施工合同，并与相关账目进行核对；

（2）实地查看项目工程情况，必要时，向建筑监理公司取证；

（3）审核纳税人是否存在利用关联方（尤其是各企业适用不同的征收方式、不同税率，不同时段享受税收优惠时）承包或分包工程，增加或减少建筑安装成本造价的情形。

2. 自营方式。重点审核施工所发生的人工费、材料费、机械使用费、其他直接费和管理费支出是否取得合法有效的凭证，是否按规定进行会计处理和税务处理。

（十七）基础设施费和公共配套设施费的审核，应当包括下列内容：

1. 审核各项基础设施费和公共配套设施费用是否取得合法有效的凭证。

2. 如果有多个开发项目，基础设施费和公共配套设施费用是否分项目核算，是否将应计入其他项目的费用计入了清算项目。

3. 审核各项基础设施费和公共配套设施费用是否含有其他企业的费用。

4. 审核各项基础设施费和公共配套设施费用是否含有以明显不合理的金额开具的各类凭证。

5. 审核是否将期间费用计入基础设施费和公共配套设施费用。

6. 审核有无预提的基础设施费和公共配套设施费用。

7. 获取项目概预算资料，比较、分析概预算费用与实际费用是否存在明显异常。

8. 审核基础设施费和公共配套设施应负担各项开发成本是否已经按规定分摊。

9. 各项基础设施费和公共配套设施费的分摊和扣除是否符合有关税收规定。

（十八）开发间接费用的审核，应当包括下列内容：

1. 审核各项开发间接费用是否取得合法有效凭证。

2. 如果有多个开发项目，开发间接费用是否分项目核算，是否将应计入其他项目的费用计入了清算项目。

3. 审核各项开发间接费用是否含有其他企业的费用。

4. 审核各项开发间接费用是否含有以明显不合理的金额开具的各类凭证。

5. 审核是否将期间费用计入开发间接费用。

6. 审核有无预提的开发间接费用。

7. 审核纳税人的预提费用及为管理和组织经营活动而发生的管理费用，是否在本项目中予以剔除。

8. 在计算加计扣除项目基数时，审核是否剔除了已计入开发成本的借款费用。

（十九）房地产开发费用的审核，应当包括下列内容：

1. 审核应具实列支的财务费用是否取得合法有效的凭证，除具实列支的财务费用外的房地产开发费用是否按规定比例计算扣除。

2. 利息支出的审核。企业开发项目的利息支出不能够提供金融机构证明的，审核其利息支出是否按税收规定的比例计算扣除。开发项目的利息支出能够提供金融机构证明的，应按下列方法进行审核：

（1）审核各项利息费用是否取得合法有效的凭证；

（2）如果有多个开发项目，利息费用是否分项目核算，是否将应计入其他项目的利息费用计入了清算项目；

（3）审核各项借款合同，判断其相应条款是否符合有关规定；

（4）审核利息费用是否超过按商业银行同类同期贷款利率计算的金额。

（二十）与转让房地产有关的税金审核，应当确认与转让房地产有关的税金及附加扣除的范围是否符合税收有关规定，计算的扣除金额是否正确。

对于不属于清算范围或者不属于转让房地产时发生的税金及附加，或者按照预售收入（不包括已经结转销售收入部分）计算并缴纳的税金及附加，不应作为清算的扣除项目。

（二十一）国家规定的加计扣除项目的审核，应当包括下列内容：

1. 对取得土地（不论是生地还是熟地）使用权后，未进行任何形式的开发即转让的，审核是否按税收规定计算扣除项目金额，核实有无违反税收规定加计扣除的情形。

2. 对于取得土地使用权后，仅进行土地开发（如“三通一平”等），不建造房屋即转让土地使用权的，审核是否按税收规定计算扣除项目金额，是否按取得土地使用权时支付的地价款和开发土地的成本之和计算加计扣除。

3. 对于取得了房地产产权后，未进行任何实质性的改良或开发即再行转让的，审核是否按税收规定计算扣除项目金额，核实有无违反税收规定加计扣除的情形。

4. 对于县级以上人民政府要求房地产开发企业在售房时代收的各项费用，审核其代收费用是否计入房价并向购买方一并收取，核实有无将代收费用作为加计扣除的基数的情形。

（二十二）对于纳税人成片受让土地使用权后，分期分批开发、转让房地产的，审核其扣除项目金额是否按主管税务机关确定的分摊方法计算分摊扣除。

（二十三）应按照税法规定审核清算项目的收入总额、扣除项目的金额，并确认其增值额及适用税率，正确计算应缴税款。审核程序通常包括：

1. 审核清算项目的收入总额是否符合税收规定，计算是否正确。

2. 审核清算项目的扣除金额及其增值额是否符合税收规定，计算是否正确。

（1）如果企业有多个开发项目，审核收入与扣除项目金额是否属于同一项目；

（2）如果同一个项目既有普通住宅，又有非普通住宅，审核其收入额与扣除项目金额是否分开核算；

（3）对于同一清算项目，一段时间免税、一段时间征税的，应当特别关注收入的实现时间及其扣除项目的配比。

3. 审核增值额与扣除项目之比的计算是否正确，并确认土地增值税的适用税率。

4. 审核并确认清算项目当期土地增值税应纳税额及应补或应退税额。

四、鉴证终止

税务师事务所在审核鉴证过程中，委托人有下列情形之一的，可以终止鉴证：

（1）依照法律、行政法规的规定应当设置但未设置账簿的。

（2）擅自销毁账簿或者拒不提供纳税资料的。

（3）虽设置账簿，但账目混乱或者成本资料、收入凭证、费用凭证残缺不全，难以确定转让收入或扣除项目金额的。

（4）符合土地增值税清算条件，未按照规定的期限办理清算手续，经税务机关责令限期清算，逾期仍不清算的。

（5）申报的计税依据明显偏低且无正当理由的。

（6）纳税人隐瞒房地产成交价格，其转让房地产成交价格低于房地产评估价格且无正当理由，经税务师事务所与委托人沟通，沟通无效的。

如果在审核鉴证中出现上述情况之一，但是如果有下列委托人委托，并且与委托人签订了涉税鉴证业务约定书，税务师事务所可以执行鉴证业务：

（1）司法机关、税务机关或者其他国家机关；

（2）依法组成的清算组织；

（3）法律、行政法规规定的其他组织和个人。

五、鉴证报告

鉴证报告是指税务师事务所按照相关法律、法规、规章及其他有关规定，在实施必要的审核程序后，出具含有鉴证结论或鉴证意见的书面报告。

税务中介机构受托对清算项目审核鉴证时，应按税务机关规定的格式对审核鉴证情况出具鉴证报告。税务师事务所按照《鉴证业务准则》的规定出具的鉴证报告，税务机关应当受理。

对纳税人委托中介机构审核鉴证的清算项目，主管税务机关未采信或部分未采信鉴证报告的，应当告知其理由。

（一）鉴证报告的基本内容

1. 标题

鉴证报告的标题应当统一规范为“土地增值税清算税款鉴证报告”。

2. 收件人

鉴证报告的收件人是指注册税务师按照业务约定书的要求致送鉴证报告的对象，一般是指鉴证业务的委托人。鉴证报告应当载明收件人的全称。

3. 引言段

鉴证报告的引言段应当表明委托人和受托人的责任，说明对委托事项已进行鉴证审核以及审核的原则和依据等。

4. 审核过程及实施情况

（1）简要评述与土地增值税清算有关的内部控制及其有效性；

（2）简要评述与土地增值税清算有关的各项内部证据和外部证据的相关性和可

靠性；

（3）简要陈述对委托单位提供的会计资料及纳税资料等进行审核、验证、计算和进行职业推断的情况。

5. 鉴证结论或鉴证意见

注册税务师应当根据鉴证情况，提出鉴证结论或鉴证意见，并确认出具鉴证报告的种类。

6. 鉴证报告的要素还应当包括

（1）税务师事务所所长和注册税务师签名或盖章；

（2）载明税务师事务所的名称和地址，并加盖税务师事务所公章；

（3）注明报告日期；

（4）注明鉴证报告的使用人；

（5）附送与土地增值税清算税款鉴证相关的审核表及有关资料。

（二）鉴证报告类别

鉴证报告分为以下四种：

1. 无保留意见的鉴证报告

税务师事务所经过审核鉴证，确认涉税鉴证事项符合下列所有条件，应当出具无保留意见的鉴证报告：

（1）鉴证事项完全符合法定性标准，涉及的会计资料及纳税资料遵从了国家法律、法规及税收有关规定。

（2）注册税务师已经按《鉴证业务准则》的规定实施了必要的审核程序，审核过程未受到限制。

（3）注册税务师获取了鉴证对象信息所需的充分、适当、真实的证据，完全可以确认土地增值税的具体纳税金额。

2. 保留意见的鉴证报告

税务师事务所经过审核鉴证，认为涉税鉴证事项总体上符合法定性标准，但还存在下列情形之一的，应当出具保留意见的鉴证报告：

（1）部分涉税事项因税收法律、法规及其具体政策规定或执行时间不够明确。

（2）经过咨询或询证，对鉴证事项所涉及的具体税收政策在理解上与税收执法人员存在分歧，需要提请税务机关裁定。

（3）部分涉税事项因审核范围受到限制，不能获取充分、适当、真实的证据，虽然影响较大，但不至于出具无法表明意见的鉴证报告。

税务师事务所应当对能够获取充分、适当、真实证据的部分涉税事项，确认其土地增值税的具体纳税金额，并对不能确认具体金额的保留事项予以说明，提请税务机关裁定。

3. 无法表明意见的鉴证报告

税务师事务所因审核范围受到限制，认为对企业土地增值税纳税申报可能产生的影响非常重大和广泛，以至于无法对土地增值税纳税申报发表意见，应当出具无法表明意见的鉴证报告。

4. 否定意见的鉴证报告

税务师事务所经过审核鉴证，发现涉税事项总体上没有遵从法定性标准，存在违反相关法律、法规或税收规定的情形，经与被审核单位的治理层、管理层沟通或磋商，在所有重大方面未能达成一致意见，不能真实、合法地反映鉴证结果的，应当出具否定意见的鉴证报告。

（三）鉴证报告的使用

税务师事务所按照《鉴证业务准则》的规定出具的鉴证报告，税务机关应当受理。对符合要求的鉴证报告，税务机关可以采信。

《国家税务总局关于印发〈土地增值税清算鉴证业务准则〉的通知》（国税发〔2007〕132 号）第十条规定，税务师事务所按照本准则的规定出具的鉴证报告，税务机关应当受理。《关于印发〈土地增值税管理规程〉的通知》（国税发〔2009〕91 号）第三十一条规定，对纳税人委托中介机构审核鉴证的清算项目，主管税务机关未采信或部分未采信鉴证报告的，应当告知其理由。

无保留意见的鉴证报告、保留意见的鉴证报告可以作为办理土地增值税清算申报或审批事宜的依据。

无法表明意见的鉴证报告、否定意见的鉴证报告不能作为办理土地增值税清算申报或审批事宜的依据。

六、土地增值税清算鉴证报告范例

土地增值税鉴证报告

编号：中经阳光〔2010〕土增鉴字 018 号

居苑乐置业有限公司：

我们接受委托，对居苑乐置业有限公司“居苑乐”房地产项目土地增值税清算税款申报进行鉴证审核。居苑乐置业有限公司的责任是对所提供的与土地增值税清算税款相关的会计资料及证明材料的真实性、合法性和完整性负责。我们的责任是，按照国家法律法规及有关规定，对所鉴证的土地增值税纳税申报表及其有关资料的真实性和准确性，在进行职业判断和必要的审核程序的基础上，出具真实、合法的鉴证报告。

在审核过程中，我们本着独立、客观、公正的原则，依据《中华人民共和国土地增值税暂行条例》及其实施细则、有关政策规定，按照《土地增值税清算鉴证业务准则》的要求，实施了包括抽查会计记录等必要的审核程序。现将鉴证情况报告如下：

一、企业土地增值税清算的审核过程及主要实施情况

（一）土地增值税有关的内部控制及其有效性

该公司根据财政部《内部会计控制规范——基本规范（试行）》等有关文件的要求和公司实际情况制了内部控制制度。我们认为，除内部控制的固有限制外，该公司与土地增值税清算有关的内部控制在所有重大方面是有效的。

（二）土地增值税有关的各项内部证据和外部证据的相关性和可靠性

在审核过程中，我们实施了包括审核会计账簿、抽查会计凭证和审核纳税申报资料等审核程序，并获取了该公司提供的有关内部证据和外部证据，未发现账、表、证、实不符事项。我们相信，我们获取的审核证据是充分、适当的，为发表鉴证意见提供了基础。

（三）审核、验证、计算和进行职业推断的情况

我们对该公司提供的财务报表、土地增值税税年度纳税申报表和其他纳税资料进行了审核和验证，并根据国家有关企业所得税的法律法规规定，在专业判断的基础上对纳税事项的完整性和准确性进行了验算。

二、鉴证结论

经对居苑乐开发项目土地增值税清算税款申报情况进行审核，我们确认：

（一）普通住宅产品

1. 收入总额：260 929 147.40 元；
2. 扣除项目金额：245 334 526.35 元；
3. 增值额：15 594 621.05 元；
4. 增值率（增值额与扣除金额之比）：6.36%；
5. 应缴土地增值税税额：0 元；

根据《土地增值税暂行条例》的规定，免征土地增值税。

6. 已缴土地增值税税额：2 609 291.47 元；
7. 应退缴土地增值税税额：2 609 291.47 元。

（二）其他开发项目产品

1. 收入总额：5 882 837.00 元；
2. 扣除项目金额：4 929 641.69 元；
3. 增值额：953 195.31 元；
4. 增值率（增值额与扣除金额之比）：19.34%；
5. 适用税率：30%；

6. 应缴土地增值税税额：285 958.59 元；

7. 已缴土地增值税税额：58 828.37 元；

8. 应补缴土地增值税税额：227 130.22 元。

清算事项的具体情况详见附件。

本鉴证报告仅供贵公司报送的主管税务机关受理土地增值税清算审批之用，不得作为其他用途。非法律、行政法规规定，鉴证报告的全部内容不得提供给其他任何单位和个人。

附件：

1. 税务师事务所和注册税务师执业证书复印件（略）。

2. 企业基本情况和土地增值税清算税款申报审核事项说明。

3. 土地增值税纳税申报鉴证主表及其明细项目审核表。具体包括：

(1) 土地增值税清算税款鉴证主表（略）；

(2) 土地增值税清算税款鉴证（销售普通住宅）明细表（略）；

(3) 土地增值税清算税款鉴证（销售非普通住宅）明细表（略）；

(4) 与收入相关的面积审核调整明细表（略）；

(5) 房地产销售收入审核调整明细表（略）；

(6) 扣除项目及成本结转审核汇总表（略）；

(7) 销售房地产有关税费审核调整明细表（略）；

(8) 土地增值税缴纳情况审核汇总表（略）。

4. 土地增值税清算税款申报审核事项有关证明材料（复印件）（略）。

税务师事务所（公章）	中国注册税务师（签字）
北京中经阳光税务师事务所	中国注册税务师（签字）
地址：	中国注册税务师（签字）
时间：　　年　月　日	

附件 2：企业基本情况和土地增值税清算税款申报审核事项说明

一、基本情况

（一）企业基本情况

1. 成立日期：2003 年 6 月 1 日，营业执照号码：0000000888

2. 税务登记证号：00000000088888

3. 地址：南京路 70 号

4. 法人代表：张无忌

5. 注册资本：捌仟万元

6. 企业类型：有限责任公司

7. 经营范围：房地产开发；房地产中介服务（需经许可经营的，须凭许可证经营）

（二）项目基本情况

1. 项目地址

淮海路66号。

2. 项目概况

居苑乐开发项目，2006年6月立项并经省建委批准，获取相关规划许可。

3. 项目建设规模

项目规划建设用地47 411.40平方米，总建筑面积75 775.82平方米，其中：普通住宅768套，建筑面积60 398.67平方米；地下室601套，建筑面积10 465.77平方米；商铺17套，建筑面积808.44平方米；地下产权车库47个，建筑面积1 360.56平方米；幼儿园1 796.52平方米；其他公共设施945.86平方米。

4. 项目销售情况

项目自2006年10月取得预售许可证开始销售，截止2010年5月31日，除地下室602.31平方米、地下车库42个合计1 155.32平方米可售产品未销售外，其余可售产品均已销售，已售面积占可售面积的97.59%。销售实现销售收入266 811 984.40元，其中住宅类产品收入（含价外费用）260 929 147.40元，非住宅类产品收入（含价外费用）5 882 837.00元。幼儿园转为自用资产使用，其余公建设施已转交物业或投入使用为业主提供公共配套服务。

5. 项目设计情况。

本项目设计方案由清华大学设计。

二、主要会计政策和税收政策

1. 公司执行企业会计准则及有关规定

2. 公司会计核算方法

土地增值税以人民币为计算单位。转让房地产所取得的收入为外国货币的，以取得收入当天或当月1日国家公布的市场汇价折合成人民币，据以计算应纳土地增值税税额。

对于以分期收款形式取得的外币收入，应当按实际收款日或收款当月1日国家公布的市场汇价折合人民币。

3. 主要内部控制制度

根据财政部《内部会计控制规范——基本规范（试行）》等有关文件的要求和公司实际情况制定了内部控制制度。

4. 土地增值税清算条件

已竣工验收的房地产开发项目，已转让的房地产建筑面积占整个项目可售建筑面积的比例在85%以上。

5. 开发产品完工的标准

开发产品竣工证明材料已报房地产管理部门备案。

6. 成本费用的分配标准

分配方法	主要项目
按占地面积（垂直投影与分摊面积计算建筑物面积）	土地成本
按可售建筑面积分摊	前期工程费、景观道路等配套设施成本
按受益部分的建筑面积分摊	供热、供气等配套设施、公用安装材料
按合同计入（预算造价法）	建筑安装成本
直接分配	专用安装材料、实体样板间装修费
按投资额	利息支出

7. 开发产品销售收入确认的标准

开发产品销售收入的范围为销售开发产品过程中取得的全部价款，包括现金、现金等价物及其他经济利益。企业代有关部门、单位和企业收取的各种基金、费用和附加等，未纳入开发产品价内并由企业之外的其他收取部门、单位开具发票的，作为代收代缴款项进行管理。

企业通过正式签订《房地产销售合同》或《房地产预售合同》所取得的收入，确认为销售收入的实现，具体按以下规定确认：

(1) 采取一次性全额收款方式销售开发产品的，应于实际收讫价款或取得索取价款凭据（权利）之日，确认收入的实现。

(2) 采取分期收款方式销售开发产品的，按销售合同或协议约定的价款和付款日确认收入的实现。付款方提前付款的，在实际付款日确认收入的实现。

(3) 采取银行按揭方式销售开发产品的，应按销售合同或协议约定的价款确定收入额，其首付款应于实际收到日确认收入的实现，余款在银行按揭贷款办理转账之日确认收入的实现。

(4) 企业未采取委托方式销售开发产品。

8. 与土地增值税清算项目相关的税收政策

(1) 营业税：5%；

(2) 城建税：7%；

(3) 教育费附加：3%；

(4) 地方教育费附加：1%；

(5) 土地增值税预交比例：1%。

三、土地增值税的审核情况

(一) 土地增值税应税收入的审核

截至2009年5月31日，经审核，土地增值税应税收入为266 811 984.40元，其中：

1. 销售普通标准住宅70 262.13平方米，收入260 929 147.40元。

2. 销售其他项目1 013.68平方米，收入5 882 837.00元。

(二) 土地增值税扣除项目的审核

截至2010年5月31日，贵公司申报本项目土地增值税应税扣除项目总额

269 511 333.07 元；经审核，核定土地增值税扣除项目总额 266 462 226.69 元，比自报数调减 3 049 106.38 元，其中：

1. 取得土地使用权所支付的金额。贵公司自报取得本项目的土地使用权支付金额为 68 439 831.36 元；经审核，该项支出包含的向业主交房前项目占用土地形成的土地使用税 459 831.36 元应调减，核定允许扣除的取得土地使用权所支付的金额为 67 980 000.00 元。

2. 房地产开发成本。贵公司本项目自报房地产开发成本 131 731 103.61 元；经审核，应调减 1 979 453.74 元，核定允许扣除的房地产开发成本为 129 751 649.87 元。其中：

（1）公司自报前期工程费 28 823 443.79 元；经审核，小区外道路支出 1 200 000元、样板房装修费用 563 270.78 元合计 1 763 270.78 元，应审核调减，核定允许扣除的前期工程费为 27 060 173.01 元。

（2）公司自报建筑安装工程费 78 619 382.24 元；经审核，无审核调减事项，核定允许扣除的建筑安装工程费为 78 619 382.24 元。

（3）公司自报基础设施费 20 928 329.29 元；经审核，无调增调减事项，核定允许扣除的基础设施费为 20 928 329.29 元。

（4）公司自报公共配套设施费 570 905.90 元；经审核，其中期间费用性支出应调减 31 666.40 元，核定允许扣除的公共配套设施费为 539 239.50 元。

（5）公司自报开发间接费 2 789 042.39 元；经审核，其中期间费用性支出应调减 184 516.56 元，核定允许扣除的开发间接费为 2 604 525.83 元。

3. 房地产开发费用。

本项目发生的财务费用中，借款利息支出能够全部提供金融机构票据证明，可据实扣除，扣除金额为 4 489 599.22 元。其他房地产开发费用按取得土地使用权所支付金额 67 980 000.00 元与开发成本 129 751 649.87 元之和的 5%扣除 9 886 582.49 元。因此，贵公司此项目可扣除金额为 14 376 181.71 元。本项支出因基数调减，相对申报金额相应调减 121 964.26 元。

4. 与转让房地产有关的税金。

经审核，居苑乐项目发生的转让房地产有关税金为 14 808 065.13 元，其中：

（1）转让房地产有关营业税税金 13 340 599.22 元。

（2）转让房地产有关城市维护建设税税金为 933 841.94 元。

（3）转让房地产有关教育费附加费为 533 623.97 元。

5. 税收规定的其他扣除项目。

公司根据税收有关规定，允许按取得土地使用权所支付 67 980 000.00 元与开发成本 129 751 649.87 元之和的 20%加计扣除。因此，公司其他扣除项目的金额为 39 546 329.97元。本项支出因基数调减，相对申报金额相应调减 487 857.02 元。

（三）增值额及增值率的审核

经审核，公司应缴土地增值税情况如下：

1. 普通住宅土地增值税

（1）收入：260 929 147.40 元

（2）扣除项目金额：245 334 526.35 元

（3）增值额＝(1)－(2)＝15 594 621.05 元

（4）增值率＝(3)÷(2)＝6.36％

增值率小于 20％，依法不需缴纳土地增值税。

企业已预缴土地增值税：2 609 291.47 元

应退税：2 609 291.47 元

2. 非住宅土地增值税

（1）收入：5 882 837.00 元

（2）扣除项目金额：4 929 641.69 元

（3）增值额＝(1)－(2)＝953 195.31 元

（4）增值率：19.34％

适用税率 30％

（5）土地增值税＝(3)×30％＝953 195.31×30％＝285 958.59（元）

企业已预缴土地增值税：58 828.37 元

应退税：227 130.22 元

（四）应缴土地增值税的审核

经审核，居苑乐项目应缴土地增值税税额为 227 130.22 元，已缴税款为 2 668 119.84元；应退税额为 2 382 161.25 元。其中：

1. 普通住宅应缴土地增值税税额为 0 元；已缴税额为 2 609 291.47 元，应退税额为 2 609 291.47 元。

2. 非普通住宅应缴土地增值税税额为 285 958.59 元；已缴税额为 58 828.37 元，应补税额为 227 130.22 元。

《土地增值税鉴证工作底稿》从略。

CHAPTER

14 第十四章 土地增值税清算的审核

《国家税务总局关于加强土地增值税征管工作的通知》(国税发〔2010〕53号)规定，土地增值税清算是纳税人应尽的法定义务。组织土地增值税清算工作是实现土地增值税调控功能的关键环节，各级税务机关要克服畏难情绪，全面开展土地增值税清算审核工作。结合本地实际，进一步细化操作办法，完善清算流程，严格审核房地产开发项目的收入和扣除项目，提升清算水平。

主管地方税务机关应自受理纳税人清算申请之日起90日内完成清算审核工作，其中不含纳税人应税务机关要求的补正时间。

一、清算审核的难点

(一) 开发形式多样化，成本费用难以分摊

房地产开发形式复杂多样，有独立开发、合作开发、滚动开发、成片开发等形式。对于滚动开发和成片开发的项目，其投入的开发成本、财务费用很难在清算项目与待清算项目之间进行准确分摊；而且在开发过程中，有些开发企业要代政府行使各种职能，包括征地平场，相关配套设施建设等；加之开发企业与建安企业、材料供应商甚至政府之间关系的复杂性，如开发企业借牌自行修建，为城市改造政府成立开发公司自行进行开发等。合作开发项目中，采用开发区和国土储备整理中心提供土地但不办理土地权属转移给开发公司，事后采取回购方式直接将分户土地权证办给业主的形式，开发公司的销售价格中没有土地价格，自然也没有土地成本，这些都给税款的清算造成难点。

(二) 销售方式复杂化，增值额不易确定

房地产开发时间跨度大，根据期房和现房的区别，其市场营销方式复杂，有一次性收款方式、分期收款方式、银行按揭方式、委托收款方式等。即使完全符合土地增值税的清算条件，也必须确认销售收入实现时间，开发周期越长，税收清算核查的年度越

多，清算工作量越大，增值额越难确定。在实际征管工作中，经营性用房长期不能清零的现象普遍存在，加之管理员轮岗，给税收征管造成难点。

（三）扣除项目复杂，影响税前扣除的真实性

房地产开发项目错综复杂，其财务核算也不规范，各项目的成本费用未严格分开核算，虚列扣除项目和难以入账的"灰色支出"、无有效凭证的社会融资支出共同存在，这些都导致地税部门在税收征管中对土地增值税扣除项目中有关成本费用实际金额认定难、取证难，造成增值额确定难，影响土地增值税清算的精准度。

（四）房地产开发企业不建账、造假账、账外账

当前整个房地产行业中股份制企业、私营企业非常多，很多无相关职业资格的财务人员，财务核算水平有限，企业财务制度不健全，账务处理比较混乱；部分企业故意造假账，收入与实际明显不符，账面亏损，特别是挂靠项目，根本无账可言；再加之房地产开发企业采取不建账或虚假核算扣除项目成本方式隐瞒真实增值额，故意选择核定方式缴纳土地增值税，给土地增值税清算审核工作带来很大难度。

（五）难以准确把握增值额

税法规定纳税人建造普通标准住宅出售，增值额未超过扣除项目金额 20%的免征土地增值税。但对普通标准住宅与其他住宅核算成本分摊上难以划分，尤其是临街多层楼盘，楼下为营业用房，楼上为普通住宅，营业用房是全框架、现浇，而住宅是砖混结构，它们使用的水泥标号、钢筋质量及数量等都不一样。通过调查走访，全框架现浇的建筑成本单价为1 000 元/平方米以上，砖混结构的建筑成本单价为800 元/平方米左右，每一项目的清算分摊都要商讨确定，难以准确把握增值额。

二、清算审核内容

（一）清算项目资料的审核

1. 应提交的证明资料

进行土地增值税清算时，除了纳税人主动提供的资料外，纳税人主管税务机关可要求纳税人报送与土地增值税清算有关的证明资料：

（1）开发项目立项批复。

（2）规划申请、报告及图纸，建设用地规划许可证；建设工程规划许可证。

（3）土地使用权证。

（4）建筑工程施工许可证。

（5）建设工程施工图设计文件审查批准书。

（6）商品房销（预）售许可证。

(7) 工程概况及备案意见。

(8) 房屋分户（室）面积对照表（加盖市房屋产权监理处面积复核专用章）。

(9) 销售房地产有关证明资料，以房地产购销合同统计表并加盖公章的形式包含：销售项目栋号、房间号、销售面积、销售收入、用途等。

(10) 转让房地产项目成本费用、分期开发分摊依据。

(11) 其他补充资料：当期财务会计报表；项目的预算、概算书；能够按清算项目支付贷款利息的有关证明及借款合同；与转让房地产有关的完税凭证及清算项目预缴土地增值税的完税凭证。

2. 税务机关应掌握的内部资料

(1) 房地产业项目登记管理的资料。核对房地产项目登记管理的相关表格，掌握房地产项目的建设进度和销售进度情况。

(2) 税款入库资料。从信息系统中获取房地产开发企业营业税的缴纳情况、土地增值税的预缴情况。

主管地方税务机关应认真审核纳税人提供的证明凭证、资料是否真实有效；审核鉴证报告的真实性；格式的规范性；内容的齐全性，内容应包含开发项目总建筑面积、批准总销售面积、企业总自用面积、总配套设施面积、项目分类用途情况、允许分摊的配套设施面积、本次土地增值税清算面积，审核各表格扣除项目内容与相关资料的关系等。

3. 案头审核

案头审核是指对纳税人报送的清算资料进行数据、逻辑审核，重点审核项目归集的一致性、数据计算的准确性等。

税务机关要对纳税人报送的资料进行核实，了解纳税人与土地增值税清算项目相关的合同、协议及执行情况。主要核实项目开发用地面积、房屋开发面积、可销售房屋面积、实际已销售面积，各种面积确认可为销售收入的确认和开发成本的分配奠定基础。案头审核时应至项目开发现场实地察看，确认房屋开发面积。

(1) 项目用地面积：依据《建设用地规划许可证》、《土地使用权证》中土地面积，（主要以土地使用权证中登记土地面积确认），对分期开发的项目（分期开发的项目以发改委批文为依据）还应了解土地的分期占用情况，便于确认本期的土地成本。

(2) 房屋开发面积：建设工程规划许可证、备案表中建筑面积的核对，备案的建筑面积应与建设工程许可证登记的建筑面积相同，备案的所有子项目应与建设工程许可证登记的工程名称相符，以核对相符的建筑面积确认房屋开发面积（与房产局复测的面积会有小额差异，如有差异则以房管局测绘数据为准）。

(3) 公共配套设施开发面积：重点审核开发商向规划部门提交的规划报告中有关公共配套的配置以及开发面积情况；对于分期开发的，可要求开发商提供全部公共配套设施的配置总体情况。

(4) 可销售房屋面积（含地下室）：商品房销（预）售许可证、建设工程规划许可证、备案表中可售建筑面积的核对，注意备案表中的地下人防面积（A）与销售许可证中地下车库面积（B）以及建设工程规划许可证中地下车库面积（C）之间的关系，应该是：A+B=C。销售许可证中只有车库数而没有面积的，车库的销售面积要参照房屋分户（室）面积对照表上登记的面积。

（5）实际已销售面积：依据房屋分户（室）面积对照表、公司相关项目销售窗口表、销售合同及合同登记簿、销售发票存根，结合财务上的账务处理，确认实际已销售面积。

（6）未销售面积：依据房屋分户（室）面积对照表、公司相关项目销售窗口表，确认未销售面积。

（7）经营或转作固定资产的用房面积。

（二）鉴证报告工作底稿的审核

主管地方税务机关有权对鉴证报告的工作底稿进行抽查和检查，并重点关注金额较大的成本、费用支付情况，数额较大或发现疑点问题时，应调取工作底稿，并与原始凭证、发票进行核对，从而判断其真实性。

三、取得土地使用权所支付的金额审核要点

（一）审核取得土地使用权所支付金额的真实性

对取得土地使用权支付金额的审核，应当包括下列内容：

（1）审核取得土地使用权支付的金额是否获取合法有效的凭证，口径是否一致。

（2）如果同一土地有多个开发项目，审核取得土地使用权支付金额的分配比例和具体金额的计算是否正确。

（3）审核取得土地使用权支付金额是否含有关联方的费用。

（4）审核有无将期间费用计入取得土地使用权支付金额的情形。

（5）审核有无预提的取得土地使用权支付金额。

（6）比较、分析相同地段、相同期间、相同档次项目，判断其取得土地使用权支付金额是否存在明显异常。

房地产开发企业取得土地使用权所支付的价款及按国家规定缴纳的有关费用记入“开发成本——土地征用及拆迁补偿”科目。因此，应结合房地产开发企业提供的土地使用权证、出让合同、土地收据、契税票据（契税可作费用扣除，但不允许作为加计20%扣除的基数）、银行支付记录和与政府相关部门的协议，计算本期开发项目的“取得土地使用权所支付的金额”是否真实、正确，审核其受让土地面积是否正确，判定其是否存在政府返还和以地补路等情况。对存在以地补路的情况要结合政府的相关文件和协议进一步核实。对政府返还的土地款一律抵减土地支付款，即抵减土地成本。

（二）审核取得土地使用权所支付金额分摊的准确性

纳税人成片受让土地使用权后，分期分批开发、转让房地产的，其扣除项目金额的确定，原则上土地可按转让土地使用权的面积占总面积的比例计算分摊，其他扣除项目按建筑面积计算分摊。特殊情况按税务机关确认的其他方式计算分摊。对房地产开发企业成片受让土地使用权后，分期分批开发、转让房地产的，以及建有公共配套设施的，应结合房地产开发企业提供的土地使用权证，经规划部门审核同意的规划图、房屋分户（室）测绘面积对照表等资料（加盖市房屋产权监理处面积复核专用章），按照上述原则分摊土地成本，以判定其土地成本的分摊是否合理、准确。

（三）审核取得土地使用权所支付金额核算的正确性

土地征用及拆迁补偿费的审核，应当包括下列内容：

（1）审核征地费用、拆迁费用等实际支出与该预算是否存在明显异常。

（2）审核支付给个人的拆迁补偿款所需的拆迁（回迁）合同和签收花名册，并与相关账目核对。

（3）审核纳税人在由政府或者他人承担已征用和拆迁好的土地上进行开发的相关扣除项目，是否按税收规定扣除。

房地产开发企业确认取得土地使用权的金额，必须以实际发生为前提。因此，应当结合房地产开发企业“开发成本——土地征用及拆迁补偿费用”、“预提费用”和往来科目的审核，判定房地产开发企业在核算过程中是否存在预提尚未实际支付土地出让金的行为。

（四）取得土地使用权所支付的金额审核的重点

（1）对取得土地使用权时支付的地价款，必须提供已支付的地价款凭证，凡不能提供已支付的地价款凭证的，不允许扣除取得土地使用权的金额。

（2）取得土地使用权的原始凭证有缴纳土地出让金的凭证、支付地价款的发票和银行转账记录等。具体包括国有土地出让合同、土地局开具的收据、地税局开具的契税完税票等。

（3）查看出让合同、土地收据和契税完税票三者之间记录的土地面积是否一致。如发票金额与银行支付记录不一致，应责令纳税人提供国土部门的证明。如果一次取得土地，分期开发，还要根据本期开发的建筑面积占总的建筑面积的比例计算本期开发项目的“取得土地使用权所支付的金额”。

四、房地产转让收入的审核

（一）收入审核程序

（1）取得或编制房产销售分户明细表、未售房明细表，销售分户明细表项目至少应包括：序号、楼编号、房号、销售时间、销售面积、销售单价、销售收入、同期同类平均单价、审核确认面积、审核确认收入、土地增值税预征率、土地增值税预征额、类型等。

（2）取得房管局房产可销售面积测绘批复（或有资质中介机构出具的测绘报告），核对测绘批复（或测绘报告）与销售分户明细表、未售房明细表面积是否相符。

（3）取得销售发票存根联（包括销售、预售）、房管部门网上备案登记资料，随机抽取商品房销售合同，与测绘批复（或测绘报告）、销售分户明细表核对，确认销售分户明细表中销售时间、销售面积、销售单价、销售收入是否正确。

（4）审核销售分户明细表，确认是否存在销售价格明确偏低且无正当理由的情况，尤其应关注关联交易、非货币性交易。

（5）取得未售房明细表，到商品房所在地现场、商品房售楼处进行核实，确认是否存在已售房未确认收入的情况。

（二）收入审核焦点

1. 审核收入确认的完整性

房地产转让收入不仅仅是指买卖或交易双方的成交价，还应包括税务机关根据评估价格确定的收入。按照财务制度的规定，房地产开发企业在房产销售实现确认收入时应当记入“主营业务收入”科目。因此，在确定收入时重点审核企业相关的经济收益是否全部结转在收入里面。同时还应注意纳税人相关的账务处理，防止收入确定的遗漏。应特别关注往来账以及“营业外支出”、“固定资产清理”、“资本公积”、“待处理财产损溢”等科目，防止企业以房屋抵押、以房屋进行交换其他资源等行为漏记收入。

在审核转让房地产取得的收入时，需要认真查看纳税人提供的商品房购销合同内容，确定商品房购销合同中取得收入的来源情况，看其是否包括货币以外的经济收益，并将合同记载的金额、销售面积汇总后与清算面积和收入进行核对，确定土地增值税计税收入。

因此，应当结合企业提供的商品房销（预）售许可证（房产管理局核发）、物价部门核价批复、房产部门房屋测绘面积、相关项目销售窗口表、销售合同及合同登记簿和销售发票存根等资料，与“主营业务收入”科目进行比对，判定其是否存在未完全确认收入的情况。

对存在疑点之处，进一步审核房地产企业“预收账款”、“应付账款”、“其他应付款”、“应收账款”、“其他应收款”、“营业外支出”、“固定资产清理”、“资本公积”、“待处理财产损溢”等科目，确认是否存在将开发商品用于职工福利、奖励、对外投资、分配给股东或投资人、抵偿债务、换取其他单位和个人的非货币性资产等未确认收入和故意漏记、错记、隐藏项目收入的行为。

2. 审核收入确认的符合性

对于纳税人隐瞒、虚报房地产成交价格的或转让房地产成交价格明显偏低又无正当理由的（明显偏低原则上掌握在低于价格部门核定价 10%以下部分，无价格部门核定价的，掌握在同类商品房均价10%以下部分），地税机关应当对房地产开发企业相关项目销售明细和物价部门批复进行核对，确认同时期的销售价格是否存在不合理变动的情况，对低价格销售的情况进行核实，对销售价格明显偏低且无正当理由的，按规定进行收入纳税调整处理，其收入按下列方法和顺序确认：（1）按本企业在同一地区、同一年度销售的同类房地产的平均价格确定；（2）由主管税务机关参照当地当年、同类房地产的市场价格或评估价值确定。

3. 审核收入确认的准确性

审核过程中要结合“主营业务收入”、“其他业务收入”科目的核算，与房地产开发企业提供的商品房销（预）售许可证、物价部门核价批复、房产部门房屋测绘面积、相关项目销售明细表、销售合同及合同登记簿核对，判定房地产开发企业是否准确划分了房产出售和出租的收入。

对纳税人按县级以上人民政府的规定在售房时代收的各项费用，应区分不同情形分别处理：

（1）代收费用计入房价向购买方一并收取的，应将代收费用作为转让房地产所取得的收入计税。实际支付的代收费用，在计算扣除项目金额时，可予以扣除，但不允许作为加计扣除的基数。

（2）代收费用在房价之外单独收取且未计入房地产价格的，不作为转让房地产的收入，在计算增值额时不允许扣除代收费用。

在确认房地产收入时，应当了解房地产开发企业销售价格的组成，核对房地产开发企业“主营业务收入”、“开发成本”、“预收账款”、“预付账款”、“应收账款”、“应付账款”、“应收账款”、“其他应收款”和“其他应付款”等科目，以准确界定房地产企业取得的代收费用收入和房地产的销售收入。

（三）房地产转让价格的确定

（1）对房地产开发企业销售商品房取得的收入，应按照《商品房购销合同统计表》及相关合同所记载的金额确定。

（2）对于实物收入，一般要通过对这些形态的财产进行评估（通常采用市场交易法）确认其价值。对于其他收入，其价值需要进行专门的评估。对于视同销售的房地产，其收入确定由主管地方税务机关按照当期同类区域、同类房地产的市场价格核定。

（3）对纳税人转让房地产无法提供收入资料或提供收入资料不实造成成交价格明显偏低的，收入确定由主管地方税务机关依照上述方法的市场价格核定。

五、房地产开发成本审核要点

（一）审核成本费用的真实性

在土地增值税清算过程中，允许扣除的成本费用必须是真实的。税前扣除的金额，除要求取得税务部门监制的票据或其他合法凭据（财政部门监制收据）外，还要求该款项已实际支付。这要根据费用发生的性质、与项目的关联程度进行判断。要重点关注金额较大的成本费用，调取查看原始凭证，确定发票真假、付款方式、内部报销审核记录等，从而判断其交易的真实性。

（二）审核成本费用的配比性

在计算土地增值税时，应特别注意收入与成本费用的配比。

对于房地产企业存在几期项目滚动开发的，应着重划分本期清算的成本费用与下期的成本费用。

对不属于当期的成本费用，应予以剔除；对当期的成本和其他各期成本混合的，应确定合理的分摊方法，进行合理分摊。

在审核中，应当分项目核对项目预决算报告，结合判断，核对是否有串用开发成本的情况。

对于“开发成本”科目，还应当查看建筑合同，确认合同工程造价，关注合同中明确的建筑工程款、材料费等，要注意查看企业是否重复列支材料价款。

同时，还应关注成本对象计税成本在已售完工产品与未售完工产品之间分摊。检查当期准予扣除的已销开发产品的计税成本，是否按当期已实现销售的可售面积和可售面积单位工程成本确认。

可售面积单位计税成本和已销开发产品的计税成本按下列公式计算确定：

可售面积单位成本＝成本对象可售部分成本÷总可售面积

已售开发产品的计税成本＝已实现销售的可售面积×可售面积单位计税成本

对于纳税人预提“开发成本”、“公共配套设施费”等情况，在项目结算后，应审查成本部分是否没有结转完毕以及结转的科目是否正确，是否有成本多提的情况存在。

（三）审核成本费用的重要性

对于在工程中出现的大额建安票据、材料票据，审核人员除核对“开发成本”“工程物资”等科目外，还应当查看相关合同，参照建设主管部门颁发的料工费参数标准，确认合同工程造价，关注合同中明确的建筑工程款、材料费及单位用量等，同时也要查验票据的真伪及开票方与领票方是否一致。审核监理方的监理日记，以判断料工费的真实耗用情况，必要时，外调了解施工方收入、成本、费用情况。

（四）审核票据取得的规范性

根据收款方的性质、支付款项的内容，确定收到的票据是否规范，主要依据以下原则：

（1）如果对方单位是经营性企业（如建筑公司、设计院、运输队、材料供货商、监理公司），就必须提供税务部门监制的发票。

（2）如果对方是行政机关（如房产局、土地局、规划局、公安局等）或是政府行政管理机构（如质监站、防疫站、测绘队、消防局、市容管理等），则可以是行政事业性收据，而并非一定为税务部门监制的发票。以上部门若提供的是应税劳务等，则需提供发票，开发企业一般可以相应地计入成本费用；以上部门若进行政府性收费，则提供行政事业性收据。开发企业一般应将该部分支出列入“开发费用”或“期间费用”科目。

（3）如果是征地及拆迁补偿费用，则要根据实质重于形式的原则，只要有证明该项费用发生的书面凭据（合同协议、收据），具备对方单位或个人签章要件，应予以认可。金额较大的补贴合同，税务人员应至拆迁户抽查了解获取补贴情况。

（4）其他的白条和收据不能作为确认支出及扣除项目的凭证。

（五）审核会计核算的规范性

开发成本中的各明细项目的划分方式，可以直接参考企业的明细核算，如果企业明细核算不规范或根本没有明细核算，应根据《土地增值税暂行条例》及相关文件的要求进行归集分类。具体分类如下：

（1）土地征用及拆迁补偿费，包括土地征用费、耕地占用税、劳动力安置费及有关地上、地下附着物拆迁补偿的净支出、安置动迁用房支出等。

（2）前期工程费，包括规划、设计、项目可行性研究和水文、地质、勘察、测绘、“三通一平”等支出。

（3）建筑安装工程费，是指以出包方式支付给承包单位的建筑安装工程费，以自营方式发生的建筑安装工程费。

（4）基础设施费，包括开发小区内道路、供水、供电、供气、排污、排洪、通讯、照明、环卫、绿化等工程发生的支出。

（5）公共配套设施费，包括不能有偿转让的开发小区内公共配套设施发生的支出。

（6）开发间接费用，是指直接组织、管理开发项目发生的费用，包括：工资、职工福利费、折旧费、修理费、办公费、水电费、劳动保护费、周转房摊销等。

在划分各项目费用时，要对房地产开发的过程、阶段有较为清晰的了解，根据票据上的费用性质进行分类。要特别关注“开发成本”、“开发间接费用”科目以及“管理费用”等科目，防止企业会计对成本和费用把握不准，把应该记入“管理费用”科目的费用记入“开发间接费用”科目，从而导致多加计扣除。

（六）审核代收费用的准确性

根据物价部门有关文件，以下列举的政府性收费（县级人民政府规定的收费）已在房价中体现，可按照土地增值税对代收费用的有关规定进行处理，即列举的各项费用可计入对应的土地或开发成本，但不允许作为加计20%扣除的基数。

（1）市政公用基础设施配套费（经济适用房含安居工程的免收）——“土地征用及拆迁补偿费”；

（2）建制镇市政公用基础设施配套费——“土地征用及拆迁补偿费”；

（3）发展新型墙体材料专项用费（经济适用房含安居工程的免收）——“建筑安装工程费”；

（4）人防经费——“公共基础设施费”；
（5）供电工程贴费——“前期工程费”；
（6）消防设施建设费——“公共基础设施费”；
（7）煤气建设费——“公共基础设施费”；
（8）散装水泥专项资金——“建筑安装工程费”；
（9）教育地方附加费（经济适用房含安居工程和已配套教育设施的项目免收）——“公共基础设施费（建委代收）”。
（10）其他。

（七）审核成本费用的可比性

在清算中，审核人员在得出各项成本费用后，应与总成本作比较，得出各项成本占总成本的比例，并用该比例与其他类似项目做横向比较。对于比值较为接近的，则基本可确认该项成本费用的真实性。如比值与同类项目比值相差较大，则可能存在较大疑点，审核人员应对此情况进一步核查。

1. 前期工程费的审核

对前期工程费的审核，应当包括下列内容：
（1）审核前期工程费的各项实际支出与该预算是否存在明显异常。
（2）审核纳税人是否虚列前期工程费，土地开发费用是否按税收规定扣除。
对于前期工程费，主要通过合同约定的内容、是否已取得合法票据及对应的款项是否实际付款来确认。同时，审核人员还应计算出前期工程费占全部开发成本的比值，并将该比值与同类工程的比值相比较，若发现有严重偏差的，则应进一步核实。

2. 建筑安装工程费的审核

对建筑安装工程费的审核，应当包括下列内容：
（1）出包方式。重点审核完工决算成本与工程概预算成本是否存在明显异常。当二者差异较大时，应当追加下列审核程序，以获取充分、适当、真实的证据：
①从合同管理部门获取施工单位与开发商签订的施工合同，并与相关账目进行核对；
②实地查看项目工程情况，必要时，向建筑监理公司取证；
③审核纳税人是否存在利用关联方（尤其是各企业适用不同的征收方式、不同税率、不同时段享受税收优惠时）承包或分包工程，增加或减少建筑安装成本造价的情形。
（2）自营方式。重点审核施工所发生的人工费、材料费、机械使用费、其他直接费和管理费支出是否取得合法有效的凭证，是否按规定进行会计处理和税务处理。

3. 基础设施费和公共配套设施费的审核

对基础设施费和公共配套设施费的审核，应当包括下列内容：

（1）审核各项基础设施费和公共配套设施费用是否取得合法有效的凭证。

（2）如果有多个开发项目，基础设施费和公共配套设施费用是否分项目核算，是否将应计入其他项目的费用计入了清算项目。

（3）审核各项基础设施费和公共配套设施费用是否含有其他企业的费用。

（4）审核各项基础设施费和公共配套设施费用是否含有以明显不合理的金额开具的各类凭证。

（5）审核是否将期间费用计入基础设施费和公共配套设施费用。

（6）审核有无预提的基础设施费和公共配套设施费用。

（7）获取项目概预算资料，比较、分析概预算费用与实际费用是否存在明显异常。

（8）审核基础设施费和公共配套设施应负担各项开发成本是否已经按规定分摊。

（9）各项基础设施费和公共配套设施费的分摊和扣除是否符合有关税收规定。

对于基础设施费和非营利性的公共配套设施费，审核方法同上，注意不可预提未建设施的费用。审核人员还应计算出基础设施费占全部开发成本的比值，并将该比值与同类工程的比值相比较，若发现有严重偏差的，则应进一步核实。

4. 开发间接费用的审核

开发间接费用的审核，应当包括下列内容：

（1）审核各项开发间接费用是否取得合法有效凭证。

（2）如果有多个开发项目，开发间接费用是否分项目核算，是否将应计入其他项目的费用计入了清算项目。

（3）审核各项开发间接费用是否含有其他企业的费用。

（4）审核各项开发间接费用是否含有以明显不合理的金额开具的各类凭证。

（5）审核是否将期间费用计入开发间接费用。

（6）审核有无预提的开发间接费用。

（7）审核纳税人的预提费用及为管理和组织经营活动而发生的管理费用，是否在本项目中予以剔除。

（8）在计算加计扣除项目基数时，审核是否剔除了已计入开发成本的借款费用。

对于开发间接费用，主要审核其实际发生情况，合法凭证中包含了部分自制凭证，如发放工资、计提福利费、领用的劳保用品、计提的折旧等。对于房地产企业借款产生的利息支出，是否列入房地产开发间接费用核算，如已记入该科目的，应将其剔除并记入“房地产开发费用——利息支出”科目核算。审核人员还应计算出开发间接费用占全部开发成本的比值，并将该比值与同类工程的比值相比较，若发现有严重偏差的，则应进一步核实。

5. 前期工程费、基础设施费和非营利性的公共配套设施费等的审核

前期工程费、基础设施费和非营利性的公共配套设施费等不能准确划分的，应按各个成本对象（含未完工）占地面积、建筑面积等方法计算分配。

（八）房地产开发成本审核的要点

1. 要关注“开发间接费用”以及“管理费用”科目，因为有时企业对成本或费用把握不准，把应该记入“管理费用”的成本记入“开发间接费用”科目。要根据费用发生的性质、与项目的关联程度进行判断。重点关注金额较大的成本费用，调取工作底稿或查看原始凭证，确定发票、付款方式、内部报销审核记录等情况，从而判断其真实性。

2. 对于纳税人预提的开发成本、公共配套设施费等，在项目结算后，审核成本部分结转的科目是否正确，是否有多提成本的情况存在。

3. 对于滚动开发的房地产企业在开发过程中，还应分项目进行核算，出具分项目的决算报告。核对是否有串用开发成本的情况。对于“开发成本”科目，还应查看建筑合同，确认合同工程造价，关注合同中明确的建筑工程款、材料费用等，注意企业是否有重复列支材料价款的现象，如将购进的材料已列入成本后在收到建筑商的发票时再次计入成本等。

4. 根据收款方的性质、支付款项的内容，确定收到票据的类别：

（1）如果对方单位是经营性企业（建筑公司、设计院、运输队、材料供货商、监理公司），必须提供税务局监制的发票；

（2）如果对方是行政机关（房屋土地局、规划局等）或政府行政管理机构（质检站、测绘站、消防局、市容管理等），应提供行政事业性收据。

（3）如果是征地及拆迁补偿费用，要有证明该项费用发生的书面凭证（合同协议、收据），应具备对方单位或个人签章要件。

（4）其他的白条和收据不能作为确定支出及扣除项目的凭证。

5. 开发成本中的各明细项目的划分及核算，应直接按照《土地增值税暂行条例》和《土地增值税暂行条例实施细则》中规定的房地产开发成本各项类别进行对应审核，需要重点确认的前期工程费、建筑安装工程费、基础设施费、开发间接费用这四项费用，按实际发生额据实扣除。如果企业明细核算不规范或根本没有明细核算，有下列情况之一的，税务机关可对所列四项开发成本的扣除额，在土地增值税清算时采取按《分类房产单位面积建安造价表》核定扣除额的方法：

（1）无法按清算要求提供开发成本核算资料的；

（2）提供的开发成本资料不实的；

（3）发现鉴证报告内容有问题的；

（4）虚报房地产开发成本的；

（5）清算项目中的“前期工程费”、“建筑安装工程费”、“基础设施费”、“开发间接费”这四项费用，每平方米建安成本扣除额明显高于地方税务局制定的《分类房产单位面积建安造价表》中公布的每平方米工程造价金额，又无正当理由无法举证的。

(九)《分类房产单位面积建安造价表》核定扣除额的核算

(1) 首先，将清税项目的房屋类型与《分类房产单位面积建安造价表》中的房屋分类进行对照，确定适用的核定建安造价。其次，用核定建安造价乘以房屋清税面积，确定前期工程费、建筑安装工程费、基础设施费、开发间接费用的扣除金额。

(2) 将核定后所确定的四项费用扣除总金额与鉴证报告中披露的四项扣除项目总金额进行对比，如发现四项费用扣除总金额明显高于税务机关核定的金额时，则必须要求纳税人提供鉴证报告工作底稿，再根据费用发生的情况，对金额较大的成本费用，调取财务明细账目进行核对，必要时要求纳税人证明有效凭证与项目的关联程度，从而判断其真实性。

(3) 纳税人无法按照税务机关要求进一步提供相关举证资料的，对前期工程费、建筑安装工程费、基础设施费、开发间接费用的扣除项目金额，须按照税务机关制定的《分类房产单位面积建安造价表》，用适用的金额乘以本次清算的建筑面积，确定本次允许扣除的四项费用金额。

(4) 清税项目中包含多种用途房产时，应按《分类房产单位面积建安造价表》分别对应相应的建安造价，以合计数确定本次允许扣除的四项费用金额。

六、房地产开发费用的审核

(一) 财务费用的真实性

审核应具实列支的财务费用是否取得合法有效的凭证，除具实列支的财务费用外的房地产开发费用是否按规定比例计算扣除。

(二) 利息支出的审核

企业开发项目的利息支出不能够提供金融机构证明的，审核其利息支出是否按税收规定的比例计算扣除。开发项目的利息支出能够提供金融机构证明的，应按下列方法进行审核：

(1) 审核各项利息费用是否取得合法有效的凭证；

(2) 如果有多个开发项目，利息费用是否分项目核算，是否将应计入其他项目的利息费用计入了清算项目；

(3) 审核各项借款合同，判断其相应条款是否符合有关规定；

(4) 审核利息费用是否超过按商业银行同类同期贷款利率计算的金额。

房地产项目的利息支出，凡能够按转让房地产项目计算分摊，向金融机构贷款并提供金融机构证明的，允许据实扣除，但最高不能超过按商业银行同类同期贷款利率计算的金额，向非金融机构借款其利息支出超过5%的按5%计算扣除，低于5%按实计算扣除。其他房地产开发费用按取得土地使用权所支付的金额及房地产开发成本之和的5%以内予以扣除；凡不能提供金融机构证明的，利息不单独扣除，三项费用的扣除按取得土地使用权所支付的金额及房地产开发成本的10%以内计算扣除。

七、与转让房地产有关的税金的审核

（一）审核印花税、土地使用税的扣除

审核与转让房地产有关的税金，应当确认与转让房地产有关的税金及附加扣除的范围是否符合有关规定，计算的扣除金额是否正确。对于不属于清算范围或者不属于转让房地产时发生的税金及附加，或者按照预售收入（不包括已经结转销售收入部分）计算并缴纳的税金及附加，不应作为清算的扣除项目。

房地产开发企业在房地产非转让环节缴纳的印花税、土地使用税列入管理费用，已相应予以扣除，不得重复扣除。

（二）审核教育费附加的扣除

因转让房地产缴纳的教育费附加，也可视同税金予以扣除。对省政府开征的地方教育费附加，可比照教育费附加予以扣除。

八、其他扣除项目的审核

国家规定的加计扣除项目的审核，应当包括下列内容：

（1）对取得土地（不论是生地还是熟地）使用权后，未进行任何形式的开发即转让的，审核是否按税收规定计算扣除项目金额，核实有无违反税收规定加计扣除的情形。

（2）对于取得土地使用权后，仅进行土地开发（如“三通一平”等），不建造房屋即转让土地使用权的，审核是否按税收规定计算扣除项目金额，是否按取得土地使用权时支付的地价款和开发土地的成本之和计算加计扣除。

（3）对于取得了房地产产权后，未进行任何实质性的改良或开发即再行转让的，审核是否按税收规定计算扣除项目金额，核实有无违反税收规定加计扣除的情形。

（4）对于县级以上人民政府要求房地产开发企业在售房时代收的各项费用，审核其代收费用是否计入房价并向购买方一并收取，核实有无将代收费用作为加计扣除的基数的情形。

九、在清算审核时应注意的其他问题

1. 取得土地使用权后直接转让的扣除项目

对取得土地（不论是生地还是熟地）使用权后，未进行任何形式的开发即转让的，

计算其增值额时，只允许扣除取得土地使用权时支付的地价款、按国家统一规定缴纳的有关费用、在土地转让环节缴纳的各项税金。

2. 取得房地产产权后直接转让的扣除项目

对取得了房地产产权后，未进行任何实质性的改良即再行转让的，计算其增值额时，只允许扣除取得房地产时支付的价款、按国家统一规定缴纳的有关费用、在土地转让环节缴纳的各项税金。不能加计20%扣除。

3. 仅进行土地开发不进行房屋建造的扣除项目

对取得了土地使用权后，仅进行土地开发（如三通一平等），不进行房屋的建造，即将土地使用权再转让的，在计算其增值额时，只允许扣除取得土地使用权时支付的金额、按国家统一规定缴纳的有关费用、开发土地的成本费用、在转让土地使用权环节缴纳的有关税金。对取得土地使用权时支付的地价款和开发土地的成本之和允许加计20%扣除。

4. 成片受让、分期分批开发转让的扣除项目计算方法

纳税人成片受让土地使用权后，分期分批开发、转让房地产的，其扣除项目金额的确定，按实际转让的建筑面积占总开发建筑面积的比例分别来计算分摊扣除项目金额。

例如，取得土地使用权所支付金额的扣除项目分摊，地价款的扣除，需按全部建筑面积进行分摊，不允许按占地面积进行分摊。

十、清算审核工作中有关情况的处理

（一）需要补正资料的处理程序

地方税务局在审核清算企业报送的鉴证报告及相关资料过程中，如发现鉴证报告所载事项或其他问题需要纳税人进一步补充与清算项目相关的证明资料，决定暂停清算时，应向纳税人开具《土地增值税清算中止核准通知书》，待纳税人重新补充证明资料后，再办理税款清算手续。对纳税人不能按主管税务机关规定期限提交补正材料的，应将清算项目资料移交给税务稽查部门，由稽查部门进行清算工作。

（二）需要转纳税评估的处理程序

1. 在清算项目审核中，发现有下列情况的之一的，应将全部资料移交纳税评估或稽查部门进行清算工作：

（1）纳税人办理清税时，报送的鉴证报告内容不规范，退回重报后，鉴证报告仍不符合要求的；

（2）纳税人办理清税时，提供的鉴证报告中需要办理退税手续的；

（3）纳税人未按土地增值税政策规定预缴税款的。

2. 清算项目经主管地方税务机关审核后，对需要经过纳税评估进行进一步确定的，应将全部资料移交纳税评估部门进行清算评估工作。如经过纳税评估后，决定对纳税人申请的清税项目不予核准，需转入检查程序进行检查的，应向纳税人开具《土地税清算终止核准通知书》送达纳税人，并将全部清税资料移交稽查部门，由稽查部门按照检查程序进行清算工作。

（三）需要核定征收的处理程序

1. 地方税务机关在清算审核、纳税评估、稽查检查工作中，发现纳税人有下列情况之一的，可以按确定的销售收入直接乘以核定的征收率征收土地增值税。

（1）依照法律、行政法规的规定应当设置财务账簿未设置的；或虽设置财务账簿，但账目混乱，销售收入、成本材料凭证残缺不齐，难以确定销售收入或扣除项目金额的。

（2）擅自销毁账簿或者拒不提供纳税资料的。

（3）符合土地增值税清算条件，未按照规定期限办理清算手续，经税务机关责令限期改正，逾期仍不清算的。

（4）纳税人未如实进行土地增值税清算申报，计税依据明显偏低，又无正当理由的。

2. 主管地方税务机关通过清算审核需要对清算项目进行核定征收的，应向纳税人开具《土地增值税清算终止核准通知书》和《土地增值税核定征收通知书》送达纳税人。

3. 地方税务机关通过对房地产开发项目纳税评估或稽查检查，需要进行核定征收的，应向纳税人开具《土地增值税核定征收通知书》送达纳税人。

（四）清算审核完成的处理程序

凡经地方主管税务机关对纳税人申请的清算相关资料审核完成后，未发现有关或其他问题的，税务机关需要为其办理土地增值税多退少补手续。

《国家税务总局关于房地产开发企业注销前有关企业所得税处理问题的公告》（国家税务总局公告 2010 年第 29 号）对于房地产开发企业注销前，由于预征土地增值税导致多缴企业所得税的退税问题进行了明确。

案例分析

土地增值税清算补税导致亏损，公司注销应退税

（一）案情简介

北京市阳光房地产公司 2005 年起开发了至尊堡项目，全部为非普通标准住宅，共

取得销售房屋收入5亿元。其中：

2007年3亿元，当年按照当地规定的预征率2%预缴了土地增值税600万元，并且已经在企业所得税税前扣除，2007年度该企业所得税税率为33%，缴纳了税款660万元；

2008年取得销售收入2亿元，按2%的预征率缴纳了400万元土地增值税，并税前扣除，当年该企业所得税税率为25%，缴纳税款350万元；

2009年该企业进行了土地增值税清算，经过计算整个项目应该缴纳土地增值税1 600万元，扣减前期已经预缴1 000万元，清算应补缴土地增值税600万元，由于2009年该公司已经没有销售收入，扣除的土地增值税600万元形成了亏损，当年亏损共为650万元（当年还发生了50万元的期间费用）。

2010年7月阳光房地产公司申请注销，对2010年1～6月进行汇缴申报，应纳税所得额为亏损50万元（2010年上半年发生期间费用50万元）。

根据《财政部 国家税务总局关于企业清算业务企业所得税处理若干问题的通知》（财税〔2009〕60号），该企业进行了注销清算，企业资产可变现价值与账面价值的差额为200万元，以前年度未弥补完的亏损为700万元，弥补亏损后，该企业申报亏损500万元。即600万元清算申报的土地增值税中，有部分已经得到了弥补，剩余部分未能在企业所得税税前扣除。

房地产开发企业主要税种在现行政策下的实际税收负担（普通商品房）　　单元：万元

年度	销售收入	预缴土增税额	所得税额	应退税额
2007	30 000	600	660	118.8
2008	20 000	400	350	60
2009	0	清算补交600	所得－650	
2010	0		所得－50	
清算	清算所得200	调整补亏100	25	153.8

（二）案情分析

造成以上情形的原因是，土地增值税先预缴后清算，同企业所得税只能向后弥补亏损，这两个税种之间不协调。解决该问题的方案有两个：一是提高土地增值税预征率；二是将土地增值税清算年度补缴的土地增值税向前追溯配比分配。

该项目销售房屋收入共计5亿元，共缴纳土地增值税1 600万元，分配率为3.2%（1 600÷50 000），由于预征率设定为2%，就造成了以前年度多交税款，以后年度不能退税，企业实际负担的土地增值税不能扣除的情况。

根据国家税务总局公告2010年第29号文件规定，具体退税计算如下：

2007年应补充扣除土地增值税30 000×（3.2%－2%）＝360（万元），当年企业所得税税率为33%，因此应退企业所得税360×33%＝118.8（万元）。

如果当年度已缴纳的企业所得税税款不足退税的，应作为亏损向以后年度结转，并调整以后年度的应纳税所得额

2008年退税的计算：2008年应补充扣除土地增值税20 000×（3.2%－2%）＝240

（万元），当年企业所得税税率为25%，因此应退企业所得税240×25%=60（万元）。

2009年亏损的调整：2009年当年亏损为650万元。由于土地增值税清算年度缴纳的600万元土地增值税已经全部分配到以前年度，因此当年扣除的土地增值税600万元应该进行纳税调增。重新调整后，该企业2009年亏损为50万元（650−600）。

2010年1～6月汇缴计算：2010年1～6月，申报汇算亏损50万元，上期未弥补亏损50万元，可以结转到清算所得弥补亏损的所得额为100万元。

清算所得计算：2010年7月开始，阳光房地产公司进入注销清算，经过重新计算后，企业上期亏损为100万元，所得为200万元，经过计算后应申报应纳税所得额100万元，应补税100×25%=25（万元）。

企业退税额的计算：企业合计退税=118.8+60−25=153.8（万元）。

CHAPTER

15 第十五章 土地增值税清算案例分析

一、土地增值税清算税务审核典型案例[1]

某地房地产开发公司根据《土地增值税暂行条例》及其实施细则等有关文件规定，于2008年11月向主管税务机关分别提交某房地产开发项目土地增值税清算申请（该项目取得两个《建设工程规划许可证》），并按税务机关要求报送了相关清算资料。

（一）项目基本情况

该公司于1993年取得了一块土地，占地面积为17 474平方米。由于受到1998年东南亚金融风暴的影响，该项目暂缓施工，直至2004年重新启动项目建设。2004年10月，取得城市规划部门发放的建设工程规划许可证，建设项目为1～4号楼，并于2007年5月份办理了3号楼、4号楼竣工验收备案，6月份办理了商品房项目竣工交付使用备案；2005年5月，取得城市规划部门发放的建设工程规划许可证，建设项目为5号楼、6号楼，并于2008年1月份办理了5号楼、6号楼竣工验收备案，3月份办理了5号楼、6号楼商品房项目竣工交付使用备案。

（二）项目建设情况

该项目总建筑面积227 553.71平方米，其中可售面积为227 553.71平方米（含地下层面积26 172.65平方米，全部为非普通住宅），其数据来源依据：

1. 该公司提供的建筑设计图反映地下层建筑面积26 172.65平方米（地下车库建筑面积20 094.65平方米，地下人防设施建筑6 078.00平方米）。

---

[1] 罗涛. 土地增值税清算管理实务［M］. 武汉：武汉大学出版社，2010.

2. 勘测设计单位出具的3号楼、4号房产测绘技术报告书披露：3号楼总建筑面积（不含避难层）49 233.02平方米，其中会所（自用，不出售）面积1 052.80平方米，可出售面积48 180.22平方米；4号楼总建筑面积（不含避难层，全部为可出售面积）54 806.50平方米（含自用面积210.49平方米）；3号楼、4号楼避难层（即设备转换层）面积2 550.88平方米。

3. 勘测设计单位出具的5号楼、6号楼商品房面积测绘报告书披露：5号楼总建筑面积（全部为可出售面积）14 392.32平方米；6号楼总建筑面积（全部为可出售面积）14 130.08平方米。

4. 勘测设计单位出具的1号楼、2号楼商品房面积测绘报告书披露：1号楼（即公寓式写字楼）总建筑面积（全部为可出售面积）27 782.11平方米；2号楼总建筑面积（全部为某公司自用房屋）38 427.70平方米；1号楼、2号楼车道建筑面积58.45平方米。

（三）项目销售情况

1. 该公司2006年1月取得3号楼、4号楼商品房预售许可证，并于5月开盘销售；2008年7月取得1号楼商品房预售许可证，同月开盘销售。截至2008年7月31日，1～4号楼可售面积195 717.43平方米，其中已售面积105 373.05平方米（含视同已售的地下人防设施面积5 308.43平方米）、自用面积59 850.66平方米（含地下车库面积17 550.34平方米）、未售面积30 493.72平房米。已售及自用面积合计165 223.71平方米，占可售面积的比例为84.42%。该公司申请此项目清算。

2. 该公司2007年12月取得5号楼、6号楼商品房预售许可证，同月开盘销售。截至2008年7月31日，5号楼、6号楼可售面积31 836.28平方米，其中已售面积2 832.38平方米（含视同已售的地下人防设施面积769.57平方米）、自用面积244.31平方米（全部为自用的地下车库建筑面积）、未售面积1 259.59平方米。已售及自用面积合计30 576.69平方米，占可售面积的比例为96.04%。符合税务机关可要求清算条件。

（四）土地增值税纳税清算申报情况

纳税人提交的《土地增值税清算申报表》（见表15-1、表15-2）显示，1～4号楼项目转让房地产收入总额898 125 605.55元（均为非普通住宅及其他开发产品），扣除项目金额1 302 729 334.78元，已预缴土地增值税税额12 448 453.18元，增值额为负数，清算申报应退预缴土地增值税；5、6号楼项目转让房地产收入总额235 773 588.00元（均为非普通住宅及其他开发产品），扣除项目金额190 741 740.10元，已预缴土地增值税税额2 024 922.29元，增值额为45 031 847.90元，增值额与扣除项目金额之比为23.6%，适用税率为30%，清算申报应缴土地增值税额13 509 554.37元，应补缴土地增值税额11 484 632.08元。

表 15-1　　**1～4 号楼项目土地增值税纳税清算申报表**　　金额单位：元

纳税人名称		纳税人识别号			
纳税人地址		办税人员		联系电话	
项目名称		项目地址			
项目	行次	普通标准住宅	非普通住宅	其他开发产品	合计
一、转让房地产收入总额 1＝2＋3	1		898 125 605.55		898 125 605.55
其中：货币收入	2		898 125 605.55		898 125 605.55
其中：实物收入及其他收入	3				
二、扣除项目金额合计 4＝5＋6＋13＋16＋21	4		1 302 729 334.78		1 302 729 334.78
1. 取得土地使用权所支付的金额	5		11 946 737.38		11 946 737.38
2. 房地产开发成本 6＝7＋8＋9＋10＋11＋12	6		981 577 409.49		981 577 409.49
其中：土地征用及拆迁补偿费	7		65 990 690.81		65 990 690.81
其中：前期工程费	8		112 114 319.44		112 114 319.44
其中：建筑安装工程费	9		762 555 957.10		762 555 957.10
其中：基础设施费	10		34 517 745.06		34 517 745.06
其中：开发间接费用	11		/		/
其中：公共配套设施费	12		6 398 697.08		6 398 697.08
3. 房地产开发费用 13＝14＋15	13		69 944 148.38		69 944 148.38
其中：利息支出	14				
其中：其他房地产开发费用	15		64 944 148.38		
4. 与转让房地产有关的税金等 16＝17＋18＋19＋20	16		46 253 468.69		
其中：营业税	17		44 906 280.28		
其中：城市维护建设税	18				
其中：教育费附加	19				
其中：其他税费	20		1 347 188.41		1 347 188.41
5. 财政部规定的其他扣除项目（加计 20%）	21		198 007 570.84		198 007 570.84
三、增值额 22＝1－4	22		－404 603 729.23		－404 603 729.23
四、增值额与扣除项目之比（%）23＝22÷4	23		/		/
五、适用税率（%）	24		/		/
六、速算扣除系数（%）	25		/		/
七、应缴土地增值税税额 26＝22×24－4×25	26		/		
八、已预缴土地增值税税额	27		12 448 453.18		12 448 453.18

续表

九、应补（退）土地增值税税额 28＝26－27	28				
纳税人签章 年　月　日	法人代表签章 年　月　日		经办人员（代理申报人）签章 年　月　日		备注

表 15-2　　5 号楼、6 号楼项目土地增值税纳税清算申报表　　金额单位：元

纳税人名称			纳税人识别号			
纳税人地址			办税人员		联系电话	
项目名称			项目地址			
项目		行次	普通标准住宅	非普通住宅	其他开发产品	合计
一、转让房地产收入总额 1＝2＋3		1		235 773 588.00		235 773 588.00
其中	货币收入	2		235 773 588.00		235 773 588.00
	实物收入及其他收入	3				
二、扣除项目金额合计 4＝5＋6＋13＋16＋21		4		190 741 740.10		190 741 740.10
1. 取得土地使用权所支付的金额		5		1 943 740.10		1 943 740.10
2. 房地产开发成本 6＝7＋8＋9＋10＋11＋12		6		1 943 297.84		1 943 297.84
其中	土地征用及拆迁补偿费	7		138 180 625.16		138 180 625.16
	前期工程费	8		10 734 275.19		10 734 275.19
	建筑安装工程费	9		15 901 716.40		15 901 716.40
	基础设施费	10		104 888 980.55		104 888 980.55
	开发间接费用	11		/		/
	公共配套设施费	12		1 040 840.92		1 040 840.92
3. 房地产开发费用 13＝14＋15		13		10 564 111.98		10 564 111.98
其中	利息支出	14				
	其他房地产开发费用	15		10 564 111.98		10 564 111.98
4. 与转让房地产有关的税金等 16＝17＋18＋19＋20		16		12 142 339.78		12 142 339.78
其中	营业税	17		11 788 679.40		11 788 679.40
	城市维护建设税	18				
	教育费附加	19				
	其他税费	20		353 660.38		353 660.38
5. 财政部规定的其他扣除项目（加计 20%）		21		27 911 365.34		27 911 365.34

续表

三、增值额 22＝1－4	22		45 031 847.9		45 031 847.9
四、增值额与扣除项目之比（%）23＝22÷4	23		23.6%		23.6%
五、适用税率（%）	24		30%		30%
六、速算扣除系数（%）	25		/		/
七、应缴土地增值税税额 26＝22×24－4×25	26		13 509 554.37		13 509 554.37
八、已预缴土地增值税税额	27		2 024 922.29		2 024 922.29
九、应补（退）土地增值税税额 28＝26－27	28		11 484 632.08		11 484 632.08
纳税人 签章 年　月　日		法人代表 签章 年　月　日	经办人员（代理申报人） 签章 年　月　日		备注

（五）解答分析

主管税务机关根据上述纳税人提交的土地增值税清算资料，按照清算审核流程的有关规定，对该房地产开发项目进行清算受理，并下达了《土地增值税清算受理通知书》。经初步审核资料后，主管税务人员发现该项目在成本扣除方面存在不合理的问题，对其自行清算申报的成本费用进行了逐项审核，审核内容及具体情况如下：

第一步：土地增值税清算单位的审核认定

该公司项目开发相关证照齐全，属于常规开发业务，在确认土地增值税清算单位时，以国土规划部门发放的建设工程规划许可证为条件，确定税收法定意义上的独立开发项目。因该房地产项目取得两个建设工程规划许可证，故将该房地产项目确定为两个土地增值税清算单位进行清算。

第二步：土地增值税应税收入的审核确定

在对该房地产项目的收人情况的审核过程中，结合销售发票、销售合同、房产销售分户明细表及其他有关资料，重点审核销售明细表、房地产销售面积与项目可售面积的数据关联性，并结合对现金及银行存款流水账、预收账款、应收账款明细账的审核，以核实计税收入。同时，对销售合同所载商品房面积与有关部门实际测量面积不一致而发生补、退房款的收入调整情况进行了审核。经审核，截至 2008 年 7 月 31 日，核实土地增值税应税收入 1 133 899 193.55 元，其中 1～4 号楼确定土地增值税应税收入为 898 125 605.55 元，5 号楼、6 号楼确定土地增值税应税收入为 235 773 588.00 元，且根据该公司所在地普通与非普通住宅划分标准确定，该房地产开发项目转让房地产取得的收入均为非普通住宅收入和其他开发产品收入。

第三步：土地增值税扣除项目的审核确定

1. 扣除项目成本分摊原则的确定

通过该公司账面反映，房地产项目开发过程中发生的成本费用，均在该公司“在建工程”科目进行统一核算，未按单栋楼盘进行分项核算。因此，在该项目土地增值税清算中，其成本分摊原则是：对土地成本按占地面积进行分摊；对前期工程费、建筑安装工程费、基础设施费、公共配套设施费、开发间接费用等成本除可以确定到某具体核算单位的成本外，其他发生的成本费用按可售建筑面积进行分摊。

2. 取得土地使用权所支付金额的审核

一是审核取得土地使用权支付的金额是否获取合法有效的凭证；二是审核出让合同、出售方开具的收据、银行支付记录等资料，核实账面记载该项目的土地使用权支付金额为 13 890 035.22 元，按确定的成本分摊原则计算分摊，1～4 号楼应分摊 11 946 737.38 元，5 号楼、6 号楼应分摊 1 943 297.84 元。经审核确认：其自用面积应分摊土地使用权成本 3 808 637.43 元（1～4 号楼为 3 653 334.49 元，5 号楼、6 号楼为 155 302.94 元）。

未出售面积应分摊土地使用权成本 1 938 246.70 元（1～4 号楼为 1 861 358.31 元，5 号楼、6 号楼为 76 888.39 元）；

合计应调减成本 5 746 884.13 元（1～4 号楼为 5 514 692.80 元，5 号楼、6 号楼为 232 191.33 元），应予以扣除的取得土地使用权所支付的金额为 8 143 151.09 元（1～4 号楼为 6 432 044.58 元，5 号楼、6 号楼为 1 711 106.51 元）。

3. 房地产开发成本的审核

(1) 土地征用及拆迁补偿的审核。因该项目土地系向某单位购买的房产进行的商业开发，故对土地征用及拆迁补偿的审核程序及方法，与取得土地使用权所支付金额的审核程序及方法相同，核实账面记载土地征用及拆迁补偿金额为 76 724 966.00 元，按确定的成本分摊原则计算分摊，1～4 号楼为 65 990 690.81 元，5、6 号楼为 10 734 275.19 元。经审核确认：

其自用面积应分摊土地征用及拆迁补偿成本 21 037 911.33 元（1～4 号楼为 20 180 057.99元，5 号楼、6 号楼为 857 853.34 元）；

未出售面积应分摊土地征用及拆迁补偿成本 10 706 394.30 元（1～4 号楼为 10 281 682.69元，5 号楼、6 号楼为 424 711 61 元）；

合计应调减 31 744 305.63 元（1～4 号楼为 30 461 740.68 元，5 号楼、6 号楼为 1 282 564.95 元），应予以扣除的土地征用及拆迁补偿为 44 980 660.37 元（1～4 号楼为 35 528 950.13 元，5 号楼、6 号楼为 9 451 710.24 元）。

(2) 前期工程费的审核。在审核过程中发现该 A 公司房地产项目账面列支的前期工程费支出金额偏大，经审核前期工程费的相关合同、付款凭证、发票等资料，发现该公司曾对该项目进行过多次变更设计，致使前期工程费支出与最初预算相比有大幅增加，核实账面记载前期工程费 128 016 035.84 元，按确定的成本分摊原则计算分摊，1～4 号楼为 112 114 319.44 元，5 号楼、6 号楼为 15 901 716.40 元。经审核确认：

前期工程费中直接提出不作为本次扣除项目成本（系可单独确认为 1～4 号楼项目自用面积负担的相关成本）14 356 570.53 元；

自用面积应分摊前期工程费 31 165 296.88 元（1～4 号楼为 29 894 454.43 元，5 号楼、6 号楼为 1 270 842.45 元）；

未出售面积应分摊前期工程费 15 860 274.19 元（1～4 号楼为 15 231 128.99 元，5 号楼、6 号楼为 629 145.20 元）；

合计应调减 61 382 141.60 元（1～4 号楼为 59 482 153.95 元，5 号楼、6 号楼为 1 899 987.65 元），应予以扣除的前期工程费为 66 633 894.24 元（1～4 号楼为 52 632 165.49 元，5 号楼、6 号搂为 14 001 728.75 元）。

（3）建筑安装工程费的审核。主要审核施工单位与开发商签订的施工合同，并与相关账目进行核对；审核取得的建筑安装业发票、工程进度记录、银行存款支付工程款等资料；实地查看项目工程情况，对部分截止清算日的单项工程造价，向建筑施工单位进行取证，核实账面记载建筑安装工程费 867 444 937.65 元，按确定的成本分摊原则计算分摊，1～4 号楼为 762 555 957.10 元，5 号楼、6 号楼为 104 888 980.55 元。经审核确认：

其自用面积应分摊建筑安装工程费 193 271 256.74 元（1～4 号楼为185 390 140.82 元，5 号楼、6 号楼为 7 881 115.92 元）；

未出售面积应分摊建筑安装工程费为 98 357 321.59 元（1～4 号楼为94 455 684.29 元，5 号楼、6 号楼为 3 901 637.30 元）；

开发成本中直接剔除不作为本次扣除项目成本（包括该公司资本化的借款利息支出、自用的 2 号楼精装修支出及部分可以直接确认到尚未出售及自用楼盘的相关建安成本）155 976 165.82 元（1～4 号楼为 150 538 546.73 元，5 号楼、6 号楼为5 437 619.09 元）；

合计应调减 447 604 744.15 元（1～4 号楼为 430 384 371.84 元，5 号楼、6 号楼为 17 220 372.31 元），应予以扣除的建筑安装工程费为 419 840 193.50 元（1～4 号楼为 332 171 585.26 元，5 号楼、6 号楼为 87 668 608.24 元）。

（4）基础设施费的审核。采用与建筑安装费类似的方法，核实账面记载基础设施费金额 40 132 557.16 元，按确定的成本分摊原则计算分摊，1～4 号楼为 34 517 745.06 元，5号楼、6 号楼为 5 614 812.10 元。经审核确认：

其自用面积应分摊基础设施费 11 004 301.80 元（1～4 号楼为 10 555 574.04 元，5 号楼、6 号楼为 448 727.76 元）；

未出售面积应分摊基础设施费 5 600 179.09 元（1～4 号楼为 5 378 031.24 元，5 号楼、6 号楼为 222 147.85 元）；

合计应调减 16 604 480.89 元（1～4 号楼为 15 933 605.28 元，5 号楼、6 号楼为 670 875.61 元），应予以扣除的基础设施费为 23 528 076.27 元（1～4 号楼为 18 584 139.78元，5 号楼、6 号楼为 4 943 936.49 元）。

（5）公共配套设施费的审核。同样采用与建筑安装费类似的方法，核实账面记载公共配套设施费金额 7 439 538.00 元，按确定的成本分摊原则计算分摊，1～4 号楼为 6 398 697.08 元，5 号楼、6 号楼为 1 040 840.92 元。经审核确认：

其自用面积应分摊公共配套设施费 2 039 912.91 元（1～4 号楼为 1 956 730.39 元，5 号楼、6 号楼为 83 182.52 元）；

未出售面积应分摊公共配套设施费 1 038 128.34 元（1～4 号楼为 996 947.88 元，5 号楼、6 号楼为 41 180.46 元）；

合计应调减 3 078 041.25 元（1～4 号楼为 2 953 678.27 元，5 号楼、6 号楼为 124 362.98 元），应予以扣除的公共配套设施费为 4 361 496.75 元（1～4 号楼为 3 445 018.81元，5 号楼、6 号楼为 916 477.94 元）。

（6）开发间接费的审核。该公司未单独核算列支项目开发间接费用，未做调整。

4. 房地产开发费用的审核

对该公司房地产开发项目间发生的利息支出，审核其借款合同、利息支付单据等资料，该项目除向银行借款外，还存在向其他企业借款（借款利息未超过同期银行贷款利息）。因此，对开发费用中利息支出，按准予扣除的土地使用权所支付金额和开发成本之和的 5%以内计算扣除。

对该公司房地产开发项目期间发生的销售费用和管理费用支出，审核相关的账簿、原始凭证、经济事项合同等资料，发现该公司该项目因延续时间很长，发生的其他房地产开发费用金额已超过了本次土地增值税清算准予扣除的土地使用权所支付金额和开发成本之和的 5%。因此，对房地产开发销售费用和管理费用，按准予扣除的土地使用权所支付金额和开发成本之和的 5%以内计算扣除。

同时，在审核房地产开发成本中发现，该公司将实际支付的房屋维修基金，作为开发成本列支，应视同税金列支，不应作为加计扣除的基数。

综上所述，经审核确认，房地产开发费用按可扣除的取得土地使用权所支付金额 8 143 151.09 元与开发成本 559 344 321.13 元之和减去该公司缴纳的房屋维修基金 4 053 389.00 元（按确定的成本分摊原则计算分摊，1～4 号楼为 3 486 292.70 元，5 号楼、6 号楼为 567 096.30 元）后的余额 10%以内计算，应予以扣除金额为56 343 408.33 元（1～4 号楼为 44 530 761.14 元，5 号楼、6 号楼为 11 812 647.19 元）。

5. 与转让房地产有关的税金的审核

在对该公司与转让房地产有关的税金审核中，重点审核与项目有关的营业税金及附加等纳税凭证，重点注意是否存在不属于清算范围或者不属于转让房地产时发生的税金及附加，或者按照预售收入（不包括已经结转销售收入部分）计算并缴纳的税金及附加等情况。因该公司属于外资房地产企业，其涉及的营业税金及附加主要为营业税、堤防费、地方教育费附加。经审核确认，应予以扣除的转让房地产有关税金为58 395 808.47元（1～4 号楼为 46 253 468.69 元，5 号楼、6 号楼为 12 142 339.78 元）。

6. 税法规定加计扣除 20%的审核

根据《土地增值税暂行条例实施细则》规定，从事房地产开发的纳税人可按取得土地使用权所支付的金额、开发土地和新建房及配套设施的金额之和加计 20%扣除。因此，经审核确认，应予以扣除的取得土地使用权所支付金额 8 143 151.09 元（1～6 号楼）与开发成本 559 344 321.13 元（1～6 号楼）之和减去房屋维修基金 4 053 389.00元（1～4 号楼为 3 486 292.70 元，5 号楼、6 号楼为 567 096.30 元）后的余额的 20%加计扣除 112 686 816.64 元（1～4 号楼为 89 061 522.27 元，5 号楼、6 号楼为 23 625 294.37 元）。

第四步：土地增值税应纳税额的审核确定

由于该公司房地产开发项目取得的收入均为非普通住宅及其他开发产品收入，其应缴纳的土地增值税计算如下：

1. 1～4 号楼项目应缴土地增值税计算

（1）计算增值额：

898 125 605.55－(6 432 044.58＋35 528 950.13＋52 632 165.49
＋332 171 585.26＋18 584 139.78＋3 445 018.81＋44 530 761.14
＋46 253 468.69＋89 061 522.27)＝898 125 605.55－628 639 656.15
＝269 485 949.40(元)

（2）计算增值额占扣除项目金额的百分比：

269 485 949.40÷628 639 656.15×100%＝42.87%

（3）计算土地增值税应纳税额：

因增值额未超过扣除项目金额的 50%，其适用税率为 30%，其应纳税额为：

269 485 949.40×30%＝80 845 784.82(元)

2. 5 号楼、6 号楼项目应缴土地增值税计算

（1）计算增值额：

235 773 588.00－(1 711 106.51＋9 451 710.24＋14 001 728.75
＋87 668 608.24＋4 943 936.49＋916 477.94＋11 812 647.19
＋12 142 339.78＋23 625 294.37)

＝235 773 588.00－166 273 849.51

＝69 499 738.49(元)

（2）计算增值额占扣除项目金额的百分比：

69 499 738.49 ÷166 273 849.51×100％＝41.80％

（3）计算土地增值税应纳税额：

因增值额未超过扣除项目金额的50％，其适用税率为30％，其应纳税额为：

69 499 738.49×30％＝20 849 921.55(元)

3. 该公司房地产开发项目土地增值税清算结论

由于该公司转让房地产取得的收入均按规定进行预征，其预征税款无法划分到具体项目上，通过上述计算，该公司转让房地产合计应缴纳土地增值税101 695 706.37元，已预征14 473 375.47元，应补缴税额为87 222 330.90元，并据此下达《土地增值税清算审核通知书》。

二、部分完工土地增值税清算案例

（一）清算申请情况

北京市东城区某房地产开发有限公司投资建设的“东园小区”项目，在2006年7月，向东城地方税务局提出办理土地增值税清算申请手续。

税务部门对该公司所提供的有关清算项目资料进行了验收，特别是对《土地增值税清算鉴证报告》（以下简称《鉴证报告》）中内容和格式进行了重点查验后，同意“东园小区”项目办理土地增值税清算手续。

（二）《鉴证报告》披露内容

1. 纳税主体的确认

某房地产开发有限公司是东园小区项目的开发商，是该项目的土地增值税纳税主体。证明资料如下：

（1）经北京市发展计划委员会于2001年2月以（2001）231号文件批准投资开发的项目，座落于东城区××号，规划批准总占地面积80 000平方米。

（2）某房地产开发有限公司在申请土地增值税清算之前，已经办理并持有“五证”。

（3）某房地产开发有限公司在2003年3月曾到东城地方税务局为该项目办理了土地增值税项目登记手续。

（4）某房地产开发有限公司发生了商品房开发销售行为，并取得了经营收入。“东园小区”项目于2002年初开工建设，于2003年5月开始对商品房进行预销售。到2006年7月，已销售商品房面积占可销售总建筑面积的比例已达到94％。

2. 清算单位的确认

（1）单位工程的构成情况。

根据北京市房地产勘察测绘所提供实测总建筑面积证明为 200 000 平方米，按用途划分，包括以下各项单位工程：可售面积证书中批复商品房销售面积 170 000 平方米；其余不可出售的自用办公、商业、车库等面积 30 000 平方米。另外还有配套设施面积 12 000 平方米。

（2）普通标准住宅的确认情况。

房屋测绘部门对出售商品住宅进行测量后出具的证明为：总商品住宅面积 130 000 平方米，总商品住宅共 7 栋为 1 040 套，按单栋计算后，每套平均 125 平方米，属于二级土地，根据 2006 年北京市公布的每平方米普通住房平均交易价格12 710.4 元，规划批复的项目容积率为 2.5，因此按照普通标准住宅三个条件的标准，已出售的 120 000 平方米商品住宅，可以享受普通标准住宅的优惠政策。

（3）清算单位的确认。

“东园小区”开发项目的主管税务所，是×××税务所，该项目只有一个纳税地点。因此“东园小区”土地增值税的清算单位可分为两类：一是普通标准住宅；二是其他商品房。

3. 清算条件的确认

（1）取得预售许可证已满三年。

“东园小区”于 2003 年 5 月开始对商品房进行预销售，到申请清算之日，取得预售许可证已超过三年。

（2）项目全部竣工，已售面积超过可售总建筑面积的 85%。

①竣工验收情况：“东园小区”项目在 2006 年 5 月通过全部工程质量验收，并取得了北京市建设工程质量监督总站颁发的“北京市建设工程质量合格证书”。

②销售进度：该项目已销售面积占可销售总建筑面积的比例为：160 000÷170 000=94%。

截至 2006 年 5 月 30 日，可售面积中已出售面积为 160 000 平方米，其中出售住宅 120 000 平方米、出售商业用房 15 000 平方米、出售办公用房 25 000 平方米。剩余未销售面积 10 000 平方米中，已对外出租 4 000 平方米。

4. 取得收入情况说明

（1）房地产转让收入。

某房地产开发有限公司于 2003 年 5 月开始预销售“东园小区”的房屋，截止到 2006 年 5 月 30 日，共取得销售收入总额 1 430 000 000 元，全部为货币收入（人民币）。具体数据如下：

①出售住宅取得销售收入 900 000 000 元；

②出售商业用房取得销售收入 255 000 000 元；

③出售办公用房取得销售收入总额 275 000 000 元。

（2）商品房出租收入。

取得租金收入 200 000 元，不是转让收入，根据文件规定，该项收入不属于土地增值税的征税范围。

（3）代收费用情况。

对于某房地产开发有限公司在售房时代收的各项费用，未计入房价，而是在房价之外单独收取的，不包含在转让房地产的收入中，不属于土地增值税的征税范围。

（4）普通标准住宅收入的确认。

某房地产开发有限公司对出售的普通住宅的收入和扣除项目按规定进行了单独核算。根据账面记录，出售普通标准住宅取得收入 900 000 000 元。

普通标准住宅占清税项目面积的比例为 120 000÷160 000＝75％。

5. 扣除项目情况说明

（1）取得土地使用权所支付的金额。

①取得土地使用权所支付的总金额：

某房地产开发有限公司取得土地使用权所支付的总金额为 453 200 000 元。

单位提供的"××号土地出让合同"及京房地［低］字 X 号地价缴款证明，"东园小区"项目已向北京市国有土地资源和房屋管理局，缴纳土地出让金 440 000 000 元，缴纳契税 13 200 000 元（不含公共配套设施政府赠送的占地面积）。

②本次清税应扣除取得土地使用权所支付的金额：

该项目本次清税应扣除取得土地使用权所支付的金额为 426 008 000 元。

具体计算如下：

取得土地使用权支付的总金额×已销售面积÷可销售总建筑面积

＝453 200 000×160 000÷170 000＝426 008 000（元）；

（2）开发成本。

开发成本支出总金额：

经鉴证某房地产开发有限公司提供的工程预算及结算明细资料有关凭证，截至 2006 年 5 月该项目工程成本为 493 600 000 元，具体数据如下：

①土地拆迁及补偿费：39 700 000 元；

②前期工程费：115 070 700 元；

③建筑安装工程费：290 000 000 元；

④基础设施费：1 586 000 元；

⑤公共配套设施费：27 942 700 元；

⑥开发间接费：19 300 600 元。

"四项成本"与建设工程造价定额标准对比情况：

①"四项成本"总金额：

"四项成本"的总金额为 425 957 300 元，具体计算公式如下：

“四项成本”的总金额 = 前期工程费 115 070 700 元 + 建筑安装工程费 290 000 000 元 + 基础设施费 1 586 000 元 + 开发间接费 19 300 600 元

②本次扣除的“四项成本”金额：

根据纳税人提供的开发项目成本财务报表等资料，并按清税面积与可售总建筑面积配比分摊后，确认的四项成本本次扣除金额为 400 399 862 元，未发现问题。具体公式如下：

“四项成本”的总金额 425 957 300 元×94％＝400 399 862（元）

③对比评价：

每平方米工程造价 = “四项成本”总金额 425 957 300 元 ÷ 总建筑面积 200 000 平方米

通过对四项成本进行计算，该项目四项成本每平方米工程造价的金额为2 129.79 元，不高于《分类房产单位面积建安造价表》中公布的 2006 年“居住”（高层普通住宅——毛坯房）及“商业”类每平方米建安造价金额。

（开发成本具体内容、数据来源见《鉴证报告》相关表格。）

本次清税应扣除的房地产开发成本金额：

“东园小区”项目，本次清税应扣除的房地产开发成本金额为 463 984 000 元。具体数据如下：

分摊扣除金额计算过程为：

①土地拆迁及补偿费 39 700 000 元＋前期工程费 115 070 700 元＋建筑安装工程费 290 000 000 元＋基础设施费 1 586 000 元＋开发间接费 19 300 600 元＝465 657 300 元。具体计算如下：

465 657 300×160 000÷170 000＝437 717 862（元）

②公共配套设施费：27 942 700 元，本次清算分摊扣除的公共配套设施费用 26 266 138 元，具体计算如下：

27 942 700×160 000÷170 000＝26 266 138（元）

计算本次允许扣除项目金额，可以采用上述的可售面积百分比法，也可以采用单位成本法。

（3）房地产开发费用。

某房地产开发有限公司不能提供金融机构贷款证明，利息支出无法确定，因此三项费用扣除的金额为：（426 008 000＋463 984 000）×10％＝88 999 200（元）。

（4）与转让房地产有关的税金。

缴纳与销售环节的有关营业税 71 500 000 元，缴纳城市维护建设税和教育费附加 7 150 000 元。

（5）房地产开发企业加计扣除。

房地产开发企业加计扣除为：（426 008 000＋463 984 000）×20％＝177 998 400（元）

（6）本次清算允许扣除项目的总金额。

根据以上数据，本次清算允许扣除项目的总金额为：426 008 000＋463 984 000＋88 999 200 ＋78 650 000＋177 998 400＝1 235 639 600（元）。

（7）公共配套设施用途。

公共配套设施面积12 000平方米，用途分别为：变电站和热力站800平方米、物业管理用房200平方米、托儿所2 000平方米、派出所500平方米、游泳馆4 000平方米、自行车棚1 000平方米，车库3 500平方米。

6. 纳税详细计算过程

该项目既有普通标准住宅，又有其他商品房，应分别计算增值额。

（1）普通标准住宅计算过程。

出售普通标准住宅取得收入900 000 000元。

①普通标准住宅占清税项目面积的比例为：120 000÷160 000＝75％；

②扣除项目金额＝1 235 639 600×75％＝926 729 700（元）；

③增值额＝900 000 000－926 729 700＝－26 729 700（元）；

造成负数的原因是存在加计扣除20％的因素，增值额的绝对值占普通标准住宅收入金额的百分比为2.97％。如果没有加计扣除因素，增值额不可能为负数。

该项目的普通标准住宅部分，因增值额未超过扣除项目金额20％，应免征土地增值税。

（2）其他商品房计算过程。

出售商业及办公用房取得收入530 000 000元；

已出售的商业及办公用房占清税项目面积的比例为：40 000÷160 000＝25％；

扣除项目金额为：1 235 639 600×25％＝308 909 900（元）；

增值额为：530 000 000－308 909 900＝221 090 100（元）；

增值额与扣除项目金额之比（增值率）为：221 090 100÷308 909 900＝71.57％；

适用税率为40％；

应纳土地增值税为：(221 090 100×40％)－(308 909 900×5％)＝72 990 545（元）；

已纳土地增值税5 000 000元；

应补缴土地增值税为：72 990 545－5 000 000＝67 990 545（元）。

7. 税务机关审核情况

经税务机关审核，除下列事项外，其他方面未发现问题，现将有关事项说明如下：

（1）公共配套设施费用的审核。

经对纳税人提供的《鉴证报告》中“公共配套设施费鉴证表”列举的公共配套设施费内容进行审核后，发现游泳馆是对外开放经营性质的设施，根据国税发〔2006〕187号文件规定的公共配套设施扣除项目处理原则，不应列入公共配套设施扣除范围，应将游泳馆列支的10 000 000元费用从公共配套设施扣除总费用中剔除，确认该清算项目公共配套设施费用的金额为17 942 700元，按清算面积分摊后，本次允许扣除的金额为16 866 138元。具体如下：

17 942 700×160 000÷170 000＝16 866 138（元）

对于公共配套设施费用中的车库费用金额，由于纳税人提供了人防工程证明，允许分摊扣除。

（2）房地产开发费用的审核。

《鉴证报告》中对该单位房地产开发费用是按率扣除计算的金额，由于税务机关审核后已对游泳馆列支的费用10 000 000元进行调减，因此，以取得土地使用权所支付的金额和房地产开发成本计算的金额之和的10％进行重新计算后应扣除金额为88 059 200元。

（3）重新计算房地产开发企业加计扣除为：

（426 008 000＋454 584 000）×20％＝176 118 400（元）

（4）本次清算面积允许扣除项目的总金额。

经审核后本次清算面积允许扣除项目的总金额为：

426 008 000＋454 584 000＋88 059 200＋78 650 000＋176 118 400
＝1 223 419 600（元）

（5）修正后的应纳税款计算。

由于普通标准住宅增值额未超过扣除项目的20％，应予以免税，这里不再做重复计算。下面对修正后其他商品房应纳税款计算过程说明如下：

①出售商业及办公用房取得收入530 000 000元；

②其他商品房占清税项目面积的比例为：40 000÷160 000＝25％；

③扣除项目金额＝1 223 419 600×25％＝305 854 900（元）；

④增值额＝530 000 000－305 854 900＝224 145 100（元）；

⑤增值率为：224 145 100÷305 854 900＝73.28％；

⑥适用税率为40％，应纳土地增值税为：（224 145 100×40％）－（305 854 900×5％）＝74 365 295（元）；

⑦已纳土地增值税为5 000 000元；

⑧应补缴土地增值税为69 365 295元。

（三）对东园小区项目审核后有关的附列情况

（1）总建筑面积200 000平方米。

（2）批准可销售面积 170 000 平方米。

（3）已出售面积 160 000 平方米。

（4）取得收入 1 430 000 000 元。

（5）本次清算扣除项目总金额为：1 223 419 600 元。

①本次清算扣除取得土地使用权所支付的金额 426 008 000 元。

②本次清算扣除房地产开发成本 454 584 000 元。

③本次清算扣除房地产开发费用 88 059 200 元

④本次清算扣除与转让房地产有关的税金 78 650 000 元。

⑤本次清算加计扣除金额为 176 118 400 元。

（6）本次清算每平方米允许分摊扣除的金额为 7 646.37 元。

三、土地增值税错误清算案例

（一）案例背景

甘肃某房地产开发公司主要从事房地产开发及销售业务，2005—2011 年期间开发了某小区，小区建筑面积 34 817.50 平方米，根据不同用途划分，住宅面积 24 971.78 平方米，商铺 9 845.72 平方米，其中销售 6 027.15 平方米。项目取得土地使用权支付的价款 5 342 400.00 元，建筑安装工程费支出 24 122 860.48 元，前期费用及配套费 1 681 420.93 元，人防建设费 1 142 784.39 元（除取得土地使用权支付的价款 5 342 400.00 元外，其他费用支出根据计算结果推算）。

其土地增值税计算结果为：开发小区住宅收入 27 947 865.37 元，计算增值率为－7％，不征收土地增值税。取得开发小区商铺收入 12 664 883.83 元，扣除项目如下：

1. 土地成本 924 806.38 元，计算方法为，将取得土地使用权支付的价款 5 342 400.00 元分摊到每平方米的建筑面积，然后按照商铺销售面积计算商铺取得土地使用权支付的价款，计算公式：

$$\frac{\text{土地成本}}{924\,806.38\text{元}}=\frac{\text{取得土地使用权}}{\text{支付的价款}5\,342\,400.00\text{元}}\div\frac{\text{总建筑面积}}{34\,817.5\text{平方米}}\times\frac{\text{商铺销售面积}}{6\,027.15\text{平方米}}$$

2. 建安成本 4 175 833.95 元，计算方法同 1。推算本清算单位建安成本 24 122 860.48元（扣除的建安成本 4 175 833.95 元÷商铺销售面积 6 027.15 平方米×总建筑面积 34 817.5 平方米）。

3. 前期费用及配套费 291 065.59 元，计算方法同上，推算的清算单位前期费用及配套费为 1 681 420.93 元，推算方法同 2；

4. 人防建设费及城市增容费 197 823.88 元，计算方法同上，推算的清算单位前期费用及配套费 1 142 784.39 元，推算方法同 2；

以上开发成本合计 5 589 529.80 元。

5. 扣除利息 279 476.49 元，按直接开发成本 5 589 529.80 元×5％计算。

6. 实际发生的开发费用 174 142.15 元。

7. 加计扣除 1 117 905.96 元，按直接开发成本 5 589 529.80 元×20%计算。

8. 相关税金 696 568.61 元，按照销售收入 12 664 883.83 元的 5.5%计算。

以上扣除项目合计 7 857 623.01 元，增值额为 4 807 260.82 元，增值率 61%，适用 40%的税率，计算已销售商铺应缴的土地增值税为 1 530 023.18 元。

（二）合法性分析

从上述案例资料的计算我们不难看出，当地税务机关将一个开发项目按照开发产品的不同用途分成了两个清算单位计算土地增值税，同时开发费用按照实际发生数计算扣除，是不符合土地增值税相关规定的。

首先，我们来看关于土地增值税清算单位的政策规定。

《土地增值税暂行条例实施细则》第八条规定，土地增值税以纳税人房地产成本核算的最基本的核算项目或核算对象为单位计算。

《财政部 国家税务总局关于土地增值税一些具体问题规定的通知》（财税字〔1995〕048 号）第十三条“关于既建普通标准住宅又搞其他类型房地产开发的如何计税的问题”规定，对纳税人既建普通标准住宅又搞其他房地产开发的，应分别核算增值额。不分别核算增值额或不能准确核算增值额的，其建造的普通标准住宅不能适用《土地增值税暂行条例》第八条（一）项的免税规定。

《财政部 国家税务总局关于土地增值税若干问题的通知》（财税〔2006〕21 号）第一条“关于纳税人建造普通标准住宅出售和居民个人转让普通住宅的征免税问题”规定，《土地增值税暂行条例》第八条中“普通标准住宅”和《财政部 国家税务总局关于调整房地产市场若干税收政策的通知》（财税字〔1999〕210 号）第三条中“普通住宅”的认定，一律按各省、自治区、直辖市人民政府根据《国务院办公厅转发建设部等部门关于做好稳定住房价格工作意见的通知》（国办发〔2005〕26 号）制定并对社会公布的“中小套型、中低价位普通住房”的标准执行。纳税人既建造普通住宅，又建造其他商品房的，应分别核算土地增值额。

在本文件发布之日前已向房地产所在地地方税务机关提出免税申请，并经税务机关按各省、自治区、直辖市人民政府原来确定的普通标准住宅的标准审核确定，免征土地增值税的普通标准住宅，不做追溯调整。

《国家税务总局关于房地产开发企业土地增值税清算管理有关问题的通知》（国税发〔2006〕187 号）第一条“土地增值税的清算单位”规定，土地增值税以国家有关部门审批的房地产开发项目为单位进行清算，对于分期开发的项目，以分期项目为单位清算。开发项目中同时包含普通住宅和非普通住宅的，应分别计算增值额。

《甘肃省土地增值税预征清算办法》第四条第二款明确，单位项目是指纳税人房地产成本核算的最基本的核算项目；已竣工决算项目是指取得建设工程质量监督部门已出具工程质量认定合格证书，建设施工单位对工程已签署《工程造价决算书》的工程项目。

根据以上规定，结合税收政策适用的“高位法优于低位法，后法优于前法”的基本原则，土地增值税的清算单位（或称计算项目、叫单位项目）的确定，应该以会计核算的成本对象，结合国家有关部门审批的房地产开发项目确定，当会计核算确定的成本对象范围大于国家有关部门审批的房地产开发项目时，应以国家有关部门审批的房地产开发项目作为清算单位，当会计核算确定的成本对象范围小于国家有关部门审批的房地产开发项目时，以会计核算确定的成本对象为清算单位。在现行土地增值税政策法规中，没有任何一个规定是以开发产品的不同用途划分的。有人理解，国税发〔2006〕187号文件规定，开发项目中同时包含普通住宅和非普通住宅的，应分别计算增值额，据此应该分普通住宅和商铺等分别计算增值额，其实这一规定的用意非常明显，是说开发的住房既有普通住宅又有非普通住宅的，应分别计算增值额，其目的是确定普通住宅的增值率，以便判断是否符合免税条件，对于这一点，财税字〔1995〕048号文件第十三条和财税〔2006〕21号文件第一条说得再清楚不过了，也就是说，分别计算普通住宅和非普通住宅的增值额，是基于免税的原因，否则就没有分别计算的必要。因此，该税务机关以开发产品的不同用途确定清算单位分别计算增值税的做法没有政策法律依据。

另外，在介绍案例基本情况及计算有关税款时，土地增值税按照2%的计算率定率征收，也是没有法律依据的。

其次，在开发费用的扣除上，《国家税务总局关于房地产开发企业土地增值税清算管理有关问题的通知》（国税发〔2006〕187号）第四条“土地增值税的扣除项目”规定，房地产开发企业办理土地增值税清算时计算与清算项目有关的扣除项目金额，应根据《土地增值税暂行条例》第六条及其实施细则第七条的规定执行。《土地增值税暂行条例实施细则》第七条规定：“凡不能按转让房地产项目计算分摊利息支出或不能提供金融机构证明的，房地产开发费用按本条（一）、（二）项规定计算的金额之和的10％以内计算扣除”。也就是说，当不能按转让房地产项目计算分摊利息支出或不能提供金融机构证明的，开发费用按照取得土地使用权支付的价款和开发成本之和的10％计算扣除，而本案例中利息按照取得土地使用权支付的价款和开发成本之和的5％扣除，其他开发费用据实扣除，按案例的计算方法少扣除105 334.34元。

因此，根据现行土地增值税政策的规定，本项目如果确已符合清算条件，没有普通住房或者不享受普通住房增值率不超过20％免税的政策，并且已经销售完，依据资料，本项目清算时收入总额40 612 749.20元，扣除项目金额合计39 500 968.50元，增值额1 111 780.70元，增值率为2.82％，应交土地增值税333 534.21元。

（三）合理性分析

所谓合理性，是指土地增值税的计算方法应该符合常理，计算结果应该能够体现土地增值税的立法原则。

就本案而言，首先我们分析其计算方法的合理性。假设按照开发项目的不同用途分别清算土地增值税，住房算住房的增值额、商铺算商铺的增值额，那么有个基本的原则，那就是扣除项目也应与收入相配比计算。也就是说，商铺的开发成本和住宅的开发成本应该是不同的，商铺的售价高，除用途和位置因素以外，成本也是不一样的，比如商铺层较高、外墙处理、室内装修及周边为商业用途的实现而硬化等，都是商铺成本高于住宅的原因。但是该地方税务机关的计算方法是收入分别计算，而扣除项目不分开发产品用途平均计算，如本例中各成本项目单位建筑面积成本分别为：土地成本平均每平方米 153.44 元、建安成本每平方米 692.84 元、前期配套每平方米 48.29 元、人防增容每平方米 32.82 元，分别乘以商铺销售面积就是商铺的成本，乘以住宅销售面积就是住宅的开发成本。这种计算方法，无视不同开发产品成本的差异，结果无疑是人为地将商铺的开发成本减少而扩大了其增值额，出现了一个清算单位人为地按照开发产品用途划分不同的清算单位，又人为地通过开发成本调节不同用途开发产品之间的增值额，在此基础上计算有增值的开发产品的增值额，据以计算土地增值税，显然是十分不合理的。其实在很多情况下，住宅由于受价格的影响，可能赢利很少甚至亏损，开发商主要是通过开发商铺来弥补开发项目的收益，本例住宅增值率为－12％而商铺增值率为 61％ 就能说明这个问题。

其次，我们再从结果进行分析。早在 1995 年国家税务总局就印发了《关于印发〈土地增值税宣传提纲〉的通知》（国税函发〔1995〕110 号），该通知就制定土地增值税所遵循的原则明确指出：

第一，要有效地抑制炒买炒卖“地皮”、“楼花”等牟取暴利的投机行为，防止扰乱房地产开发和房地产市场发展的行为。

第二，维护国家权益，防止国家土地增值收益流失，增加国家财政收入。

第三，保护从事正当房地产开发者的合法利益，使其得到一定的投资回报，促进房地产开发结构的调整。

也就是说，征收土地增值税的目的主要是从房地产开发中的超额利润中通过税收拿走一部分，调节土地及其房屋建筑物收益，保护房地产企业合理的收益。

本例中开发周期近 7 年（2005—2011 年），按照税务机关的算法，项目收入 48 636 731.59元（未售商铺按照已售商铺平均单价计算确定），开发成本 33 903 939.10 元（含计算扣除的利息），平均毛利率 30.27％，与其他行业趋于一致，但是流转环节应交营业税及附加 2 675 020.24 元，应交土地增值税 2 421 955.35 元（其中本次清算应缴 1 482 622.72 元，未售部分按照已售单位售价计算的应缴数为 939 332.63 元），税收负担率 10.58％，占毛利率的 34.92％，也就是说流转环节的税收要占到毛利的 1/3 多一点，正常的毛利下却超额负担税款，显然是不合理的，与土地增值税的立法原则是相悖离的。

第四篇
土地增值税筹划实务

CHAPTER

16 第十六章 土地增值税筹划理论

土地增值税是房地产企业所有税收中最为重要的一种，是对房地产企业收益影响很大的一个税种，也是国家对房地产行业进行宏观调控的重要手段之一。以前许多房地产企业主要是按预征率缴纳土地增值税，要等到企业注销时才清算土地增值税。在房地产价格大幅度上涨的情况下，许多房地产企业以前以低价购入土地，在开发房地产后，不断扩大的增值额导致的巨额土地增值税成了房地产企业的"心中之痛"。为了降低税负，房地产企业越来越重视土地增值税的筹划。

表 16-1 为税收筹划与偷税、避税的具体区别。

表 16-1　　税收筹划与偷税、避税对比

途径	偷税	避税	税收筹划
性质	违法、不合理	非法、不合理	合法合理
发生时间	纳税义务发生后	纳税义务发生时	纳税义务发生前
效果	损失（金钱、形象）大	只能获得短期经济利益	能获得长期经济利益
政府态度	坚决打击和惩罚	反对	保护、鼓励和倡导
管理水平	低	中	高
发展趋势	越来越少	越来越少	越来越多

我国土地增值税是按照纳税人转让房地产所取得的增值额和四级超率累进税率计算征收。同时国家也相继制定出台了一系列配套管理措施和相应的税收优惠政策，房地产企业可以利用土地增值税自身的特点和一些优惠政策，在遵守现行税收法规的前提下，利用好这些优惠政策进行合理筹划，通过对房地产开发企业筹资、开发和收益分配等活动的调整，寻求企业收益和税收负担的最佳配比，达到降低土地增值税税收成本、进一步提高投资效益的目的，从而实现税后收益最大化。

土地增值税是以增值额与扣除项目金额的比率即增值率的大小按照适用的税率累进计算征收的，增值率越大，适用的税率越高，缴纳的税款就越多。合理地增加扣除项目金额可以降低增值率，使其适用较低的税率，从而达到降低税收负担的目的。

改变增值率的方法有两种：一是合理定价，如在销售过程中当增值率略高于两极税率档次交界的增值率时，可通过适当降低价格减少增值额，降低土地增值税的适用税率，从而减轻税负。二是增加扣除额，主要是通过加大投入来提高市场竞争力。如加大公共配套设施投入，改善小区环境，提高房屋质量；调控土地增值税的扣除项目金额，杜绝违法虚开材料发票、建安发票、虚构零星工程项目和工程量等行为。

一、选择多元化方式处置开发产品

多元化方式处置开发产品的方式包括：销售、出租、先出租后销售、售后返租、股权投资、产权转让、转作经营性资产（开发产品自用自营）等。

房地产开发企业将开发的部分房地产转为企业自用或用于出租等商业用途时，如果产权未发生转移，不征收土地增值税，在税款清算时不列收入，不扣除相应的成本和费用。这标志着长期持有物业，开发商可免交土地增值税。而这一因素或可导致未来大量开发商将物业变出售为自持。房地产开发公司可以根据自己的发展战略和实际情况来进行相应的筹划，降低土地增值税的税负或延迟土地增值税的纳税时间。

将自己开发的房地产商品的用途改变为自用自营，即可享受不征收土地增值税的税收优惠。据了解，有的公司可能计划将一些项目的商铺留在自己的手里，不租也不卖，不形成收入，这样做既可以不超过85%以上已销售的门槛，还可以坐享房产升值。这一筹划思路首先要服从于企业经营规划和现实，不卖改自用、自营，这种情况在实际工作中可行性并不很强。其次要从延缓缴纳土地增值税的时间上考虑，因为对于房地产开发企业来说，自用房产发生产权转让时仍然要征缴土地增值税。特别值得注意的是，这里既要考虑由此延缓即时缴纳土地增值税所获得的资金时间价值，也要预测资金的风险价值，同时应兼顾再转让时的房产市值以及旧房扣除额的收益等。

二、利用预提费用的税前扣除政策

税法允许三项预提费用预提时依法在所得税前扣除的规定对纳税人比较有利，也在一定程度上突破了以票控税的机械性规定。除以下几项预提（应付）费用外，计税成本均应为实际发生的成本：第一，出包工程未最终办理结算而未取得全额发票的，在证明资料充分的前提下，其发票不足金额可以预提，但最高不得超过合同总金额的10%；第二，公共配套设施尚未建造或尚未完工的，可按预算造价合理预提建造费用。此类公共配套设施必须符合已在售房合同、协议或广告、模型中明确承诺建造且不可撤销，或按照法律法规规定必须配套建造的条件。第三，应向政府上交但尚未上交的报批报建费用、物业完善费用可以按规定预提。物业完善费用是指按规定应由企业承担的物业管理基金、公建维修基金或其他专项基金。

但土地增值税清算时不允许扣除任何预提费用，所有扣除项目，必须提供发票或合法凭据。

三、地下停车场作为公共配套设施处理

当一个房地产开发项目存在地下车库时，地下室车位面积能否计入可售面积？有的税务机关认为应计入可售面积，有的则认为不应计入可售面积。

有些地方税务机关认定，地下车库应计入可售面积，并且该项地下室成本并不可以全部一次性结转销售成本，而是进入计算可售面积单位工程成本的总成本，当期实际销售车位面积计入已售面积，结转销售成本，与当期实现的车位销售收入形成配比。

企业单独建造的停车场所，应作为成本对象单独核算。利用地下基础设施形成的停车场所，作为公共配套设施进行处理。

四、选择有利的增值额核算方式

一个开发项目既建有普通住宅，又建有商业用房，从房地产开发成本核算上讲，通常是以单栋楼为核算对象或者以一个建筑商所承揽的建筑工程为核算对象。如何计算土地增值税，在税收实践中有不同的理解。由于计算扣除项目的复杂性，计算方法有先按基本核算项目计算再按收入或面积分摊扣除项目的方法，还有先按面积分摊扣除项目再按规定计算的方法，而且不同的计算方法会产生迥然不同的结果。

计算方法一：住宅和商业用房分别计算土地增值税；

计算方法二：住宅和商业用房合并计算土地增值税。

《财政部 国家税务总局关于土地增值税一些具体问题规定的通知》(财税字〔1995〕048号）中规定，对纳税人既建普通标准住宅又搞其他房地产开发的，应分别核算增值额。不分别核算增值额或不能准确核算增值额的，其建造的普通标准住宅不能适用《土地增值税暂行条例》第八条（一）项的免税规定（即纳税人建造普通标准住宅出售，增值额未超出扣除项目金额20%的，免征增值税）。

该文件要求分别核算增值额，但怎样核算并未做出具体要求。现实工作中没有一个开发企业的会计人员在账务处理上是分层核算成本费用的。计算方法一是分别核算，确切地讲是分摊核算；方法二是以整栋楼为单位进行的核算。

案例分析

选择有利的增值额核算方式

碧水房地产开发有限公司开发了一幢面积为5 000平方米的联体商住楼，其中底商1 500平方米，住宅3 500平方米，住宅户型均符合当地普通住房标准。

该公司支付了与取得土地使用权有关的价款300万元，房地产开发成本700万元，房地产开发费用50万元；房地产转让收入1 650万元，其中商场550万元，住宅1 100

万元，营业税金及附加为5.5%，计算应交的土地增值税。

分析如下：

（一）整体核算

扣除项目金额＝(300＋700)×(1＋20%)＋50＋1 650×5.5%＝1 340.75（万元）

增值额＝1 650－1 340.75＝309.25（万元）

增值率＝309.25÷1 340.75×100%≈23.07%＞20%

应交土地增值税＝309.25×30%＝92.775（万元）

（二）分别核算

1. 分摊土地成本和开发成本、费用（按面积）。

商场：(1 500÷5 000)×(300＋700＋50)＝315（万元）

住宅：(3 500÷5 000)×(300＋700＋50)＝735（万元）

2. 分摊扣除项目金额。

商场：(90＋210)×(1＋20%)＋15＋550×5.5%＝405.25（万元）

住宅：(210＋490)×(1＋20%)＋35＋1 100×5.5%＝935.5（万元）

3. 分别计算增值额和增值率。

商场增值额：550－405.25＝144.75（万元）

增值率：144.75÷405.25×100%≈35.72%

住宅增值额：1 100－935.5＝164.5（万元）

增值率：164.5÷935.5×100%≈17.58%

4. 应交土地增值税。

商场：144.75×30%＝43.425（万元）

住宅：增值率未超过20%，免征土地增值税

合计应交土地增值税43.425万元。

通过上述计算可以看出，按分别核算法计算的应交土地增值税43.425万元少于按合并计算法计算的土地增值税92.775万元，这是因为采用分别核算法，普通标准住房增值率低于20%的部分能够得到准确计算，因此适用免税规定，可以免征土地增值税。

五、充分运用加计扣除政策

土地增值税扣除项目中开发间接费用的归集是企业筹划时值得关注的一个点。开发间接费用是指直接组织、管理开发项目发生的费用，包括工资、职工福利费、折旧费、修理费、办公费、水电费、劳动保护费、周转房摊销等。

开发间接费用属于开发土地和新建房及配套设施费，应全额计入扣除项目金额，在计算土地增值税时有效地扣除；同时这部分费用房地产企业还可以享受20%的加计扣

除。由于界线划分不是很明确，会计账务处理时容易把这项费用的一部分计入管理费用或销售费用。

管理费用及销售费用在土地使用权所支付的金额和开发土地、新建房及配套设施之和的5%以内计算扣除（或财务费用、销售费用、管理费用在土地使用权所支付的金额和开发土地、新建房及配套设施之和的10%以内计算扣除）。如果管理费用及销售费用总和超过了此限额，计入管理费用和销售费用的开发间接费用在计算土地增值税时就不能全额扣除，会多交土地增值税。这些费用如果正确归集到开发间接费用中，不仅可以全额扣除，还能享受20%加计扣除。所以企业对开发间接费用归集时要谨慎，用足、用好税收政策。

六、巧用特殊扣除项目规定

财务费用中的利息支出，凡能够按转让房地产项目计算分摊并提供金融机构证明的，允许据实扣除，但最高不能超过按商业银行同类同期贷款利率计算的金额。其他房地产开发费用，按土地成本与建安成本金额之和的5%以内计算扣除。凡不能按转让房地产项目计算分摊利息支出或不能提供金融机构证明的，房地产开发费用按土地成本与建安成本金额之和的10%以内计算扣除。

在实际操作中，以上两种方法计算的房地产开发费用必然存在差异。因为第一种方法中允许"据实扣除"的利息和第二种方法中"合计数"的5%（即因包括利息费用而增加的部分）不一定相等。如果企业进行纳税筹划，就要比较这两者的高低，以其中扣除利息较高者对应的方法，作为企业的最后选择。如果允许"据实扣除"的利息费用较高，应选用第一种方法，单独计算利息支出；否则，应选用后一种方法，按"合计数"的10%扣除全部费用。

是否提供金融机构证明，关键在于所发生的能够扣除的利息支出占税法规定开发成本的比例，如果超过5%，则提供证明比较有利；如果没有超过5%，则不提供证明比较有利。据此，若企业主要依靠负债筹资，利息费用占的比例较大，应提供金融机构贷款证明，将利息费计入房地产开发费用。反之，若主要依靠权益资本筹资，则可采用另外一种方法。

七、选择有利的土地成本分配方法

企业的土地成本，一般按占地面积法进行分配。如果确需结合其他方法进行分配的，应经税务机关同意。土地开发同时连结房地产开发的，属于一次性取得土地分期开发房地产的情况，其土地开发成本经税务机关同意后可先按土地整体预算成本进行分配，待土地整体开发完毕再行调整。

案例分析

土地成本分配方法

某房地产开发项目开发用地面积136 500平方米（一期88 600平方米，二期47 900平方米），地价费用12 549万元，一期摊销地价金额9 914万元，请问二期应摊销地价金额？

分析如下：

二期地价费用分配计算方法可作以下选择：

（1）按一期减余面积、费用计算摊销的单位土地成本（余数摊销）

(12 549－9 914)÷47 900＝550.10(元/平方米)

（2）按实际面积分别计算摊销的单位土地成本（平均摊销）

12 549÷136 500×47 900＝919.34(元/平方米)

（3）两种地价费用分配计算方法的单位土地成本差异

550.10－919.34＝364.24(元/平方米)

上述按占地面积法计算摊销单位土地成本的方法，应请主管税务机关同意后进行分配。

CHAPTER

17 第十七章 土地增值税常用筹划方法

一、建房方式筹划法

准确界定土地增值税的征税范围十分重要。判定属于土地增值税征税范围的标准有三条：一是对转让土地使用权及其地上建筑物和附着物的行为征收；二是对国有土地使用权及其地上建筑物和附着物的转让行为征收；三是征税范围不包括未转让土地使用权、房产产权的行为。根据这三条判定标准，税法对若干具体情况是否属于土地增值税征税范围进行了判定，房地产企业可以根据这些判定标准进行合理的税收筹划。

根据税法有关规定，某些方式的建房行为不属于土地增值税征税范围，不用缴纳土地增值税。纳税人如果能注意运用这些特殊政策进行纳税筹划，其节税效果也是很明显的。

（一）代建房

房地产的代建行为是指房地产开发公司代客户进行房地产的开发，开发完成后向客户收取代建收入的行为。税法规定，代建房行为不属于土地增值税的征税范围，而属于建筑业，是营业税的征税范围。由于建筑行业适用的是3%的比例税率，税负较低，而土地增值税适用的是30%～60%的四级超率累进税率，前者节税明显。

对于房地产开发公司而言，虽然取得了收入，但没有发生房地产权属的转移，其收入属于劳务收入性质，不属于土地增值税的征税范围。这种筹划可以是由房地产开发公司以客户名义取得土地使用权和购买各种材料设备，也可以协商由客户自己购买和取得，其关键是房地产产权没有发生转移。为了使该项筹划更加顺利，房地产开发公司可以根据市场情况，适当降低代建房劳务收入的数额，以取得客户的配合。

房地产开发公司可以利用这种建房方式，在开发之初确定最终用户，实行定向开发，以达到减轻税负的目的，避免开发后销售缴纳土地增值税。

（二）合作建房

税法规定，对于一方出地，一方出资金，双方合作建房，建成后按比例分房自用的，暂免征收土地增值税；建成后转让的，应征收土地增值税。房地产开发公司可以充分利用此项政策进行税收筹划。

比如某房地产开发公司购得一块土地的使用权准备修建住宅，则该企业可以通过预收购房者的购房款作为合作建房的资金。这样，从形式上就符合了一方出土地一方出资金的条件。在该房地产开发企业售出剩余部分住房前，各方都不用缴纳土地增值税，只有在建成后转让属于房地产公司的那部分住房时，才就这一部分缴纳土地增值税。

再如房地产开发公司拥有一块土地，拟与其他公司合作建造写字楼，资金由该其他公司提供公司提供，建成后按比例分房。对房地产开发公司而言，如果作为办公用房自用，就不用缴纳土地增值税，从而降低了房地产成本，增强了市场竞争力。将来再做处置时，可以只就属于自己的部分缴纳土地增值税。

案例分析

合作建房筹划降低土地增值税

祥云服装设计公司属于非房地产开发企业，2007 年通过招拍挂受让一块土地使用权准备建员工宿舍，为此支付土地出让金 3 000 万元，因为对房地产开发不熟悉，祥云服装设计公司没有进行开发。2010 年 6 月，祥云服装设计公司准备将土地使用权转让给温馨如家房地产开发公司，评估价 8 000 万元，由温馨如家公司开发这块土地。营业税税率为 5%，城市维护建设税税率为 7%，教育费附加征收率为 3%，计算祥云服装设计公司应交土地增值税税额。如何筹划可以降低土地增值税？

（1）转让方案：祥云服装设计公司转让土地使用权给温馨如家企业，根据《土地增值税暂行条例》规定，应征收土地增值税。

扣除项目金额＝3 000＋(8 000－3 000)×5.5%＝3 275(万元)
增值额＝8 000－3 275＝4 725(万元)
增值率＝4 725÷3 275＝144.27%

适用税率 50%，速算扣除系数为 15%。

应纳土地增值税＝4 275×50%－3 275×15%＝2 137.5－491.25
＝1 646.25(万元)

（2）筹划方案：变转让土地使用权为合作建房，分得房产后，再转让房产。祥云服装设计公司以土地与温馨如家房地产开发公司合作建房，温馨如家公司出资8 400 万元，在这块土地上建同样面积的两栋写字楼，两公司各分得一栋。假设，祥云服装设计公司分得的写字楼评估价值为5 500万元。

祥云服装设计公司以地换房，发生了土地使用权转让行为，依据国税发〔2009〕31号文件、财税〔2003〕16号文件，纳税如下：

应交营业税＝(5 500－3 000÷2)×5%＝200(万元)
应交城市维护建设税＝200×7%＝14(万元)
应交教育费附加＝200×3%＝6(万元)
转让土地使用权利得＝5 500－1 500－220＝3 780(万元)

会计分录为：

借：投资性房地产——写字楼	55 000 000
贷：无形资产—— 土地	15 000 000
应交税费——应交营业税	2 000 000
——应交城市维护建设税	140 000
——教育费附加	60 000
营业外收入	37 800 000

祥云服装设计公司分得楼房后再转让，楼房原价为5 500万元加上土地使用权1 500万元，总成本7 000万元。假设祥云服装设计公司以8 000万元把分得的房产转让，应交土地增值税计算如下：

扣除项目金额＝(5 500＋1 500)＋(8 000－5 500)×5.5%
＝7 137.5(万元)
增值额＝8 000－7 137.5＝862.5(万元)
增值率＝862.5÷7 137.5×100%＝12.08%
应纳土地增值税＝862.5×30%＝258.75(万元)
减少土地增值税额＝1 646.25－258.75＝1 387.5(万元)

案例分析

合作建房的账务处理

北京市东成公司、西就公司均为房地产开发公司，长期进行项目开发的深度合作。现在双方决定，以东成公司名义通过拍卖方式取得一块土地，并以东成公司为主体联合西就公司共同开发，双方约定不成立独立法人公司，共同投资，利润共享，风险共担，东成公司出资比例占60%，西就公司出资比例占40%。

该项目具体应该怎样操作？账务如何处理？

分析如下：

双方应成立非独立法人的项目公司（项目部），东成、西就双方按出资比例派员参与管理，以东成公司名义开设银行专户，在会计核算上作为一个会计主体，采取独立核算，自负盈亏，独立纳税，利润分成。会计处理为：

1. 项目部接受投资方按出资比例投入土地款及前期费用时：

借：银行存款——专户

贷：其他应付款——东成公司

——西就公司

同时，东成公司在投入资金时：

借：应收账款——项目部

贷：银行存款——一般结算户

2. 支付土地价款或工程款时：

借：开发成本

贷：银行存款——专户

3. 开发产品预售时：

借：银行存款——专户

贷：预收账款

4. 预缴税款时以东成公司名义申报，按月计提缴纳营业税：

借：营业税金及附加

贷：应交税费——应交营业税

按季计提预缴企业所得税时：

借：所得税费用

贷：应交税费——应交所得税

月末，项目部单独编制有关财务报表，但由于该项目从拍卖土地、立项、领取预售证等都是以东成公司名义办理，对外仍属于东成公司开发的项目之一，因此必须将项目部的财务报表与东成公司的财务报表合并。将两张报表相同的项目金额相加，把东成公司的“应收账款——项目部”与项目部的“其他应付款——东成公司”抵销。

5. 结转收入、成本并形成项目利润，缴纳所得税后，对投资方分配利润：

借：利润分配

贷：其他应付款——西就公司

6. 项目部业务结束，注销分公司，将全部资产、负债与东成公司（母公司）合并。

二、“临界点”筹划法

如何做到使房价在同行中最低，应缴土地增值税最少，所获利润最多是房地产公司需要认真考虑的问题。

《土地增值税暂行条例》第八条第一款规定，纳税人建造普通标准住宅出售，增值额未超过扣除项目金额 20%的，免征土地增值税。如果增值额超过扣除项目金额 20%的，应就其全部增值额按规定计税。

增值率 20%也就是土地增值税征、免的临界点。

同时税法还规定对于纳税人既建造普通标准住宅又进行其他房地产开发的，应分别核算增值额。不分别核算增值额或不能准确核算增值额的，其建造的普通标准住宅不能适用这一免税规定。

按此规定，企业可否享受免税的关键在于土地增值额的计算，而土地增值额的多少，取决于房地产转让收入和扣除项目金额这两个因素，因此企业如能合理确定房地产转让价格，充分计算扣除项目金额，将增值率控制在20%以下就可达到免税目的。

$$土地增值率=增值额\div扣除项目\times100\%=20\%$$

企业可以借助这个公式，通过对临界点交界处转让收入与扣除项目金额的筹划，使增值率降至20%以下，从而达到免税目的。

为了找到合适的定价，我们有必要找出最佳免税临界点。

（一）普通标准住宅项目

假设销售收入为 X，不含息建造成本为 Y，

则：按照建造成本10%计算的房地产开发费用为 $0.1Y$；

财政部规定的加计20%扣除额为 $0.2Y$；

允许扣除的营业税、城建税、教育费附加为：

$$5\%X\times(1+7\%+3\%)=0.055X$$

当增值率＝增值额÷扣除项目＝20%时，

$$[X-(1.3Y+0.055X)]\div(1.3Y+0.055X)=20\%$$

$$0.934X=1.56Y$$

$$X=1.67024Y$$

即：增值率＝20%时，销售收入为建造成本的1.670 24倍；

当销售收入小于建造成本的1.670 24倍时，根据税法规定，普通标准住宅免交土地增值税。

所以，我们把1.670 24称为“免税临界点定价系数”。

《土地增值税暂行条例》规定，增值额未超过扣除项目金额50%的部分，税率为30%，所以我们便提价所带来的收益大于增值额的30%就能获利。根据上述计算方法，我们得到高收益最低定价系数为1.820 14。用图17-1表示如下：

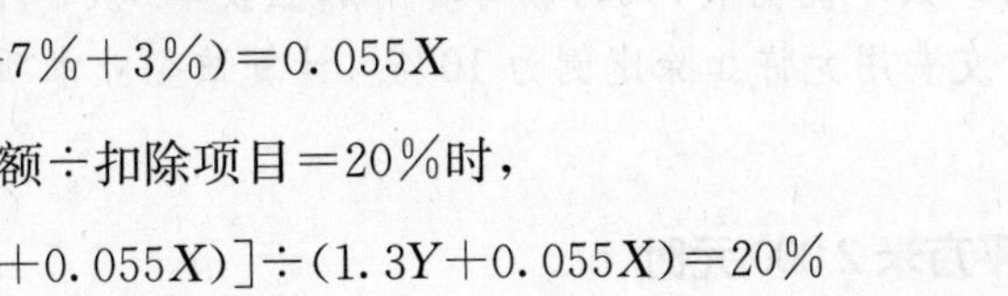

图 17-1　定价系数图

（二）非普通标准住宅

房地产企业开发非普通标准住宅项目时，只有在增值率≤0时，不交土地增值税。

增值率＝增值额÷扣除项目＝0时，

销售收入 X 与建造成本 Y 的关系如下：

$$[X-(1.3Y+0.055X)]\div(1.3Y+0.055X)=0$$

$$X-(1.3Y+0.055X)=0$$

$$X=1.37566Y$$

当增值率≤0 时，$X\leqslant1.37566Y$。

即销售收入小于等于建造成本的 1.375 66 倍时，非普通标准住宅免交土地增值税。

为了验证我们总结的规律，请看以下案例。

案例分析

巧妙定价，提高整体利润

海水正蓝房地产公司从事普通标准住宅项目开发，2008 年出售一栋普通住宅楼，总面积 12 000 平方米，定价为每平方米 2 000 元，销售总额 2 400 万元，该楼支付土地出让金 324 万元，房屋开发成本 1 200 万元，其中：利息支出 100 万元，但不能提供金融机构借款费用证明，城建税税率 7%，教育费附加征收率 3%，印花税税率 0.5‰，当地政府规定房地产开发费用允许扣除比例为 10%。计算该企业本项目的利润。

分析如下：

（一）定价为每平方米 2 000 元时

1. 收入总额：2 400 万元；

2. 扣除项目金额（扣除利息支出 100 万元）：

（1）取得土地使用权金额：324 万元

（2）房地产开发成本：1 100 万元

（3）房地产开发费用：(324＋1 100)×10%＝142.4（万元）

（4）加计 20%扣除数：(324＋1 100)×20%＝284.8（万元）

（5）扣除营业税金及附加：2 400×5%×(1＋7%＋3%)＝132（万元）

扣除项目金额合计：324＋1 100＋142.4＋284.8＋132＝1 983.2（万元）

3. 增值额：2 400－1 983.2＝416.8（万元）

4. 增值率：416.8÷1 983.2×100%＝21.02%

5. 增值率未超过 50%，适用税率为 30%，速算扣除系数为 0。

应交土地增值税：416.8×30%－0＝125.04（万元）

6. 利润＝收入－成本－费用－利息－税金

＝2 400－324－1 100－100－132－125.04＝618.96（万元）

（二）根据免税临界点公式计算

该项目建造总成本＝取得土地使用权金额＋房地产开发成本

＝324＋1 100＝1 424(万元)

单位建造成本＝建造总成本÷总建筑面积＝1 186.66(元/平方米)

免税临界点定价＝1 186.66×1.670 24＝1 982.00(元/平方米)

高收益最低定价＝1 186.66×1.820 14＝2 159.91(元/平方米)

(三) 定价为每平方米 1 982 元时

销售收入＝单位价格×总面积＝1 982.00×12 000＝2 378.40(万元)

扣除项目金额＝1 424×1.3＋2 378.40×5.5％＝1 982.01(万元)

增值额＝2 378.40－1 982.01＝396.39(万元)

增值率＝396.39÷1 982.01×100％＝19.99％

增值率＜20％，不交土地增值税。

营业税金及附加＝2 378.40×5.5％＝130.81(万元)

利润＝收入－成本－费用－利息－税金

＝2 378.40－324－1 100－100－130.81－0＝723.59(万元)

(四) 定价为每平方米 2 160 元时

销售收入＝2 160×12 000＝2 592.00(万元)

扣除项目金额＝1 424×1.3＋2 592×5.5％＝1 993.76(万元)

增值额＝2 592－1 993.76 ＝598.24(万元)

增值率＝598.24÷1 993.76＝30.00％

交土地增值税＝598.24×30％＝179.47(万元)

营业税金及附加＝2 592×5.5％＝142.56(万元)

利润＝收入－成本－费用－利息－税金

＝2 592－324－1 100－100－142.56－179.47＝745.97(万元)

(五) 定价为平方米 1 975 元时

销售收入＝1 975×12 000＝2 370.00(万元)

扣除项目金额＝1 424×1.3＋2 370×5.5％＝1 981.55(万元)

增值额＝2 370－1 981.6＝388.4(万元)

增值率＝388.4÷1 981.6＝19.6％

增值率小于 20％，免缴土地增值税。

营业税金及附加＝2 370×5.5％＝130.35

利润＝2 370－324－1 100－100－130.35＝715.65(万元)

比较如下：

定价（元/平方米）	1975	1982	2000	2160
土地增值税（万元）	0	0	125.04	179.47
利润（万元）	714	723.89	619	745.97

因此符合我们推导的规律。

案例分析

充分利用税收优惠政策节税

彩云房地产开发公司出售商品房取得销售收入5 000万元，其中普通标准住宅销售额为3 000万元，豪华住宅的销售额为2 000万元。扣除项目金额为3 200万元，其中普通标准住宅的扣除项目金额为2 200万元，豪华住宅的扣除项目金额为1 000万元。

该企业应纳土地增值税计算如下：

销售普通标准住宅：

营业税金及附加＝3 000×5%×(1＋7%＋3%)＝165(万元)
扣除项目金额合计＝2 200＋165＝2 365(万元)
增值额＝3 000－2 365＝635(万元)
增值率＝635÷2 365×100%＝27%

适用30%的税率，因此缴纳的土地增值税为635×30%＝190.5（万元）。

销售豪华住宅：

营业税金及附加＝2 000×5%×(1＋7%＋3%)＝110(万元)
扣除项目金额合计＝1 000＋110＝1 110(万元)
增值额＝2 000－1 110＝890(万元)
增值率＝890÷1 110×100%＝80%

适用40%的税率，因此缴纳的土地增值税为890×40%－1 110×5%＝300.5（万元）。

共缴纳土地增值税为190.5＋300.5＝491（万元）。

通过上述计算可以看出，普通标准住宅的增值率为27%，超过了20%，还要缴纳土地增值税。要使普通标准住宅获得免税待遇，可将其增值率控制在20%以内，筹划的方法有两种：一是增加普通标准住宅的扣除项目金额；二是降低普通标准住宅的销售价格。

1. 增加扣除项目金额

假定上例中其他条件不变，只是普通标准住宅的扣除项目发生变化，假设其为X，那么应纳土地增值税为：

扣除项目金额合计＝X＋165
增值额＝3 000－(X＋165)＝2 835－X

增值率＝(2 835－X)÷(X＋165)×100％＝20％
X＝2 335(万元)

此时普通标准住宅可以免交土地增值税，缴纳的土地增值税仅为销售豪华住宅的部分，应纳税额为 300.5 万元。增加扣除项目金额的途径很多，如可以增加房地产开发成本、房地产开发费用等。

2. 降低销售价格

降低销售价格虽然会使增值率降低，但也会导致销售收入的减少，影响企业的利润，这种方法是否合理要通过比较减少的收入和少缴纳的税金做出决定。

仍假定其他条件不变，改变普通标准住宅的销售价格，假设其为 Y。那么应纳土地增值税为：

营业税金及附加＝Y×5％×(1＋7％＋3％)＝5.5％Y
扣除项目金额合计＝2 200＋5.5％Y
增值额＝Y－(2 200＋5.5％Y)＝Y－5.5％Y－2 200
增值率＝(Y－5.5％Y－2 200)÷(2 200＋5.5％Y)×100％
(Y－5.5％Y－2 200)÷(2 200＋5.5％Y)×100％＝20％
Y＝2 827(万元)

普通标准住宅免税，此时缴纳的土地增值税仍为销售豪华住宅的部分 300.5 万元。销售收入比原来的 3 000 万元减少了 173 万元，少纳税 190.5 万元，与减少的收入相比节省了 17.5 万元。

案例分析

控制收入或成本，降低整体税负

南京市秦淮河房地产公司在 2010 年开发了金陵小区，房地产项目符合普通住宅标准，当初取得土地使用权支付的价款为 1 000 万元，支付房地产开发成本 2 600 万元，房地产开发费用 200 万元，房地产转让收入 6 000 万元，营业税金及附加为 5.5％，计算应缴的土地增值税。

分析如下：

(一) 目前情况

扣除项目金额：
(1) 取得土地使用权金额：1 000 万元
(2) 房地产开发成本：2 600 万元
(3) 房地产开发费用：200 万元
(4) 加计 20％扣除数：(1 000＋2 600)×20％＝720（万元）
(5) 扣除营业税及附加：6 000×5％×(1＋7％＋3％)＝330（万元）

（6）合计：

扣除项目金额＝(1 000＋2 600)×(1＋20％)＋200＋6 000×5.5％＝4 850(万元)

增值额＝6 000－4 850＝1 150(万元)

增值率＝1 150÷4 850×100％≈23.71％

增值率超过20％，应按30％税率计算。

土地增值税＝1 150×30％＝345(万元)

利润＝收入－成本－费用－利息－税金

＝6 000－1 000－2 600－200－330－345

＝1 525(万元)

（二）假设扣除项目金额不变

设土地增值税临界点的房地产转让收入为 X，则

20％＝(X－4 850)÷4 850×100％，

X＝5 820(万元)

利润＝收入－成本－费用－利息－税金

＝5 820－1 000－2 600－200－330

＝1 690(万元)

结论：当房地产转让收入调整至5 820万元以下时，增值率低于20％，企业可以获得免税资格，此时利润为1 690万元，转让收入为6 000万元时，利润为1 525万元。

（三）假设转让收入不变

计算：土地增值税临界点的房地产开发成本为 Y，则

扣除项目金额＝(1 000＋Y)×(1＋20％)＋200＋6 000×5.5％

＝1 730＋1.2Y

增值额＝6 000－(1 730＋1.2Y)＝4 270－1.2Y

增值率＝20％＝(4 270－1.2Y)÷(1 730＋1.2Y)

Y＝2 725(万元)

利润＝收入－成本－费用－利息－税金

＝6 000－1 000－2 725－200－330

＝1 745(万元)

结论：当房地产开发成本增加至2 725万元以上时，增值率低于20％，企业可获得免税。此时利润为1 745万元，定价为6 000万元时的利润为1 525万元。

三、分散收入筹划法

按相关税法规定，土地增值额是纳税人转让房地产所取得的收入减去规定扣除项目

金额后的余额。在扣除项目金额一定的情况下，转让收入越少，土地增值额就越小，当然税率和税额就越低。因此，如何分散转让房地产的收入，就是一个着眼点。

（一）成立装饰公司，分散经营收入

随着人们生活水准的提高和全面建设小康社会进程的加快，居民对房屋的装饰、装潢提出了更高的要求，且装修费用在房款中所占比重有逐年递增的趋势。

在“2007中国房地产百强企业研究”成果发布会上，万科曾以212亿元的销售额连续第四年蝉联百强企业榜首。万科副总经理表示，到2009年，万科将全面提供全装修产品，毛坯房将不会出现在万科的产品序列里。

目前来看，国内房地产商提供的产品绝大多数都是不带装修的毛坯房，而国内装饰装修市场又十分混乱，很多装修“游击队”以低廉的价格招揽业务，在装修过程中偷工减料或以次充好，损害房主利益。由于业主大多对装修知之甚少，所以业主在购房后被迫花费大量的人力、时间和资源在装修设计、装修材料、装修监督上面。甚至由于购房者或者装修者对房屋结构不了解，致使一半以上毛坯房在装修中房屋结构或管线被破坏，形成了安全隐患，同时，在资源、能源、材料上的浪费也都很大，污染与扰民现象严重，某种程度上造成了社会资源的极大浪费。

另外，土地增值税实行四级超率累进税率，土地增值率的不同会对企业土地增值税的税率产生很大影响。而企业销售毛坯房和装修房两种情况下的增值率会有差异，如装修后将增值额控制在扣除项目金额20%临界点内，其装修费用可计入开发成本，同时可加计20%的扣除，这就给税收筹划带来了空间。

如果与购房者签订合同时，略加变通，将经营收入分散，就能节省不少土地增值税，增加企业收益。

一般思路如下：

（1）房地产开发公司单独设立一家装修装饰公司，专门为购房者提供装修劳务。

（2）开发公司只与业户签订毛坯房的房屋销售合同，并约定房屋装修由房地产开发企业指定的装修装饰公司承揽。

这样，房地产开发企业只就销售合同中注明的房款的增值额缴纳土地增值税。

（3）装饰公司与业户签订装修合同，装修装饰属于劳务收入，应征营业税，不用缴纳土地增值税。

通过以上筹划分散了经营收入，减少了税基，降低了税率，可降低土地增值税税负。

我们可以用一个简单的数学模型来解释这个问题：

设房地产开发企业出售毛坯房的销售额为 X，未装修时可扣除成本为 Y，装修费用为 Z，企业所得税税率为 T。企业带装修销售时同时增加售价和成本。

则企业对外销售产品时有如下两种方案：

方案一：企业出售毛坯房，销售额为 X，可扣除成本为 Y。

方案二：企业出售装修房，销售额为 $X+Z$，据《土地增值税暂行条例实施细则》规定，从事房地产开发的纳税人对土地成本和开发成本可加计20%扣除，则可扣除成

本为$Y+1.2Z$。

两种情况下的增值率分别为：

方案一：$(X-Y)\div Y$

方案二：$[X+Z-(Y+1.2Z)]\div(Y+1.2Z)=(X-Y-0.2Z)\div(Y+1.2Z)$

毫无疑问，方案一的增值率一定大于方案二的增值率，即

$$(X-Y)\div Y>(X-Y-0.2Z)\div(Y+1.2Z)$$

案例分析

装修改变税务结果

绿水房地产开发公司开发了一个住宅项目，经测算毛坯房销售可获得收入为8 000万元，可扣除成本为5 000万元（加计20%后）。税务顾问提出，应该出售精装房，预计装修全部成本为1 000万元，然后平价出售，售价定为9 000万元。

分析如下：

方案一，出售毛坯房：

增值率＝(8 000－5 000)/5 000＝60%

应交土地增值税＝（8 000－5 000）×40%－5 000×5%＝950（万元）

方案二，出售装修房：

增值率＝(8 000＋1 000－5 000－1 000×1.2)/(5 000＋1 000×1.2)
＝45.16%

应交土地增值税＝(8 000＋1 000－5 000－1 000×1.2)×30%＝840(万元)

比较得知，方案二可少交土地增值税110万元（950－840）。

因此，不论从企业自身经济效益角度出发，还是从社会责任角度出发，提供装修房都是一个好的发展方向，是房地产企业做大做强的必经之路。

（二）成立销售公司，降低增值率

《财政部 国家税务总局关于营业税若干政策问题的通知》（财税〔2003〕16号）中关于营业税计税营业额的税前减除，引起了房地产业销售方式的变化。可以设想，这种销售方式的变化，还会引起房地产企业治理结构的变化，有条件的房地产公司可以把销售部门分立出去，组建销售公司，通过设立销售公司能够加强对营销业务的管理。

1. 营业税

设立销售公司，按照财税〔2003〕16号文件的规定，不会重复缴纳营业税。

2. 企业所得税

由于设立销售公司，增加了一个企业所得税的纳税人，多了一道销售环节，从而增

加了广告费、业务宣传费、业务执行费等费用的税前扣除额，减少了应纳税额，降低企业所得税的税负。《国家税务总局关于房地产开发企业所得税预缴问题的通知》（国税函〔2008〕299号，以下简称《通知》）规定，房地产开发企业按当年实际利润据实分季（或月）预缴企业所得税的，对开发、建造的住宅、商业用户以及其他建筑物、附着物、配套设施等，在未完工前采取预售方式销售取得的预售收入，按照规定的预计利润率分季（或月）计算出预计利润额，计入利润总额预缴，待开发产品完工、结算计税成本后，按照实际利润再行调整。但是，《通知》并没有要求房地产销售公司预交所得税。从这点讲，如果设立销售公司，由销售公司预收售楼款，然后把款项借给开发企业使用，可以递延缴纳企业所得税。

3. 土地增值税

先将商品房以某价格转让给销售公司，销售公司再加价销售。虽然销售公司属非房地产开发企业，不得享受加计扣除和低增值率免税的优惠，但可以将土地增值税的增值额一分为二，从而降低增值额和增值率，达到普通标准住宅不交土地增值税，非普通标准住宅由于降低了增值额和增值率，少交土地增值税的目的。

案例分析

成立房产销售公司进行税收筹划

桃花源房地产开发公司开发住宅楼一栋，面积为8 000平方米。该住宅楼项目应分摊的土地成本为600万元，房屋开发成本1 260万元，期间费用为土地成本和开发成本的10%（假设和企业所得税税前允许扣除的期间费用相等），其他可在企业所得税税前扣除的费用共计200万元。普通标准住宅平均销售价格每平方米4 125元，收入为3 300万元（4 125×8 000）。

公司聘请的税务顾问提出成立销售公司，内部售价为每平方米3 875元，新增企业所得税税前可扣除的费用21.2万元。请问该建议是否可行？

分析如下：

（一）原方案

该房地产公司应负担的相关税费计算如下：

营业税金及附加＝3 300×5%×(1＋3%＋7%)＝181.5(万元)

土地增值税计算：

分摊的期间费用＝(600＋1 260)×10%＝186(万元)

加计扣除＝(600＋1 260)×20%＝372(万元)

扣除项目金额合计＝600＋1 260＋186＋372＋181.5＝2 599.5(万元)

增值额＝3 300－2 599.5＝700.5(万元)

增值率＝700.5÷2 599.5×100%＝26.9%

应纳土地增值税＝700.5×30％＝210.15(万元)

（二）筹划后方案

房地产公司应负担的相关税费计算如下：

1. 房地产公司应纳税：

营业税金及附加＝3 100×5％×(1＋3％＋7％)＝170.5(万元)

土地增值税的扣除项目＝600＋1 260＋186＋372＋3 100×5％×(1＋3％＋7％)
＝2 588.5(万元)

增值率＝(3 100－2 588.5)÷2 588.5×100％＝19.76％

房地产公司出售给销售公司的房屋可免征土地增值税。

2. 销售公司应负担的相关税费计算如下：

房产过户环节需要缴纳契税＝3 100×3％ ＝93(万元)

营业税金及附加＝(3 300－3 100)×5％×(1＋3％＋7％)＝11(万元)

土地增值税扣除项目＝3 100＋93＋11＝3 204(万元)

增值率＝(3 300－3 204)÷3 204×100％＝3％

应缴土地增值税＝(3 300－3 204)×30％＝28.8(万元)

分析结果：虽然过户环节需要多负担 93 万元契税，但是从整个集团利益来看，营业税并没有多交，反而可以减少土地增值税支出 210.15－28.8＝181.35（万元），合计减少税款支出 181.35－93＝88.35（万元）。

四、适度加大建造成本筹划法

税收对会计核算具有一定的依附性，每个税种的征收都依附于一定的会计核算方法。土地增值税的征收依附于会计核算的制造成本法。计算土地增值税增值额的基数，是取得土地使用权支付的金额和开发成本的合计，这就是制造成本，为了更确切，这里把它称为“建造成本”。

在前面的章节中，我们提到：

$$增值率＝(销售收入总额－扣除项目金额)÷扣除项目金额$$

$$=\frac{营业收入-(建造成本\times 1.3+税金)}{建造成本\times 1.3+税金}$$

在上式中，如果加大建造成本 10 万元，分子就会减少 13 万元，而分母则会增加 13 万元，这时，土地增值税的增值率会急剧下降。也就是说，如果加大建造成本，就会使整个“扣除项目金额”增大；扣除项目金额的增大会带动增值率计算公式分子的缩小和分母的增大，使得增值率急剧缩小，从而使增值率的变动呈现出“负乘数”效应。

因此，房地产企业为了提高产品的竞争能力，在市场可以接受的范围内，可采取适当加大公共配套设施的投入，改善开发小区的环境，提高装修档次等手段，增加房屋卖点，提高开发产品竞争能力。投入的成本可以通过提高售价得到补偿，企业加大了建造成本就等于加大了可扣除项目金额，可扣除项目金额的增幅为建造成本增幅的 1.3 倍，这样就拉动了增值率的降低，从而可以少交或免交土地增值税。

案例分析

通过增加开发成本节税

欧陆房地产开发公司 2003 年以 2 000 万元拍得一块土地，没有进行土地开发，2008 年 3 月，准备把土地使用权转让，评估价 5 000 万元，由于取得土地后，没有进行任何实质性开发，计算土地增值税时不得加计扣除，税负较重。公司聘请的税务顾问建议，该公司应该先对土地进行开发后转让，就可以享受到 30%的加计扣除。

筹划方案：只对土地进行前期开发，如进行“三通一平”、建造围墙、旧房拆除、清运残土等土地开发后再转让才能享受 30%加计扣除的政策，但是，不可进行建筑施工。预计开发费用需要1 000 万元，开发后评估价 6 100 万元。计算两个方案土地增值税纳税效果。

1. 方案一：取得土地使用权，不进行开发即转让。

(1) 扣除项目金额＝2 000＋(5 000－2 000)×5.5%＝2 165（万元）

(2) 增值额＝5 000－2 165＝2 835（万元）

(3) 增值率＝2 835÷2 165×100%＝130.95%

适用税率 50%，速算扣除系数为 15%。

(4) 应交土地增值税＝2 835×50%－2 165×15%＝1 417.5－324.75
＝1 092.75（万元）

2. 方案二：对土地进行部分开发后再转让。

(1) 扣除项目金额＝(2 000＋1 000)×1.3＋(6 100－2 000)×5.5%
＝3 900＋225.5＝4 125.5（万元）

(2) 增值额＝6 100－4 125.5＝1 974.5（万元）

(3) 增值率＝1 974.5÷4 125.5×100%＝47.86%

适用税率 30%，速算扣除系数为 0。

(4) 应交土地增值税＝1 974.5×30%＝592.35（万元）

方案一和方案二比较：1 092.75－592.35＝500.40（万元）

结论：方案一比方案二多缴税 500.40 万元，因此建议设法加大开发成本的投入，充分利用加计扣除政策，降低土地增值税。

案例分析

房产装修的税收筹划

熊猫房地产开发公司正在开发竹园小区，为此项目支付土地出让金为1 500万元，开发成本为3 200万元，包含借款利息200万元，可售面积3万平方米。现在正在讨论销售策略，如果销售毛坯房，每平方米售价3 200元，销售收入总额为9 600万元，营业税金及附加率为5.5%。计算应纳土地增值税额，并帮助该房地产开发公司进行纳税筹划。

分析如下：

方案一：销售毛坯房应纳土地增值税。

不含息建造成本＝1 500＋(3 200－200)＝4 500(万元)

扣除项目金额＝4 500×130%＋9 600×5.5%
＝5 850＋528
＝6 378(万元)

增值额＝9 600－6 378＝3 222(万元)

增值率＝3 222÷6 378＝50.52%

适用税率40%，速算扣除系数为5%。

应交土地增值税＝3 222×40%－6 378×5%
＝1 288.8－318.9
＝969.9(万元)

方案二：改毛坯房为装修房销售，对房屋进行装修，预计装修费用1 200万元，税法允许扣除，装修之后每平方米售价为3 700元，销售收入总额11 100万元，无其他变动因素。

不含息建造成本＝1 500＋(3 200－200)＋1 200＝5 700(万元)

扣除项目金额＝5 700×130%＋11 100×5.5%
＝7 410＋610.5
＝8 020.50(万元)

增值额＝11 100－8 020.50＝3 079.5(万元)

增值率＝3 079.5÷8 020.50＝38.40%

适用税率30%，速算扣除系数为0：

应交土地增值税＝3 079.5×30%－0＝923.85(万元)

方案二与方案一的差额＝969.9－923.85＝46.05（万元）

适度加大建造成本，提高房地产售价，使增加的建造成本得到补偿，可以降低土地增值税的增值率，如果是普通标准住宅，可以实现免交土地增值税；如果是非普通标准住宅，可以降低增值额，降低增值率，从而适用较低的土地增值税税率，少交土地增值税。

五、费用迁移筹划法

开发间接费用是指直接组织、管理开发项目发生的费用，包括工资、职工福利费、折旧费、修理费、办公费、水电费、劳动保护费、周转房摊销等。从房地产企业会计制度分析，会计制度对企业管理费用、销售费用、财务费用（以下简称“期间费用”）和工程项目的开发间接费用并没有严格的界定。在实际业务中，开发项目的行政管理、技术支持、后勤保障等也无法与公司总部截然分开，因此，如果有费用介于期间费用与开发间接费用之间，可以作为期间费用核算，也可作为开发间接费用核算。

房地产期间费用不以实际发生数扣除，而是根据利息是否按转让房地产项目计算分摊作为一定条件，按房地产项目直接成本的一定比例扣除。纳税人可以通过事前筹划，把实际发生的期间费用转移到房地产开发项目直接成本中去。例如，公司的副总经理可能兼任开发项目的负责人，公司的某位工程师可能兼任开发项目的技术负责人，开发项目的会计核算由公司财务部代替，包括用车，也使用公司的公务用车。《土地增值税暂行条例》对期间费用的税前扣除标准规定为，按照取得土地使用权支付的金额和开发成本的10%扣除，这就为纳税筹划提供了较大的空间。

属于公司总部人员的工资、福利费、办公费、差旅费、业务招待费等都属于期间费用的开支范围，由于它的实际发生数不能增加土地增值税的扣除金额，因此，人事部门可以在不影响总部工作的同时，在企业组织机构设置上向开发项目倾斜，把总部的一些人员安排或兼职于每一个具体房地产项目中，把能划归开发项目的人员都列为开发项目编制，把公司本部和开发项目混合使用的设备划归开发项目使用，这样就把本应由期间费用开支的费用，计入了开发间接费用，公司期间费用的减少并不影响期间费用的扣除比例，而房地产的开发成本却增大了，而且加大的建造总成本，会带来1.3倍的扣除金额，这样会使得增值额和增值率同时下降，少交或不交土地增值税。

也就是说，房地产开发公司在不增加任何开支的情况下，通过费用迁移法，就可以增加土地增值税允许扣除项目的金额，从而达到节税的目的。

案例分析

沿用上述熊猫房地产公司的案例。现在开发竹园项目需要两年时间，公司管理人员30人，每年需要管理费用200万元。公司本部的人员兼任项目的管理工作，为了加强项目管理，经过董事会决议，把公司的一部分管理人员编制到开发项目中，共计扩大项目人员编制16人，每年减少管理费用、增加开发间接费用100万元，计算对应交土地增值税的影响。

分析如下：

调整公司编制，10%的“房地产开发费用”不会降低。

不含息建造成本＝1 500＋3 200－200＋1 200＋100×2＝5 900(万元)

扣除项目金额＝5 900×130%＋11 100×5.5%

＝7 670＋610.5

＝8 280.5(万元)

增值额＝11 100－8 220.5＝2 819.5(万元)

增值率＝2 819.5÷8 280.5＝34.05%

适用税率 30%，速算扣除系数为 0。

应交土地增值税＝2 819.5×30%－0＝845.85(万元)

改变公司编制减少土地增值税额＝923.85－845.85＝78(万元)

两种方法降低税负＝46.05＋78＝124.05(万元)

六、利息支出筹划法

房地产行业属于资本密集型行业，高负债是其主要特点，房地产企业在项目开发过程中一般都会发生大量的借款，因此利息支出是不可避免的。利息支出的不同扣除方法也会对企业的应纳税额产生很大的影响。

企业会计制度规定，从事房地产开发业务的纳税人，为开发房地产借入资金所发生的借款费用，在房地产完工之前发生的，应计入有关房地产的开发成本。这意味着房地产开发企业完工之前的借款利息可以计入开发成本，并可作为计算房地产开发费用（三项期间费用）的扣除基数。特别是从事房地产开发的纳税人，还可按照取得土地使用权所支付的金额与房地产开发成本之和，加计 20%的扣除。这样，就可以大大增加扣除项目金额，降低增值额，从税基和税率两方面减轻税负，增加企业净收益。

对于房地产开发费用中的利息费用如何计算，《土地增值税暂行条例实施细则》中做了明确规定，房地产企业可以选择适当的利息扣除标准进行税收筹划。

如果企业预计利息费用较高，开发房地产项目主要依靠负债筹资，利息费用所占比例较高，则可计算分摊的利息并提供金融机构证明，据实扣除；反之，如果企业主要依靠权益资本筹资，预计利息费用较少，则可不计算项目分摊利息或不提供金融机构证明，按比例计算扣除，这样可以多扣除房地产开发费用，对实现企业价值最大化有利。

从以上分析可以看出，在可能的情况下将利息费用计入房地产开发成本，是企业在进行扣除项目纳税筹划时的首选。

案例分析

房地产企业利息费用的税收筹划

清水湾房地产开发公司进行一个房地产项目开发，取得土地使用权支付金额 300 万元，房地产开发成本为500万元。那么：

如果该企业利息费用能够按转让房地产项目计算分摊并提供了金融机构证明，则：

房地产开发费用＝利息费用＋(300＋500)×5%＝利息费用＋40(万元)

如果该企业利息费用无法按转让房地产项目计算分摊，或无法提供金融机构证明，则：

房地产开发费用＝(300＋500)×10%＝80(万元)

对于该企业来说，如果预计利息费用高于40万元，企业应力争按转让房地产项目计算分摊利息支出，并取得有关金融机构证明，以便据实扣除有关利息费用，从而增加扣除项目金额；反之，如果企业预计利息费用低于40万元，那么就不必按转让房地产项目计算分摊利息支出，也不必提供有关金融机构证明，以便多扣除房地产开发费用，达到增加扣除项目金额的目的。

案例分析

利息与其他房地产开发费用的扣除

东方房地产开发公司在开发朝霞小区的过程中，支付土地出让金4 000万元，房地产开发成本9 000万元，其中含银行利息费用1 000万元，假设能够提供银行借款证明文件。该项目可售面积40 000平方米，每平方米平均售价6 400元，销售总额25 600万元。如何计算土地增值税可以使税负降低？

建造总成本＝4 000＋9 000＝13 000(万元)

不含息建造成本＝13 000－1 000＝12 000(万元)

银行借款费用÷建造成本＝1 000÷12 000＝8.33%＞5%

土地增值税纳税申报表（部分）　　单位：万元

项目	行次	比例扣除	据实扣除
房地产开发费用	13	1 200	1 600
其中：利息	14	600	1 000
其他房地产开发费用	15	600	600

(1) 按照比例扣除法应纳土地增值税：

扣除项目金额＝12 000×130%＋25 600×5.5%
＝15 600＋1 408
＝17 008(万元)

增值额＝25 600－17 008＝8 592(万元)

增值率＝8 592÷17 008×100%＝50.52%

适用税率40%，速算扣除系数为5%。

应交土地增值税＝8 592×40%－17 008×5%
＝3 436.8－850.4
＝2 586.4(万元)

(2) 按照据实扣除法应纳土地增值税：

扣除项目金额＝12 000×(1＋20%＋5%)＋1 000＋25 600×5.5%
＝15 000＋1 000＋1 408＝17 408(万元)

增值额＝25 600－17 408＝8 192(万元)

增值率＝8 192÷17 408×100%＝47.06%

应交土地增值税＝8 192×30%－0＝2 457.6(万元)

据实扣除法较比例扣除法节税＝2 586.4－2 457.6＝128.8(万元)

七、股权转让筹划法

案例分析

如何转让可以使房地产开发公司税费最低

广源房地产公司是三个自然人出资设立的有限责任公司，实收资本 3 000 万元。公司成立之后，通过拍卖取得一宗土地使用权，面积 100 000 平方米，支付出让金 3 000 万元，随后进行了房产开发，投入开发费用 2 000 万元，发生期间费用 100 万元。目前，因金融危机广源公司无力再开发，德隆房地产公司准备用 10 000 万元收购这项在建项目。如何转让可以使广源房地产开发公司税费最低？

方案一：广源房地产公司将土地使用权转让给德隆公司，应纳税费如下：

(1) 营业税金及附加＝10 000×5.5%＝550 (万元)

(2) 土地增值税：

扣除项目金额＝(3 000＋2 000)×130%＋10 000×5.5%
＝6 500＋550
＝7 050(万元)

增值额＝10 000－7 050＝2 950(万元)

增值率＝2 950÷7 050×100%＝41.84%

应交土地增值税＝2 950×30%＝885(万元)

(3) 印花税＝10 000×0.5‰＝5 (万元)

(4) 企业所得税：

应纳税所得额＝10 000－5 000－100－550－885－5＝3 460(万元)

应纳所得税＝3 460×25%＝865(万元)

(5) 个人所得税：

假设项目转让之后，股东们将净利润全部分配。

(3 460－865)×20%＝519(万元)

(6) 应纳税总额＝550＋885＋5＋865＋519＝2 824（万元)。

方案二：变转让房地产开发项目为转让股权。

广源房地产公司资产总额 5 500 万元，负债额 2 500 万元，德隆房地产公司以7 500万元购买广源房地产公司全部股权并负责偿债，计算纳税结果。

(1) 营业税：根据财税〔2002〕191 号文件规定，股权转让不征收营业税。

(2) 土地增值税：股权转让只是股东权益的变化，原企业仍然存续，没有发生房地产转让，不征土地增值税。

(3) 印花税＝10 000×0.5‰＝5（万元)（股权交易）

(4) 个人所得税：三位股东应缴个人所得税＝[7 500－(5 500－2 500)]×20%＝900（万元)

(5) 应纳税总额＝5＋900＝905（万元)

方案二比方案一节省税费＝2 824－905＝1 919（万元)。

转让在建项目与转让股权纳税比较表　　单位：万元

序号		转让在建项目纳税额	转让股权纳税额	增（+)、减（−)
1	营业税及附加	550	0	−550
2	契税	—	—	—
3	土地增值税	885	0	−885
4	印花税	5	5	
5	企业所得税	865	0	−865
6	个人所得税	519	900	+381
合计		2 824	905	−1 919

知识链接

利用股权转让方式出售房产

2009 年，华润中国被曝出通过股权转让方式避税上千亿元的消息。报道称，2009 年 9 月初，由华润中国注资的一家国际地产基金公司“华润中国地产成长基金”，收购了位于北京东城区东四危改小区沿街公建北区 D5 区“第五广场”项目开发公司——北京第五广场置业有限公司中方全部权益。

该项目由易达国际投资有限公司与北京中铁泰博房地产开发有限公司合资，双方权益分别为 61.22%和 38.78%，评估的所有者权益为 317 835.12 万元。中铁泰博公司曾于 6 月在北京市产权交易所挂牌转让该宗交易的合作权益。该宗交易金额超过人民币

12 亿元，为北京房地产市场经历金融危机以来少见的大单交易。

华润中国为一家大型港资房地产公司，华润中国地产成长基金自 2007 年开始，先收购项目开发公司中的外资部分——香港易达国际投资有限公司权益，随后展开其中中方部分——北京中铁泰博房地产开发有限公司权益的收购。由于中铁泰博为央企身份，以及受到金融危机的影响，谈判持续了两年。

按照北京某资产评估有限公司的评估结果，标的企业所有者权益每平方米约合 25 570 元（含地下部分）。2006 年，项目地上写字楼部分开盘销售价格为3 000 美元/平方米，目前评估市价约为人民币 3 万元/平方米。

项目楼面地价每平方米1 000 多元，总建筑面积 12.4 万平方米，其中转让部分约占 40%，估算为 5 万平方米，总价约 12.4 亿元，按照土地增值税清算计税方式，假设每平方米可扣除的成本为 8 000 元，那么转让部分总成本约 4 亿元，增值额为 8.4 亿元，增值幅度超过 200%，其适用的土地增值税最高税率达 60%，应缴纳的土地增值税总额为 3.64 亿元。

假如该项目以土地转让方式转移给华润中国地产成长基金，那么成交金额为 12 亿余元的项目，需要缴纳约占总成交金额 30%的土地增值税。最终，该标的转让部分采取了股权转让方式，由华润中国地产成长基金和中铁泰博房地产开发有限公司共同持股，分享租金等所有者经营收益，这样就避免了高额的土地增值税。

知识链接

借道股权转让规避土地增值税，方兴地产避税或近 4 亿元

据《每日经济新闻》2011 年 9 月 20 日报道，央企中化集团旗下企业方兴地产通过股权方式转让商业地产节税近 4 亿元。

方兴地产 2011 年中报显示，在上半年税前所有者盈利较去年同期增长 64%的大背景下，所得税费用却下滑了 4%。

2011 年 6 月，方兴地产发布公告称，全资附属公司上海晨拓投资与宝钢资源签订协议，同意以 9.33 亿元人民币向宝钢资源出售全部股份，并由宝钢资源代为清偿方兴地产全资子公司北京凯晨置业全部债务，约人民币 6.09 亿元。而上海晨拓所拥有的物业是上海港国际客运中心商业配套项目 1 号楼（以下简称上海港客运中心 1 号楼）。

8 月 22 日，方兴地产的主席罗东江在中期业绩报告主席致辞部分，提及上半年主要开发业绩之一就是成功签约售出位于上海北外滩核心区域的特色滨水项目——上海港客运中心 1 号楼。

方兴地产中报数据显示，方兴地产的物业销售收入要比去年同期下滑 100%，仅为港币 670 万元。售出的上海港国际客运中心 1 号楼，签约金额 18.3 亿元港币，所取得的投资收益高达 11.37 亿港元。但该项目并未计入今年上半年的物业销售收入。所得税费用由此下滑，由去年同期的 6.37 亿元，下滑至 6.12 亿元，下滑幅度达到 4%，原因是“上半年物业销售收入减少导致土地增值税的减少”。

奥秘在于方兴地产将一笔 11.37 亿港元的收入，作为投资收益列入“其他收入和收

益”一栏，方兴地产因此可以大幅节税。

如果开发商选择直接出售房地产物业，需要按30%～60%的税率清算土地增值税，而以股权出让方式转移拥有房屋产权的房地产公司股权，需要支付的仅仅是可抵扣的企业所得税。由于企业所得税的计税时间横跨一个会计年度。在这一会计年度中，企业的任何亏损和费用，均可抵扣上述股权出让收益，所以实际的应纳税额，有可能比方兴地产出让股权应承担的所得税少。

上海港客运中心1号楼的签约金额18.3亿元港元，投资收益是11.37亿港元，收益相当于成本6.93亿港元的1.6倍。按照中华人民共和国土地增值税暂行条例实施细则公布的土地增值税速算公式，计算公式为：土地增值税税额＝增值额×50%－扣除项目金额×15%，该项目的土地增值税至少为4.645 5亿元港币，按照人民币对港币1∶0.83计算，约3.86亿元人民币。

方兴地产方面未公布上述以股权方式转让写字楼究竟能为企业节省多少土地增值税。对于通过规避土地增值税提高收益的做法，公司也未作出解释。

方兴地产上述会计处理，可以使企业节税近4亿元人民币。方兴地产通过股权方式转让商业地产节税的做法，极有可能被其他房地产商仿效。

八、转让在建工程筹划法

案例分析

销售方案的税收筹划

紫玉房地产公司在紫玉山庄小区开发了100套别墅，总建筑面积30 000平方米，取得土地使用权支付的费用3 000万元，建造成本10 000万元（其中：金融机构借款费用1 000万元），开发期间发生期间费用600万元。现在正在筹划销售策略，如果销售毛坯房，每平方米售价10 000元，计算纳税总额。有无可以减轻税费支出的筹划方案？

方案一：销售毛坯房，建造总成本13 000万元，不含息建造成本12 000万元，销售收入总额30 000万元。

（1）营业税金及附加＝30 000×5.5%＝1 650（万元）

（2）土地增值税：

扣除项目金额＝12 000×130%＋1 650＝17 250(万元)

增值额＝30 000－17 250＝12 750(万元)

增值率＝12 750÷17 250×100%＝73.91%

适用税率40%，速算扣除系数为5%。

应交土地增值税＝增值额×40%－扣除项目金额×5%

＝12 750×40%－17 250×5%＝4 237.5(万元)

(3) 印花税＝30 000×0.000 5＝15（万元）

(4) 企业所得税：

应纳税所得额＝(30 000－13 000－1 650－4 237.5－600－15)
＝10 497.5(万元)

应交企业所得税＝10 497.5×25%＝2 624.38(万元)

(5) 税负总额＝1 650＋4 237.5＋15＋2 624.38＝8 526.88（万元）

(6) 税负率＝8 526.88÷30 000＝28.42%

方案二：紫玉房地产公司将紫玉山庄小区的毛坯房以20 000万元卖给关联企业九华公司，由九华公司装修后销售，预计装修费用2 000万元，九华公司期间费用为装修费用的10%，完工后每平方米售价10 800元，销售总额32 400万元。总体税费由两个公司来承担。

紫玉公司的税负计算如下：

(1) 营业税金及附加＝20 000×5.5%＝1 100（万元）

(2) 土地增值税：

扣除项目金额＝12 000×130%＋1 100＝16 700(万元)

增值额＝20 000－16 700＝3 300(万元)

增值率＝3 300÷16 700×100%＝19.76%

适用税率30%，速算扣除系数为0；

应交土地增值税＝增值额×30%－0＝3 300×30%－0＝990(万元)

(3) 印花税＝20 000×0.000 5＝10（万元）

(4) 企业所得税＝(20 000－13 000－600－1 100－990－10)×25%
＝4 300×25%＝1 075（万元）

(5) 税负总额＝1 100＋990＋10＋1 075＝3 175（万元）

九华公司的税负计算如下：

(1) 契税＝20 000×3%＝600（万元）

工程成本＝20 000＋2 000＋ 600＝22 600(万元)

(2) 营业税金及附加＝(32 400－20 000)×5.5%＝682（万元）

(3) 土地增值税：

扣除项目金额＝22 600×1.3＋682＝30 062(万元)

增值额＝32 400－30 062＝2 338(万元)

增值率＝2 338÷30 062×100%＝7.78%

应交土地增值税＝2 338×30％－0＝701.4(万元)

(4) 印花税＝32 400×0.000 5＝16.2 (万元)

(5) 企业所得税:

应纳税所得额＝324 000－22 600－2 000×10％－682－701.4－16.2
＝8 200.4(万元)

应交企业所得税额＝8 200.4×25％ ＝2 050.1(万元)

(6) 税负总额＝600＋682＋701.4＋16.2＋2 050.1＝4 049.7 (万元)

两个公司纳税合计额＝3 175＋4 049.7 ＝7 224.7 (万元)

方案二比方案一节税＝8 526.88－7 224.7＝1 302.18 (万元)。

九、费用均分筹划法

费用均分筹划方法主要是针对房地产开发业务较多的企业。因为这类企业可能同时进行几处房地产的开发业务，不同地方开发成本因为地价或其他原因可能不同，这就会导致有的房屋开发出来销售的增值率较高，而有的房屋增值率较低，这种不均匀的状态实际会加重企业的税收负担。这就要求企业对开发成本进行必要的调整，使得各处开发业务的增值率大致相同，从而节省税款。因此，平均费用分摊是抵消增值额、减少纳税的极好选择。房地产开发企业可将一段时间内发生的各项开发成本进行最大限度的调整分摊，就可以将获得的增值额进行最大限度的平均，这样就不会出现某段时间增值率过高的现象，从而减少部分税款的缴纳。如果结合其他筹划方法，使增值率刚好在某一临界点以下，则节税效果就更明显。

十、企业筹建期的巧妙运用

企业的筹建期，是指从企业被批准筹建之日起至开始生产、经营（包括试生产、试营业）之日的期间。《国家税务总局关于外商投资企业从事房地产开发经营征收所得税有关问题的通知》(国税发〔1995〕153 号）第二条规定，专业从事房地产开发经营的外商投资企业，应以其首次取得房地产开发经营项目之日，确定为税法实施细则第七十四条规定的实际开始生产、经营之日。如其首次取得房地产开发经营项目的日期是在营业执照签发日之前，则应以其营业执照签发之日确定为税法实施细则第七十四条规定的实际开始生产、经营之日。

开办费是指企业在筹建期发生的费用，包括人员工资、办公费、培训费、差旅费、印刷费、注册登记费以及不计入固定资产和无形资产成本的汇兑损益和利息等支出。

在新会计准则下，新设立的房地产开发企业开办费是在“管理费用”科目核算，且直接计入当期损益的。

至于新税法方面，2008年4月25日国家税务总局在其网站上，所得税司副司长缪慧频在回答新所得税法实施过程中的相关问题时，关于“开办费税前扣除”问题的答复如下：“新税法不再将开办费列举为长期待摊费用，与会计准则及会计制度的处理一致，即企业可以从生产经营当期一次性扣除。”

《国家税务总局关于企业所得税应纳税所得额若干税务处理问题的公告》（国家税务总局公告2012年第15号）第五条“关于筹办期业务招待费等费用税前扣除问题”明确要求：

企业在筹建期间，发生的与筹办活动有关的业务招待费支出，可按实际发生额的60%计入企业筹办费，并按有关规定在税前扣除；发生的广告费和业务宣传费，可按实际发生额计入企业筹办费，并按有关规定在税前扣除。

因此，“开办费”的会计处理与税务处理不再分离，二者协调一致了。以后在开办费方面不存在会计与税务的差异，当然更不存在纳税调整了。

至于将未取得商品房销售收入以前发生的费用（管理费用、销售费用、财务费用），计入“长期待摊费用”分五年税前扣除的作法，从2008年1月1日开始必须摒弃，以保障房地产企业的正当权益。

案例分析

运用筹建期节税

某房地产开发公司于2005年12月成立，2006年12月取得一宗土地使用权，支付土地出让金2 800万元，然后，公司开始办理土地使用权过户的手续，搞规划设计，进行“七通一平”等项工作，并办理开工许可证、预售许可证等前期工作，该小区规划为“普通标准住宅”。一直到2008年12月才开工施工建设，在这期间发生费用200万元，财务部门将其作为“开办费”处理。工程经过近两年的施工，于2010年9月竣工。开发成本5 200万元，可售面积20 000平方米，以单位均价6 700元对外销售，到2010年末，房产全部售出。发生期间费用180万元，借款利息420万元，但不能全部取得银行借款证明。计算应交土地增值税。

土地增值税的计算：

（1）销售收入总额＝6 700×20 000＝13 400（万元）

（2）扣除项目金额＝(2 800＋5 200)×130%＋13 400×5.5%

＝10 400＋737＝11 137（万元）

（3）增值额＝13 400－11 137＝2 263（万元）

（4）增值率＝2 263÷11 137×100%＝20.32%

适用税率30%，速算扣除系数为0。

（5）应交土地增值税＝2 263×30%－0＝678.9（万元）

筹划方案：《国家税务总局关于外商投资企业从事房地产开发经营征收所得税有关

问题的通知》（国税发〔1995〕153号）规定，首次取得房地产开发经营项目之日，确定为税法规定的实际开始生产、经营之日。把开工前的200万元费用直接列入前期工程费，应交土地增值税就会发生变化。

土地增值税的计算：

(1) 销售收入总额＝6 700×20 000＝13 400（万元）

(2) 扣除项目金额＝(2 800＋5 200＋200)×130%＋13 400×5.5%

＝10 660＋737＝11 397（万元）

(3) 增值额＝13 400－11 397＝2 003（万元）

(4) 增值率＝2 003÷11 397×100%＝17.57%

增值率小于20%，免征土地增值税，节税678.9万元。

十一、投资方式的最佳选择

根据公司法规定，以土地使用权出资时，货币出资金额不得低于有限责任公司注册资本的百分之三十。以非货币资产对外投资时，需对价格进行评估。各项税费分析如下：

1. 土地增值税

根据《财政部 国家税务总局关于土地增值税一些具体问题规定的通知》（财税字〔1995〕048号）的规定，对于以房地产进行投资、联营的，投资、联营的一方以土地（房地产）作价入股进行投资或作为联营条件，将房地产转让到所投资、联营的企业中时，暂免征收土地增值税。对投资、联营企业将上述房地产再转让的，应征收土地增值税。

另根据《财政部 国家税务总局关于土地增值税若干问题的通知》（财税〔2006〕21号）的规定，对于以土地（房地产）作价入股进行投资或联营的，凡所投资、联营的企业从事房地产开发的，或者房地产开发企业以其建造的商品房进行投资和联营的，均不适用财税字〔1995〕048号文件第一条暂免征收土地增值税的规定。

2. 营业税

以土地使用权投资入股，参与接受投资方利润分配，共同承担投资风险的行为，不征收营业税。

以不动产、土地使用权投资入股，收取固定利润的，应区别以下情况征收营业税：不动产的所有权或土地的使用权没有发生转移，属于将场地、房屋等转让他人使用的业务，其收取的固定利润，应按“服务业”税目中“租赁业”税目征收营业税；不动产所有权或土地使用权发生了转移，其收取的固定利润，按“销售不动产”或“转让无形资产”征收营业税。

3. 企业所得税

企业以土地使用权进行对外投资，企业所得税视为按公允价值转让无形资产并投资两项业务，转让无形资产应确认转让损益，计入应税所得。

4. 契税

根据《中华人民共和国契税暂行条例实施细则》第八条规定：

土地、房屋权属以下列方式转移的，视同土地使用权转让、房屋买卖或者房屋赠与征税：

（一）以土地、房屋权属作价投资、入股；

（二）以土地、房屋权属抵债；

（三）以获奖方式承受土地、房屋权属；

（四）以预购方式或者预付集资建房款方式承受土地、房屋权属。

因此，对以国有土地使用权投资入股的行为，受让方要按规定缴纳契税。

5. 印花税

根据《财政部 国家税务总局关于印花税若干政策的通知》（财税〔2006〕162 号）第三条规定，对土地使用权出让合同、土地使用权转让合同按产权转移书据征收印花税。实收资本和资本公积两项的合计金额大于原已贴花资金的，增加的部分需要交纳万分之五的印花税。

综上所述，土地使用权转让方支付的税费：

（1）评估费支出

（2）产权过户费用

（3）土地使用权评估增值部分应缴纳企业所得税

（4）土地使用权产权转移，应按万分之五缴纳印花税

土地使用权受让方支付的税费：

（1）受让土地使用权应缴纳的契税

（2）产权过户费用

（3）验资费用

（4）新增资本金，应按万分之五缴纳印花税

账务处理部分：

土地使用权对外投资评估增值时，土地使用权出让方账务处理：

借：长期股权投资

贷：无形资产

营业外收入

银行存款（评估费）

（注：也有观点认为增值部分应该记入“资本公积”，但不论如何处理，增值部分都应缴纳企业所得税）

土地使用权受让方账务处理：

借：无形资产

  贷：实收资本

土地投入新老公司的优劣分析

	投入新成立公司	投入原有公司
优点	项目核算简单； 不涉及其他项目； 如有纠纷处理简单	无资质限制； 准备周期短
缺点	新公司资质限制； 准备周期长	项目核算复杂； 利益计算牵涉其他项目，如有纠纷，处理困难

案例分析

投资方式选择的税收筹划

北海房地产开发公司 2008 年投入 15 000 万元取得一项土地使用权。经过董事会会议决定，准备将其中 1/5 的土地，用于建造宾馆和餐饮娱乐中心，建成之后注册设立国泰国际大酒店。宾馆的建设期为 2 年，建设投资预计需要 13 000 万元，预计建成后宾馆房产的公允价值为 28 800 万元。

方案一：宾馆建成后注册设立国泰国际大酒店。

(1) 营业税金及附加：0

(2) 契税：28 800×4%＝1 152（万元）

(3) 土地增值税：

酒店的建造总成本＝15 000×20%＋13 000＝16 000(万元)

扣除项目金额＝16 000×130%＝20 800(万元)

增值额＝28 800－20 800＝8 000(万元)

增值率＝8 000÷20 800＝38.46%

适用税率 30%，速算扣除系数为 0。

应交土地增值税＝8 000×30%＝2 400(万元)

应交契税与土地增值税＝1 152＋2 400＝3 552(万元)

方案二：以 20%的土地使用权作价和 13 000 万元的资金对酒店公司进行投资，由酒店公司委托北海房地产公司代建。

(1) 营业税及附加：根据财税〔2002〕191 号文件，可以免征。

(2) 土地增值税：根据财税〔2006〕21 号文件规定，可以免征。

(3) 契税＝15 000×20%×4%＝120（万元）

节税金额＝3 552－120＝3 432（万元）

方案三：取得土地使用权时，直接把其中20％的土地办在酒店的名下，还可以节省契税120万元。

方案四：采取企业分立的办法，根据财税〔2008〕175号文件免契税。

十二、土地出让金返还筹划法

当前，各地政府在招商引资中以土地换项目，通过返还土地出让金、旧城改造费、配套费等形式，变相给予房地产企业补偿返还的行为时有发生。

《企业所得税法》规定，企业取得的政府补助收入除国务院财政、税务主管部门规定有专项用途，并经国务院批准的以外，一般都属于应税范围，应当依法缴纳企业所得税。

房地产开发企业收到当地政府土地出让金返还属于税费返还。《企业所得税法》把企业实际收到的财政补贴和税费返还排除在“财政拨款”之外，计入当期损益征收企业所得税。企业取得的财政补贴和税收返还，会计准则规定属于“政府补助”的范畴，记入“营业外收入”科目。

土地出让金返还不属于财政拨款，应当征收企业所得税。其原因是：

（1）企业从政府取得的补贴收入符合税法“收入总额”的立法精神。

（2）为了规范财政补贴收入，加强减免税的管理。

（3）为了尽量减少税法与财务会计制度的差异，企业会计准则规定把政府补助记入“营业外收入”科目，税法也没有必要在此问题上保持差异，这有利于降低纳税遵从成本和税收征管成本。

案例分析

土地出让金返还的税务处理

明月房地产开发公司2012年2月支付2 000万元取得一项土地使用权。按照当地政府的规定，土地出让金返还20％，6月16日明月房地产公司收到土地出让金返还400万元，明月房地产应该如何进行账务处理？

分析如下：

方案一：房地产企业收到当地政府返还的土地出让金时，按照企业会计准则规定，将其记入“营业外收入”科目，作会计分录如下：

借：银行存款　　4 000 000

贷：营业外收入 4 000 000

纳税效果分析：

(1) 土地使用权支付的金额仍然是2 000万元，按照130%计算扣除项目，扣除2 000 ×130%=2 600（万元）；

(2) 营业外收入400万元形成利润总额，应缴企业所得税100万元。

方案二：一般情况下，企业收到当地政府的土地出让金返还，会按照习惯做法直接用来冲减“开发成本——土地征用及拆迁补偿费”。

会计处理如下：

借：银行存款 4 000 000

贷：开发成本——土地征用及拆迁补偿费 4 000 000

纳税效果分析：

(1) 土地使用权支付的金额减少到1 600万元，按照130%计算扣除项目，扣除1 600 ×130%=2 080（万元）；

土地增值税清算时少抵扣增值额=2 600−2 080=520（万元）；

土地增值税税率按30%计算，应交税520×30%=156（万元）。

(2) 开发成本减少400万元，企业所得税应纳税所得额增加400−156=244万元。

应交所得税244×25%=61（万元）。

应交税费总额=156+61=217（万元）。

结论：税收对会计核算具有一定的依附性，要依据会计核算的结果来计税。因此，企业财会人员在处理每一笔会计事项时，一定要考虑到以后的纳税效果，切忌按照习惯做法进行账务处理。

十三、代收费用筹划法

房地产开发企业在销售不动产时，经常要代其他部门收取一些诸如城建配套费、维修基金等费用。目前，企业有两种处理方式可以选择：(1) 将代收费用视为房产销售收入，并入房价向购买方一并收取；(2) 在房价之外向购买方单独收取。两种方式的税收待遇不同。《财政部 国家税务总局关于土地增值税一些具体问题规定的通知》（财税字〔1995〕048号）规定，对县级及以上人民政府要求房地产开发企业在售房时代收的各项费用，如果代收费用是计入房价中向购买方一并收取的，可作为转让房地产所得的收入计税；如果代收费用未计入房价中，而是在房价之外单独收取的，可以不作为转让房地产的收入。对于代收费用作为转让收入计税的，在计算扣除项目金额时，可予以扣除，但不允许作为加计20%扣除的基数；对于代收费用未作为转让房地产的收入计税的，在计算增值额时不允许扣除代收费用。

案例分析

代收费用的处理技巧

路路通房地产开发公司出售一栋写字楼，获得销售收入3 200万元，并按当地市政府的要求，在售房时代收了200万元的各项费用。开发该楼盘的支出如下：开发成本800万元，支付土地出让金200万元，其他允许税前扣除的项目合计300万元。

方案一：路路通公司不将代收费用计入房价，而是单独向购房方收取。代收款项在计算扣除项目时不能扣除。

允许扣除的金额＝(800＋200)×(1＋20%)＋300＝1 500(万元)

增值额＝3 200－1 500＝1 700(万元)

增值率＝1 700÷1 500×100%＝113.33%

应缴纳土地增值税＝1 700×50%－1 500×15%＝625(万元)

方案二：路路通公司将代收的费用并入房价向购买方一并收取，代收费用可以作为扣除项目金额。

允许扣除的金额＝(800＋200)×(1＋20%)＋300＋200＝1 700(万元)

增值额＝3 400－1 700＝1 700(万元)

增值率＝1 700÷1 700×100%＝100%

应缴纳土地增值税＝1 700×40%－1 700×5%＝595(万元)

从结果可以看出，无论怎样核算代收费用，其转让不动产获得的增值额均为1 700万元，但是，将代收费用并入房价中向购房者收取，可减少土地增值税30万元（625－595），原因一方面是源于增值额不变而扣除额增大，另一方面是因为增值率降低使得适用税率也随之降低。

十四、公共配套设施筹划法

企业在建造不动产时，经常会单独或利用地下人防设施等建造停车场所，根据国税发〔2009〕31号文件第三十二条的规定，企业单独建造的停车场所，应作为成本对象单独核算。利用地下基础设施形成的停车场所，作为公共配套设施进行处理。现在对于销售地下停车位所形成的收入核算有三种方法，具体通过以下案例分析。

案例分析

利用地下车位进行税收筹划

凯旋城房地产开发有限公司准备出售“凯旋中心”项目中的200个地下停车位，这项目地下车位总建筑面积5 000平方米，地下车位市场售价为5万元/个，总售价1 000万元。该项目开发成本（含土地成本）为3 000元/平方米，地下车位总成本1 500万元。

方案一：地下车位计入可售面积，并且该项地下车位成本计入总成本，当期实际销售车位面积计入已售面积，其销售成本按可售面积比例分摊，与当期实现的车位销售收入形成配比。该项目销售不动产总收入30 000万元，总建筑面积50 000平方米，总成本为50 000×3 000元/平方米＝15 000（万元）。

其中：

出售车位总收入＝200×5＝1 000(万元)

可扣除项目＝1 500＋1 500×(10%＋20%)＋1 000×5%×(1＋3%＋7%)
　　　　＝2 005(万元)

增值额＝1 000－2 005＝－1 005(万元)

出售不动产总收入＝30 000(万元)

可扣除项目＝15 000＋15 000×(10%＋20%)＋30 000×5%×(1＋3%＋7%)
　　　　＝21 150(万元)

增值额＝30 000－21 150＝8 850(万元)

增值率＝8 850/21 150＝42.84%

应缴纳土地增值税＝8 850×30%＝2 655(万元)

方案二：地下车位分为出售给业主的部分、以及出售给非业主的部分。

其中：出售给业主的部分，其收入作为价外费用，其成本按面积比例分摊；出售给非业主的部分，作为企业固定资产，其收入作为租赁收入缴纳营业税。

如上例：出售车位总收入中有600万元为出售给小区业主，建筑面积3 000平方米，分摊成本＝3 000平方米×3 000元/平方米＝900（万元）。

出售不动产总收入＝30 000＋600＝30 600(万元)

可扣除项目＝15 000＋900＋(15 000＋900)×(10%＋20%)
　　　　　＋30 600×5%×(1＋3%＋7%)
　　　　＝22 353(万元)

增值额＝30 600－22 353＝8 247(万元)

增值率＝8 247/22 353＝36.89%

应缴纳土地增值税＝8 257×30%＝2 477.10(万元)

方案三：地下车位作为公共配套设施，无偿划拨业主委员会，由物业公司代管，收取租金，其成本计入总成本，而收入由物业公司缴纳租赁业营业税，从而减少项目增值额。

该项目车位全部无偿划转物业，房地产开发公司不作销售，其成本1 500万元全部计入总成本，单位成本增加为3 300元/平方米［(15 000＋1 500)/50 000］，收入减少

1 000 万元。

总收入＝30 000（万元）

可扣除项目＝16 500＋16 500×（10％＋20％）＋30 000×5％×（1＋3％＋7％）

＝23 100（万元）

增值额＝30 000－23 100＝6 900（万元）

增值率＝6 900/23 100＝29.87％

应缴纳土地增值税＝6 900×30％＝2 070（万元）

结论：通过筹划，如企业保留对地下车位的收益权，则节税 2 655－2 477.10＝177.90（万元），如企业不保留对地下车位的收益权，则节税 2 655－2 070＝585（万元）。具体可由企业根据自己的需要选择适合的方案。

CHAPTER

18 第十八章 土地增值税筹划经典案例

一、"先投资、再转让"案例分析

当纳税人向企业转让房地产时，一般可采取"先投资、后转让股权"的筹划方案，即先将房地产投资给企业取得相应股权，然后再将股权转让给企业的原股东，如此可不负担营业税、土地增值税等相关税费。具体分析如下：

（一）投资环节营业税、城市维护建设税、教育费附加

《财政部 国家税务总局关于股权转让有关营业税问题的通知》（财税〔2002〕191号）规定，以无形资产、不动产投资入股，与接受投资方利润分配，共同承担投资风险的行为，不征收营业税。因此，房地产企业将开发产品进行投资的行为不需要缴纳营业税。同样，城建税和教育费附加也无需缴纳。

《财政部 国家税务总局关于营业税若干政策问题的通知》（财税〔2003〕16号）就营业额问题作出了规定，自2003年1月1日起，单位和个人销售或转让其购置的不动产或受让的土地使用权，以全部收入减去不动产或土地使用权的购置或受让原价后的余额为营业额。单位和个人销售或转让抵债所得的不动产、土地使用权的，以全部收入减去抵债时该项不动产或土地使用权作价后的余额为营业额。同时，对营业额减除项目凭证管理问题也作出了具体规定：自2003年1月1日起，营业额减除项目支付款项发生在境内的，该减除项目支付款项凭证必须是发票或合法有效凭证；支付给境外的，该减除项目支付款项凭证必须是外汇付汇凭证、外方公司的签收单据或出具的公证证明。

（二）投资环节土地增值税

《财政部 国家税务总局关于土地增值税若干问题的通知》（财税〔2006〕21号）规定，对于以土地（房地产）作价入股进行投资或联营的，凡所投资、联营的企业从事房地产开发的，或者房地产开发企业以其建造的商品房进行投资和联营的，均不适用

《财政部 国家税务总局关于土地增值税一些具体问题规定的通知》（财税字〔1995〕048号）第一条暂免征收土地增值税的规定。因此，按新规定，对于房地产开发企业以开发产品作价投资的，需要缴纳土地增值税。

（三）开发产品对外投资时的所得税

根据《国家税务总局关于印发〈房地产开发经营业务企业所得税处理办法〉的通知》（国税发〔2009〕31号）的规定，企业将开发产品用于捐赠、赞助、职工福利、奖励、对外投资、分配给股东或投资人、抵偿债务、换取其他企事业单位和个人的非货币性资产等行为，应视同销售，于开发产品所有权或使用权转移，或于实际取得利益权利时确认收入（或利润）的实现。确认收入（或利润）的方法和顺序为：

（1）按本企业近期或本年度最近月份同类开发产品市场销售价格确定；

（2）由主管税务机关参照当地同类开发产品市场公允价值确定；

（3）按开发产品的成本利润率确定，开发产品的成本利润率不得低于15%，具体比例由主管税务机关确定。

可见，房地产开发企业以开发产品对外投资时，应认定为视同销售行为，需要计算缴纳企业所得税。但是，房地产开发企业以开发产品对外投资行为的所得税税负高低如何，应视土地增值额的大小确定。由于评估作价具有一定的主观性，因此通过适当降低投资作价，可相对降低土地增值税的增值率，以达到降低所得税税负的目的。

（四）投资环节契税

根据《中华人民共和国契税暂行条例细则》第八条规定，土地、房屋权属以下列方式转移的，视同土地使用权转让、房屋买卖或房屋赠与征税：

（1）以土地、房屋权属作价投资、入股；

（2）以土地、房屋权属抵债；

（3）以获奖方式承受土地、房屋权属；

（4）以预购方式或预付集资建房款方式承受土地、房屋权属。

因此，以开发产品对外投资应该视同房屋买卖，需缴纳契税。计税依据是以土地、房屋权属转移合同确定的价格，包括承受者应交付的货币、实物、无形资产或者其他利益。因被投资公司股权将全部转让给受让人，房屋权属随之归属于受让人，形式上卖股权，实质上是卖房屋，因此由受让人承担。可见，房地产开发企业以开发产品对外投资不需要缴纳契税。

（五）再转让股权环节营业税、所得税

对于营业税，根据《财政部 国家税务总局关于股权转让有关营业税问题的通知》（财税〔2002〕191号）的规定，对股权转让不征收营业税。

对于企业所得税，根据《企业所得税法实施条例》第七十一条第二款及第三款规定，企业转让或者处置投资资产时，投资资产的成本准予扣除。投资资产成本为购买价款或该资产的公允价值和支付的相关税费。根据《国家税务总局关于贯彻落实企业所得

税法若干税收问题的通知》(国税函〔2010〕79号)第三条规定,转让股权收入扣除为取得该股权所发生的成本后,为股权转让所得。企业在计算股权转让所得时,不得扣除被投资企业未分配利润等股东留存收益中按该项股权所可能分配的金额。

因此,再转让股权环节上不需缴纳营业税及其附加,但对于股权转让溢价需要征收企业所得税。

(六)投资环节和再转让股权环节印花税

根据《中华人民共和国印花税暂行条例》,"产权转移书据"为应纳印花税凭证,因此投资环节和再转让股权环节应按"产权转移书据"税目按0.05%的税率缴纳印花税。

综上所述,从税务角度看,开发产品采取先投资再转让的操作方式,主要有三点实惠:

(1)节省了5.5%的营业税金及附加。

(2)由于开发产品直接买卖差价可大致分为投资评估增值与股权转让溢价两部分,则土地增值税的税负将相对降低。

(3)通过适当降低投资评估增值比重,相对提高股权转让溢价比重,降低土地增值税税负。但此操作流程和手续比较繁琐,历时较长,资金回笼速度可能相对较慢,其时间价值需要考虑,而且投资作价不宜过低,以避免税务风险。

我们通过几个案例来验证先投资再转让的优势。

案例分析

股权转让节税模式

中金投资公司是一家具有房地产开发资格的投资公司,2009年与某外国大型财团达成一笔业务,以26亿元的价格在青岛开发一个带有高尔夫球场的高级度假村。公司已与当地政府取得联系,并签署了征地搞项目的投资意向书。其整个业务的操作流程是:先由中金公司购买土地并建成带有高尔夫球场的高级度假村,然后再以协商价格销售给该外国大型财团。通过有关权威机构的分析论证,开发成本18亿元(取得土地使用权的成本为6亿元,城市维护建设税税率为7%,教育费附加征收率为3%)。

作为中金投资公司,如果按这个业务流程进行操作,按规定应缴纳如下税费:

应缴纳营业税:(260 000-60 000)×5%=10 000(万元);

应缴城市维护建设税、教育费附加:10 000×(7%+3%)=1 000(万元);

应缴印花税:260 000×0.05%=130(万元);

扣除项目=180 000×130%=234 000(万元)

增值额=260 000-234 000-10 000-1 000=15 000(万元)

适用税率30%，速算扣除系数为0。

应纳土地增值税＝15 000×30%＝4 500（万元）

合计应缴纳各种税费15 630万元。

在投资活动进入决策阶段，公司董事会聘请税收筹划专家对该项目进行论证。专家通过测算后，对有关涉税事项进行了税收筹划，总体方案思路如下：先投资成立一个子公司，待该子公司的固定资产建成后，再将公司的股权全部转让给外国投资者，则可免除上述税款。具体操作过程如下：

第一步：与购买该度假村的财团协商，请他们先预付一部分资金作为投资款，与中金投资公司共同成立一个责任有限公司——“东方小巴黎”度假村。东方小巴黎度假村拥有法人资格，独立核算。

第二步：东方小巴黎进行固定资产建设，有关费用在东方小巴黎的“在建工程”账户核算，如果资金存在缺口，则由中金投资公司提供，东方小巴黎作应付款项处理。

第三步：东方小巴黎的高尔夫球场及其他固定资产建成以后，外国大型财团以兼并的方式取得东方小巴黎的实际控制权。通过兼并，中金投资公司将拥有东方度假村的股权全部转让给外国投资者。中金投资公司收回股权转让价款及度假村所有债权。

在东方小巴黎业务中，在原业务流程条件下，中金投资公司将度假村作为资产进行转让，还涉及企业所得税问题，其应缴纳企业所得税为：（260 000－180 000－15 630）×25%＝16 092.50（万元）。

所以，中金公司如果按资产转让业务流程进行操作，在该业务中获得税后的净利润：

260 000－180 000－15 630－16 092.50＝48 277.50(万元)

而通过税收筹划运作，中金投资公司的税后净利润大为增加，税收筹划节税效果明显。

通过税收筹划，中金投资公司虽然在股权转让过程中需增加企业所得税负担，但是由于不缴纳营业税、城建税、教育费附加和土地增值税，公司最终的净收益增加了。

案例分析

利用交易方式节税

星辰地产拟出售在市区新开发的一幢大楼。这幢大楼开发成本及费用总计1 500万元（含加计部分），经评估，市场价格为2 700万元。2009年6月，金色海湾公司有意购置这幢大楼开办酒店。那么，星辰地产以何种形式出售此幢大楼可以得到最大的收益？金色海湾公司用哪种方式购买这幢大楼将得到最优惠的价格？

下面，我们分两种交易形式进行比较。

方案一：星辰地产以市场价格2 700万元销售这幢大楼，金色海湾公司以2 700万元买入。

星辰地产的销售收入总额2 700万元；房地产开发成本及费用1 500万元。销售不动产应纳的税金及附加为：

按“销售不动产”税目5%的税率计算缴纳营业税为：2 700×5%=135（万元）。

应纳城市维护建设税、教育费附加、地方教育费附加以应纳营业税税额为计税依据，应纳城市维护建设税和教育费附加为：135×(7%+3%)=13.5（万元）。

出售不动产，其合同应按“产权转移书据”税目依0.05%的税率缴纳印花税：2 700×0.05%=1.35（万元）。

转让不动产应缴纳土地增值税计算：

土地增值额为：2 700−1 500−135−13.5=1 051.5（万元）

增值率：1 051.5÷(1 500+135+13.5)×100%=63.38%，

应纳土地增值税为：

1 051.5×40%−(1 500+135+13.5)×5%=338.17(万元)

税收费用合计为：135+13.5+1.35+338.17=488.02（万元）

星辰地产的实际收益为：

2 700−1 500−135−13.5−338.17−1.35=711.98(万元)

金色海湾公司实际支出则为2 700万元。

方案二：星辰地产以这幢大楼作价2 700万元投资参与太湖商贸酒店经营，一年后，把酒店股权以2 475万元的价格转让给金色海湾公司。

《财政部 国家税务总局关于股权转让有关营业税问题的通知》（财税〔2002〕191号）规定，以无形资产、不动产投资入股，参与接受投资方利润分配，共同承担风险的行为，不征收营业税；对股权转让不征收营业税。因此，星辰地产不用缴纳销售不动产的营业税及附加。

转让股权应按“产权转移书据”税目依0.05%的税率缴纳印花税，应纳税额为：

2 475×0.05%=1.237 5(万元)

财税字〔1995〕048号文件规定，对于以房地产进行投资、联营的，投资、联营的一方以土地（房地产）作价入股进行投资或作为联营条件，将房地产转让到所投资、联营的企业中，暂免征收土地增值税。

因此，星辰地产的实际收益为：2 475−1 500−1.237 5=973.762 5（万元），比方案一多得261.782 5万元（973.762 5−711.98）。

而金色海湾公司买入此幢大楼的实际支出为2 475万元，比方案一少支出225万元(2 700−2 475)。

对比以上两种交易形式，显而易见，第二种交易形式对买卖双方都有利。

案例分析

投资方式的税收筹划

水立方房地产开发公司（以下简称水立方公司）和鸟巢运动科技有限责任公司（以下简称鸟巢公司）都是某市的企业，双方具有良好的业务合作基础。2009 年 2 月 18 日，因业务发展需要，水立方公司约定将一幢房产出售给鸟巢公司，双方商定的售价 600 万元，房屋原价 500 万元，已提折旧 100 万元，房地产评估机构评定的重置成本价格 550 万元，该房屋成新率 6 成。水立方公司转让该房产时发生评估费用 2 万元。由于这幢房产的土地使用权是与其他房产一起取得的，无法单独核算购进成本。

下面，我们分两种情况进行分析。

方案一：正常交易

作为水立方公司转让这笔房产，根据现行税法规定，应纳税额计算如下：

(1) 应纳营业税：600×5%=30（万元）

(2) 应纳城市维护建设税及教育费附加：30×(7%+3%)=3（万元）

(3) 应纳印花税（产权转移书据）：600×0.5‰=0.3（万元）

(5) 应纳土地增值税计算如下：

房产评估价格：550×60%=330（万元）

扣除项目金额合计：330+30+3+0.3+2=365.3（万元）

增值额：600-365.3=234.7（万元）

增值率：234.7÷365.3×100%=64.25%

应纳税额：234.7×40%-365.3×5%=93.88-18.27=75.61（万元）

(6) 应纳所得税：(600-400-30-3-0.3-75.61-2)×25%=22.27（万元）

综上所述，该笔业务应纳税额合计为：

30+3+0.3+75.61+22.27=131.18(万元)

这是目前资产转让的通行做法。显然这样操作比较简单，几乎没有什么枝节问题，但是，转让方要承担较重的税收负担。

方案二：先投资再转让

水立方公司的税务顾问建议改变上述做法，提出如下筹划建议：将该笔业务分两步走，首先，水立方公司以该房产对鸟巢公司企业投资，增加鸟巢公司的注册资本；其次，再将其股份按比例全部转让给鸟巢公司股东。

具体的操作程序如下：假定鸟巢公司是由股东 A、B 组建的有限责任公司，股东 A、B 所占股份比例为 6∶4。投资前，鸟巢公司资本总额为 1 000 万元，投资后，水立方公司占鸟巢公司资本总额的 30%。

第一步：水立方公司、鸟巢公司双方签订投资协议，投资后，水立方公司账务处理如下：

借：长期股权投资	4 000 000
累计折旧	1 000 000
贷：固定资产	5 000 000

鸟巢公司应确认水立方公司实收资本为：

1 000×30%/(1−30%)=428.57（万元），账务处理为：

借：固定资产	6 000 000
贷：实收资本——水立方公司	4 285 700
资本公积——资本溢价	1 714 300

第二步：其后，水立方公司将其拥有的30%的股份按比例转让给鸟巢公司原股东A和B，其中转让给A股东18%，转让给B股东12%。

水立方公司账务处理为：

借：银行存款	6 000 000
贷：长期股权投资	4 000 000
投资收益	2 000 000

鸟巢公司账务处理为：

借：实收资本——水立方公司	4 285 700
贷：实收资本——A	2 571 420(4 285 700×60%)
——B	1 714 280(4 285 700×40%)

水立方公司应纳企业所得税50万元（200×25%）。

对比上述两种方案，采取第二种方案比第一种方案节省税收91.66万元（141.66−50）。

案例分析

个人转让房产“先投资、后转让股权”节税

纳税人向个人转让房地产，如果符合一定条件，也可采取“先投资、后转让”的筹划方案。下面以阳光财税之前曾操作过的案例进行分析。

李先生是北京某公司的主要投资人，2003年在北京亚运村商圈以个人名义买入商铺一个，支付房款100万元，之后进行了精装修。

在2007年10月，因公司急需资金周转，李先生决定将该商铺转让。最后以310万元的价格与北京市民张小姐达成了初步协议。主管地税机关核定该商铺土地增值税扣除项目金额为120万元。

为了降低税负，李先生找到了税收筹划事务所咨询税费问题。

事务所为李先生进行了初步的计算。

方案一：正常买卖模式

李先生应负担的相关税费为：

应缴营业税：(3 100 000－1 000 000)×5%＝105 000（元）。

应缴城市维护建设税、教育费附加：105 000×(7%＋3%)＝10 500（元）。

应缴印花税：3 100 000×0.5‰＝1 550（元）。

应缴纳土地增值税：

(1) 扣除项目金额：1 200 000＋105 000＋10 500＋1 550＝1 200 000＋117 050＝1 317 050（元）。

(2) 增值率：(3 100 000－1 317 050)÷1 317 050×100%＝135%。

(3) 土地增值税：(3 100 000－1 317 050)×50%－1 317 050×15%＝693 917.5（元）。

应缴个人所得税：(3 100 000－1 000 000－117 050－693 917.5)×20%＝257 806.5（元）。

应负担税费为：117 050＋693 917.5＋257 806.5＝1 068 774（元）。

事务所了解到李先生的情况后，建议可以采用“个人先投资、再转让”的模式。

方案二：个人先投资、再转让

筹划思路：李先生可以将该商铺作价310万元投资到自己的公司，然后由公司以同样的价格转让给张小姐。

如果按此方案实施，在其他条件不变的情况下，李先生和公司应负担的税费为（假定北京规定契税税率为3%）：

1. 投资环节。

(1) 营业税：《财政部 国家税务总局关于股权转让有关营业税问题的通知》（财税〔2002〕191号）规定，以无形资产、不动产投资入股，参与接受投资方利润分配，共同承担投资风险的行为，不征收营业税。因此，李先生将商铺投资于企业不需缴纳营业税。

(2) 土地增值税：《财政部 国家税务总局关于土地增值税一些具体问题规定的通知》（财税字〔1995〕048号）规定，对于以房地产进行投资、联营的，投资、联营的一方以土地（房地产）作价入股进行投资或作为联营条件，将房地产转让到所投资、联营的企业中时，暂免征收土地增值税。因此，李先生将商铺投资于企业可免征土地增值税。

(3) 公司应缴契税：3 100 000×3%＝93 000（元）。

2. 转让环节。

(1) 公司应缴营业税：3 100 000×5%＝155 000（元）。

(2) 公司应缴城市维护建设税、教育费附加：155 000×(7%＋3%)＝15 500（元）。

(3) 公司应缴土地增值税：因为接受投资环节发生的增值“免征”土地增值税，所以公司在转让商铺时应当只就转让环节的增值缴纳土地增值税。本例中，公司转让商铺未发生增值，因此应缴土地增值税为0。

整个过程合计应负担税费为：93 000＋155 000＋15 500＝263 500（元）。

方案二和方案一税费差额为：1 068 774－263 500＝805 274（元）。

因此，李先生欣然采用了税收筹划方案，顺利地办理了房地产转让，并节省了805 274元税费。

从上述案例可以发现，自然人采取以房产投资股权、再转让股权的方式，规避了营业税、土地增值税的负担。当然投资股权，股权价值要视被投资企业的经营好坏，存在一定的投资风险，纳税人视情况采用。

二、"利用公司分立模式"案例分析

房地产行业中，土地是稀缺资源，土地是房地产业的命根子，资金是房地产的血液。房地产业的并购，主要看目标公司占有土地数量，在目标公司有两个或两个以上地块且不是全部地块都被收购时，可能利用公司分立是较好的选择。

案例分析

公司分立筹划节税

2008年3月，北方某市房地产开发公司星湖房地产公司分别以3 000万元购得牡丹园和玫瑰园两块土地。但是，直到2010年6月底，牡丹园地块一直处于生地状态；另一玫瑰园地，已完成前期手续。星湖房地产公司银行贷款（土地抵押）3 000万元，注册资本3 000万元。

因所在城市进行地铁规划，牡丹园地块价格迅速飙升，评估价高达7 000万元。星湖房地产公司拟以转让方式将牡丹园地块出手以获取差价。

南方知名房地产公司亚龙湾公司得知了星湖房地产公司意向，经过考察十分看好牡丹园地块的良好前景，但是由于亚龙湾公司不熟悉土地所在地环境和人脉，决定以评估价受让牡丹园地块土地使用权后进行开发，星湖房地产也想利用亚龙湾房地产的知名度扩大影响。所以决定联合开发。

现在两家公司一起向税务顾问咨询如何开发可以实现成功合作并能实现税收价值最大化。

税务顾问分析了情况：

（一）现实状况

（1）如果直接转让土地使用权，税负太高。

（2）转让星湖房地产公司股权给亚龙湾公司，不能操作，星湖房地产、亚龙湾公司都没这个意向。

(3) 星湖房地产公司以土地出资，亚龙湾公司以现金出资注册新公司，然后星湖房地产公司将股权转让给亚龙湾公司。

(4) 双方合作建房，但合作期太长，土地在星湖房地产公司没有过户，亚龙湾公司认为风险太大，无法有效保证自身权益。

(二)“分立并购”筹划法

星湖房地产公司派生分立新公司比目鱼公司，且亚龙湾公司同时并购新公司。

筹划方案：

1. 星湖房地产公司采用派生分立方式设立新公司比目鱼公司，同时将比目鱼公司50%的股权转让给亚龙湾公司。

(1) 设计比目鱼公司注册资本为1 000万元，持有牡丹园地块，资产3 000万元，银行贷款2 000万元，星湖房地产公司注册资本2 000万元，持有玫瑰园地块，资产3 000万元，负债1 000万元（按星湖房地产公司账面数直接分割，尚未考虑土地增值）。

(2) 牡丹园地块的升值，新公司比目鱼公司的土地增值为4 000万元，比目鱼公司对星湖房地产公司的负债增加4 000万元。对星湖房地产公司来说，是牡丹园地块分立出去后形成财产转让所得4 000万元。同时增加对比目鱼公司的应收款4 000万元。

被分立企业应视为按公允价值转让其被分离出去的部分或全部资产，计算被分立资产的财产转让所得，依法缴纳所得税，分立企业接受被分立企业的资产，在计税时可按经评估确认的价值确定成本。因此，星湖房地产公司把转让所得4 000万元计入纳税所得，比目鱼公司土地增值4 000万元可以列入计税成本。

(3) 分立的同时，比目鱼公司股东其实就是星湖房地产公司股东把50%股权折价500万元转让给亚龙湾公司。

2. 比目鱼公司按约定偿还星湖房地产公司负债4 000万元，资金由亚龙湾公司负责筹集。

3. 在适当时候，亚龙湾公司出价500万元购买比目鱼公司50%股权。

根据相关规定，企业在分立过程中发生的土地使用权、不动产所有权的转移行为，不征收营业税、土地增值税。另根据《财政部 国家税务总局关于企业事业单位改制重组契税政策的通知》（财税〔2012〕4号）的规定，公司依照法律规定、合同约定分设为两个或两个以上与原公司投资主体相同的公司，对派生方、新设方承受原企业土地、房屋权属，免征契税。

那么，在本筹划案例中：

星湖房地产公司分立财产转让所得 4 000 万元，应纳企业所得税 4 000×25%＝1 000（万元）。星湖房地产、亚龙湾、比目鱼三公司应纳税款为 1 001 万元，含股权转让印花税 1 万元。

比目鱼公司因土地增值 4 000 万元列入计税成本，比目鱼公司可抵减土地增值税 1 440 万元（4 000 万元加计 20%扣除，土地增值税税率 30%），

企业所得税：(4 000－1 440)×25%＝640（万元），

假设第五个纳税年度列入计税成本，计算其现值为（资金年利率 6%）1 809.78 万元。

本案中土地增值应纳税金 1 321 万元带来了 1 809.78 万元的税金抵减，间接实现现金流入 488.78 万元。

应当注意，公司分立模式也有一定局限：

首先，分立程序耗时长。公司分立首先要公告 90 天。办理土地证、规划证、建设施工许可证等变更需要很长时间。

其次，公司分立后影响到公司偿债能力，需要债权人同意。在上述案例中，如果债权银行不同意，股东如果有钱，需筹划还贷后分立，否则就无法分立。房地产公司一般是负债经营，有较多债权人，这可能是房地产公司分立最大的困难。

最后，分立后公司对公司分立前的债务承担连带担保责任。

三、土地增值税筹划案例风险分析[1]

由于土地增值税的相关规定比较宽泛，对于同一句法条可以有截然迥异的理解，土地增值税筹划已经成为一个刀锋上的舞蹈。通过以土地使用权投资新设公司然后转让股权的方式来实现实质上的转让土地使用权，并以此方法来规避土地增值税和营业税，该筹划方法一度在企业间土地使用权交易中非常流行。但是随着项目开发结束并进入土地增值税清算环节，原投资的土地使用权在土地增值税中的计税成本，根据不同的解读会有不同的结果。

下面结合案例，来分析土地增值税投资筹划给土地使用权购入方在土地增值税清算环节带来的高风险。

（一）案例介绍

步步为赢公司是步步惊心集团公司投资设立的非国有内资房地产子公司，2004 年取得一块土地使用权，成本 1 000 万元。随着房地产开发形势的持续走好，2005 年土地使用权市值已增值至 3 000 万元，地块尚未开发。2005 年步步惊心集团公司进行战略调整，欲将步步为赢房地产公司持有的主要资产——该地块土地使用权出售，以实现资金

[1] 朱光磊．土地增值税筹划案例风险因素分析［EB/OL］．中国税网，2008-11-19．

的回笼。险象环生公司是一个擅长开发烂尾楼的房地产公司，参照步步为赢公司地块类似地段、类似地块土地使用权的招拍价，愿以 3 000 万元购入步步为赢公司地块土地使用权进行开发。

（二）筹划方案（未考虑不影响决策的印花税）

1. 股权转让

（1）步步惊心公司对股权转让筹划的成本测算。

根据《城市房地产管理法》第四十五条之规定"商品房预售，应当符合下列条件：按提供预售的商品房计算，投入开发建设的资金达到工程建设总投资的百分之二十五以上，并已经确定施工进度和竣工交付日期"，土地只有开发超过 25％方可进行转让。步步为赢公司无法将纯土地使用权转让给险象环生公司，但可以将土地开发超过总投资的 25％以上后，以转让在建工程的方式将土地使用权销售给险象环生公司，但根据《营业税暂行条例》及《土地增值税暂行条例》需要缴纳营业税、土地增值税。

根据《财政部 国家税务总局关于股权转让有关营业税问题的通知》（财税〔2002〕191 号）规定之"对股权转让不征收营业税"，和《土地增值税暂行条例》第二条规定的"转让国有土地使用权、地上的建筑物及其附着物（以下简称转让房地产）并取得收入的单位和个人，为土地增值税的纳税义务人（以下简称纳税人），应当依照本条例缴纳土地增值税"，我们可以知道，股权转让不需要缴营业税，同时由于股权转让交易中，国有土地使用权没有发生转让，因而也不需要缴纳土地增值税。为了规避土地增值税及营业税，步步惊心公司欲通过转让步步为赢公司股权的方式来实现实质上的土地使用权转让。这样步步惊心公司实际支付土地增值税、营业税皆为零，步步惊心公司测算节税如下：

营业税＝3 000×5％＝150(万元)

土地增值税＝2 000×50％－1 000×15％＝850(万元)

总计节税＝150＋850＝1 000(万元)

（2）险象环生公司对股权转让筹划的成本测算。

对于这种交易方式，险象环生公司作了如下测算。

取得步步为赢公司的股权后，险象环生公司成为步步为赢公司的实际控制人，对于险象环生公司，步步为赢公司地块土地使用权的实际支付价款为 3 000 万元。

然而根据《土地增值税暂行条例实施细则》第七条之规定"条例第六条所列的计算增值额的扣除项目，具体为：取得土地使用权所支付的金额，是指纳税人为取得土地使用权所支付的地价款和按国家统一规定缴纳的有关费用"。因此步步为赢公司作为一个法人实体，它的土地在土地增值税中的计税成本仍然为原始成本 1 000 万元，而不是险象环生公司给步步惊心公司的股价支付金额 3 000 万元。假设该地块开发产品销售并进行清算，按房地产开发费用 10％、最低增值率 30％计算，险象环生公司以股权购买方式需多交土地增值税＝(3 000－1 000)×1.3×0.3＝780（万元）。

另外，根据《企业所得税税前扣除办法》（国税发〔2000〕84 号）第七条的规定，纳税人的存货、固定资产、无形资产和投资等各项资产成本的确定应遵循历史成本原则。步步为赢公司的土地使用权在企业所得税上计税成本仍为1 000万元，险象环生公司以股权购买方式需多交企业所得税＝(3 000－1 000)×25%＝500（万元）。

总计多交税＝780＋500＝1 280(万元)

经过以上分析，险象环生公司认为股权转让的方式，实质上是将原应由步步惊心集团公司承担的土地增值税、企业所得税税负转嫁给险象环生公司，因而要求步步惊心公司降低卖价。步步惊心、险象环生双方经过沟通，放弃该方案。

2. 投资新设然后股权转让

(1) 步步为赢公司对投资新设筹划的成本测算

根据《财政部 国家税务总局关于土地增值税一些具体问题规定的通知》（财税字〔1995〕048号）第一条的规定，对于以房地产进行投资、联营的，投资、联营的一方以土地（房地产）作价入股进行投资或作为联营条件，将房地产转让到所投资、联营的企业中时，暂免征收土地增值税。对投资、联营企业将上述房地产再转让的，应征收土地增值税，同时根据《财政部 国家税务总局关于股权转让有关营业税问题的通知》（财税〔2002〕191号）的规定，以无形资产、不动产投资入股，与接受投资方利润分配，共同承担投资风险的行为，不征收营业税。对股权转让不征收营业税。

步步为赢公司决定改用该地块土地使用权投资成立绝处逢生公司，并再通过转让绝处逢生公司股权的方式来实现实质上的卖地，这样既避开了营业税又避开了土地增值税。

节税测算如下（不考虑投资行为引起的评估和注册费用）：

营业税＝3 000×5%＝150（万元）

土地增值税＝2 000×50%－1 000×15%＝850（万元）

总计节税＝150＋850＝1 000（万元）

企业以经营活动的部分非货币性资产对外投资，应在投资交易发生时，将其分解为按公允价值销售有关非货币性资产和投资两项经济业务进行所得税处理，并按规定计算确认资产转让所得或损失。上述资产转让所得如数额较大，在一个纳税年度确认实现缴纳企业所得税确有困难的，报经税务机关批准，可作为递延所得，在投资交易发生当期及随后不超过5个纳税年度内平均摊转到各年度的应纳税所得中。被投资企业接受的上述非货币性资产，可按经评估确认后的价值确定有关资产的成本。

因而筹划会增加税收等成本，其中：绝处逢生公司增加契税＝3 000×4%＝120（万元）；步步为赢公司因土地视同销售需提前缴纳企业所得税，步步为赢公司主管机关不批准分5年缴纳企业所得税，因而实际上步步为赢公司承担的是提前缴纳企业所得税的货币时间价值。考虑到正常开发的情况下，步步为赢公司5年可以开发结束，因而按5年计算提前缴纳企业所得税的货币时间价值（按近似贷款利率8%作为折现率）。

提前缴纳企业所得税＝(3 000－1 000)×0.25＝500(万元)

提前缴纳企业所得税的货币时间价值＝500－500/1.085＝39.17(万元)

合计增加税收及货币时间价值成本＝120＋39.17＝159.17(万元)

综上分析，该方案可节约成本＝1 000－159.17＝840.83（万元），总体上方案可行。

（2）投资新设筹划中关于票据的特殊处理。

步步为赢公司认为虽然按《中华人民共和国发票管理办法》的规定，发票，是指在购销商品、提供或者接受服务以及从事其他经营活动中，开具、收取的收付款凭证，投资活动不属于“购销商品、提供或者接受服务以及从事其他经营活动”，应将投资分解为按公允价值销售和投资两项经济业务，也有开发票的理由，经和税务机关沟通，开具不动产发票3 000万元给绝处逢生公司，绝处逢生公司以3 000万元入账。

（3）险象环生公司对投资新设筹划的成本测算。

险象环生公司认为，绝处逢生公司可以按“评估确认后的价值”即3 000万元作为资产的计税成本，并且绝处逢生公司亦取得了3 000万元的发票，筹划方法严密，有理有据。因而转股后，绝处逢生公司同样也可以按3 000万元作为土地增值税的计税成本，经过以上分析，险象环生公司接受了投资新设并转股的方案。

可是，税务机关认为绝处逢生公司认定土地增值税的计税成本为3 000万元是没有依据的。随着绝处逢生公司对该地块的开发销售结束并进行土地增值税清算，接受投资取得的土地使用权计税成本问题浮出水面。

（三）清算时的风险

2006年，绝处逢生公司开发完毕，销售收入10 000万元，土地成本外的其他可扣除成本是4 000万元（已进行20％加计扣除），绝处逢生公司进行土地增值税的查账清算。税务机关对于绝处逢生公司的土地在土地增值税中的计税成本的认定，出乎险象环生公司原收购绝处逢生公司股权时的预计。

1. 土地使用权成本为零

（1）计税成本为零的理由。

税务机关认为，根据《土地增值税暂行条例实施细则》第七条的规定，条例第六条所列的计算增值额的扣除项目，具体为：取得土地使用权所支付的金额，是指纳税人为取得土地使用权所支付的地价款和按国家统一规定缴纳的有关费用，由于绝处逢生公司土地使用权并非购买而来，因而绝处逢生公司没有为取得土地使用权支付地价款，所以绝处逢生公司的土地在土地增值税上的计税成本是零，即绝处逢生公司在计算土地增值税时，土地的可扣除成本是零。

因而绝处逢生公司的应交土地增值税为：

可扣除成本＝4 000(万元)

增值额＝10 000－4 000＝6 000(万元)

增值率＝150％

应交增值税＝6 000×50％－4 000×15％＝2 400(万元)

(2) 相反的理由。

绝处逢生企业认为本案例中该土地使用权在土地增值税中的计税成本不为零，理由有以下两点：

第一，《土地增值税暂行条例实施细则》没有限定支付方式为货币。“取得土地使用权所支付的金额，是指纳税人为取得土地使用权所支付的地价款和按国家统一规定缴纳的有关费用”，并不是“纳税人为取得土地使用权所支付的货币金额”，《土地增值税暂行条例实施细则》并没有对支付地价款的支付方式进行规定，因而作为支付地价款的方式可以是货币性资产和非货币资产等各种支付方式。实际上本案例中，绝处逢生公司为取得该 3 000 万元土地付出了 3 000 万元的股权，支付地价款的方式是股权，并且该股权又被以 3 000 万元由绝处逢生公司的新老股东实际交易过。

第二，如果土地使用权成本为零，对应经济业务性质不同。如果绝处逢生公司“为取得土地使用权所支付的地价款和按国家统一规定缴纳的有关费用”为零，即绝处逢生公司无偿取得该地块土地使用权，那么绝处逢生公司的土地使用权应是由捐赠或资本公积而产生，这和实际情况不符。从财务核算的角度，如果绝处逢生公司是无偿取得该地块的土地使用权，那么该土地使用权进入绝处逢生公司内时，借方是土地使用权，贷方对应的会计科目应是资本公积或盈余公积，而不是实收资本。实际上，作为一个法人实体，绝处逢生公司并不是无偿从步步为赢公司取得该土地使用权，而是为取得该土地使用权付出了 3 000 万元股权作为对价，并且有合同、评估报告、发票等一系列的证据作为证明。

经过以上分析，绝处逢生公司认为本案例中绝处逢生公司没有为该土地使用权支付对价的观点缺少依据；并且绝处逢生公司取得了发票，也不属于未取得可扣除的合法票据的情况。

因而绝处逢生公司的应交土地增值税为：

可扣除成本＝4 000＋3 000×1.2＝7 600(万元)
增值额＝10 000－7 600＝2 400(万元)
增值率＝31.58％
应交土地增值税＝2 400×0.3＝720(万元)

税务机关谨慎认可了绝处逢生公司的观点。

2. 土地使用权计税成本为 1 000 万元

(1) 计税成本为 1 000 万元的理由。

税务机关认为，根据财税字〔1995〕048 号文件的免税规定，步步为赢公司投资该土地使用权到绝处逢生公司时，并未缴纳土地增值税，按增值税的链条抵扣原理，绝处逢生公司应该按1 000万元作为该土地使用权在土地增值税的计税成本。

（2）相反的理由。

绝处逢生公司认为，根据《土地增值税暂行条例》的规定，转让国有土地使用权、地上的建筑物及其附着物（以下简称转让房地产）并取得收入的单位和个人，为土地增值税的纳税义务人（以下简称纳税人），应依照本条例缴纳土地增值税，企业作为独立的法人实体，按《土地增值税暂行条例》的相关规定，以企业的名义独立进行纳税，纳税义务并不受土地使用权的上游来源和交易方式所影响。另外，根据财税字〔1995〕048文件中“对于以房地产进行投资、联营的，投资、联营的一方以土地（房地产）作价入股进行投资或作为联营条件，将房地产转让到所投资、联营的企业中时，暂免征收土地增值税”的规定，步步为赢企业以土地使用权对绝处逢生企业进行投资时，该投资活动属于暂免征收土地增值税，应该视同应交土地增值税而被免除，从法律后果上，应该视同步步为赢企业已交土地增值税。因而，以1 000万元作为该土地使用权在土地增值税的计税成本看似合理并无依据。

根据以上分析，绝处逢生公司认为，在省级以下税务机关未作补充规定的基础上，否认绝处逢生公司的土地使用权在土地增值税中的计税成本为3 000万元缺少法律依据。

本案例中税务机关的观点也并非空穴来风，如山东省地方税务局在《关于明确投资入股土地征收土地增值税土地扣除项目金额问题的通知》（鲁地税函〔2004〕30号）中就明确规定，纳税人利用外单位投资入股的土地从事房地产开发的，由于其取得该宗土地使用权时并无支付任何金额，故在转让该宗土地开发建设的房地产计算土地增值税时，得按照投资入股企业取得土地使用权时支付的金额或投资入股时土地的评估价值作为土地的扣除项目金额予以扣除。即依零来计算，不允许作任何金额的扣除。根据山东的文件规定，步步惊心、步步为赢企业采用的投资新设筹划造成了下游企业险象环生公司取得绝处逢生公司的控制权后，绝处逢生公司的土地使用权在土地增值税上计税成本为零。较之原来直接从步步为赢公司转让股权的方案，新设绝处逢生公司转让股权的方案实际上不但转嫁更是加重了下游方险象环生公司的土地增值税税负。对于下游企业，应该非常谨慎地接受投资新设然后转让股权的土地转让方式。

分析可知，这是一个设计比较严谨的土地增值税筹划案，用的也是较流行的投资筹划方法，从筹划初期来看的确起到了避税的效果。

但到了清算环节，由于土地增值税的规定比较宽泛，解读方式各异，给绝处逢生企业的土地增值税清算带来了很高的风险。特别是绝处逢生企业在正常情况下难以取得发票，在现有的征管模式下，会带来较高的税收成本。

四、土地增值税税收筹划失败的典型案例分析

当前房地产企业面临前所未有的土地增值税清算的压力，许多房地产企业八仙过

海，各显神通。有的房地产企业因为对财税知识的把握不准，由于其对税法的歪曲理解作出了一些所谓“经典”的纳税筹划方案，以图达到减轻土地增值税负担的目的，殊不知聪明反被聪明误。

下面介绍的是一个设计比较巧妙的案例，但是由于对一句法条理解的误差，没有达到预期的结果。

案例分析

因法规理解有误导致税收筹划失败的案例

沿海某市乐天房地产开发有限公司2008年1月注册成立，注册资本1 000万元，2月用注册资本拍得市中心一地块开发权，成本1 000万元。但因为后续资金不到位，没有力量进行开发，期间乐天公司没有发生别的业务和费用。

现喜悦房地产开发有限公司有大量闲置资金，苦于无地开发。双方经过接洽，喜悦房地产公司提出要约要购买该块土地，出价1 800万元。乐天房地产提出，所有工作都在2008年度完成。喜悦房地产表示配合乐天公司，采用最合适的办法进行运作。

两家公司财务部门共同讨论，找出了五种合作思路。（备注：为计算方便，本案例不考虑城建税、教育费附加、印花税等小税种。）

方案一：直接转让土地使用权

乐天房地产直接将土地使用权转让给喜悦房地产。

1. 按照本方案，乐天房地产应缴纳如下税费

营业税：1 800×5%＝90（万元）。

土地增值税：《国家税务总局关于印发〈土地增值税宣传提纲〉的通知》（国税函发〔1995〕110号）规定，对取得土地或房地产使用权后，未进行开发即转让的，计算其增值额时，只允许扣除取得土地使用权时支付的地价款、缴纳的有关费用，以及在转让环节缴纳的税金。

土地增值税可抵扣项目金额1 090万元，适用税率40%：

(1 800－1 090)×40%－1 090×5%＝229.5(万元)

企业所得税：(1 800－1 000－90－229.5)×25%＝120.125（万元）。

本方案税负合计439.625万元。

2. 本方案优点

(1) 思路明确，操作简单，没有法律风险；

(2) 喜悦房地产的购买款可以全额抵扣所得税和土地增值税。

3. 本方案缺点

(1) 乐天房地产所缴纳的税金成本相对较高，转让土地使用权收入1 800万元，却要缴纳439.625万元的税金。

(2)《中华人民共和国城市房地产管理法》第三十八条规定，未按照出让合同约定进行投资开发，完成开发投资总额的百分之二十五以上的，不允许转让。当然，本条可以通过仲裁、诉讼等强制执行方式予以解决。

方案二：先投资再转让股权

即乐天公司用土地作价1 800万元投资成立一家新公司，然后将股份转让给喜悦公司。

1. 按照本方案，乐天房地产应缴纳的税费

营业税：《财政部 国家税务总局关于股权转让有关营业税问题的通知》（财税〔2002〕191号）规定，以无形资产、不动产投资入股，与接受投资方利润分配，共同承担投资风险的行为，不征收营业税。对股权转让不征收营业税。

营业税税额：0元。

土地增值税：《财政部 国家税务总局关于土地增值税一些具体问题规定的通知》（财税字〔1995〕048号）规定，2006年3月2日以前，对于以房地产进行投资、联营的，投资、联营的一方以土地（房地产）作价入股进行投资或作为联营条件，将房地产转让到所投资、联营的企业中时，暂免征收土地增值税。《财政部 国家税务总局关于土地增值税若干问题的通知》（财税〔2006〕21号）规定，对于以土地（房地产）作价入股进行投资或联营的，凡所投资、联营的企业从事房地产开发的，或者房地产开发企业以其建造的商品房进行投资和联营的，2006年3月2日起，均不适用《财政部 国家税务总局关于土地增值税一些具体问题规定的通知》（财税字〔1995〕048号）第一条暂免征收土地增值税的规定。

可抵扣金额1 000万元，适用税率40%：

土地增值税税额：(1 800－1 000)×40%－1 000×5%＝270（万元）。

企业所得税：(1 800－1 000－270)×25%＝132.5（万元）。

本方案税负合计402.5万元。

2. 本方案优点

(1) 操作相对简单；

(2) 税金成本比方案一降低一些。

3. 本方案缺点

(1) 乐天房地产所缴纳的税金成本相对仍然较高，转让土地使用权收入1 800万元，要缴纳402.5万元的税金。

(2) 根据公司法相关规定，无形资产最多只能占到注册资本的70%，因此需要额外投入771万元，占用资金较多。当然此条可以通过乐天、喜悦公司直接投资予以解决。

方案三：转让乐天公司股权

即乐天公司股东直接将乐天公司的所有股权转让给喜悦公司。

1. 按照本方案，乐天房地产应缴纳的税费

营业税：《财政部 国家税务总局关于股权转让有关营业税问题的通知》（财税〔2002〕191 号）规定，股权转让不征收营业税。

营业税税额：0 元。

土地增值税：0 元。

企业所得税：如果乐天房地产股东为个人的话，根据《国家税务总局关于股权转让收入征收个人所得税问题的批复》（国税函〔2007〕244 号）规定，原股东取得股权转让所得，应按“财产转让所得”项目征收个人所得税。

股东为企业：(1 800－1 000)×25%＝200（万元）；

股东为个人：(1 800－1 000)×20%＝160（万元）；

税负合计 200 或 160 万元。

2. 本方案优点

(1) 操作相对简单；

(2) 税金成本相对较低；

(3) 运作时间短，不涉及土地、规划等部门的过户问题。

3. 本方案缺点

(1) 要考虑乐天公司股东是否愿意转让股权，毕竟案例中假设的情况过于理想化，现实中乐天公司可能利用现有的相关资质进行新的项目开发，以及已有的人员、资产等，都会妨碍股权出售；

(2) 要考虑喜悦公司是否愿意购买股权，因为已经存在的一家公司，可能会存在债权、债务、以及对外担保等，存在一定的风险。

方案四：合作建房

即乐天公司提供土地使用权，喜悦公司提供货币资金，合作建房。

1. 按照本方案，乐天房地产应缴纳的税费

营业税：根据《国家税务总局关于印发〈营业税问题解答（之一）〉的通知》（国税函发〔1995〕156 号）相关规定，房屋建成后乐天方如果提取固定利润，则不属营业税所称的投资入股不征营业税的行为，而属于乐天公司将土地使用权转让给合营企业的行为，那么，对乐天公司取得的固定利润按“转让无形资产”征税。

营业税纳税额：0 元。

土地增值税：根据《财政部 国家税务总局关于土地增值税一些具体问题规定的通

知》（财税字〔1995〕048号）规定，对于一方出地，一方出资金，双方合作建房，建成后按比例分房自用的，暂免征收土地增值税；建成后转让的，应征收土地增值税。

土地增值税纳税额：0元。

企业所得税：(1 800－1 000)×25%＝200（万元）。

税负合计200万元。

2. 本方案优点

税金成本低。

3. 本方案缺点

(1) 土地增值税中对于合作建房的描述过于简单，实践中到底以乐天公司/喜悦公司/合营公司中的哪一方运作该项目，描述不清楚；

(2) 如果以喜悦公司或其他公司运作，同样涉及土地的过户等问题；

(3) 乐天公司收到款项的时间会晚一些。

方案五：公司分立/合并

即采用乐天公司先分立后转让，或者乐天公司直接被喜悦公司合并的方式。

1. 按照本方案，乐天房地产应缴纳的税费

营业税纳税额：0元。

土地增值税：《财政部 国家税务总局关于土地增值税一些具体问题规定的通知》（财税字〔1995〕048号）规定，在企业兼并中，对被兼并企业将房地产转让到兼并企业中的，暂免征收土地增值税。

土地增值税纳税额：0元。

企业所得税：根据《国家税务总局关于企业合并分立业务有关所得税问题的通知》（国税发〔2000〕119号）相关规定，企业合并，通常情况下，被合并企业应视为按公允价值转让、处置全部资产，计算资产的转让所得，依法缴纳所得税。被分立企业应视为按公允价值转让其被分离出去的部分或全部资产，计算被分立资产的财产转让所得，依法缴纳所得税。

企业所得税纳税额：(1 800－1 000)×25%＝200（万元）。

税负合计200万元。

2. 本方案优点

税金成本低，合计纳税金额为200万元。

3. 本方案缺点

(1) 公司分立/合并需要的手续繁杂，时间长，有的需要债权人配合。《公司法》规定，公司合并，应当由合并各方签订合并协议，并编制资产负债表及财产清单。公司应当自作出合并决议之日起十日内通知债权人，并于三十日内在报纸上公告。债权人自接到通知书之日起三十日内，未接到通知书的自公告之日起四十五日内，可以要求公司清偿债务或者提供相应的担保。公司分立，应当编制资产负债表及财产清单。公司应当自作出分立决议之日起十日内通知债权人，并于三十日内在报纸上公告。

(2) 公司分立/合并对于税务部门来说也是一个重点，过程也很长。

(3) 同样存在潜在的债权、债务及担保风险。

对于上述五种常见的方案，有的纳税成本高，有的法律风险大，有的操作时间长，都不符合乐天公司的要求。为此，乐天公司咨询了某位税务咨询师。

税务咨询师找出了两个法理依据：《财政部 国家税务总局关于土地增值税一些具体问题规定的通知》（财税字〔1995〕048 号）第一条规定，对于以房地产进行投资、联营的，投资、联营的一方以土地（房地产）作价入股进行投资或作为联营条件，将房地产转让到所投资、联营的企业中时，暂免征收土地增值税。

《财政部 国家税务总局关于土地增值税若干问题的通知》（财税〔2006〕21 号）第五条规定，对于以土地（房地产）作价入股进行投资或联营的，凡所投资、联营的企业从事房地产开发的，或者房地产开发企业以其建造的商品房进行投资和联营的，均不适用财税字〔1995〕048 号文第一条暂免征收土地增值税的规定。

因此税务咨询师提出了一个全新的建议，即方案六。

方案六：间接投资

据此，专家提出间接投资方案具体内容为：乙公司用 1 800 万元货币投资成立一家新的非房地产公司——丙公司，甲公司用土地使用权增资丙公司，之后乙公司从丙公司撤资，丙公司以土地使用权作为对价支付撤资款给乙公司。

甲公司应纳相关税金情况为：

营业税＝(1 800－1 000)×5%＝40(万元)

企业所得税＝(1 800－1 000－40)×25%＝190(万元)

税负合计 230 万元。

具体方案即先由喜悦公司用 1 800 万元货币投资成立一家新的非房地产行业企业—— 幸福公司，然后由乐天公司以土地使用权增资幸福公司，之后喜悦公司从幸福公司撤资，幸福公司以土地使用权作为对价支付撤资款给喜悦公司。

《公司登记管理条例》（国务院令第 451 号）第三十五条规定，有限责任公司股东转让股权的，应当自转让股权之日起 30 日内申请变更登记，并应当提交新股东的主体资格证明或者自然人身份证明。因此新投资方不用验资，也就可以把土地直接过户给喜悦公司。

1. 按照本方案，乐天房地产应缴纳的税费

营业税＝(1 800－1 000)×5%＝40(万元)

企业所得税＝(1 800－1 000－40)×25%＝190(万元)

税负合计230万元。

2. 本方案优点

（1）税金成本低；

（2）操作简单。

3. 本方案缺点

（1）法规对于间接投资没有明确确定，是属于投资还是属于非货币交易以及营业税与土地增值税还有待确定；

（2）本方案同样涉及如何将土地使用权从甲公司直接过户到乙公司的问题。

对于这个创新方案，乐天公司内部也出现了不同的意见，争议的焦点在于这种情况是否属于投资：

一方认为，这种情况是用土地使用权交换股权，应当属于非货币资产交换，不属于投资。

另一方认为，对投资和非货币性资产交换的区别，税收法规中没有明确的规定，但《企业会计准则第2号——长期股权投资》第四条第四款规定，通过非货币性资产交换取得的长期股权投资，其初始投资成本应当按照《企业会计准则第7号——非货币性资产交换》确定。《企业会计准则第7号——非货币性资产交换》第二条规定，非货币性资产交换，是指交易双方主要以存货、固定资产、无形资产和长期股权投资等非货币性资产进行的交换。所以，以土地使用权交换取得长期股权投资应当属于投资，也属于非货币资产交换。

最终，两方达成一致，决定按照方案六进行操作。

但在实际操作中，却出现了变动。为了简化操作手续，乐天公司直接将土地使用权过户给喜悦公司，作为喜悦公司撤回投资的补偿，而没有将土地使用权先过户到幸福公司、再从幸福公司过户到喜悦公司，省略了从幸福公司过户这个环节。过户采取了如下办法：由喜悦公司对乐天公司起诉，通过法院强制执行过户。

在税务检查中，税务人员也认定乐天公司的交易应属于投资，但却提出不能够按投资免征土地增值税。税务人员认为，《财政部 国家税务总局关于土地增值税一些具体问题规定的通知》（财税字〔1995〕048号）第一条中明确指出，将房地产转让到所投资、联营的企业中时，暂免征收土地增值税。从乐天公司的操作流程来看，乐天公司以土地使用权对幸福公司进行投资，但却没有将土地使用权转让到所投资的幸福公司中，因此不能享受暂免征收土地增值税的政策。

从前面的操作流程可以看出，乐天公司只是对外投资了，但恰恰没有将土地转让到所投资的企业中，因此不享受暂免征土地增值税的政策，方案六的核心依据不存在了，整个思路也就失败了。后面的程序，补缴税款罚款滞纳金什么的这里就不详细说了，乐天公司赔了夫人又折兵。至此，筹划完全失败。

乐天公司本来是想利用土地增值税对投资定义不明确这一点进行税收筹划，最终却由于对现有税收文件的理解不足导致弄巧成拙，造成了数百万元的损失。应当说，税收有风险，筹划需谨慎。

知识链接

不当税收筹划引发税务危机

近几年来，很多企业热衷于税收筹划，但是由于部分企业财务人员水平有限，自行筹划出现失误，开展税收筹划时未能正确有效地遵守税法规定，导致企业利益的损失。

例如，某市地税稽查局于2011年6月对一家房地产公司进行税务稽查。该房地产公司股东由某投资有限公司、某集团公司构成，2009年获得400余亩土地的使用权，进行房地产项目的开发。从账面看，2009年至2010年该公司预售商品房收取的预收款1亿多元，基本都按照期限缴纳了营业税等税金，仅有少数预收售房款以及一些代收款项列入“其他应付款”科目而少缴了20余万元的营业税及附加，另外，少缴了土地使用税和部分印花税，暂时没有发现其他问题。

现场检查完毕后，稽查人员整理稽查工作底稿时，对该房地产公司“其他应付款”科目中反映从某贸易公司借款5 621余万元，没有按借款合同税目缴纳印花税一事颇有疑虑。对此，该公司财务人员解释是因公司开发资金不足，老板找朋友的某贸易公司分几次借了5 621万元，并表示他们当时认为这不是从银行贷的款就没有缴纳印花税，既然稽查局认定要按借款合同税目缴印花税，公司愿意马上补缴。

一个贸易公司居然能有几千万元的资金外借给房地产公司？其中是否有猫腻？难道真的就只是印花税的问题吗？为了彻底查清问题，稽查人员到该贸易公司进行调查。从该贸易公司的账簿看，该贸易公司的确是分几次累计将5 621万元的资金借给了房地产公司。稽查人员进一步对“其他应付款”科目进行检查，发现有几十个自然人分别将数十万元资金打到该贸易公司。随后稽查人员在对公司的注册情况进行检查时又发现，这家贸易公司的大股东与房地产公司的大股东都是某集团公司。经过几番周折终于查明：这家贸易公司与房地产公司都是某集团公司的下属控股公司，在房地产公司开发的楼盘中有一部分是定向销售给某集团公司的职工，其购房款先由贸易公司出面向职工收取并开具收款收据，再由该贸易公司以往来借款的名义将收取的售房款分几次汇给房地产公司。房地产公司在收到上述5 621万元售房款后列在往来款中，而没有作为预收售房款申报纳税，少缴营业税等税款300余万元。

因为该房地产公司采取将收取的售房款挂列往来款，进行虚假纳税申报的手段少缴税款，已构成偷税，稽查局决定责令其限期补缴少缴的营业税等税款并加收滞纳金，同时依法对其偷税行为处以少缴税款一倍的罚款。

在接到稽查局的处理、处罚决定书后，该房地产公司马上缴纳了税款、滞纳金和罚款。

随后，该房地产公司的负责人道出了事情的原委：公司财务经理年轻气盛，参加了几次税收筹划培训课程后，主动就“公司向集团内部职工出售房屋”的纳税事项进行了筹划。公司根据这个筹划方案进行了如上操作，本以为占了大便宜，没想到违反了税法规定，真正的是“偷鸡不成蚀把米”，不当的税收筹划给公司带来了一场不小的税务危机。

此案说明，不当税收筹划带来的税务危机不容小觑。企业不但要承担因此造成的补缴税款、加收滞纳金，被处以巨额罚款的后果，还有可能面临刑事责任的严重后果。税收筹划只能在税法的框架内合法筹划，否则会引发税务危机。同时，在税务危机发生后，纳税人妥善处理危机的方法也很重要，不应消极逃避责任，而应积极补缴税款、滞纳金，接受税务机关的处罚，避免可能造成的更为严重的后果，最大限度地化解危机。

CHAPTER

19 第十九章 土地增值税筹划综合案例

案例一　蔷薇佳园项目销售定价方案及税负测算

一、蔷薇佳园项目基本概况

2014 年 3 月，天建房地产开发有限公司对蔷薇佳园项目进行开发，该项目属于云南省的开发项目。蔷薇佳园项目有住宅 15 栋，业态有普通住宅、非普通住宅、底商、产权车位及社区管理用房。

二、蔷薇佳园项目经济技术指标

各业态的经济技术指标如表 19-1 所示。

表 19-1　蔷薇佳园项目经济技术指标　单位：m^2

一、规划用地面积			27 561.99
二、总建筑面积			126 545.69
1. 地上建筑面积			106 735.13
其中	住宅	普通住宅	91 931.11
		非普通住宅	5 362.24
	商业		9 441.78
	社区管理用房		369.78
2. 地下建筑面积			19 440.78

三、蔷薇佳园项目开发成本

蔷薇佳园项目开发成本目前处于动态状态，由于项目建设刚启动不久，还无法完全确定各项开发成本，但根据企业的项目预算，各项成本预计发生 373 740 311.06 元，具体明细见表 19-2。

表 19-2　　蔷薇佳园项目开发成本明细

序号	费用名称	金额（元）
1	土地成本	55 040 119.77
2	前期工程费用	6 704 760.41
3	基础设施费	38 227 955.00
4	建筑安装工程费	239 467 415.20
5	开发期间费用	34 300 060.68
成本合计		373 740 311.06

四、蔷薇佳园项目各成本核算对象的成本分摊

根据表 19-1、表 19-2 提供的数据，把该项目预算总成本 373 740 311.06 元，分摊到普通住宅、非普通住宅、商业、产权车库各成本核算对象。由于各业态基座面积未定，所以土地成本暂按建筑面积法分摊。具体分摊方法及成本金额详见表 19-3。

表 19-3　　蔷薇佳园项目开发成本及利息分摊　　金额单位：元

成本项目	总额	普通住宅	非普通住宅	商业	地下车库	社区管理用房
总用地面积（m^2）	27 561.99	27 561.99				
总建筑面积（m^2）	126 545.69	91 931.11	5 362.24	9 441.78	19 440.78	369.78
土地成本	55 040 119.77	40 101 944.22	2 339 102.07	4 118 668.15	8 480 405.33	
前期工程费用	7 862 734.81	5 728 747.58	334 151.51	588 370.73	1 211 464.99	
基础设施费	38 227 955.00	27 852 688.65	1 624 616.53	2 860 608.98	5 890 040.84	
建筑安装工程费	239 467 415.20	174 474 709.86	10 176 916.91	17 919 416.25	36 896 372.18	
开发期间费用	6 451 086.28	4 700 227.82	274 159.09	482 736.66	993 962.71	
成本合计	347 049 311.06	252 858 318.12	14 748 946.12	25 969 800.77	53 472 246.05	
利息费用	26 691 000.00	19 446 923.40	1 134 317.54	1 997 295.28	4 112 463.77	
成本十利息合计	373 740 311.06	272 305 241.53	15 883 263.66	27 967 096.05	57 584 709.83	

五、蔷薇佳园项目土地增值税测算

按照《土地增值税清算管理规程》（国税发〔2009〕91 号）规定，土地增值税清算时应对不同类型房地产分别计算增值额、增值率，缴纳土地增值税。《国家税务总局关于房地产开发企业土地增值税清算管理有关问题的通知》（国税发〔2006〕187 号）规定，开发项目中同时包含普通住宅和非普通住宅的，应分别计算增值额。

1. 蔷薇佳园项目各成本核算对象土地增值税适用税率临界点测算

临界点测算数值如表 19-4 所示。

表 19-4 各成本核算对象土地增值税适用税率临界点测算表

金额单位：元

项目	普通住宅免税临界点	非普通住宅免税临界点	商业 30%档临界点	商业 40%档临界点	商业 50%档临界点	地下车库免税临界点
可售面积（m^2、个）	91 931.11	5 362.24	9 441.78	9 441.78	9 441.78	299.00
单价	4 695.12	3 866.19	5 976.55	8 220.00	13 159.93	251 377.37
一、转让房地产收入总额	431 627 593.18	20 731 438.67	56 429 270.26	77 611 431.60	124 253 163.88	75 161 833.63
二、扣除项目金额合计	359 690 966.28	20 731 460.75	37 619 585.38	38 805 786.41	41 417 723.42	75 161 834.02
1. 取得土地使用权所支付的金额	40 101 944.22	2 339 102.07	4 118 668.15	4 118 668.15	4 118 668.15	8 480 405.33
2. 房地产开发成本	212 756 373.90	12 409 844.05	21 851 132.61	21 851 132.61	21 851 132.61	44 991 840.72
其中 土地征用及拆迁补偿费						
前期工程费	5 728 747.58	334 151.51	588 370.73	588 370.73	588 370.73	1 211 464.99
基础设施费	27 852 688.65	1 624 616.53	2 860 608.98	2 860 608.98	2 860 608.98	5 890 040.84
建筑安装工程费	174 474 709.86	10 176 916.91	17 919 416.25	17 919 416.25	17 919 416.25	36 896 372.18
公共配套费						
开发间接费	4 700 227.82	274 159.09	482 736.66	482 736.66	482 736.66	993 962.71
3. 房地产开发费用	32 089 839.31	1 871 764.85	3 295 785.32	3 295 785.32	3 295 785.32	6 786 076.08
其中 利息支出（按实际）	19 446 923.40	1 134 317.54	1 997 295.28	1 997 295.28	1 997 295.28	4 112 463.77
其他房地产开发费用[(1+2)×5%]	12 642 915.91	737 447.31	1 298 490.04	1 298 490.04	1 298 490.04	2 673 612.30
4. 与转让房地产有关的税金	24 171 145.22	1 160 960.57	3 160 039.13	4 346 240.17	6 958 177.18	4 209 062.68
其中 营业税	21 581 379.66	1 036 571.93	2 821 463.51	3 880 571.58	6 212 658.19	3 758 091.68
城市维护建设税	1 510 696.58	72 560.04	197 502.45	271 640.01	434 886.07	263 066.42
教育费附加	647 441.39	31 097.16	84 643.91	116 417.15	186 379.75	112 742.75
地方教育费附加	431 627.59	20 731.44	56 429.27	77 611.43	124 253.16	75 161.83
5. 财政部规定的加计 20%扣除数	50 571 663.62	2 949 789.22	5 193 960.15	5 193 960.15	5 193 960.15	10 694 449.21
三、增值额	71 936 626.91	−22.08	18 809 684.88	38 805 645.19	82 835 440.46	−0.39
四、增值额与扣除项目金额之比	0.20		0.50	1.00	2.00	
五、适用税率			30.00%	40.00%	50.00%	
六、速算扣除系数			0.00%	5.00%	15.00%	
七、应缴土地增值税税额	—	—	5 642 905.46	13 581 968.76	35 205 061.72	—

2. 蔷薇佳园各成本核算对象土地增值税免税适用税率临界点测算结论

（1）普通住宅在目前的预算成本下，销售单价在每平方米4 695.12元时达到免税临界点。

（2）非普通住宅由于不能享受普通住宅增值率在20%以下免税的优惠，若要符合不纳土地增值税的条件，非普通住宅的增值额要小于零，那么销售单价在每平方米3 866.19元时，增值额趋近于零。

（3）商业与非普通住宅一样没有优惠政策，在目前的成本下商业的单位成本与住宅一致，而销售单价却远远大于住宅的销售单价，所以产生较大的增值，带来高额的土地增值税，具体数据详见表19-4。

（4）车库的销售单价每个在251 377.37元时，增值额趋近于零。目前当地车库的市场价一般在8万元一个，所以预计每个销售单价为80 000.00元时车库的增值额一定为负。

3. 蔷薇佳园项目土地增值税测算

由于云南地方税务局没有对土地增值税清算对象的划分作相关的规定，所以依照《国家税务总局关于房地产开发企业土地增值税清算管理有关问题的通知》（国税发〔2006〕187号）的规定，开发项目中同时包含普通住宅和非普通住宅的，应分别计算增值额。

所以，蔷薇佳园项目土地增值税清算时要分为两个清算对象，普通住宅作为一个单独的清算对象，非普通住宅、商业、地下车库合并在一起作为一个清算对象。

（1）目前当地车库销售单价在80 000.00元/个左右，商业适用税率为30%时，应缴土地增值税如表19-5所示。

表19-5　**蔷薇佳园项目土地增值税测算——商业适用税率30%**　金额单位：元

项目		普通住宅为一个清算对象	非普通住宅＋商业＋车库为一个清算对象		
		普通住宅免税临界点	非普通住宅不征税临界点	商业30%档上线临界点	地下车库不征税临界点
可售面积（m^2、个）		91 931.11	5 362.24	9 441.78	299.00
单价		4 695.12	3 866.19	5 976.55	80 000.00
一、转让房地产收入总额		431 627 593.18	20 731 438.67	56 429 270.26	23 920 000.00
二、扣除项目金额合计		359 690 966.28	20 731 460.75	37 619 585.38	72 292 291.34
1. 取得土地使用权所支付的金额		40 101 944.22	2 339 102.07	4 118 668.15	8 480 405.33
2. 房地产开发成本		212 756 373.90	12 409 844.05	21 851 132.61	44 991 840.72
其中	土地征用及拆迁补偿费				
	前期工程费	5 728 747.58	334 151.51	588 370.73	1 211 464.99
	基础设施费	27 852 688.65	1 624 616.53	2 860 608.98	5 890 040.84
	建筑安装工程费	174 474 709.86	10 176 916.91	17 919 416.25	36 896 372.18
	公共配套费				
	开发间接费	4 700 227.82	274 159.09	482 736.66	993 962.71
3. 房地产开发费用		32 089 839.31	1 871 764.85	3 295 785.32	6 786 076.08
其中	利息支出（按实际）	19 446 923.40	1 134 317.54	1 997 295.28	4 112 463.77
	其他房地产开发费用[(1+2)×5%]	12 642 915.91	737 447.31	1 298 490.04	2 673 612.30

续表

项目		普通住宅为一个清算对象	非普通住宅＋商业＋车库为一个清算对象		
		普通住宅免税临界点	非普通住宅不征税临界点	商业30%档上线临界点	地下车库不征税临界点
4. 与转让房地产有关的税金		24 171 145.22	1 160 960.57	3 160 039.13	1 339 520.00
其中	营业税	21 581 379.66	1 036 571.93	2 821 463.51	1 196 000.00
	城市维护建设税	1 510 696.58	72 560.04	197 502.45	83 720.00
	教育费附加	647 441.39	31 097.16	84 643.91	35 880.00
	地方教育费附加	431 627.59	20 731.44	56 429.27	23 920.00
5. 财政部规定的加计20%扣除数		50 571 663.62	2 949 789.22	5 193 960.15	10 694 449.21
三、增值额		71 936 626.91	−29 562 628.54		
四、增值额与扣除项目金额之比		0.20			
五、适用税率					
六、速算扣除系数					
七、应缴土地增值税税额		—			

（2）当车库销售单价在80 000.00元/个，商业适用税率为40%时，应缴土地增值税如表19-6所示。

表19-6　蔷薇佳园项目土地增值税测算——商业适用税率40%　　金额单位：元

项目		普通住宅为一个清算对象	非普通住宅＋商业＋车库为一个清算对象		
		普通住宅免税临界点	非普通住宅不征税临界点	商业40%档上线临界点	地下车库不征税临界点
可售面积（m^2、个）		91 931.11	5 362.24	9 441.78	299.00
单价		4 695.12	3 866.19	8 220.00	80 000.00
一、转让房地产收入总额		431 627 593.18	20 731 438.67	77 611 431.60	23 920 000.00
二、扣除项目金额合计		359 690 966.28	20 731 460.75	38 805 786.41	72 292 291.34
1. 取得土地使用权所支付的金额		40 101 944.22	2 339 102.07	4 118 668.15	8 480 405.33
2. 房地产开发成本		212 756 373.90	12 409 844.05	21 851 132.61	44 991 840.72
其中	土地征用及拆迁补偿费				
	前期工程费	5 728 747.58	334 151.51	588 370.73	1 211 464.99
	基础设施费	27 852 688.65	1 624 616.53	2 860 608.98	5 890 040.84
	建筑安装工程费	174 474 709.86	10 176 916.91	17 919 416.25	36 896 372.18
	公共配套费				
	开发间接费	4 700 227.82	274 159.09	482 736.66	993 962.71
3. 房地产开发费用		32 089 839.31	1 871 764.85	3 295 785.32	6 786 076.08
其中	利息支出（按实际）	19 446 923.40	1 134 317.54	1 997 295.28	4 112 463.77
	其他房地产开发费用［(1+2)×5%］	12 642 915.91	737 447.31	1 298 490.04	2 673 612.30
4. 与转让房地产有关的税金		24 171 145.22	1 160 960.57	4 346 240.17	1 339 520.00

续表

项目		普通住宅为一个清算对象	非普通住宅＋商业＋车库为一个清算对象		
		普通住宅免税临界点	非普通住宅不征税临界点	商业40%档上线临界点	地下车库不征税临界点
其中	营业税	21 581 379.66	1 036 571.93	3 880 571.58	1 196 000.00
	城市维护建设税	1 510 696.58	72 560.04	271 640.01	83 720.00
	教育费附加	647 441.39	31 097.16	116 417.15	35 880.00
	地方教育费附加	431 627.59	20 731.44	77 611.43	23 920.00
5. 财政部规定的加计20%扣除数		50 571 663.62	2 949 789.22	5 193 960.15	10 694 449.21
三. 增值额		71 936 626.91	−9 566 668.24		
四、增值额与扣除项目金额之比		0.20			
五、适用税率					
六、速算扣除系数					
七、应缴土地增值税税额		—		—	

（3）当车库销售单价在80 000.00元/个，商业适用税率为50%时，应缴土地增值税如表19-7所示。

表19-7　蔷薇佳园项目土地增值税测算——商业适用税率50%　　金额单位：元

项目		普通住宅为一个清算对象	非普通住宅＋商业＋车库为一个清算对象		
		普通住宅免税临界点	非普通住宅不征税临界点	商业50%档上线临界点	地下车库不征税临界点
可售面积（m^2、个）		91 931.11	5 362.24	9 441.78	299.00
单价		4 695.12	3 866.19	13 159.93	80 000.00
一、转让房地产收入总额		431 627 593.18	20 731 438.67	124 253 163.88	23 920 000.00
二、扣除项目金额合计		359 690 966.28	20 731 460.75	41 417 723.42	72 292 291.34
1. 取得土地使用权所支付的金额		40 101 944.22	2 339 102.07	4 118 668.15	8 480 405.33
2. 房地产开发成本		212 756 373.90	12 409 844.05	21 851 132.61	44 991 840.72
其中	土地征用及拆迁补偿费				
	前期工程费	5 728 747.58	334 151.51	588 370.73	1 211 464.99
	基础设施费	27 852 688.65	1 624 616.53	2 860 608.98	5 890 040.84
	建筑安装工程费	174 474 709.86	10 176 916.91	17 919 416.25	36 896 372.18
	公共配套费				
	开发间接费	4 700 227.82	274 159.09	482 736.66	993 962.71
3. 房地产开发费用		32 089 839.31	1 871 764.85	3 295 785.32	6 786 076.08
其中	利息支出（按实际）	19 446 923.40	1 134 317.54	1 997 295.28	4 112 463.77
	其他房地产开发费用［（1+2）×5%］	12 642 915.91	737 447.31	1 298 490.04	2 673 612.30
4. 与转让房地产有关的税金		24 171 145.22	1 160 960.57	6 958 177.18	1 339 520.00
其中	营业税	21 581 379.66	1 036 571.93	6 212 658.19	1 196 000.00
	城市维护建设税	1 510 696.58	72 560.04	434 886.07	83 720.00
	教育费附加	647 441.39	31 097.16	186 379.75	35 880.00
	地方教育费附加	431 627.59	20 731.44	124 253.16	23 920.00

续表

项目	普通住宅为一个清算对象	非普通住宅＋商业＋车库为一个清算对象		
	普通住宅免税临界点	非普通住宅不征税临界点	商业50%档上线临界点	地下车库不征税临界点
5. 财政部规定的加计20%扣除数	50 571 663.62	2 949 789.22	5 193 960.15	10 694 449.21
三、增值额	71 936 626.91	34 463 127.03		
四、增值额与扣除项目金额之比	0.20	0.26		
五、适用税率		30.00%		
六、速算扣除系数				
七、应缴土地增值税税额	—		10 338 938.11	

4. 蔷薇佳园项目土地增值税测算结论

通过表19-4可知，蔷薇佳园项目的土地增值税主要产生在商业销售，在土地增值税清算时按照清算对象的划分，将非普通住宅、商业、车库作为一个清算对象，可充分利用车库的负增值额，降低商业的增值额，使企业减少土地增值税税额。

为便于直观反映土地增值税的变化，将商业"单独清算"与"非普通住宅＋商业＋车库合并清算"所产生的土地增值税税额做如下比较（详见表19-8）。

表19-8　商业"单独清算"与"非普通住宅＋商业＋车库合并清算"的土地增值税对比

金额单位：元

商业30%档临界点		商业40%档临界点		商业50%档临界点	
单独清算	合并清算	单独清算	合并清算	单独清算	合并清算
5 642 905.46	0	13 581 968.76	0	35 205 061.72	10 338 938.11

由表19-8可知，当商业与非普通住宅、车库合并清算时，商业销售价格控制在适用税率40%以下时不产生土地增值税，在适用税率50%时产生土地增值税10 338 938.11元，比商业单独清算减少土地增值税24 866 123.61元。

六、蔷薇佳园项目企业所得税测算

企业所得税的测算，主要是为了测算在不同的销售价格下所产生的营业税、土地增值税对利润的影响，以及产生的不同的企业所得税，企业可因此观察到销售产品所带来的利润和净利润，对企业的经营或销售价格的制定有着指导意义。

企业所得税的测算涉及的管理费用和销售费用，由于是一个动态指标，所以按照一般企业的常规比例计算，即管理费用为销售收入的5%，销售费用为销售收入的3%，财务费用忽略了金融机构收取的除贷款利息以外的其他费用。

蔷薇佳园项目企业所得税测算详见表19-9。表19-9中普通住宅、非普通住宅的销售收入按免税临界点的销售单价计算分别为4 695.12元/平方米、3 866.19元/平方米，车库按80 000元/个计算，商业按适用税率30%、40%、50%三种情况测算企业所得税。

表 19-9　商业“单独清算”与“非普通住宅十商业十车库合并清算”企业所得税对比

金额单位：元

项目	行次	商业单独清算时的企业所得税			商业与其他合并清算时的企业所得税		
		当商业适用税率为30%时	当商业适用税率为40%时	当商业适用税率为50%时	当商业适用税率为30%时	当商业适用税率为40%时	当商业适用税率为50%时
一、转让房地产收入总额	1	532 708 302.11	553 890 463.45	600 532 195.72	532 708 302.11	553 890 463.45	600 532 195.72
减：房地产成本总额	2	347 049 311.06	347 049 311.06	347 049 311.06	347 049 311.06	347 049 311.06	347 049 311.06
1. 取得土地使用权所支付的金额	3	55 040 119.77	55 040 119.77	55 040 119.77	55 040 119.77	55 040 119.77	55 040 119.77
2. 房地产开发成本	4	292 009 191.29	292 009 191.29	292 009 191.29	292 009 191.29	292 009 191.29	292 009 191.29
加：其他业务收入	5						
减：其他业务成本	6						
减：营业税金及附加	7	35 474 570.38	44 599 834.71	68 834 864.68	29 831 664.92	31 017 865.95	43 968 741.07
其中：营业税	8	26 635 415.11	27 694 523.17	30 026 609.79	26 635 415.11	27 694 523.17	30 026 609.79
城市维护建设税	9	1 864 479.06	1 938 616.62	2 101 862.69	1 864 479.06	1 938 616.62	2 101 862.69
教育费附加	10	799 062.45	830 835.70	900 798.29	799 062.45	830 835.70	900 798.29
地方教育费附加	11	532 708.30	553 890.46	600 532.20	532 708.30	553 890.46	600 532.20
土地增值税	12	5 642 905.46	13 581 968.76	35 205 061.72	0.00	0.00	10 338 938.11
减：期间费用	13	42 616 664.17	44 311 237.08	48 042 575.66	42 616 664.17	44 311 237.08	48 042 575.66
其中：财务费用	14						
管理费用5%	15	26 635 415.11	27 694 523.17	30 026 609.79	26 635 415.11	27 694 523.17	30 026 609.79
销售费用3%	16	15 981 249.06	16 616 713.90	18 015 965.87	15 981 249.06	16 616 713.90	18 015 965.87
二、营业利润	17	107 567 756.50	117 930 080.60	136 605 444.33	113 210 661.96	131 512 049.36	161 471 567.94
加：营业外收入	18						
减：营业外支出	19						
三、利润总额	20	107 567 756.50	117 930 080.60	136 605 444.33	113 210 661.96	131 512 049.36	161 471 567.94
四、所得税	21	26 891 939.12	29 482 520.15	34 151 361.08	28 302 665.49	32 878 012.34	40 367 891.98
五、净利润	22	80 675 817.37	88 447 560.45	102 454 083.25	84 907 996.47	98 634 037.02	121 103 675.95
六、所得税率	23	5.05%	5.32%	5.69%	5.31%	5.94%	6.72%
七、净利润率	24	15.14%	15.97%	17.06%	15.94%	17.81%	20.17%

所得税测算总结：通过对表 19-9 第 21 行所得税的对比可知，商业合并清算时所得税虽然高于商业单独清算，但净利润率却大于商业的单独清算。

企业在日常的财务处理中注意应管理费用、销售费用这两项期间费用的归集和合法票据的取得，这样可确保发生的费用能在企业所得税税前全额扣除。

七、蔷薇佳园项目商业单独清算与其他合并清算税负比较

以下的税负比较（见表 19-10）中，普通住宅销售单价为 4 695.12 元/平方米、非普通住宅销售单价为 3 866.19 元/平方米、车库的销售单价为 80 000 元/个，住宅是在免税或不征税的临界点，为一个固定数，只有商业为变动数，在适用税率 30%、40%、50%的临界点销售价格分别为 5 976.55 元/平方米、8 220.00 元/平方米、13 159.93 元/平方米。

表 19-10　商业“单独清算”与“非普通住宅＋商业＋车库合并清算”税负对比　金额单位：元

项目	商业单独清算时的税负			商业与其他合并清算时的税负		
	当商业适用税率为 30%时	当商业适用税率为 40%时	当商业适用税率为 50%时	当商业适用税率为 30%时	当商业适用税率为 40%时	当商业适用税率为 50%时
销售收入	532 708 302.11	553 890 463.45	600 532 195.72	532 708 302.11	553 890 463.45	600 532 195.72
营业税金及附加	29 831 664.92	31 017 865.95	33 629 802.96	29 831 664.92	31 017 865.95	33 629 802.96
土地增值税	5 642 905.46	13 581 968.76	35 205 061.72	0.00	0.00	10 338 938.11
企业所得税	26 891 939.12	29 482 520.15	34 151 361.08	28 302 665.49	32 878 012.34	40 367 891.98
总税负	11.71%	13.37%	17.15%	10.91%	11.54%	14.04%

通过对税负的比较可知，企业在土地增值税清算时，将商业与车库合并清算是有利于企业的，这样可以合理降低土地增值税税负。

案例二　花园领秀城项目土地增值税测算

一、花园领秀城项目一期基本情况

韵和房地产开发有限公司开发花园领秀城项目，该项目属于河南省的开发项目，共分三期。2010 年对第一期进行开发。第一期的规划用地面积为 50 404.36 平方米，总建筑面积为 55 780.96 平方米。业态有普通住宅、别墅、底商、车库车位。

其中普通住宅 11 栋，为 8 层电梯房，别墅有 9 栋，普通住宅一层有 4 套底商。车库车位共 163 个，其中停车位 127 个，半地下车库 36 个。

花园领秀城项目一期目前已达到土地增值税清算条件，现就花园领秀城项目一期的土地增值税情况做税负测算。

二、花园领秀城项目一期经济技术指标

花园领秀城项目一期经济技术指标详见表 19-11。

表 19-11　　花园领秀城项目一期经济技术指标

<table>
<tr><th>序号</th><th colspan="4">项　目</th><th>单位</th><th>数据</th><th>备注</th></tr>
<tr><td>1</td><td colspan="4">规划用地面积</td><td>m²</td><td>50 404.36</td><td></td></tr>
<tr><td>2</td><td colspan="4">总建筑面积</td><td>m²</td><td>55 836.41</td><td></td></tr>
<tr><td>3</td><td rowspan="6">其中</td><td colspan="3">地上总建筑面积</td><td>m²</td><td>55 072.85</td><td></td></tr>
<tr><td>4</td><td rowspan="4">其中</td><td rowspan="2">住宅</td><td>普通住宅</td><td>m²</td><td>46 021.82</td><td></td></tr>
<tr><td>5</td><td>非普通住宅</td><td>m²</td><td></td><td></td></tr>
<tr><td>6</td><td colspan="2">商业</td><td>m²</td><td>980.26</td><td></td></tr>
<tr><td>7</td><td colspan="2">别墅</td><td>m²</td><td>8 070.77</td><td></td></tr>
<tr><td>8</td><td colspan="3">车库（36 个无产权）</td><td>m²</td><td>763.56</td><td></td></tr>
<tr><td>9</td><td colspan="4">别墅基座占地面积</td><td>m²</td><td>1 462.41</td><td></td></tr>
<tr><td>10</td><td colspan="4">商业基座占地面积</td><td>m²</td><td>177.62</td><td></td></tr>
<tr><td>11</td><td colspan="4">多层基座占地面积</td><td>m²</td><td>8 339.09</td><td></td></tr>
<tr><td>12</td><td colspan="4">车库基座占地面积</td><td>m²</td><td>976.50</td><td></td></tr>
<tr><td>13</td><td colspan="4">机动车车位</td><td>个</td><td>163</td><td>地上停车位 127 个，半地下车库 36 个</td></tr>
</table>

三、花园领秀城项目一期开发成本

花园领秀城项目一期的开发成本明细详见表 19-12。

表 19-12　　花园领秀城项目一期开发成本明细表　　金额单位：元

开发成本	214 500 951.11
其中：土地征用及拆迁补偿费	43 103 922.02
前期工程费	13 288 399.52
基础设施费	11 558 740.00
建筑安装工程费	132 024 690.04
公共配套设施费	2 435 700.00
开发间接费	12 089 499.53

四、花园领秀城项目一期预计销售收入

花园领秀城项目一期目前未完成销售工作，所以对未销售部分的收入只能根据目前的销售情况进行估测，详见表 19-13。

表 19-13　　**花园领秀城项目一期预计销售收入**

项目	可售面积（m^2）	已售面积（m^2）	已售均价（元）	已售收入（元）	未售面积（m^2）	未售预估均价（元）	未售预估收入（元）	已售收入与未售预估收入合计（元）
普通住宅	46 021.82	43 224.12	3 430.96	148 300 314.00	2 797.70	3 944.37	11 035 163.00	159 335 477.00
底商	980.26	980.26	6 662.65	6 531 129.00				6 531 129.00
别墅	8 070.77	2 867.56	6 611.92	18 960 064.00	5 203.21	7 688.71	40 005 965.00	58 966 029.00
车库、车位（无产权）	36 个	36 个	138 388.89	4 982 000.00				4 982 000.00
一期总收入					229 814 635.00			

说明：销售收入金额取整数，与按面积×单价计算的金额稍有误差。

五、花园领秀城项目一期各业态成本分摊

（一）成本分摊方法

花园领秀城项目一期开发成本目前实际发生和预计发生的合计为 214 500 951.11 元，实际收入与预测收入合计为 229 814 635.00 元。

（1）别墅、普通住宅、车库的土地成本按基座占地面积的比例，分摊该项目一期的规划用地面积。

（2）商业由于是底商，土地成本按普通住宅分得的成本，在别墅和普通住宅按建筑面积的比例进行了二次分摊。

（3）除土地成本外的其他开发成本，按建筑面积法在各业态中分摊。

（二）各业态成本分摊明细

花园领秀城项目一期普通住宅、别墅、商业、车库开发成本分摊明细详见表 19-14。

表 19-14　　**花园领秀城项目一期各业态开发成本分摊表**　　金额单位：元

项目		总额	普通住宅	商业（普通住宅的底商）	别墅	车库
经济指标	总占地面积（m^2）	50 404.36	8 339.09		1 462.41	976.50
	建筑面积（m^2）	55 836.41	46 021.82	980.26	8 070.77	763.56
成本项目	土地出让金第一次分摊	42 653 922.02	33 001 938.64		5 787 485.81	3 864 497.57
	土地出让金第二次分摊		32 313 661.00	688 277.63		
	土地征用及拆迁补偿费	450 000.00	370 901.69	7 900.17	65 044.41	6 153.73
	前期工程费	13 288 399.52	10 952 644.18	233 290.19	1 920 746.99	181 718.17
	建筑安装工程费	132 024 690.04	108 818 180.12	2 317 815.97	19 083 263.19	1 805 430.76
	基础设施费	11 558 740.00	9 527 013.86	202 924.41	1 670 736.57	158 065.17
	公共配套费	2 435 700.00	2 007 567.23	42 760.97	352 063.72	33 308.07
	开发间接费	10 772 952.87	8 879 347.68	189 129.19	1 557 156.43	147 319.57
	成本合计	213 184 404.45	172 869 315.76	3 682 098.52	30 436 497.13	6 196 493.04
	利息费用	1 316 546.66	1 085 131.97	23 113.20	190 297.79	18 003.71
	成本+利息合计	214 500 951.11	173 954 447.73	3 705 211.72	30 626 794.91	6 214 496.75

六、花园领秀城项目一期土地增值税测算

一期的利息费用 1 316 546.66 元小于取得土地使用权所支付的金额与房屋开发成本金额之和的 5%，因此，开发费用按《土地增值税暂行条例实施细则》规定，按照取得土地使用权所支付的金额与房屋开发成本金额之和的 10%计算。

在目前的收入和成本基础上测算土地增值税。

（一）第一种测算方法

按目前的收入和成本，分别测算不同业态的土地增值税。具体的测算方法详见表 19-15。

表 19-15　　花园领秀城项目一期各业态的土地增值税　　金额单位：元

行号	项目		总额	普通住宅	商业	别墅	车库
1	一、转让房地产收入总额 1=2+3		229 814 635.00	159 335 477.00	6 531 129.00	58 966 029.00	4 982 000.00
2	其中	货币收入	229 814 635.00	159 335 477.00	6 531 129.00	58 966 029.00	4 982 000.00
3		实物收入及其他收入					
4	二、扣除项目金额合计 4=5+6+13+16+21		290 009 345.35	233 652 897.20	5 152 471.30	42 869 543.89	8 334 432.96
5	1. 取得土地使用权所支付的金额		42 653 922.02	32 313 661.00	688 277.63	5 787 485.81	3 864 497.57
6	2. 房地产开发成本 6=7+8+9+10+11+12		170 530 482.43	140 555 654.76	2 993 820.89	24 649 011.31	2 331 995.47
7	其中	土地征用及拆迁补偿费	450 000.00	370 901.69	7 900.17	65 044.41	6 153.73
8		前期工程费	13 288 399.52	10 952 644.18	233 290.19	1 920 746.99	181 718.17
9		建筑安装工程费	132 024 690.04	108 818 180.12	2 317 815.97	19 083 263.19	1 805 430.76
10		基础设施费	11 558 740.00	9 527 013.86	202 924.41	1 670 736.57	158 065.17
11		公共配套设施费	2 435 700.00	2 007 567.23	42 760.97	352 063.72	33 308.07
12		开发间接费	10 772 952.87	8 879 347.68	189 129.19	1 557 156.43	147 319.57
13	3. 房地产开发费用 13=14+15		21 318 440.45	17 286 931.58	368 209.85	3 043 649.71	619 649.30
14	其中	利息支出					
15		其他房地产开发费用	21 318 440.45	17 286 931.58	368 209.85	3 043 649.71	619 649.30
16	4. 与转让房地产有关的税金 16=17+18+19+20		12 869 619.56	8 922 786.71	365 743.22	3 302 097.62	278 992.00
17	其中	营业税	11 490 731.75	7 966 773.85	326 556.45	2 948 301.45	249 100.00
18		城市维护建设税	804 351.22	557 674.17	22 858.95	206 381.10	17 437.00
19		教育费附加	344 721.95	239 003.22	9 796.69	88 449.04	7 473.00
20		地方教育费附加	229 814.64	159 335.48	6 531.13	58 966.03	4 982.00

续表

行号	项目	总额	普通住宅	商业	别墅	车库
21	5. 财政部规定的其他扣除项目 21＝(5＋6)×20％	42 636 880.89	34 573 863.15	736 419.70	6 087 299.43	1 239 298.61
22	三、增值额 22＝1－4		－74 317 420.20	1 378 657.70	16 096 485.11	－3 352 432.96
23	四、增值额与扣除项目金额之比 23＝22÷4			0.2676	0.3755	
24	五、适用税率			30.00％	30.00％	
25	六、速算扣除系数			0.00％	0.00％	
26	七、应缴土地增值税税额 26＝22×24－4×25		—	413 597.31	4 828 945.53	—
27	八、已缴土地增值税税额					
28	九、批准抵缴税额					
29	十、应补（退）土地增值税税额 29＝26－27－28			413 597.31	4 828 945.53	—
土地增值税合计				5 242 542.84		

通过表 19-15 对各业态的土地增值税测算可知：

（1）普通住宅的增值额为－74 317 420.20 元，不产生土地增值税；

（2）别墅的增值额较高，增值率为 37.55％，产生土地增值税 4 828 945.53 元，占别墅收入的 8.19％；

（3）商业的增值率为 26.76％，产生土地增值税 413 597.31 元，占商业收入的 6.33％；

（4）车库的增值额为－3 352 432.96 元，不产生土地增值税。

因此，按目前的收入和成本的金额，花园领秀城项目一期将产生土地增值税 5 242 542.84 元，占一期总收入的 2.28％。

（二）第二种测算方法

《国家税务总局关于房地产开发企业土地增值税清算管理有关问题的通知》（国税发〔2006〕187 号）第一条规定，土地增值税以国家有关部门审批的房地产开发项目为单位进行清算，对于分期开发的项目，以分期项目为单位清算。开发项目中同时包含普通住宅和非普通住宅的，应分别计算增值额。

再结合《河南省地方税务局关于明确土地增值税若干政策的通知》（豫地税发〔2010〕28 号）、《河南省地方税务局转发关于土地增值税清算有关问题的通知》（豫地税函〔2010〕202 号）、《河南省地方税务局关于调整土地增值税核定征收率有关问题的公告》（河南省地方税务局公告 2011 年第 10 号）等多个河南省地方税务局关于土地增值税的政策文件可知，在划分清算对象时一般是按普通住宅、除普通标准住宅以外的其他住宅和其他房地产项目这三个清算对象划分。

因此，花园领秀城项目一期在土地增值税清算时应划分为三个清算对象，一个是把普通住宅作为一个清算对象；另一个是除普通标准住宅以外的其他住宅，即把商业和别墅合并为一个清算对象；第三个是其他房地产项目，即把车库作为一个清算对象。

按这三个清算对象划分，测算花园领秀城项目一期的土地增值税，如表 19-16 所示。

表 19-16　　花园领秀城项目一期各清算对象的土地增值税（三分法）　　金额单位：元

行号	项目		总额	普通住宅	车库	合并 商业＋别墅
1	一、转让房地产收入总额 1＝2＋3		229 814 635.00	159 335 477.00	4 982 000.00	65 497 158.00
2	其中	货币收入	229 814 635.00	159 335 477.00	4 982 000.00	65 497 158.00
3		实物收入及其他收入				
4	二、扣除项目金额合计 4＝5＋6＋13＋16＋21		290 009 345.35	233 652 897.20	8 334 432.96	48 022 015.19
5	1. 取得土地使用权所支付的金额		42 653 922.02	32 313 661.00	3 864 497.57	6 475 763.45
6	2. 房地产开发成本 6＝7＋8＋9＋10＋11＋12		170 530 482.43	140 555 654.76	2 331 995.47	27 642 832.20
7	其中	土地征用及拆迁补偿费	450 000.00	370 901.69	6 153.73	72 944.58
8		前期工程费	13 288 399.52	10 952 644.18	181 718.17	2 154 037.17
9		建筑安装工程费	132 024 690.04	108 818 180.12	1 805 430.76	21 401 079.16
10		基础设施费	11 558 740.00	9 527 013.86	158 065.17	1 873 660.98
11		公共配套设施费	2 435 700.00	2 007 567.23	33 308.07	394 824.70
12		开发间接费	10 772 952.87	8 879 347.68	147 319.57	1 746 285.62
13	3. 房地产开发费用 13＝14＋15		21 318 440.45	17 286 931.58	619 649.30	3 411 859.56
14	其中	利息支出				
15		其他房地产开发费用	21 318 440.45	17 286 931.58	619 649.30	3 411 859.56
16	4. 与转让房地产有关的税金 16＝17＋18＋19＋20		12 869 619.56	8 922 786.71	278 992.00	3 667 840.85
17	其中	营业税	11 490 731.75	7 966 773.85	249 100.00	3 274 857.90
18		城市维护建设税	804 351.22	557 674.17	17 437.00	229 240.05
19		教育费附加	344 721.95	239 003.22	7 473.00	98 245.74
20		地方教育费附加	229 814.64	159 335.48	4 982.00	65 497.16
21	5. 财政部规定的其他扣除项目 21＝（5＋6）×20％		42 636 880.89	34 573 863.15	1 239 298.61	6 823 719.13
22	三、增值额 22＝1－4			−74 317 420.20	−3 352 432.96	17 475 142.81
23	四、增值额与扣除项目金额之比 23＝22÷4					0.363 90
24	五．适用税率					30.00％
25	六、速算扣除系数					0.00％
26	七、应缴土地增值税税额 26＝22×24－4×25			—	—	5 242 542.84
27	八、已缴土地增值税税额					
28	九、批准抵缴税额					
29	十、应补（退）土地增值税税额 29＝26－27－28				—	5 242 542.84
土地增值税合计				5 242 542.84		

通过表 19-16 把商业与别墅合并为一个清算对象的土地增值税测算可知：

表 19-15、表 19-16 不同的测算方法不改变一期的土地增值税，都将交纳土地增值税 5 242 542.84 元。原因在于商业与别墅分开测算增值率都在 50%以下，适用的税率都是 30%，所以计算出来的土地增值税是一样的，由此可知，花园领秀城项目一期分业态分别清算和将商业与别墅合并清算的结果是一致的。

（三）第三种测算方法

假设一期的土地增值税清算对象只分两个，即普通住宅为一个清算对象，把商业、别墅、车库合并成一个清算对象测算花园领秀城项目一期的土地增值税（详见表 19-17）。

表 19-17　　花园领秀城项目一期各清算对象的土地增值税（二分法）　　金额单位：元

行号	项目		总额	普通住宅	合并 商业＋别墅＋车库
1	一、转让房地产收入总额 1＝2＋3		229 814 635.00	159 335 477.00	70 479 158.00
2	其中	货币收入	229 814 635.00	159 335 477.00	70 479 158.00
3		实物收入及其他收入			
4	二、扣除项目金额合计 4＝5＋6＋13＋16＋21		290 009 345.35	233 652 897.20	56 356 448.15
5	1. 取得土地使用权所支付的金额		42 653 922.02	32 313 661.00	10 340 261.02
6	2. 房地产开发成本 6＝7＋8＋9＋10＋11＋12		170 530 482.43	140 555 654.76	29 974 827.67
7	其中	土地征用及拆迁补偿费	450 000.00	370 901.69	79 098.31
8		前期工程费	13 288 399.52	10 952 644.18	2 335 755.34
9		建筑安装工程费	132 024 690.04	108 818 180.12	23 206 509.92
10		基础设施费	11 558 740.00	9 527 013.86	2 031 726.14
11		公共配套设施费	2 435 700.00	2 007 567.23	428 132.77
12		开发间接费	10 772 952.87	8 879 347.68	1 893 605.19
13	3. 房地产开发费用 13＝14＋15		21 318 440.45	17 286 931.58	4 031 508.87
14	其中	利息支出			
15		其他房地产开发费用	21 318 440.45	17 286 931.58	4 031 508.87
16	4. 与转让房地产有关的税金 16＝17＋18＋19＋20		12 869 619.56	8 922 786.71	3 946 832.85
17	其中	营业税	11 490 731.75	7 966 773.85	3 523 957.90
18		城市维护建设税	804 351.22	557 674.17	246 677.05
19		教育费附加	344 721.95	239 003.22	105 718.74
20		地方教育费附加	229 814.64	159 335.48	70 479.16
21	5. 财政部规定的其他扣除项目 21＝（5＋6）×20%		42 636 880.89	34 573 863.15	8 063 017.74
22	三、增值额 22＝1－4			−74 317 420.20	14 122 709.85

续表

行号	项目	总额	普通住宅	合并 商业＋别墅＋车库
23	四、增值额与扣除项目金额之比 23＝22÷4			0.250 6
24	五、适用税率			30.00％
25	六、速算扣除系数			0.00％
26	七、应缴土地增值税税额 26＝22×24－4×25		—	4 236 812.96
27	八、已缴土地增值税税额			
28	九、批准抵缴税额			
29	十、应补（退）土地增值税税额 29＝26－27－28			4 236 812.96
	土地增值税合计		4 236 812.96	

通过表 19-17 把商业、别墅、车库合并为一个清算对象的土地增值税测算可知：把除普通住宅以外的其他房产合并为一个清算对象，分为两个清算对象进行土地增值税清算，将交纳的土地增值税是 4 236 812.96 元，而表 19-16 按规定分为三个清算对象进行土地增值税清算，将交纳的土地增值税是 5 242 542.84 元，两种方法应交土地增值税相差 1 005 729.89 元。原因是车库的负增值额冲抵了部分商业和别墅的正增值额，使得增值额降低，税额减少。因此企业在土地增值税清算时把除普通住宅以外的其他房产合并为一个清算对象，是对企业非常有利的，也是最直接的节税方法。

七、花园领秀城项目一期企业所得税测算

花园领秀城在目前的收入和成本下，测算将要产生的企业所得税，由于管理费用和销售费用具体的数据暂不确定，所以管理费用按收入的 5％估算，销售费用按收入的 3％估算，详见表 19-18。

表 19-18　　花园领秀城项目一期企业所得税测算　　金额单位：元

项目	行次	土地增值税分三个清算对象时产生的企业所得税	土地增值税分两个清算对象时产生的企业所得税
一、转让房地产收入总额	1	229 814 635.00	229 814 635.00
减：房地产成本总额	2	213 184 404.45	213 184 404.45
1. 取得土地使用权所支付的金额	3	42 653 922.02	42 653 922.02
2. 房地产开发成本	4	170 530 482.43	170 530 482.43
加：其他业务收入	5		
减：其他业务成本	6		
减：营业税金及附加	7	18 112 162.40	17 106 432.52
其中：营业税	8	11 490 731.75	11 490 731.75
城市维护建设税	9	804 351.22	804 351.22

续表

项目	行次	土地增值税分三个清算对象时产生的企业所得税	土地增值税分两个清算对象时产生的企业所得税
教育费附加	10	344 721.95	344 721.95
地方教育费附加	11	229 814.64	229 814.64
土地增值税	12	5 242 542.84	4 236 812.96
减：期间费用	13	19 701 717.46	19 701 717.46
其中：财务费用	14	1 316 546.66	1 316 546.66
管理费用5%	15	11 490 731.75	11 490 731.75
销售费用3%	16	6 894 439.05	6 894 439.05
二、营业利润	17	−21 183 649.32	−20 177 919.43
加：营业外收入	18		
减：营业外支出	19		
三、利润总额	20	−21 183 649.32	−20 177 919.43
四、所得税	21		
五、净利润	22	−21 183 649.32	−20 177 919.43
六、所得税率	23		
七、净利润率	24		

通过对一期企业所得税的测算可知：花园领秀城项目一期在企业所得税方面没有压力，营业利润为负数，一期不产生企业所得税。

八、土地增值税、企业所得税测算结论

(1) 根据《土地增值税暂行条例实施细则》的规定，普通住宅的增值额未超过扣除项目金额之和20%的，免征土地增值税。因此，企业应在税法的规定范围内合理筹划，享受这一免征政策。

(2) 开发成本在普通住宅与别墅之间分摊应考虑以下因素。

第一，目前别墅的土地成本是按别墅的基座面积与普通住宅的基座面积的比例来分摊一期的规划用地面积的。还应考虑别墅区容积率低，占地面积大，按受益原则以别墅实际占地面积承担土地成本。

第二，一般情况下别墅区种植的植被品种好，绿化面积大，所以不按建筑面积分摊绿化费，而是独立核算别墅区与普通住宅区的绿化费支出，别墅区的绿化费按直接成本法进行核算。

第三，分别签订别墅区与普通住宅区的设计费，别墅区的设计费往往高于普通住宅区，如户型设计、园林设计，设计费打包签约不利于企业在不同性质开发产品上分摊，因此，分签设计费较好。

第四，对建安成本中一些特定的成本，如专属于别墅用的材料等进行专门核算，不与普通住宅的建安成本混淆，这样就避免按建筑面积分摊建安成本时，普通住宅占用别墅的成本。

第五篇
土地增值税纳税评估与税务稽查

CHAPTER

20 第二十章 纳税评估方法

一、纳税评估的概念

纳税评估是指税务机关运用数据信息对比分析的方法，对纳税人和扣缴义务人（以下简称纳税人）纳税申报（包括减免缓抵退税申请）情况的真实性和准确性作出定性和定量的判断，并进一步采取征管措施的管理行为。

纳税申报情况的真实准确性，集中体现为计税依据与应纳税税额等关键数据指标的真实准确性。由于应纳税额是由申报的计税依据乘以适用税率计算得出，所以关键数据指标是指纳税人申报计税依据的真实准确性。由此可知，纳税评估的核心不是对税收评估，而是对纳税人申报税源的真实准确性进行评估。评估纳税人税收经济关系的合理性，不是指申报数据所反映的税收经济关系合理性，而是申报应纳税额与真实税源之间的相关合理性。所以，纳税评估不是对纳税人缴纳税款的评估，而是对纳税人取得的生产经营收入和经济效益的评估。

纳税评估的对象为主管税务机关负责管理的所有纳税人及其应纳所有税种。但在实际工作中不会对所有纳税人进行评估，而是有重点选择部分纳税人进行评估。正确地筛选纳税评估对象，是优质高效开展纳税评估的首要环节，通常应依据税收经济关系的宏观分析、行业税负规律特征分析结果等数据，建立预警体系，确立重点评估对象，进而实施具体的纳税评估。

纳税评估的职能主要有：一是根据纳税人、扣缴义务人履行税收实体和程序义务的总体情况，评价其纳税申报的真实准确程度，发现日常税收征管中的薄弱环节提出针对性管理建议，提高税收征管质量；二是筛选出主观故意和恶意涉税违法嫌疑人，发现重大涉税违法问题为税收稽查查处逃避缴纳税款、逃避追缴欠税、抗税、骗税等案件提供具体线索，提高稽查有效性；三是为纳税人、扣缴义务人提供涉税辅导和建议，有针对性地宣传税收法律法规，解释涉税疑义，帮助评估对象提高财务管理水平，督促评估对象纠正纳税申报中的错误，降低纳税风险，提高申报准确率。

纳税评估是一项融管理与服务为一体的综合性工作，既是管理手段，也是服务举措，两者相辅相成，相互促进。这种职能定位就是纳税评估赖以存在的理论基础。

纳税评估对内是管理手段，能及时发现税收征管中的薄弱环节和存在问题，有效地提高税源监控能力，有利于提高纳税质量和税收征管水平；纳税评估对外是服务手段，它帮助纳税人准确理解和掌握税法，减少并纠正纳税人、扣缴义务人因对税法理解偏差产生的涉税问题，引导其主动自查，自动纠错，降低纳税人因税收违法而被追究责任的风险，给没有偷逃税故意的纳税人、扣缴义务人一次机会，让纳税人、扣缴义务人确实感受并体验税收的公平与公正，最终提高纳税人、扣缴义务人的税法遵从度。

二、纳税评估的特点

（一）客观性

纳税评估是建立在纳税人自行申报基础之上的一种征管制度。纳税申报不仅是纳税人、扣缴义务人履行其相关义务的法定程序，而且也是税务机关行使税款征收权的可靠保证，并构成纳税评估的主要信息来源。这些在纳税申报过程中所形成的涉税信息及有关纳税资料，成为纳税评估工作最直接、最现实的依据，构成纳税评估工作的基础。

（二）逻辑性

纳税评估是一个分析判断的过程。纳税评估的基点是纳税人的经营行为与应税行为存在客观的内在联系。

首先，纳税人、扣缴义务人依法从事生产经营活动，其应税行为与经营行为的逻辑关系，既体现在行为的性质方面，也体现在行为的数量方面。通过前者可以确认哪些行为属于应税行为，以及适用哪些税种；通过后者可以确认应税行为应承担怎样的纳税义务，以及数量界限。纳税评估正是依据这一原理，通过建立相关分析指标，制定量化分析模型，对纳税申报各种数据信息进行相应的逻辑分析，判断其是否存在异常情况。

其次，纳税人经营行为的账务记录与应纳税额核算应该具有内在联系。纳税评估可充分运用《税收征管法》赋予的法定权力，责成纳税人提供各类财务报表及与纳税有关的资料，对纳税人的经营状况和纳税情况进行评估、确认。

（三）系统性

纳税评估具有特定的工作内容、工作程序以及操作方法，是一种相对独立的系统性工作。纳税评估作为一种监控手段，贯穿税收征管的始终。税收征管的各个环节，都暗含着纳税评估的思想。从这个意义上讲，税收征管过程就是税款征收管理每一个环节的评估过程。

(四) 目的性

纳税评估的目的是加强税源监控。纳税评估围绕税源监控的重点对象、重点环节和重点内容，对纳税人纳税申报及有关纳税事项的真实性、合法性进行审核，并通过制定计划、确定对象、审核评估、约谈举证、确定稽查对象、结果反馈等工作环节，全面掌握税源及其变动情况，保证税款征收与税务稽查的有效衔接，对纳税行为尤其是申报质量进行动态、即时的分析、监控，并为实施纳税信誉等级管理奠定基础。

纳税评估是税务机关对纳税人履行纳税义务情况进行事中税务管理、提供纳税服务的方式之一。通过实施纳税评估发现征收管理过程中的不足，强化管理监控功能，体现服务型政府的文明思想，寓服务于管理之中，以帮助纳税人发现和纠正在履行纳税义务过程中出现的错漏，矫正纳税人的纳税意识和履行纳税义务的能力等。

三、纳税评估与税务稽查的比较

税务稽查是税务机关依法对逃避缴纳税款、逃避追缴欠税、骗税、抗税案件的检查和处理。纳税评估与税务稽查的最终目的都是提高纳税人的税法遵从度，但实现的方式有所区别，纳税评估主要是通过预警服务来实现管理目的，税务稽查则通过检查打击来实现管理目的，两者既有联系，又有区别。

(一) 纳税评估与税务稽查的联系

1. 纳税评估与税务稽查都是税收管理的重要内容

税收管理主要由征收、管理、检查三项主要内容组成，纳税评估与税务稽查分别作为管理环境和检查环节中的重要手段，同属于征、管、查有机整体的重要组成部分，有着必然的联系。

2. 纳税评估为税务稽查提供准确的案源

由于目前稽查部门获取信息的渠道不够畅通，对纳税人、扣缴义务人日常征管信息掌握得不够全面。稽查选案根据日常税收征管资料和税收管理信息系统产生的涉税信息以及上级机关交办、其他部门转办的案件信息，采用计算机选案分析、人工分析、群众举报等方法来确定稽查对象。因此，无论是人工选案还是计算机选案，都带有一定的盲目性，除了人们来信和举报案件外，大部分的日常税务稽查对象针对性并不强，不少地区考核收入时查大户，考核户数时查小户。而信息资料主要来源于征收管理资料，稽查对象的确定不够准确。

纳税评估是由基层税源管理部门及其税收管理员负责，对所管纳税人的情况掌握较为全面。同时，纳税评估以综合审核对比分析中发现有问题或有疑点的纳税人，以及重点税源户、特殊行业的重点企业、税负异常变化、长期零税负和负税负申报、纳税信用等级低下、日常管理和税务检查中发现较多问题的纳税人作为重点分析对象。因此，涉嫌违法违规的纳税人基本上被纳入了评估范围。再者，纳税评估的数据来源包括“一户式”存储的纳税人的各类纳税信息资料，税收管理员通过日常管理所掌握的纳税人生产经营实际情况，上级税务机关发布的宏观税收分析数据、行业税负的监控数据、各类评估指标的预警值，这些信息资料和分析依据为纳税评估的准确性提供了可靠保证。

3. 纳税评估有助于税务稽查提高效率

如果不开展纳税评估，纳税人未缴少缴税款的一般性问题都要靠税务稽查环节来处理解决，那么税务稽查则不堪重负，无法发挥其“重点稽查”作用。通过纳税评估环节的过滤和筛选，使未缴少缴税款中的一般性问题得到及时解决，避免纳税人、扣缴义务人涉税问题的积累和程度的恶化；对问题较大、疑点较多，涉嫌偷逃骗税的行为，需要进一步深入检查的移交稽查环节重点稽查，避免一般性涉税问题向税务稽查的过度移送。

因此，通过纳税评估分析作出的纳税人有逃避缴纳税款、逃避追缴欠税、骗取出口退税或其他需要立案查处的税收违法行为嫌疑的评估报告，其准确率较稽查选案环节的分析要高。这些纳税人及其涉税违法信息资料移交到稽查部门，不仅可使稽查选案环节避免随意和盲目，而且可使稽查的实施做到目标更明确，重点更突出，针对性更强，大大提高了稽查工作的效率。

4. 税务稽查为纳税评估设立评估指标及预警值提供基础信息

税务稽查工作根据《税收征管法》赋予的权限，一方面，在稽查方式上可根据需要和法定程序采取询问调查、调账检查、实地检查、税务协查等稽查方式，依法向当事人及利害关系人询问与纳税有关的问题和情况，深入被查对象生产、经营场所采取账务检查、现场检查、外部调查取证等方式进行实地检查，还可以采取函查方式请求协助调查。另一方面，在调查取证时，可依照法定程序收集或采取一定方式获取书证、物证、视听资料、证人证言、当事人陈述记录、鉴定结论、现场检查记录等。因此，对稽查对象的纳税情况掌握较为全面、深入。

纳税评估对经分析发现的纳税人存在的疑点问题只能通过约谈、举证、调查核实等程序对疑点进行认定和排查，其约谈对象、调查范围都受到一定限制，纳税评估不可能超越税源管理员所具备的职责和职权。因此，在对纳税人纳税情况调查取证的深度、广度和对纳税人纳税结果判定的准确性上，税务稽查都占有绝对优势。

因而，税务稽查通过法定方式方法对纳税人的生产经营、财务核算、税收政策法律法规执行情况的检查，能够全面掌握纳税人的各项经济指标相互间特殊对应关系、影响相关经济指标变化的各种因素，这些指标和因素可为纳税评估进行指标的确定、预警值的测算和调整提供重要参考和基础信息。

（二）纳税评估与税务稽查的区别

1. 性质不同

税务稽查属法定程序，它侧重于对涉税行政违法行为的打击和惩戒，带有明显的打击性；纳税评估目前并非是法律所规定，而是税务机关为提高自身工作质量和优化纳税服务所开展的一项举措。对于涉税违法行为，它提供一种“预警”，在稽查查处与日常管理之间建立一个较宽的“缓冲带”，将纳税人、扣缴义务人可能的违法风险减轻到最低程度。与税务稽查的打击性相比，纳税评估更多地体现服务性。

2. 程序不同

税务稽查具有严密的固化程序，而且在每一个环节中，都应向纳税人、扣缴义务人送达税务文书，如检查前应下达税务检查通知书、调取账簿前应下达调账通知书等，这些文书都是法定的。如果程序有误或缺少文书，税务机关都应承担相应的法律后果。而在纳税评估的整个过程中没有法定的文书，纳税评估过程中的文书除约谈举证通知书、纳税评估建议书外，其余均为税务机关内部使用文书，纳税评估建议书也只是对评估对象的建议而不是法定文书。与税务稽查相比较，纳税评估程序相对简单、灵活。

3. 实施形式不同

税务稽查既可在税务机关内进行调账检查，也可依法进入涉税场所调查取证。纳税评估一般是通过案头评估发现疑点，然后要求评估对象作出合理的解释，直至疑点消除，通常情况下在税务机关内部进行。当然，在案头评估不能有效排除疑点时，税务机关也可以进行实地调查。

4. 处理方式不同

纳税人、扣缴义务人的违法行为一经稽查查实，不仅需补税、加收滞纳金，还要受到处罚，必要时还要移送司法部门追究其刑事责任；纳税评估的直接处理结果较轻，评估中发现评估对象非主观故意少缴税款的情形，一般是由纳税人自查补缴并加收相应的滞纳金，不涉及处罚。

5. 职能不同

税务稽查专司偷税、逃避追缴欠税、骗税、抗税案件的查处，其环节较多，程序要求比较严格。案件本身往往也比较复杂，这都决定了稽查打击范围的局限性，税务稽查工作具有“少而精”的特点。即通过严厉打击少数情节严重的、有影响的案件来震慑其他具有涉税违法行为倾向的纳税人或扣缴义务人。而纳税评估作为日常征管工作中的一项很重要的管理和服务内容，具有“多而广”的特点，即通过面广量大的纳税评估，有效地解决评估对象因主观疏忽或对税法理解错误而产生的涉税问题。

6. 约束力不同

纳税人、扣缴义务人应依法接受税务人员进行的税务稽查，并负有配合和协助义务，否则就要承担相应的法律责任，在这点上，税务稽查体现的是税法的刚性；纳税评估具有非强制性，在评估过程中如评估对象拒不配合，一般不由纳税评估环节直接采取强制措施。

四、纳税评估的程序与方法

纳税评估常用的基本程序与技术方法如下：

（1）通过宏观分析与税收征管海量数据的测算，总结纳税人税收经济关系的规律特征，设置相应的预警标准建立预警体系，通过预警体系筛选重点纳税评估对象。

（2）对纳税评估对象申报纳税资料进行案头的初步审核比对，以确定进一步评估分析的方向和重点。

（3）通过横向数据对比分析、纵向数据规律分析和数据指标逻辑关系的相关合理性分析，推断和确认纳税人申报数据的真实性和疑点问题，估算纳税人的潜在生产经营收入，推断纳税人的实际纳税能力。

（4）就评估出的问题、疑点和推断的纳税能力，与纳税人进行约谈。纳税人如能认可接受评估结果，则按评估税源情况查补税款；纳税人如不能接受评估结果，则将评估资料转稽查部门立案稽查。

五、纳税评估的处理方式

在税收实践中，税务机关在纳税评估后对疑点问题的处理有两种方式：

第一种方式，对纳税评估中发现的计算和填写错误、政策和程序理解偏差等一般性问题，或存在的疑点问题经约谈、举证、调查核实等程序认定事实清楚，不具有偷税等违法嫌疑，无需立案查处的，可提请纳税人自行改正。

第二种方式，是发现纳税人有逃避缴纳税款、逃避追缴欠税、骗取出口退税、抗税或其他需要立案查处的税收违法行为嫌疑的，要移交税务稽查部门处理。但在实际执行中，是自查补税还是移送稽查处理没有明确依据。

对于第一种处理方式，因为纳税评估是案头审计，一般不进行实地检查，就无法对纳税人少缴或不缴税款的行为进行准确定性。虽然补缴了税款，但纳税人的行为究竟是一般性问题还是有违法嫌疑，没有使人信服的证据。这里面很可能有偷税行为，通过纳税评估补缴了税款，就逃避了税收法律责任，没有受到处罚。

CHAPTER

21 第二十一章 土地增值税纳税评估[1]

一、土地增值税纳税评估中的指标及其运用

（一）土地增值税税负率

关于土地增值税，评估人员最为常用的分析指标就是纳税人的土地增值税税负率，并据此分析纳税人土地增值税税收负担发展变化情况，据以对纳税人税收法律义务履行情况作进一步的分析和判断。其计算公式为：

$$\text{土地增值税税负率} = \text{实际缴纳的土地增值税} \div \text{土地增值税应税项目的转让收入}$$

该指标主要是对纳税人土地增值税税负增减产业化发展情况进行分析。一般而言，如果没有政策变动，纳税人整体的土地增值税税负担水平应当保持相对稳定，即不会大起大落。如果将该指标与上年进行比对发现其变化起伏较大，那么可以怀疑纳税人在税收义务履行方面存在疑点，应当采取进一步的评估分析措施。

（二）当期转让土地使用权、房地产增值率的变动系数

当期转让土地使用权、房地产增值率的变动系数主要反映纳税人土地增值率变化，是土地增值税评估的常用指标，主要用于进一步佐证土地增值税税负变化发展情况。其计算公式为：

$$\text{当期转让土地使用权、房地产增值率的变动系数} = \left(\text{当期转让全部土地使用权、房产增值率} - \text{基期转让的土地使用权、房产增值率}\right) \div \text{基期转让的土地使用权、房产增值率}$$

---

[1] 胡俊坤. 纳税评估模型与案例——地方税纳税评估手册［M］. 北京：中国市场出版社，2011.

该指标一般适用于经常发生土地增值税应税项目的房地产开发企业，是将当期所有转让土地使用权、房地产收入扣除全部相应可扣除项目金额之后，得到一个法定的土地增值数额，再用这个数额与基期数值对比，分析土地增值率变化程度和方向。增值率的变动系数用于反映企业的经营状况和业绩，以进一步为探入纳税评估做准备。

（三）转让土地使用权、房地产增值率与同类房产转让增值率的配比系数

在土地增值税评估中经常需要将纳税人的相关指标与其他纳税人进行比较，转让土地使用权、房地产增值率与同类房产转让增值率的配比，就是常用评估指标之一。其计算公式为：

$$\begin{array}{c}\text{转让土地使用权、房地产增值率}\\\text{与同类房产转让增值率的配比}\end{array}=\begin{array}{c}\text{发生土地增值税}\\\text{应税项目的增值率}\end{array}\div\begin{array}{c}\text{市场上相同应税}\\\text{项目转让增值率}\end{array}$$

该比值用以判断一项土地使用权、房地产转让价格或增值额的准确性，以防止企业在转让过程中隐瞒收入、虚增成本，以偷逃土地增值税的行为发生。纳税评估人员在评估分析时，应注意当地的经济情况、土地、房屋所在的不同地段、转让的时机等多种外部因素，以综合判断转让收入的市场化程度。

一般来说，该指标小于1，说明纳税人的土地使用权、房地产权属转让价低于正常的市场转让价格，应进一步分析原因。

（四）土地增值税变动与营业税变动的配比系数

土地增值税与营业税增减变化之间应当是一种正相关关系，因而将两者进行配比，也可以在相当程度上进行相互佐证。土地增值税变动与营业税变动的配比系数的计算公式为：

$$\begin{array}{c}\text{土地增值税变动}\\\text{与营业税变动的配比系数}\end{array}=\frac{\text{土地增值税变动率}}{\begin{array}{c}\text{转让土地使用权、房地产所发生营业税}\\\text{与基期缴纳额的变动率}\end{array}}$$

转让土地使用权、销售建筑物或构筑物、销售其他土地附着物，包括在销售不动产时连同不动产所占土地使用权一并转让的行为。按税法规定，转让不动产应当征收营业税。与此同时，这些行为的发生一般也会形成转让增值额，因此也属于土地增值税应税项目。因而，两者之间应当呈现正相关关系。因而对两者进行对比可以发现纳税人在土地增值税与营业税方面的可能疑点。

该指标的含义在于揭示企业涉及土地增值税应税项目的同时也缴纳营业税的部分，其变动与土地增值税变动的反应程度存在相关联系。该指标如果接近零，或者为负数，则说明相关营业税额与土地增值税额几乎没有相关性，甚至负相关，因此可怀疑其隐瞒申报转让收入的行为，应进一步进行审查和分析。

（五）土地增值税变动与企业利润额（应纳税所得额、应纳所得税额）变动的配比系数

土地增值税是以法定增值额作为计税依据的，而法定的土地增值额与企业利润额

（应纳税所得额、应纳所得税额，下同）也呈现一个正相关关系，因而考察土地增值税变动与企业利润额之间的变化发展关系，也可以对纳税人税收义务履行情况作出判断。土地增值税变动与企业利润额变动配比系数的计算公式为：

$$\frac{\text{土地增值税变动}}{\text{与企业利润变动的配比系数}}=\frac{\text{土地增值税}}{\text{增长率}}\div\frac{\text{企业营业}}{\text{利润额增长率}}$$

企业营业利润额增长率＝（当期营业利润－基期营业利润）÷基期营业利润

本指标主要适用于经常发生土地增值税应税项目的房地产开发公司、投资公司等。

一般来讲，企业利润额的增加说明在企业的盈利能力增加或者企业盈利能力不变的情况下，营业收入规模增加。无论这两种情况中的哪一种发生，土地增值税都会发生相同幅度的增加。因此，通过这种逻辑分析，结合土地增值税的超率累进税率，我们可以认为，一定幅度的价格增加理当形成相同幅度的转让收入增加和增值率增加，但是却会引发更大程度的税收负担增加。因此，该指标的值一般应等于1或略大于1。如果该比值小于1，则说明土地增值税增长幅度低于营业利润增长幅度，应引起关注，并分析当期的价格成本原因；如果该比值接近0，或者为负数，则说明土地增值税的增长幅度大大低于利润增长，甚至出现相反的变化趋势，应作为重大疑点进一步进行纳税评估分析和审查。

（六）当期转让全部土地使用权、房产的增值率变动与同期房地产行业价格指数变动的配比系数

国家相关部门会定期公布房地产行业价格指数，这为我们对房地产开发企业的土地增值税纳税分析也提供了数据。即，我们也可以通过当期转让全部土地使用权、房产的增值率变动与同期房地产行业价格指数变动的配比系数来分析纳税人土地增值税纳税义务的履行情况。

$$\begin{aligned}&\text{当期转让全部土地使用权、房产的增值率变动}\\&\text{与同期房地产行业价格指数变动的配比系数}\\&=\frac{\text{当期转让全部土地}}{\text{使用权、房产的增值率}}\div\frac{\text{同期房地产}}{\text{行业价格指数}}\end{aligned}$$

众所周知，纳税人，特别是房地产开发企业当期转让全部土地使用权、房产的增值率的高低变化，很大程度上取决于转让收入的高低变化，因为可扣除的成本和费用是历史前期事前相对已经固定的。因此，社会经济研究机构或政府经济部门发布的当地房地产价格指数，可作为市场行情的晴雨表。当价格指数增长快，说明房地产价格上升的速度也快，土地增值税纳税人在应税项目的权属转让上也会获得更大的收入和价差，并得到较高的增加值和增值率。通过这种逻辑分析，我们可以认为，本系数一般应该等于或基本上接近于1。如果该比值接近0，或者为负数，则说明土地增值税的增长幅度大大低于价格指数增长，甚至出现相反的变化趋势，应作为重大疑点进一步进行纳税评估分析和审查。

二、土地增值税测算分析模型

（一）建立理念

一般说来，房地产企业的销售收入是比较真实的，因为税务机关可以通过多种途径来获知某个企业某个时期的营业收入。如果营业收入掌握了，土地增值税计算的关键就在于成本扣除，其中涉及土地成本、建安成本和其他开发成本。土地成本可以从国土管理部门得到，建安成本、其他开发成本其实也可以根据经验及账簿记录得到。房地产开发费用、与转让房地产有关的税金和加计20%扣除就更简单了。因此，税务机关可以根据评估对象的申报材料或者中介公司清算材料中的数据，对土地增值税缴纳情况进行分析，从中发现问题。

（二）建立方法

土地增值税的计算方法：

土地增值税税额＝增值额×适用税率－扣除项目合计×速算扣除系数

增值额＝转让房地产收入－扣除项目合计

扣除项目合计＝土地成本＋建安成本＋其他开发成本＋房地产开发费用
＋与转让房地产有关的税金＋加计扣除

我们可以根据土地增值税的计算方法，并根据经验系数，来得到土地增值税的预测分析模型。

（三）土地增值税测算分析模型

1. 营业收入（Y）

首先，我们要取得营业收入的数据，我们设营业收入为Y，这可以从纳税人申报信息或清算项目申报表信息中取得，一般较为真实。

2. 扣除项目金额（S）

其次，我们要计算扣除项目，它包括土地成本、建安成本、其他开发成本、房地产开发费用、与转让房地产有关的税金、加计扣除等5个部分，有些容易得到，有些也可以根据经验系数得到。

（1）土地成本（A）：包括取得土地使用权所支付的金额、拆迁成本、契税等，可以根据企业的申报资料或清算申报表数据信息取得，一般较为真实。

（2）建安成本（B）：建安成本仅指建筑安装工程费。这里，我们引入了建安成本经验系数的概念，所谓建安成本经验系数（α），是指通常情况下，建安成本占销售收入（Y）的合理比例。用预估的销售收入乘以该系数，可以预计出不同类型楼盘的合理建安成本支出。

(3) 其他开发成本（C）：其他开发成本包括：前期工程费、基础设施费、公共配套设施费、开发间接费用等。这里，我们同样也引入了其他开发成本经验系数的概念，所谓其他开发成本经验系数（β），是指在通常情况下，以上这些成本占销售收入的合理比例。用预估的销售收入乘以该系数，可以预计出不同类型楼盘的其他开发成本支出。在模型建立的过程中，调查人员经与多个部门协商，并请教了相关的专业技术人员，根据楼盘性质将建安成本经验系数（α）和其他开发成本经验系数（β）划分为两大类七小类，设定系数 α、β，具体如表 21-1 所示：

表 21-1　　建安成本及其他开发成本经验系数

楼盘用途	楼盘种类	建安成本经验系数 α	其他开发成本经验系数 β
一般住宅	多层（6 层以下）	20%	6%
	小高层（11 层以下）	25%	8%
	高层（12 层以上）	30%	10%
	联排别墅	30%	10%
	独立别墅	35%	12%
商业办公楼	多层（6 层以下）	25%	8%
	高层（7 层以上）	30%	10%

本分析模型中，采用建安成本系数 30%，其他开发成本系数 10%的比例。具体的采用比例，要根据各地的实际情况，如果房价高的地区，建安成本系数就小；房价低的地区，建安成本系数就高。并且采用这个系数，进行的是相对比较宽松的预测。

(4) 房地产开发费用（D）：这个比较简单，目前房地产企业的贷款基本上不能分到各个开发项目，有些房地产企业贷款也存在困难，因此，根据条例的规定，房地产开发费用 $D=(A+B+C)\times 10\%$。

(5) 与转让房地产有关的税金（E）：通常情况下不超过销售收入（Y）的 7%，$E=Y\times 7\%$。

(6) 加计扣除（F）：确定了扣除项目后，加计扣除也比较容易获得：

$$F=(A+B+C)\times 20\%$$

$$\begin{aligned}\text{扣除项目金额合计 } S &= A+B+C+D+E+F\\ &=(A+B+C)\times 130\%+E\\ &=(A+\alpha\times Y+\beta\times Y)\times 130\%+7\%\times Y\\ &=(1.3\alpha+1.3\beta+0.07)Y+1.3A\end{aligned}$$

（如设 $\alpha=30\%$，$\beta=10\%$）

则 $S=(1.3\alpha+1.3\beta+0.07)Y+1.3A$

$=0.59Y+1.3A$

这里我们得到了一个比较简化的增值税计算模型，其中的关键是系数 α、β 的设定，这个是某地采用的系数，其他各地的情况有所不同，如果售价较低，这个占比系数会较高。如果这个系数不符合实际情况，也可以根据当地的实际情况，测算合理系数，重新进行计算分析。

3. 增值额与增值率的计算

增值额＝Y－S＝Y－0.59Y－1.3A＝0.41Y－1.3A

＝0.41×营业收入－1.3×土地成本

增值率＝增值额÷扣除项目S

4. 应纳土地增值税计算

$$\text{应纳税额}=\left(0.41\times\text{营业收入}-1.3\times\text{土地成本}\right)\times\text{适用税率}-(0.59Y+1.3A)\times\text{速算扣除系数}$$

三、土地增值税测算案例

（一）案情简介

根据××市局的工作要求，对辖区内所有房地产企业进行纳税评估，重点方向为土地增值税。评估实施前，要求各涉及企业进行自查，由于某房地产开发有限公司××分公司（下称某公司）自查中没有自查申报税款，于是，将某公司列为评估分析对象，某评估小组接到了评估分析任务。开展了对某公司的纳税评估案头分析，该公司所开发的项目已经中介机构清算。根据企业提供的中介机构清算报告，该企业2003年11月26日取得土地面积为86 455平方米，项目立项时间为2004年12月20日，2006年9月26日取得第一张预售许可证。

（二）运用数据模型分析

根据数据模型和所掌握的资料，评估小组成员首先运用数据模型进行了分析计算。根据中介机构清算报告，企业取得的总收入为4.39亿元，开发的项目为小高层和联体别墅，土地使用权取得时的金额为7 200万元（含契税等），中介机构清算应缴纳土地增值税为525.24万元。

根据数据模型计算要求，并按最低30%的适用税率，评估人员计算如下：

应纳税土地增值税＝(43 900×0.41－1.3×7 200)×30%

＝8 639×30%＝2 591.70(万元)

企业自行缴纳的税款只有525.24万元，与模型计算的相差2 066.46万元。这说明两个问题，要么就是数据模型的计算方法是错误的，要么就是企业存在较大问题。

（三）对中介机构清算鉴证报告的分析

根据企业提供的中介清鉴证算报告，评估人员重点对土地增值税的计算进行分析。

1. 关于平均售价

企业提供的情况如表 21-2 所示：

表 21-2

项目	2007 年	2008 年	2009 年
各年平均售价	4 035.61 元/平方米	2 607.70 元/平方米	3 723.60 元/平方米

该企业 2008 年度的平均售价仅为 2 607.70 元/平方米，而 2008 年度是企业销售形势较好的一年，当年取得预收账款 1.74 亿元。结合 2008 年度销售形势分析，评估人员怀疑可能存在低价销售或其他收入不确认情况（如银行按揭不入账等）；另外关于车库，鉴证报告中提到的是 1 221.62 元/平方米，根据评估人员所在地区的特点，除非是独立于房屋之外的简易车库，如果是包括在房屋之内的车库，售价要比正常的房屋还高，应注意这里是否也存在问题。

2. 关于企业所得税

该公司 2003 年度成立，成立初企业所得税在本地缴纳，分析企业在系统中上报的财务报表，2006 年 10 月开始企业有第一笔预收账款余额为 18 847 162 元，到 2006 年 12 月，预收账款余额为 50 915 970 元，损益表利润总额为−2 559 784.89 元，无营业收入。2006—2009 年度有关情况如表 21-3、21-4 所示（金额单位：元）：

表 21-3

项目	2006 年	2007 年	2008 年	2009 年
预收账款	50 915 970	259 284 761	174 127 308.23	0
营业收入	0	0	146 117 685.02	258 849 111.60
利润总额	−2 559 784.89	−9 154 512.81	−15 314 694.74	34 541 030.35
合计缴纳企业所得税 1 324 681.10 元				

表 21-4

征收品目	税费所属期起	税费所属期止	扣款日期	计税依据	税率	实缴金额
企业所得税	2005-01-01	2006-12-31	2007-12-05	0.00	0.00%	5 837.06
居民纳税人	2005-01-01	2006-12-31	2007-12-05	0.00	0.00%	55 469.52
企业所得税	2005-01-01	2006-12-31	2007-12-05	0.00	0.00%	27 734.76
企业所得税	2007-01-01	2007-12-31	2008-04-30	4 942 559.04	25.00%	1 235 639.76
合计						1 324 681.10

评估人员发现该公司企业所得税的缴纳中也存在几个疑点：一是企业取得预售收入，为什么没有按照 15%的利润率预缴企业所得税；二是 2007 年度的适用税率为 33%，企业为什么按照 25%的税率缴纳；三是汇总缴纳企业所得税在 2008 年 1 月 1 日

后实施，为什么2008年度没有企业所得税入库，可能涉及企业所得税467.28万元。

3. 关于土地增值税

从企业提供的中介机构鉴证报告和相关资料进行分析，存在如下几个问题。

（1）利息支出问题。

根据《土地增值税暂行条例实施细则》第七条第三款规定，财务费用中的利息支出，凡能够按转让房地产项目计算分摊并提供金融机构证明的，允许据实扣除，但最高不能超过按商业银行同类同期贷款利率计算的金额。其他房地产开发费用，按本条（一）、（二）项规定计算的金额之和的5%以内计算扣除。凡不能按转让房地产项目计算分摊利息支出或不能提供金融机构证明的，房地产开发费用按本条（一）、（二）项规定计算的金额之和的10%以内计算扣除。企业自行计算列支利息5 680.56万元，其中金融机构利息支出3 691.90万元，还有为关联企业的利息支出等，从鉴证报告来分析，企业的利息支出行为属于典型的"不能按转让房地产项目计算分摊利息支出或不能提供金融机构证明的"情况，应按5%比例计算扣除，则可能涉及多支利息1 078万元，涉及土地增值税300万元以上。企业的利息支出总额太多，到2007年年末，预收账款已经达到2.59亿元，同期的借款余额还有7 000万元，2009年年末有8 225万元的借款，是否有为他人负担借款的问题？另外，还涉及1 988.66万元其他利息支出，是否是向个人借款、企业间借款等，很有可能涉及其他税收问题，应进行核实。企业的利息支出总量也存在问题，占整个收入的12.9%，按现行市场利率8%计算，分摊到5年开发期间，每年平均借款达1.42亿元。

（2）建筑安装工程费。

建筑安装工程费为213 883 514元，占销售收入的48.65%，占比太高，总建筑面积为149 227.78平方米，每平方米的建筑成本为1 433元。单是土建部分，每平方米的建筑成本高达1 232.44元，还包括了造价较低的车位和车库等。与此项目同时期取得土地、土地出让金也在同一水平线上的其他单位相比，建筑成本明显偏高，如同期的××车城土建成本为719元/平方米。从企业提供的建筑项目资料来分析，建筑成本也远高于市局所提供的土地增值税清算模型。如果按全部独立别墅的最高35%成本比例计算扣除，该企业也涉及多支建筑安装工程费6 000万元。其他开发成本企业的占比为18.20%，按最高12%计算，也涉及多列支成本2 725万元。基本数据如表21-5所示。

表21-5　　基本数据表

名称	施工面积（平方米）	合同金额（元）	每平方米成本（元）
金×建筑	82 823.01	104 104 386	1 256.95
通×建筑	33 019.39	55 362 684	1 676.67
欣×建筑	20 241.87	23 507 923	1 161.35
苏×建设	18 962.5	23 489 000	1 238.71
小计	155 046.77	206 463 993	1 331.62

（3）甲供材料问题。

鉴证报告中提出，项目开发成本中包括 6 928.96 万元的甲供材料，是否土建部分的 18 391.51 万元中已经包括了 6 928.96 万元的甲供材料？档案资料中所订立的合同金额比账面成本要高，企业如何决算？经查询档案资料中所签订的合同，每一份中都提到了甲供材料，甲供材料是否已经由施工方开具发票入账？甲供材料是否重复入账？如甲供材料没有重复入账，营业税款由谁来承担，是否已经足额缴纳了建筑营业税？评估人员根据鉴证报告提供的资料分析判定，至少甲供材料应缴纳的营业税没有入库，所涉及税款为 230.73 万元。如甲供材料重复入账，则涉及的土地增值税问题就更大了。

（4）其他问题。

企业提供的资料中显示拆迁补偿费为 1 514.50 万元，是否真有这么多？绿化工程有 1 300 多万元，这个小区绿化真好，是否真有这么多？供电工程一般为每平方米 150 元，是否多列支？2 259.31 万元的装饰工程支出明细是什么？企业是否有精装修房？地下人防是否与车位等混合在一起核算？等等。

（四）评估处理

鉴于分析出的问题较多，评估人员要求企业的财务负责人接受询问，财务负责人以各种理由推托，拒绝接受约谈。评估人员遂作出“差异恶意性结论”，提请稽查局查处。

（五）处理结果

事后，稽查局共查补各类税款 3 280 万余元，处以 0.5 倍罚款，并按规定加收了滞纳金。

CHAPTER

22 第二十二章 土地增值税稽查分析

2012 年国家税务总局全国税收稽查的工作重点出台，房地产行业再次名列榜首。部分地方还把 2011 年看作税务稽查年，提出税务部门要加强对土地增值税征管情况的监督和检查，重点对定价明显超过周边房价水平的房地产开发项目进行土地增值税清算和稽查，这均引起了业内人士的关注。

对房地产企业税务稽查已是持续多年的“新闻”了，但这几年的税务稽查格外引人注目。2009 年 7 月，房地产企业成为国家税收检查的重点对象，八大知名房地产旗舰企业甚至直接被税务部门点名。2010 年颁布的《国家税务总局关于开展 2010 年税收专项检查工作的通知》(国税发〔2010〕35 号)，使房地产企业再次登上重点稽查行业的榜单。2010 年 6 月 1 日，全国税务稽查人员全面进入房地产企业，房地产企业税收稽查升级至专项稽查。

一、税务检查与税务稽查的比较

按照国家税务总局征收管理司编著的《新税收征收管理法及其实施细则释义》的解释，税务检查，是税务机关以国家税收法律、行政法规为依据，对纳税人、扣缴义务人履行纳税义务和扣缴义务的情况进行检查和处理的总称。

税务稽查，是税务检查的一种，是指税务稽查机构的专业检查。

从概念上可以看出，税务检查包括税务稽查。具体区别税务检查和税务稽查，应把握以下几个方面：

(一) 执法主体不同

按照《税收征管法实施细则》第九条的规定，税务稽查的主体是省以下税务局的稽查局。而《税收征管法》第五十四条规定“税务机关有权进行下列税务检查”，此条明确规定了税务机关是税务检查的执行主体。同时，《税收征管法》第十四条规定，本法所称税务机关是指各级税务局、税务分局、税务所和按照国务院规定设立的并向社会公告的税务机构。所谓按照国务院规定设立的并向社会公告的税务机构，《税收征管法实施细则》第九条对此作出解释：《税收征管法》第十四条所称按照国务院规定设立的并向社会公告的税务机构，是指省以下税务局的稽查局。从以上规定中可以看出，税务稽查的主体只能是税务稽查局，而税务检查的主体包括稽查局和其他税务机关。

（二）执法对象不同

《税收征管法实施细则》第九条规定，稽查局专司逃避缴纳税款、逃避追缴欠税、骗税、抗税案件的查处。可见，税务稽查的对象是涉嫌偷逃骗抗税的纳税人和扣缴义务人，目的是查处税收违法案件；税务检查的对象主要是在税收征管活动中有特定义务或需要，或者在某一环节出现问题的纳税人、扣缴义务人，既具有检查的性质，又具有调查和审查的性质，目的是加强征管，维护正常的征管秩序，及时发现和防止重大、特大案件的发生。

（三）执法案源不同

税务稽查的案件来源主要有：采用计算机选案分析系统进行筛选的案件；根据稽查计划筛选或随机抽样选择的案件；根据公民举报、有关部门转办、上级交办、情报交换的资料确定的案件。税务检查的案件来源主要有：在税收征管的各个环节中对纳税人情况的审查，或者是按照税法或实际情况的需要对纳税人的情况进行检查的案件，如对停歇业纳税人进行的调查核实。

（四）执法程序不同

税务稽查专业性强，要求水平高。为规范税务稽查，国家税务总局制定了《税务稽查工作规程》，对税务稽查的程序作了严格规定，即必须按照选案、检查、审理、执行四个环节进行，实行严格的专业化分工，各环节相互分离、相互制约。税收检查则可以根据税收征管的实际需要，随时进行检查，方式灵活多样，程序比较简单，不一定按照选案、检查、审理、执行四个环节进行，只要是合法、有效的税收执法就行了。

（五）执法权限不同

稽查局专司逃避缴纳税款、逃避追缴欠税、骗税、抗税案件的查处，对纳税人未按规定办理税务登记、未按规定设置账簿、未按规定安装税控装置等其他违法行为则没有处罚权，只能由赋予处罚权限的税务局、税务分局、税务所进行处罚。

税务检查与税务稽查既有一定的区别，又有一定的联系。通过税务检查，发现有偷逃骗抗税违法嫌疑的，及时传递给稽查部门，为稽查部门提供案件来源；通过税务稽查，将发现的问题及时传递给征管部门，以便征管部门及时采取措施加强管理，提高征管质量。认为税务检查只能由稽查部门实施，征管部门没有税收检查权，或者将税务检查与税务稽查割裂开来，都是不正确的。

二、税务稽查常用方法

房地产行业具有建设工期长、工程项目多、现金交易、以物易物、综合经营、“滚动式”开发以及涉及税种多等特点，企业常常采取只结转终端成本，不结算期间收入，成本费用结转与项目收入不相对应、互为混淆，利用账外账、未达账、往来账、费用账、一企多账的会计核算方式掩盖企业所得税，缴纳终端环节税收，偷逃骗取中间环节各税的现象。

税务稽查局检查房地产企业一般会从账外调查、取证起，到账面核实、对比分析中去，综合、灵活地运用询问、调账检查、实地检查、计算机综合分析和平时以稽查人敏锐眼光留意周围企业的变化，捕捉、归纳企业一切偷逃骗取税款手段，以便收到检查的实质性效果。

税务机关对房地产的税务稽查，一般会对各个项目分开进行检查，以房地产企业已完工或阶段性完工的开发项目为检查重点。从项目开始到结束，针对项目的完税情况，全面审核项目的收入和成本支出的真实性、准确性。对开发周期较长项目，分期作为检查的重点。对于同一企业同时存在多个项目的，由于各项目间可能存在交叉往来，税务机关也会对其综合检查。税务机关在进行税务稽查时，一般会采用如下方法：

（一）收集原始资料和数据

税务机关收集的基础资料有：企业基本情况表、开发手续情况登记表、项目部分会计科目汇总表、开发成本明细表、项目销售情况一览表等。税务机关通过对以上表格数据的登录，掌握房地产项目开发的实际情况。

（二）数据间的逻辑关系分析

税务机关在掌握有关数据的基础上，对数据间的逻辑关系进行分析。如发现企业提供的资料存在疑点，则须作进一步检查。

例如，开发手续情况登记表中反映的规划面积、施工面积、土地面积、合同造价可以同项目销售情况一览表的数据对照，如果企业提供可销售面积与规划许可证之间反映的面积有差距，则会被税务机关怀疑；查看建筑安装许可证的合同造价与实际合同和实际支付施工费的差额；开发成本明细表同项目部分会计科目汇总表、项目销售情况一览表对比，看房产交易费、维修基金支付额与账面销售收入是否成比例，销售面积是否一致，测定企业实现收入与账面收入是否存在差额。

（三）整体测算

由于房地产企业财务数据多、金额大，特别是成本方面的纳税检查，税务人员寻找工作的切入点有一定难度，所以一般都会通过整体测算，通过合理方法以及手中掌握的行业整体平均水平数据，对比分析企业成本构成比例的合理性。

例如，根据同行业同一性质房产的平均建安成本比例，与企业的实际比例进行比较；土地契税、土地出让金、房屋产权交易费等，都是按照一定比例征收的，可测算企业比例是否合理，通过与其他政府部门的信息共享，掌握企业情况是否属实。再如，配套的费用，根据本地水平进行测算，包括：人防基建费、市政建设配套费、墙改费、公共建地费、渣土处理费、煤气、天然气集资费、规划验收费、房屋产权交易费、代收业户维修基金等。

（四）实地核实

税务机关如通过数据测算发现疑问，或进行例行检查需要，可对房地产企业进行实地检查，通过深入到项目开发地、销售现场实地盘点、掌握项目建设及销售入住的情况，分析判断账面及有关资料可能存在的疑点。

（五）账内检查与外调相结合

由于房地产开发企业涉及的关系单位较多，一个项目的开发包括售地单位、施工企业、建材商贸、销售代理公司、广告公司、物业管理等诸多部门，使得房地产企业的财务日常处理票据的工作量加大，成本核算也容易混乱，因此税务机关会考虑对与房地产公司往来账账载金额大、且业务往来频繁的单位，进行重点外调核实。

（六）对往来账户检查

房地产企业的往来款项较多，一些不易走账、性质相对模糊的业务，企业财务人员常在往来科目中列支。因此，有针对性地对“其他应收款”、“其他应付款”进行重点审查，对往来账中挂账时间长且金额大的业务重点核实原始凭证、询问形成原因，常常能发现其中的涉税问题。

三、土地增值税稽查内容

土地增值税是对纳税人转让房地产所取得的土地增值额征收的一种税。土地增值额是指转让国有土地使用权、地上建筑物及附着物取得的收入，扣减相关的成本、费用及税金后的余额。因此，在土地增值税稽查时，一般从纳税义务人、收入、扣除项目、税率等着手展开。

知识链接

土地增值税专项检查工作方案

（1）是否按规定申报预缴土地增值税，其会计处理是否正确。

（2）是否不按规定进行成本分摊，增值额的计算是否正确。

（3）对普通标准住宅的界定是否符合要求，是否将高档住宅与普通标准住宅混淆在一起预交或清算土地增值税。

(4) 是否以工程未结算、未决算或商品房未销售完毕等理由不进行土地增值税的清算。

(5) 是否不按规定确定土地增值税的清算单位。

(6) 是否按规定对开发成本中的利息支出进行分离，超过贷款期限的利息和罚息是否税前剔除。

(7) 土地增值税清算后再有偿转让房地产是否按规定纳税。

（一）纳税义务人的稽查

对土地增值税的纳税义务人稽查，首先应当确定该单位或个人是否具备成为土地增值税纳税义务人的条件，即其是否拥有国有土地使用权及其地上建筑物和其他附着物。例如，某些从事服务性行业的单位或个人本身并不拥有国有土地使用权及相应的房产，只是在租赁的场所进行经营活动，显然不可能成为纳税义务人。其次，确定拥有国有土地使用权及相应房产的单位和个人是否确实转让了其拥有的房地产并取得收入。这是确定土地增值税纳税义务人的关键一环。

在稽查时，一方面要积极与房产管理部门及土地管理部门保持密切联系，及时了解房地产拥有人的变化；另一方面应当重点审查企事业单位的固定资产明细账，了解其拥有的房产与土地使用权是否发生了增减变化，并进一步确定这些发生房地产增减变化的企事业单位是否属于土地增值税的纳税义务人。对于不设账簿记录或记录不完整的单位和个人，还应当深入实际进行调查，了解其是否发生了有偿转让房地产的行为，以防漏列纳税义务人。另外，税务机关还可以结合其他税种的征管情况，了解和掌握纳税义务人。例如，企事业单位缴纳的房产税与土地使用税数量的突然变化，由于企业销售不动产使得应交营业税增加等现象，都与缴纳土地增值税有关。

（二）征税范围的稽查

在实际工作中，准确界定土地增值税的征税范围十分重要。稽查时，可以通过以下几个标准予以判定：

1. 审查单位或个人所转让的土地，其使用权是否为国家所拥有

根据我国《宪法》和《土地管理法》的规定，城市的土地属于国家所有，农村和城市郊区的土地除由法律规定属于国家所有的以外，属于集体所有。国家为了公共利益，可以依照法律规定对集体土地实行征用，依法被征用后的土地属于国家所有。上述由法律规定属于国家所有的土地，其土地使用权在转让时，属于土地增值税的征税范围。而农村集体所有的土地，根据《土地管理法》、《城市房地产管理法》及国家其他有关规定，是不得自行转让的，只有根据有关法律规定，由国家征用以后变为国家所有时，才能进行转让。所以集体土地的自行转让是一种违法行为，不缴纳土地增值税，而应交有关部门进行处理。

2. 审查国有土地使用权、地上建筑物及其附着物的产权是否发生了转移

这一标准共有两层含义：

（1）土地增值税的征税范围不包括国有土地使用权出让所取得的收入。在这里，应当注意国有土地使用权的“出让”与“转让”的区别。国有土地使用权的出让是指国家以土地所有者的身份将土地使用权在一定年限内让与土地使用者，并由土地使用者向国家支付土地使用权出让金的行为。这种行为属于由政府垄断的土地一级市场，不用缴纳土地增值税。国有土地使用权的转让是指土地使用者通过出让等形式取得土地使用权后，将土地使用权再转让的行为，包括出售、交换和赠与。这种行为属于土地的二级市场。随着土地使用权的转让，土地上的建筑物、其他附着物的所有权也随之转让。土地使用权的转让，属于土地增值税的征税范围。

（2）土地增值税的征税范围不包括未转让土地使用权、房产产权的行为。凡是土地使用权、房产产权未转让的，不征土地增值税。具体来说，在实践中可能出现以下情形：

①房地产的出租。在房地产的出租行为中，出租人虽然取得了收入，但没有发生房产产权或土地使用权的转让行为，因此不属于土地增值税的征税范围。

②房地产的抵押。房地产的抵押是指房地产的产权所有人、依法取得土地使用权的土地使用人作为债务人或者第三人，向债权人提供不动产作为清偿债务的担保而不转移权属的法律行为。在房地产的抵押期间，没有发生房地产权属的转让行为，不征收土地增值税。待抵押期满后，应视该房地产是否被转让而确定是否征收土地增值税。对于由于债务人到期不能清偿债务而以房地产抵债，从而发生房地产权属转让的，应列入土地增值税的征税范围。

③合作建房。对于一方出地，一方出资，双方合作建房，建成后按比例分房自用的，暂免征收土地增值税；建成后转让的，应列入征税范围。

④房地产的代建房行为。这是指房地产开发公司代客户进行房地产的开发，开发完成后向客户收取代建收入的行为。在这种情形下，由于没有发生房地产权属的转移，房地产开发公司取得的收入属于劳务收入的性质，所以不属于土地增值税的征税范围。

⑤房地产的评估增值。国有企业在清产核资时对房地产进行重新评估，出现评估增值时，由于既没有发生房地产权属的转移，企业也没有取得实际收入，所以不属于土地增值税的征税范围。

3. 审查房地产的转让是否取得了收入

土地增值税的征税范围，不包括房地产的权属虽转让但未取得收入的行为。具体来说，可能有以下几种情况：

（1）房地产的继承与赠与。这两种行为属于无偿转让房地产的行为，不属于土地增值税的征税范围。但应注意的是，这里的“赠与”仅指两种情况，一是房产所有人、土地使用权所有人将房屋产权、土地使用权赠与直系亲属或承担直接赡养义务的人；二是房产所有人、土地使用权所有人通过中国境内非营利的社会团体、国家机关如中国青少年发展基金会、希望工程基金会等将房屋产权、土地使用权赠与教育、民政和其他社会福利、公益事业的。

（2）房地产的交换。这种行为虽然没有带来货币收入，但交换双方实际已取得了实物形态的收入，即通过交换所得的原属于对方的房地产，所以应属于土地增值税的征税范围。但对个人之间互换自有居住用房地产的，经当地税务机关核实，可以免征土地增值税。

（3）以房地产进行投资、联营。即投资、联营的一方以土地（房地产）作价入股进行投资，或作为联营条件，将房地产转让到所投资、联营的企业中。这种行为具有投资的性质，与房地产的出售不同，没有取得转让房地产的收入，按有关规定暂免征收土地增值税。对投资、联营企业将上述房地产再转移的，应征收土地增值税。

（4）企业兼并转让房地产。在企业兼并中，对被兼并企业将房地产转让到兼并企业中的，暂免征收土地增值税。

（5）因国家收回国有土地使用权、征用地上的建筑物及其附着物而使房地产权属发生转移的。在这种情况下，发生了房地产权属的变更，原房产所有人、土地使用权人也取得了一定的收入（补偿金），但根据《土地增值税暂行条例》的有关规定，可以免征土地增值税。

需要强调的是，无论是单独转让国有土地使用权，还是房屋产权与国有土地使用权一并转让，只要取得了收入，均属于土地增值税的征税范围。具体来说，可以有以下三种情况：一是仅出售国有土地使用权。这是指土地使用者通过出让方式有偿取得土地使用权后，并不进行房产开发，仅进行通水、通电、通路、平整地面等土地开发，然后直接将空地出售出去。二是土地使用者在取得土地使用权后进行房屋开发建造，然后再出售，这就是一般所谓的房地产开发。三是对已存在的房地产的买卖，即房屋所有人将已有的房屋及相连的土地使用权一并转让给他人。以上这三种情况都产生了房地产权属的转让，转让者又取得了收入，因而均属于土地增值税的征税范围。

（三）应税收入的稽查

稽查房地产收入，主要稽查其确认收入的时间是否符合会计准则规定。房地产开发企业转让土地使用权和销售商品的收入在销售实现时应借记“库存现金”、“银行存款”等科目，贷记“主营业务收入”科目，并按收入的类别设置明细账，进行明细核算，而按照合同规定预收购房单位和个人的购房定金，则记入“预收账款”科目（在企业不设“预收账款”科目时也可以记入“应收账款”的贷方）；兼营房地产的企业转让房地产取得的收入记入“其他业务收入”科目；一般企业转让作为固定资产的房地产所取得的收入记入“固定资产清理”科目。对房地产开发企业收入额稽查的方法如下：

（1）稽查企业的“主营业务收入”明细账，并与房地产转让合同、记账凭证、原始凭证相核对，看企业有无分解房地产收入或隐瞒房地产收入的现象，看其业务发生的时间是否符合销售成立的标准。

（2）稽查“开发产品”明细账，并与房地产转让合同及有关原始凭证相核对，看企业有无将取得的实物收入直接记入“固定资产”、“库存材料”等账户，隐匿销售收入。

例如，某房地产开发企业，于2010年1月将一栋已竣工交付使用的写字楼转让给某建材总公司作办公楼，这栋写字楼连同土地所有权价值 1 000 万元人民币，双方商定其中 800 万元以货币资金结算，其余 200 万元折算为等价的优质钢材进行结算。该房地产公司为了隐匿销售收入，只将 800 万元的货币资金记入主营业务收入账户，其余的 200 万元直接记入了“库存材料”账户，后被税务人员查出。

(3) 稽查“开发成本”、“开发间接费用”、“开发产品”等科目，并与有关的会计凭证核对，看有无将房地产收入直接冲减成本、费用的现象。

(4) 稽查“应付账款”、“预收账款”、“分期收款开发产品”等科目，并与有关转让房地产的合同、会计凭证相核对，看有无将房地产收入挂账，不及时申报纳税的现象。

(5) 稽查转让房地产的成交价格与收入类型。按《土地增值税暂行条例》及其实施细则的规定，对于隐瞒、虚报房地产成交价格的（即纳税人不报或有意低报转让土地使用权、地上建筑物及其附着物价款的行为），应由评估机构参照同类房地产的市场交易价格进行评估，税务机关根据评估价格确定转让房地产的收入。对于转让房地产的成交价格低于房地产评估价格，又无正当理由的（即纳税人申报的转让房地产的实际成交价格低于房地产评估机构评定的交易价，纳税人又不能提供凭据或无正当理由的行为），由税务机关参照房地产评估价格确定转让房地产的收入征税。

(6) 稽查房地产转让的预售合同，看房地产开发企业是否已按买卖双方签订的预售合同所记载的金额申报缴纳土地增值税；分次缴纳的土地增值税税款是否根据每笔预收款占总售价的比例正确计算。按税法规定，纳税人应当自转让房地产合同签订之日起七日内向房地产所在地主管税务机关办理纳税申报，并在税务机关核定的期限内缴纳土地增值税。

(四) 各种扣除项目的稽查

由于土地增值税是对增值收益征税，因此，其扣除项目是否符合税法规定，是土地增值税稽查的一项重要内容。稽查人员应稽查企业“开发成本”、“开发间接费用”、“应付账款——应付工程款”、“库存材料”、“库存设备”、“预提费用”、“开发产品”等科目，并结合有关明细账和原始凭证，核对费用发生的真实性、正确性及其开支合法性；稽查其是否符合权责发生制和收入与成本费用相配比的原则。

对扣除项目金额的稽查主要应注意两个方面的问题：一是被稽查单位的有关会计记录是否真实、准确，所记录的成本、费用及税金等是否确实发生了，有没有把其他方面的支出记在了房产开发项目下，管理费用、财务费用等支出的分摊是否合理；二是注意税法的要求与企业会计制度不一致的地方，以及可能由此产生的错误计算应纳税款的情况。例如，房地产开发费用中的利息费用超过商业银行同类同期贷款利率水平的部分虽然确实发生了，应在会计记录中予以反映，但按税法规定却不能列入扣除项目，否则就会多计扣除项目，从而少计应纳税款。

具体来说，房地产开发企业稽查时可以从以下几个方面着手：

1. 取得土地使用权所支付的金额的稽查

稽查取得土地使用权所支付的价款及按国家规定缴纳的有关费用是否真实、正确。

在稽查企业土地使用权时，应注意以下两种情况：

一是房地产开发企业在经营、生产过程中，本身自用土地涉及的土地使用权。即房地产开发企业为自己建造办公用房、职工宿舍等涉及的土地使用权。这部分土地使用权应列作企业的无形资产。

二是房地产企业在从事开发项目的开发经营活动中涉及的土地使用权。由于房地产开发企业在销售产品时，开发产品使用范围内的土地使用权也随同转让。因此，只有这部分土地使用权才计入开发产品的成本，即作为土地增值税的扣除项目。

2. 稽查“开发成本”的借方发生额

对照支付费用的原始凭证，看其费用支出的合法性，要重点审查“开发成本”账户，与有关的交易证明文件及会计凭证核对，看企业的成本核算是否真实、准确，是否将不属于开发房地产产品的成本也记入了“开发成本”账户，是否有不属于取得土地使用权的费用而混进了费用支出，从而导致多计取得土地使用费。

例如，纳税人同时进行自建房和开发房地产准备出售，这时就很有可能出现房地产开发成本和费用分摊不合理的情况。纳税人可以通过多计待售房地产的开发成本，少计自建房屋的成本的方法减轻土地增值税的税收负担。如果企业开发的房地产有分期分批转让的，还要注意其成本分摊是否合理，是否符合税法的规定，稽查其是否符合权责发生制和收入与成本费用相配比的原则。

3. 稽查“开发间接费”明细账

把“开发间接费”明细账与有关会计凭证核对，看有没有将不属于开发产品的费用记入了开发费用之中；已发生的开发费用的分配与结转是否正确、合理。

4. 稽查“开发产品”、“分期收款开发产品”、“开发成本”明细账

把这些明细账与有关房地产转让合同、会计凭证相核对，确认企业对房地产开发投入资金的真实性，确定基础设施费、前期工程费、公共配套设施费等确实用于被开发项目，企业没有虚列成本的情况，并且各项目费用的分摊十分合理。

这项稽查工作较为琐碎，工作量较大，因此可以首先将正在稽查的房地产的成本费用情况以及应缴纳土地增值税的数量与其他同类房地产作一下比较，大体明确是否存在异常情况，例如某项成本费用过多，或应纳土地增值税额过少等。如果存在异常情况，则进一步确定产生异常情况的原因，确定稽查工作的重点，集中力量进行审查。

5. 稽查“财务费用”、“管理费用”明细账

确定企业的有关费用支出确实发生了，而且分摊合理，没有将属于其他项目或其他建设期间的费用计入本期的财务费用或管理费用。同时应当注意税法中关于房地产开发费用扣除项目的规定。例如，对于不能按转让房地产项目计算分摊利息支出或不能提供金融机构证明的，房地产开发费用只能按取得土地使用权所支付的金额及房地产开发成本金额之和的10%以内计算扣除，并不能按实际发生数扣除。所以在计算扣除项目金额时并不一定总是与会计记录的金额一致，要与企业的有关会计凭证及其他相关明细账核对。

6. 稽查"营业税金及附加"、"应交税费"明细账

看纳税人的税金是否属于转让房地产所应负担的营业税金及附加（包括营业税、城市维护建设税和教育费附加，房地产开发企业缴纳的印花税计入管理费用，不在此处扣除），有无将不属于营业税金及附加的项目（如企业所得税等）也计入了扣除项目，有无重复扣税等现象，并与有关的会计凭证相核对。

7. 稽查"旧房及建筑物的评估价格"是否合理

其稽查重点在于重置成本价的评估是否合理，成新度折扣率的确定是否合适。对企事业单位和个人转让旧房地产扣除额的稽查，首先应确定其土地的受让价格，查看政府土地管理部门收取的补缴土地出让费金额或转让取得土地使用权的支付金额，对不能提供已支付的地价款凭据的，不允许扣除取得土地使用权所支付的金额；其次应确定其旧房的重置成本价和成新度，重点查看经税务部门认可的评估机构出具的房产评估报告的评估金额，并注意评估金额是否合理，评估报告中是否包含了房产土地的评估价值，对包括在内的，应予以剔除，以取得土地使用权的实际支付价款（即历史成本）计算土地的价值。

8. 在稽查公共配套设施费时，要注意企业是否按规定时间调整预提费用的账户

由于房地产开发企业生产经营的特点，决定了房地产开发企业直接的成本结转期，以开发小区的建设周期为准。在此期间发生的成本结转，经过主管财政部门审查批准后，可能通过预提方式进行，待小区全部正式竣工结算时，调整预提费用。由于房地产开发企业在开发进度的安排上，一般是先建住宅，后建配套工程。因而，对已出售的开发产品负担的配套设施的建设费用，无法按照配套设施的实际建设成本来进行成本结转和分摊。因此，房地产开发企业可以未完配套设施概算为基数，计算出已出售住宅应负担的数额，以预提方式计入出售住宅成本。

9. 其他扣除项目的稽查

稽查财政部规定的其他扣除项目（即加计20%扣除）的计算是否正确。这里首先应当注意财政部规定的这一扣除项目只对从事房地产开发的纳税人有效，对其他土地增值税的纳税人无效；其次要注意计算扣除的基数是否正确，企业是否多计了取得土地使用权所支付的金额及房地产开发成本。

（五）土地增值税适用税率的稽查

土地增值税实行四级超率累进税率，所以税率的正确与否，对税额的影响很大。在对土地增值税适用的税率进行稽查时，主要应从两方面入手：

1. 审查其增值额与扣除项目的数额及相互间的比例关系，以确定其计税的税率是否符合规定

这一步骤与以上所进行的对应税收入和扣除项目的稽查有紧密的联系，应税收入与扣除项目的认定不仅直接影响到税款的计算，还可以影响到税率的正确选择。

案例分析

隐瞒收入的税务稽查案

沿海某地级市在检查滨海房地产开发公司账务时，发现其之前转让一座住宅楼，取得转让收入500万元，其扣除项目金额为200万元，已向税务机关申报缴纳土地增值税120万元。税务机关分析，转让价格较相同地段价位偏低，决定立案核查。检查发现，滨海房地产对于此项应税行为计算过程如下：

(1) 增值额＝500－200＝300（万元）

(2) 增值率＝增值额÷扣除项目金额×100％＝300÷200×100％＝150％

(3) 选择适用税率50％，速算扣除系数15％

(4) 应交土地增值税额＝300×50％－200×15％＝120（万元）

税务机关在稽查中发现，该房地产开发公司隐瞒了实物收入150万元，实际转让收入为650万元，扣除项目金额确实为200万元。这样，实际增值额为450万元，超过了扣除项目金额的200％，使得适用税率变为60％，速算扣除系数为35％。稽查局决定，限期滨海房地产企业补缴土地增值税税款，然后缴纳罚款与滞纳金。

2. 审查确定税率后的应纳税额的计算是否正确

由于土地增值税实行的是四级超率累进税率，计算比较复杂，在实际计算时一般利用速算扣除系数进行计算。在上例中，由于应选择的适用税率和速算扣除系数都有了改变，该房地产开发公司计算缴纳的土地增值税款显然是错误的。正确的计算应该是：

应交土地增值税额＝450×60％－200×35％＝200(万元)

四、税务稽查流程

税务稽查业务流程如图22-1所示。

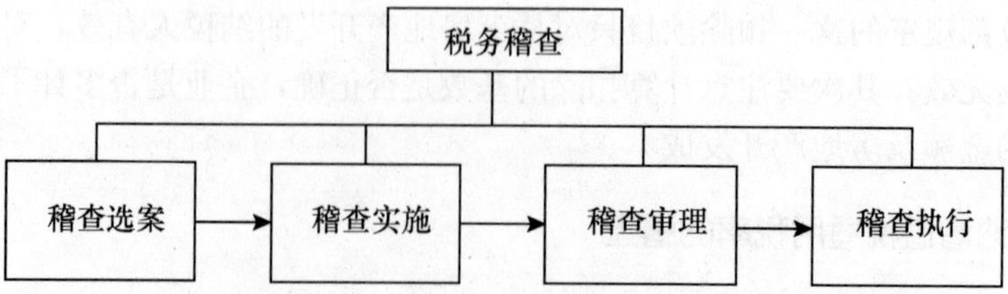

图22-1 税务稽查业务流程一览表

税务稽查选案工作流程如图 22-2 所示。

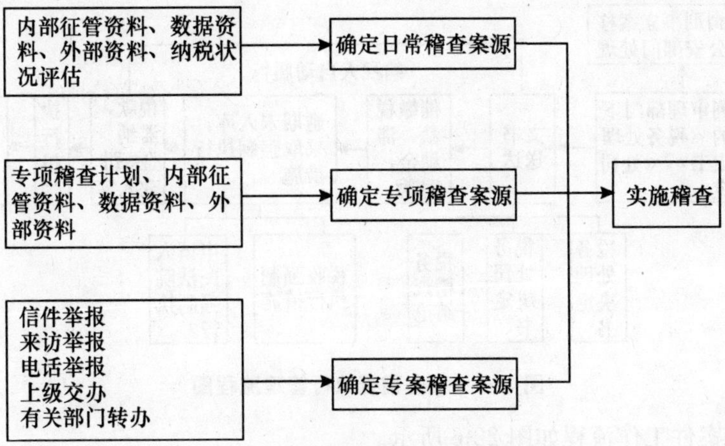

图 22-2　税务稽查选案工作流程图

税务稽查实施工作流程如图 22-3 所示。

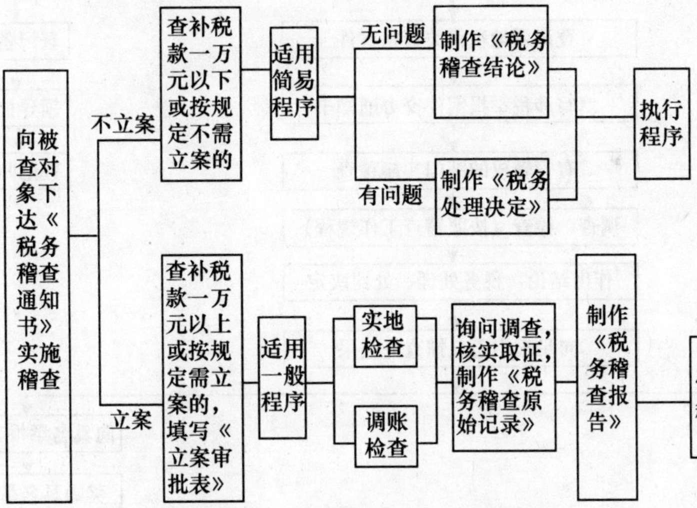

图 22-3　税务稽查实施工作流程图

税务稽查审理流程如图 22-4 所示。

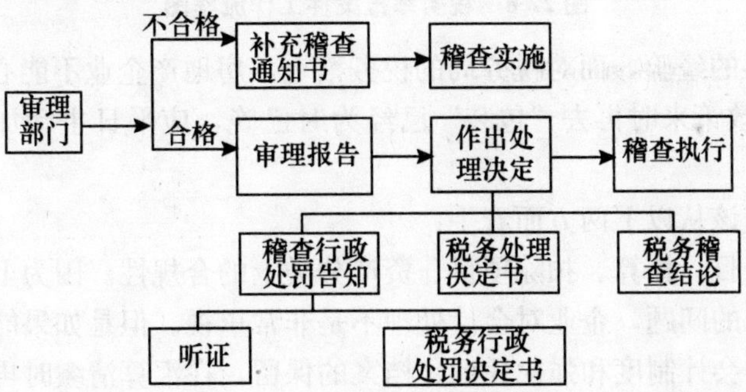

图 22-4　税务稽查审理流程图

税务稽查执行管理流程如图 22-5 所示。

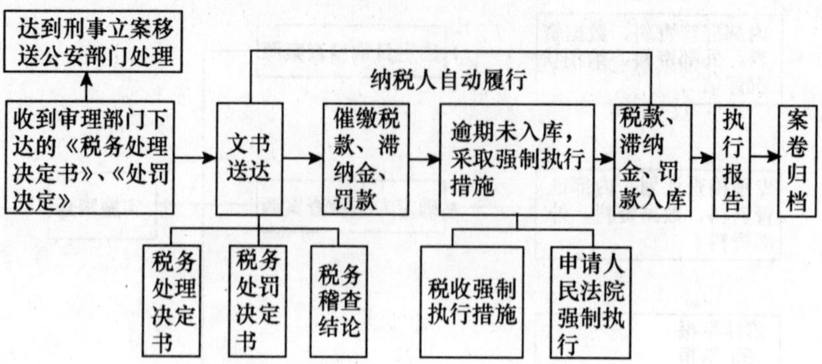

图 22-5　税务稽查执行管理流程图

税务举报案件工作流程如图 22-6 所示。

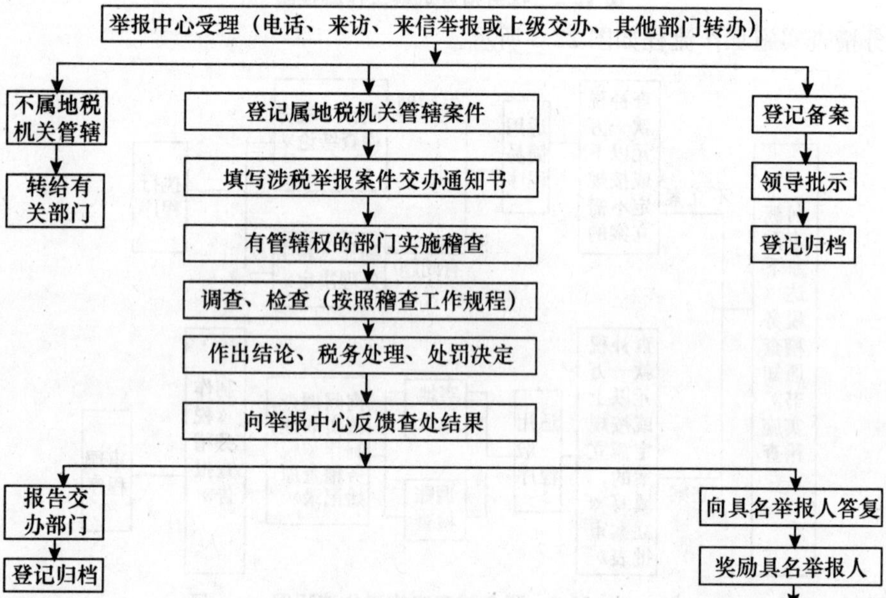

图 22-6　税务举报案件工作流程图

根据我们多年的经验，面对税务局的税务稽查，房地产企业不能心存侥幸心理，不能“临阵磨枪”，政策来时再去“包装”已经为时已晚，应平日主动加强纳税方面的合规性。

房地产企业应该从以下两方面着手：

首先，加强账目、核算、扣除项目、资产分类上的合规性。因为上面提到的汇算清缴上的时间比较长的问题，企业对会计处理不是非常重视。但是如果能从一开始就对各个要素建立完整的会计制度和强化凭证、档案的保留，在汇算清缴时再针对实际情况作出一些调整，就会比较轻松。

其次，强化专业人员的配备或者外部机构的协助。因为房地产涉税问题涉及的问题比较多，数目也非常庞大，在清算或汇算清缴时涉及的工作量比较大，也容易因为这方面经验的不足而在税务稽查中出现不合规的情况，所以应当有明确的财会人员来负责，当然寻求具有专业资质的会计、审计机构对相关工作进行把关，也不失为一个不错的选择。

CHAPTER

23 第二十三章 税务稽查案例解析

研究土地增值税清算形势可以发现，房地产开发企业必须高度重视土地增值税的缴纳，积极配合当地主管税务机关做好土地增值税的清算工作，如果处理不当，其后果是非常严重的。土地增值税清算已经是房地产开发企业的当务之急！下面我们挑选了一些案例，希望大家能合法维护自己的权益，同时不忘纳税义务。

一、稽查案例解析

（一）对纳税义务人的稽查

案例分析

纳税义务人的稽查

某房地产开发企业，2014 年 2 月在向当地主管税务机关申报纳税时，其据以计算应交房产税的应税房产的原值比上一征收期突然减少 800 万元，其应缴纳的营业税额比上期增加了 40 万元。这些异常情况引起了当地税务机关的注意。

当地税务机关结合了对该企业缴纳的房产税、营业税等税种的征收情况的稽查，发现了异常情况。经过税务机关的稽查后发现，该房地产开发企业，由于销售不景气，经济效益不佳，于 2011 年 2 月初将一栋闲置的办公楼出让，共取得 800 万元的货币收入作为流动资金。

分析处理：

在上述案例中，该房地产开发企业将闲置办公楼以及相连的国有土地使用权转让给他人，并取得了 800 万元的转让收入，这一行为属于税法规定的有偿转让房地产的行为，按照5%的营业税税率共应缴纳40万元的营业税。

《土地增值税暂行条例》第二条规定，转让国有土地使用权、地上的建筑物及其附着物（以下简称房地产）并取得收入的单位和个人，为土地增值税的纳税义务人（以下简称纳税人），应当依照本条例缴纳土地增值税。《土地增值税暂行条例》第十条规定，纳税人应当自转让房地产合同签订之日起七日内向房地产所在地主管税务机关办理纳税申报，并在税务机关核定的期限内缴纳土地增值税。该企业应该属于土地增值税纳税人，按税法规定，该房地产开发企业还应当就800万元的办公楼转让收入缴纳土地增值税。当地税务机关从而完成了对纳税义务人的稽查。

案例分析

土地增值税纳税人的稽查

某市一外资房地产开发企业的分公司于2014年5月转移办公地址，将原用于其办公的一座房产转让给他人，取得货币收入3 000万元，未缴纳土地增值税。经当地税务机关稽查发现后，认定该分公司属于土地增值税的纳税义务人，向其追征了税款。

分析处理：

《实施细则》第六条规定，条例（《土地增值税暂行条例》，下同）第二条所称的单位，是指各类企业单位、事业单位、国家机关和社会团体以及其他组织；条例第二条所称的个人包括个体经营者。归纳起来，《土地增值税暂行条例》及其《实施细则》对土地增值税的纳税人规定有四个特点：

(1) 不论法人与自然人。

(2) 不论经济性质。

(3) 不论内资与外资企业，中国公民与外籍个人。

(4) 不论部门。

在上述案例中，该外资房地产开发企业属于外国企业的分公司，既不是中国企业，又不具备法人资格，但只要进行了有偿转让房地产的行为，就是土地增值税的纳税人，应依法缴纳土地增值税。

（二）对征税范围的稽查

案例分析

征税范围的稽查方法

某村将一块集体所有的占地80亩的果园以2 000万元的价格转让给某房地产开发公司，用于开发高尔夫别墅。当地的税务机关经过稽查后，认定这一行为不属于土地增值税的征税范围，决定不对其征收土地增值税。

分析处理：

《实施细则》第三条规定，条例第二条所称的国有土地，是指按国家法律规定属于国家所有的土地。根据《中华人民共和国宪法》和《土地管理法》规定，城市的土地属于国家所有。农村和城市郊区的土地除由法律规定属于国家所有的以外，属于集体所有。对于上述法律规定属于国家所有的土地，其土地使用权在转让时，按照《土地增值税暂行条例》规定，属于土地增值税的征税范围；而农村集体所有的土地，根据《土地管理法》、《城市房地产管理法》及国家其他的有关规定，是不得自行转让的，只有根据有关法律规定，由国家征用以后变为国家所有时，才能进行转让。

故集体土地的自行转让是一种违法行为，应由有关部门来处理。对于目前违法将集体土地转让给其他单位或个人的情况，应在有关部门处理并补办土地征用或出让手续使土地变为国家所有之后，再纳入土地增值税的征税范围。

案例分析

国家出让土地的纳税处理

某市国土局将一块国有土地出让给某房地产开发商进行开发，获得土地使用权出让金1 500万元，当地的税务机关没有对这项收入征收土地增值税。

分析处理：

《土地增值税暂行条例》第二条规定，转让国有土地使用权、地上的建筑物及其附着物（以下简称转让房地产）并取得收入的单位或个人，为土地增值税的纳税义务人（以下简称纳税人），应当依照本条例缴纳土地增值税。应当注意国有土地使用权的“转让”与“出让”不同。按照《土地增值税暂行条例》的规定，土地增值税的征税范围包括土地使用权的转让行为，不包括土地使用权的出让行为。

在上述案例中，某市国土局将国有土地使用权出让给房地产开发商的行为属于国有土地使用权的出让行为，所以不属于土地增值税的征税范围，不需要缴纳土地增值税。

案例分析

出租房产的纳税处理

某房地产开发商将其所拥有的一座写字楼出租，每年收取租金800万元，没有缴纳土地增值税。

分析如下：

按照《土地增值税暂行条例》第二条的规定，土地增值税的征税范围不包括未转让土地使用权、房产产权的行为。在上述案例中，该企业虽然每年都可取得一定的租金收入，但仍然持有该写字楼的产权及其所属的土地使用权，房地产的权属没有转移，因而不属于土地增值税的征税范围，不需要缴纳土地增值税。

案例分析

拍卖的纳税处理

某房地产开发企业于2009年1月向该市银行申请贷款5 000万元，用于新项目的开发。银行要求企业以其新建的一座办公楼抵押。经企业同意后，双方于2009年2月1日签订借款合同，在合同中约定，企业以其新建的办公楼作为抵押，向该市的工商银行贷款5 000万元，贷款期限为一年，贷款利率10%。到了2010年2月1日，该企业由于遭遇房地产宏观调控，销售不畅，无力偿还贷款。银行代其将抵押物——新办公楼房拍卖，取得7 000万元的收入，在偿还贷款本息及相关费用后，将余款交还给该企业。当地的税务机关经稽查后认定，该企业应于2010年2月就其新办公楼拍卖所得收入缴纳土地增值税。

分析如下：

在上述案例中，该房地产开发企业虽然以其新建的办公楼作为抵押品取得了5 000万元的银行贷款，但其办公楼的所有权并没有改变，5 000万元的银行贷款也并非是该企业取得的销售收入，而是必须在一年后还本付息的借款，因而其抵押行为并不属于土地增值税的征税范围，不需要缴纳土地增值税。

2010年2月，银行代该企业拍卖其新建办公楼，使得新建办公楼的所有权发生了转移，该企业也间接获得了拍卖新建办公楼所取得的收入，并以其偿还了银行的贷款。按照《土地增值税暂行条例》第二条的规定，上述拍卖行为应属于土地增值税的征税范围，应依法缴纳土地增值税。

案例分析

委托开发房产的纳税处理

某市一家外资企业与该市某事业单位于2012年合作兴建一座写字楼，由该外资企业提供建房所需的一切资金，该事业单位提供其院内的一块土地，写字楼建成后双方各自拥有一半的产权，用于办公需要。双方共同委托某房地产开发公司进行房地产的开发，其报酬为500万元。当地的税务机关没有对这一行为征收土地增值税。

分析如下：

《财政部 国家税务总局关于土地增值税一些具体问题规定的通知》（财税字〔1995〕048号）规定，对于一方出地，一方出资金，双方合作建房，建成后按比例分房自用的，暂免征收土地增值税；建成后转让的，应征收土地增值税。在上述案例中，该外资企业出资金，事业单位出地，合作兴建写字楼，并且在建成后按比例分房自用，所以按规定不属于土地增值税的征税范围，不用缴纳土地增值税。

在上述案例中，房地产开发公司受到了客户的委托，代其进行房地产开发，并且收取了500万元的报酬。由于该房地产开发公司原先就没有拥有兴建写字楼所需的土地使用权，也没有投入资金进行开发，只是提供了进行房地产开发的劳务，并不存在有偿转让房地产的行为，其取得的收入也不是转让收入，而是具有劳务报酬性质的收入，按规定不属于土地增值税的征税范围，不需要缴纳土地增值税。

案例分析

房产评估的税务处理

某房地产企业在进行清产核资时对其一幢办公楼进行了重新评估，评估价格为2 000万元，而该办公楼的账面价格只有1 200万元。该企业没有就此申请缴纳土地增值税。

分析如下：

在上述案例中，该国有企业既没有转让该办公楼的产权，又没有取得实际收入，因而按照《土地增值税暂行条例》第二条的规定，不属于土地增值税的征税范围，不需要缴纳土地增值税。

案例分析

捐赠房产的税务处理

北京市一位退休老干部为了支持教育事业的发展，于2007年5月将自己所持有的一幢价值350万元的商品房无偿赠予希望工程基金会。当地税务机关没有向其征收土地增值税。

分析如下：

《土地增值税暂行条例实施细则》第二条规定，转让国有土地使用权、地上的建筑物及其附着物并取得收入，是指以出售或者其他方式有偿转让房地产的行为。不包括以继承、赠予方式无偿转让房地产的行为。应注意“赠予”仅指的两种情况。

在上述案例中，老先生将住宅楼无偿赠予希望工程基金会，用于发展教育事业。按照有关规定，这一行为不属于土地增值税的征税范围，不需要缴纳土地增值税。

案例分析

互换住房的税务处理

成都市民李先生与王女士于2012年3月达成一致，相互交换了住所，并于当月办理了有关手续，将其各自所拥有的住所的产权也进行了交换。当地的税务机关进行稽查核实之后，没有对其征收土地增值税。

分析如下：

对互换自有居住用房地产行为，经当地税务机关核实，根据《财政部 国家税务总局关于土地增值税一些具体问题规定的通知》（财税字〔1995〕048号）之规定可以免征土地增值税。

需要注意的是，对于其他主体之间以及其他主体与个人之间互换房地产的，仍属于土地增值税的征税范围，不享受税收优惠。

案例分析

房产与资金投资的纳税处理

某外商投资企业为了扩大生产规模，与某家电生产企业于2012年10月共同投资兴办新厂，专门生产手机，该外商投资企业共投入资金1 000万元，其中500万元以该企业所拥有的厂房作价投入，另外500万元以货币资金投入。该外商投资企业没有就此申报土地增值税。

分析如下：

《财政部 国家税务总局关于土地增值税一些具体问题规定的通知》（财税字〔1995〕048号）规定，对于以房地产进行投资、联营的，投资、联营的一方以土地（房地产）作价入股进行投资或作为联营条件，将房地产转让到所投资、联营的企业中时，暂免征收土地增值税。对投资、联营企业将上述房地产再转让的，应征收土地增值税。

在上述案例中，该外商投资企业以其所拥有的厂房作价进行投资，将厂房的所有权转让给了新建企业。这一行为虽然导致了房地产权属的转移，但按上述规定可以暂免征收土地增值税。但是，当该新建企业将上述新建厂房再转让时，就应属于土地增值税的纳税范围，要依法缴纳土地增值税。

案例分析

兼并的税务处理

某小型国有企业由于经营不善，长年亏损，于2012年1月被另一大型企业兼并，该小型国有企业所拥有的价值1 000万元的房地产也随之转让给了该大型国有企业。当地的税务机关没有对这项房地产的转让行为征收土地增值税。

分析如下：

《财政部 国家税务总局关于土地增值税一些具体问题规定的通知》（财税字〔1995〕048号）规定，在企业兼并中，对被兼并企业将房地产转让到兼并企业中，暂免征收土地增值税。

在上述案例中，该小型国有企业被兼并，将其所拥有的房地产转让到了兼并企业（即该大型国有企业）中，按照上述规定这一转让行为可以暂免缴纳土地增值税。

（三）对应税收入的稽查

案例分析

境外收入的稽查

某外商计划在中国某市投资办厂，并于2013年1月与该市某房地产开发公司签订了购买厂房的合同。合同规定，厂房的转让价为1 000万美元，购买方于合同签订日先交价款20%，到厂房竣工转让日再交齐其余的价款。该厂房于2014年3月如期竣工转让，外商投资者也按合同规定交齐了价款。该房地产开发有限公司向当地的税务机关申报纳税时，厂房转让收入如实申报为1 000万美元，并按转让当天国家公布的市场汇价1∶6.3兑换为6 300万人民币申报纳税。

分析如下：

《土地增值税暂行条例》第二十条规定，土地增值税以人民币为计算单位，转让房地产所取得的收入为外国货币的，以取得收入当天或当月1日国家公布的市场汇价折合成人民币，据以计算应纳土地增值税税额。

上述案例中，厂房转让价款不是以人民币计价，而是以美元计价，应该引起税务机关对其申报的应税收入的注意。当地的税务机关通过稽查该房地产开发企业的“经营收入”的明细账以及“预收账款”、“分期收款开发产品”等科目，并与有关的会计凭证以及转让房地产的转让合同相核对，发现该企业是以分期收款形式转让房地产的。企业于2013年1月合同签订日收取的首期房款200万美元，当时国家公布的美元对人民币的市场汇价为1∶6.4。企业于2014年3月厂房正式转让时收取剩余的800万美元的房款，当天国家公布的外汇牌价为1∶6.3。按照《实施细则》的规定，该房地产开发公司的应税收入应按以下方式计算：

应税收入＝200×6.4＋800×6.3＝6 300(万元)

所以该房地产开发公司的应税收入应该是6 300万元，而不是6 400万元，税务机关应予以纠正。

案例分析

房产销售价格的稽查

1. 案情简介

紫光房地产开发公司开发了两栋相同的办公楼。于2013年10月向某商业企业出售其中一栋，售价为300万元。同年12月，该房地产开发公司向某集团总公司出售了另一幢，售价为600万元。该房地产开发公司分别就以上两项房地产转让收入向当地税务机关申报纳税。相同面积，售价相差300万元，引起了当地税务机关的注意。

2. 案件处理

经过税务人员的实地观察，并且审查了该房地产开发公司的“开发产品”明细账以及属于同一期的开发产品，其开发成本基本相同。

经税务机关初步审查，该房地产开发公司与该商业企业属于关联企业，共同受某企业集团的控制。税务机关委托房地产评估机构进行价格评估，结论认为，这两幢办公楼的评估价格均为600万元。

由于该房地产开发公司向该商业企业转让房地产的价格明显偏低，又无正当理由，属于税法中规定的情况，所以应由当地税务机关参照房地产评估价格确定转让房地产的收入，并据以征收土地增值税。

3. 法理分析

《土地增值税暂行条例》第九条规定，纳税人有下列情形之一的，按照房地产评估价格计算征收：(一) 隐瞒、虚报房地产成交价格的；(二) 提供扣除项目金额不实的；(三) 转让房地产的成交价格低于房地产评估价格，又无正当理由的。《实施细则》第十四条规定，条例第九条第 (三) 项所称的转让房地产的成交价格低于房地产评估价格，又无正当理由的，是指纳税人申报的转让房地产的实际成交价格低于房地产评估机构评定的交易价，纳税人又不能提供凭据或无正当理由的行为。转让房地产的成交价格低于房地产评估价格，又无正当理由的，由税务机关参照房地产评估价格确定转让房地产的收入。

二、综合案例解析

（一）低价转让规避土地增值税案

案例分析

低价转让规避土地增值税案

1. 案情简介

2009 年 6 月，中部某市地税征管分局在日常纳税评估中，发现天蓝蓝房地产集团在 2009 年 1 月将位于繁华地段一幢 10 000 平方米的办公大楼，以账面原价 1 000 元/平方米的价格转让给下属子公司，交易价格远远低于同期同类房地产交易价格，且在转让时只按规定缴纳了营业税及附加，没有进行土地增值税纳税申报。

处理结果：

纳税评估岗发现情况后，立即向主管局长作了汇报，该地税征管分局派员经过详细调查核实发现：办公大楼建于 2003 年 6 月，2005 年 1 月投入使用，当时办理房产证时按结算价 1 000 万元的发票金额缴纳 3%的契税 30 万元。2009 年 1 月，同期同地段商业地产售价为 5 000 元/平方米。

稽查人员经查实其明显低价转让并无正当理由，决定按照同类房地产出售价格作为评估价格，按 5 000 元/平方米向该集团公司补征了营业税金及附加、土地增值税，并要求企业调整相关账户。

2. 案件处理

（1）根据《营业税暂行条例》销售不动产应按 5%缴纳营业税，该集团公司应补营业税及附加：

10 000×(5 000－1 000)×5%＝2 000 000(元)

应补城市维护建设税：2 000 000×7%＝140 000（元）；
应补教育费附加：2 000 000×3%＝60 000（元）；
小计 2 000 000＋140 000＋60 000＝2 200 000（元）。

（2）根据《土地增值税暂行条例》第九条的规定，纳税人有下列情形之一的，按照房地产评估价格征收：（一）隐瞒、虚报房地产成交价格的；（二）提供扣除项目金额不实的；（三）转让房地产的成交价格低于房地产评估价格，又无正当理由的。

根据《财政部 国家税务总局关于土地增值税若干问题的通知》（财税〔2006〕21 号）第二条关于转让旧房准予扣除项目的计算问题的规定，纳税人转让旧房及建筑物，凡不能取得评估价格，但能提供购房发票的，经当地税务部门确认，《暂行条例》第六条第（一）、（三）项规定的扣除项目的金额，可按发票所载金额并从购买年度起至转让年度止每年加计5%计算。对纳税人购房时缴纳的契税，凡能提供契税完税凭证的，准予作为与转让房地产有关的税金予以扣除，但不作为加计5%的基数。对于转让旧房及建筑物，既没有评估价格，又不能提供购房发票的，地方税务机关可以根据《税收征管法》第三十五条的规定，实行核定征收。

该地税征管分局补征某集团公司土地增值税如下：

扣除项目：购买年度起至转让年度止每年加计5%计算的金额：

1 000×5%×5=250(万元)

1 000+220+250+30=1 500(万元)

增值额：5 000－1 500=3 500（万元）

增值额与扣除项目额比例：(3 500÷1 500)×100%=233%

土地增值税税额=增值额×60%－扣除项目金额×35%

=3 500×60%－1 500×35%=2 100－525=1 575（万元）；

合计补税220+1 575=1 795（万元）。

(3) 根据《企业所得税法实施条例》的规定，销售不动产收入应并入企业的应纳税所得额缴纳企业所得税，该集团公司此项交易应补交企业所得税：(4 000－1 795)×25%=551.25（万元）。

(4) 账务处理：

借：以前年度损益调整	23 462 500
贷：应交税费——应交营业税	2 000 000
——应交城市维护建设税	140 000
——应交土地增值税	15 750 000
——所得税	55 125 000
——企业教育费附加	60 000

在汇算清缴后由于账户处理已经结束，直接通过以前年度损益调整处理。

借：应交税费——应交营业税	2 000 000
——应交城市维护建设税	140 000
——应交土地增值税	15 750 000
——所得税	7 276 000
——企业教育费附加	60 000
贷：银行存款	25 226 500

3. 法理分析

根据《财政部 国家税务总局关于土地增值税若干问题的通知》（财税〔2006〕21

号）第三条关于土地增值税的预征和清算问题的规定，对未按预征规定期限预缴税款的，应根据《税收征管法》及其实施细则的有关规定，从限定的缴纳税款期限届满的次日起，加收滞纳金。为简便起见，滞纳金未作计算。实际征管中还需要考虑相应的滞纳金。

由于该案在征收年度内发生，由征管部门调查处理，可以不作处罚。如果涉及跨年度，由税务稽查部门查处，则必须按《税收征收管理法》的要求进行相应的处罚，并根据其情节，追究相应的法律责任。

（二）房产转让未缴土地增值税案

案例分析

房产转让未缴土地增值税案

1. 案情简介

2010年8月，北方某市税务稽查局接到群众举报：如海房地产开发公司于2008年7月1日将位于繁华地段的一幢2 000平方米待售的办公大楼以每平方米2 000元的价格转让给某企业，获得销售收入4 000万元。企业只按5%申报缴纳营业税200万元，城市维护建设税14万元，教育费附加6万元，印花税2万元，未缴土地增值税。

稽查局接到举报后，马上立案稽查。该房地产开发公司未缴土地增值税，偷税300多万元，要求对该公司进行检查。

2. 案件处理

接到群众举报后，稽查局迅速按照规定程序检查核实。检查发现，如海房地产为建造这幢办公大楼支付地价款800万元，房地产开发成本1 200万元，房地产开发费用由于未对具体楼盘进行明细核算，难以划分。

稽查局计算如下：

扣除项目：(800＋1 200)×[1＋(10%＋20%)]＋220＝2 820（万元）

增值额：4 000－2 820＝1 180（万元）

增值额与扣除项目额比例：(1 180÷2 820)×100%＝41.84%

应交土地增值税税额：1 180×30%＝354（万元）

稽查局按规定程序查补了土地增值税，并处以一倍的罚款，同时，按规定加收了滞纳金，并移送公安部门追究相应的法律责任。

3. 法理分析

根据《税收征收管理法》第三十二条规定，纳税人未按照规定期限缴纳税款的，扣缴义务人未按照规定期限解缴税款的，税务机关除责令限期缴纳外，从滞纳税款之日起，按日加收滞纳税款万分之五的滞纳金。

《土地增值税暂行条例》第十九条规定，纳税人未按规定提供房屋及建筑物产权、土地使用权证书，土地转让、房产买卖合同，房地产评估报告及其他与转让房地产有关资料的，纳税人不如实申报房地产交易额及规定扣除项目金额造成少缴或未缴税款的，按照《税收征收管理法》的有关规定进行处理。

《税收征收管理法》第六十三条规定，纳税人伪造、变造、隐匿、擅自销毁账簿、记账凭证，或者在账簿上多列支出或者不列、少列收入，或者经税务机关通知申报而拒不申报或者进行虚假的纳税申报，不缴或者少缴应纳税款的，是偷税。对纳税人偷税的，由税务机关追缴其不缴或者少缴的税款、滞纳金，并处不缴或者少缴的税款50%以上5倍以下的罚款；构成犯罪的，依法追究刑事责任。

根据2001年4月18日颁布的《最高人民检察院 公安部关于经济犯罪案件追诉标准的规定》第四十九条规定，偷税案（刑法第201条）：纳税人进行偷税活动，涉嫌下列情形之一的，应予追诉：偷税数额在一万元以上，并且偷税数额占各税种应纳税总额的10%以上的；虽未达到上述数额标准，但因偷税受过行政处罚二次以上，又偷税的。并按照《最高人民法院关于审理偷税抗税刑事案件具体应用法律若干问题的解释》（法释〔2002〕33号）定罪。

（三）多种税款应缴未缴税款案

案例分析

多种税款应缴未缴税款案

1. 案情简介

北京市某房地产开发企业，该单位为TTT工程承包公司与XXX房地产公司于20×× 年共同出资成立，注册资金：5 000万元人民币。经济性质为：有限责任公司(法人独资)。法人代表：WW。经营范围为：房地产开发；销售自行开发后的商品房；自有房屋物业管理。注册地点：北京市。在地税局缴纳的税种有：营业税、城市维护建设税、教育费附加、房产税、城镇土地使用税、土地增值税、个人所得税、印花税、车船税。2009年10月9日开始对该单位缴纳地方各税的情况进行检查。

2. 检查过程与检查方法

检查组对该单位下发检查通知书时间为2009年9月28日，于2009年10月9日开始对该单位2007年1月1日至2009年8月31日缴纳地方各税的情况进行检查，因发现该单位城镇土地使用税存在涉税问题，将该税种延伸检查至2005年1月。检查过程中采用的具体检查方法为调账及实地检查相结合。

经过检查，该单位土地增值税、城镇土地使用税、印花税均存在问题，其他税种暂未发现问题。

(1) 土地增值税。该单位原名称为北京YYY房地产开发有限责任公司，2002年取得法人营业执照，独立核算。2008年经北京市工商行政管理局批准更名为北京XXX房地产有限公司。该单位开发的项目一、二期推广名分别为“XXXQ 园”及“XXXP 园”。经审核，该单位当期收入为销售“XXXQ 园”项目房款，该项目于 2008 年 7 月 20 日取得预售许可证开始销售，截至 2009 年 8 月 31 日共计销售 1 516 套住宅、357 个车位、45 个商铺及 15 处库房，适用销售建筑物或构筑物税目，税率为 5%。二期“XXXP 园”正在开发中，未销售。

该单位项目总建筑面积为 1 376 390 平方米，“XXXQ 园”可销售总建筑面积为 198 248.51 平方米，未作竣工决算。2008 年 7 月—2009 年 6 月共取得房款收入 1 775 224 194 元，应适用 1% 税率预缴土地增值税，该单位应预缴土地增值税 17 752 241.94 元，已预缴土地增值税 6 363 629.32 元，应补缴土地增值税11 388 612.62 元。

2009 年 10 月 23 日，在未通知检查组的情况下，该单位自行缴纳了土地增值税 17 369 999.47 元，税款所属期为 2009 年 7 月—2009 年 9 月。因此，检查组对该单位 2009 年 7 月—2009 年 9 月所取得的房款收入进行了统计，经审核，该单位在此期间共计取得售房收入 613 595 262 元，应预缴土地增值税 6 135 952.62 元，已预缴6 135 952.62 元，

该单位申报缴纳的 17 369 999.47 元土地增值税税款中 11 234 046.85 元为以前年度欠缴税款，6 135 952.62 元为当期税款，该单位以前年度少预缴土地增值税 11 388 612.62 元，已自行补缴 11 234 046.85 元，少预缴土地增值税 154 565.77 元，应补缴土地增值税 154 565.77 元。检查组对该单位以前年度欠缴的税款加收了土地增值税滞纳金 743 903.74 元。

(2) 城镇土地使用税。经审核，该单位开发建设的“XXXQ 园”项目一、二期在 SS 区 KK 危改小区 1、2 号地块，该单位 2005 年 8 月取得国有土地使用证，使用权面积合计为61 341.424 平方米，检查组对该单位城镇土地使用税进行了延伸检查，2005 年 9 月—2009 年 6 月该单位应缴纳城镇土地使用税 2 613 932.72 元，已缴纳城镇土地使用税 630 568.08 元，少缴纳城镇土地使用税 1 983 364.64 元，应补缴城镇土地使用税 1 983 364.64元。

(3) 印花税。检查组调取了该单位账簿、租赁合同、购房合同原件，对该单位缴纳印花税的情况进行了检查。经过抽查，该单位共有 42 份合同金额为 75 524 173 元的购房合同未贴花，应按万分之五贴花，应补缴印花税 37 762.09 元，另有一份合同金额为 2 200 000 元的工程施工合同已贴花未画销。

3. 违法事实及处理结果

针对检查中发现的问题，并根据其涉税违法行为的情节和性质，对该单位提出以下处理意见：

(1) 土地增值税。根据《土地增值税暂行条例》第二条及《北京市地方税务局关于土地增值税征收管理有关问题的通知》（京地税地〔2006〕509 号）第一条的规定，该单位应补缴土地增值税 154 565.77 元。

(2) 城镇土地使用税。根据《城镇土地使用税暂行条例》第二条、第三条；《北京市地方税务局关于印发〈北京市城镇土地纳税等级分级范围〉的通知》（京地税地〔2007〕229号）；《北京市地方税务局关于房地产开发企业开发用地征收城镇土地使用税有关问题的通知》（京地税地〔2005〕550号）第一条、第二条、第四条；《北京市地方税务局关于城镇土地使用税征收管理有关问题的通知》（京地税地〔2007〕303号）第二条；《北京市人民政府关于修改〈北京市实施中华人民共和国城镇土地使用税暂行条例办法〉的决定》（北京市人民政府令第188号）第二条的规定，该单位应补缴城镇土地使用税1 983 364.64元。

(3) 印花税。根据《印花税暂行条例》第一条、第二条第二项的规定，该单位应补缴印花税37 762.09元。

(4) 滞纳金。根据《税收征收管理法》第三十二条的规定，对该单位滞纳城镇土地使用税税款的行为加收城镇土地使用税滞纳金700 261.88元。

根据《税收征收管理法》第三十二条及《北京市地方税务局关于土地增值税征收管理有关问题的通知》（京地税地〔2006〕509号）第二条的规定，对该单位滞纳土地增值税税款的行为加收土地增值税滞纳金743 903.74元。

(5) 罚款。根据《税收征收管理法》第六十四条第二款及《国家税务总局关于印花税违章处罚有关问题的通知》（国税发〔2004〕15号）第一条的规定，对该单位未贴花的行为处以3倍罚款共计113 286.27元。

根据《税收征收管理法》第六十四条第二款及《国家税务总局关于印花税违章处罚有关问题的通知》（国税发〔2004〕15号）第一条的规定，对该单位已粘贴在应税凭证上的印花税票未画销的行为处以1倍罚款660元。

4. 案例点评

本案中，北京XXX房地产开发有限公司应缴未缴税款案的发生，具有一定的典型性，分析如下：

(1) 房地产开发企业在售房收入的确认上存在一些模糊的概念，如认为只有在收取了售楼款时给客户开具了发票，才可以确定为房款，同时认为土地增值税为预缴，最后肯定要汇算清缴，因此对土地增值税预缴不重视。这种观点是不正确的。

(2) 房地产开发企业对缴纳城镇土地使用税的时间上有偏差，认为虽然已取得土地但未进行开发就不应缴纳城镇土地使用税，应从实际开发使用所取得的土地时才缴纳城镇土地使用税，并不认为应从取得国有土地使用证时开始缴纳。

(3) 企业对缴纳印花税的问题并不严谨，认为既然已经购买印花税票，什么时候贴都可以，同时认为既然已贴花，画销与否并不重要，对税法的要求不了解。

(4) 企业在检查期间自行进行补税问题值得研究。被查企业一般都会认为在检查期间不等待检查人员的处理结果就自行补缴税款会减少滞纳金的处罚，这种想法是错误的，因为即使补缴了以前年度欠缴的税款，滞纳金也并不会减少，但是造成了检查人员统计工作上的不便，同时自行补缴的税款并不一定与检查人员的处理结果相符。因此在检查开始时，检查人员应及时提醒被查企业不要在检查期间自行补缴以前年度的欠税。

（四）房地产企业偷逃土地增值税案

案例分析

房地产企业偷逃土地增值税案

1. 案情简介

某市知名房地产开发企业之一碧水蓝天房地产开发有限公司成立于2000年1月，工商登记类型：内资有限责任公司。土地增值税主管税务机关：地税部门。

该企业2006年起开发“人间仙境”商品房项目，项目占地面积53亩，2008年5月年已基本完成销售，剩余的店面和车库部分自用、部分出租，但该公司从2006年至2008年期间针对“人间仙境”项目只预缴了569 852.52元的土地增值税，没有进行清算。2011年12月，在税务机关纳税评估时（针对企业的财务报表、纳税申报表等资料），被列入重点检查对象。经查明，该项目情况如下：

（1）“人间仙境”项目占地面积53亩，容积率3.2，建成面积114 143平方米，其中住宅97 045平方米，面门房5 090平方米，地下室车库（可售）4 812平方米，公用部分7 193平方米；

（2）2007年7月至2009年10月，该项目共取得销售收入324 976 647元，其中住宅收入286 605 823元，店面收入35 835 824元，车库收入2 535 000元；

（3）账上记载：取得土地使用权所支付的金额为80 013 344元；房地产开发成本为206 233 060.60元；开发费用（含销售费用、管理费用和财务费用）为28 624 640.64元；与转让房地产有关的税金18 036 203.91元。

2. 疑点证据

稽查人员经过多个项目的检查，案情逐步明朗，发现该公司主要采用以下几种手段隐瞒、少计或冲减收入，进行偷税：

（1）支付营销顾问公司营销策划顾问费50万元、支付房地产协会会员费8万元、支付房产测量款102 809元以及购买办公用品52 849.26元，合计735 658.26元列支“前期工程费”；

（2）白条、过期作废发票3 692 872.77元列支“建筑安装工程费”；

（3）包工不包料（甲供料）5 446 950元，又要求施工单位重复开具全额发票，重复列支“建筑安装工程费”；

（4）为引温泉进小区，支付温泉管理部门赞助费150万元列支“基础设施费”；

（5）购买一部解放牌载重货车供小区使用列支“公共设备设施费”，金额314 000元，产权属公司所有；

(6) 财务费用分析：开发产品发生利息费用 9 074 761.37 元（其中 3 000 000 万元为私人借贷利息支出）、管理人员工资等费用支出 40 135.12 元，合计 9 114 896.49 元列支“开发间接费用”。

3. 案件处理

第一步，确认项目的可售面积（如表 23-1 所示）：

表 23-1

总建筑面积（m^2）	普通住宅	59 561.66	可售面积（m^2）	普通住宅	59 561.66
	非普通住宅	37 484.12		非普通住宅	37 484.12
	商场或店面	5 090.94		商场或店面	5 090.94
	车库	4 812.85		车库	4 812.85
	公用部分	7 193.43		公用部分	0.00
	合计	114 143.00		合计	106 949.57

第二步，确认项目已售面积占可售面积的比例（如表 23-2 所示）：

表 23-2

已售面积（m^2）	普通住宅	59 561.66	已售面积占可售面积的比例	普通住宅	100.00%
	非普通住宅	37 484.12		非普通住宅	100.00%
	商场或店面	4 045.81		商场或店面	79.47%
	车库	1 004.69		车库	20.88%
	合计	102 096.28		合计	95.46%

第三步，确认项目的销售收入（如表 23-3 所示）：

表 23-3

单位：元

项目	企业申报数	核增（减）数	稽查审定数
一、转让房地产收入总额	324 976 647.00	0.00	324 976 647.00
（一）有偿转让房地产收入	324 976 647.00	0.00	324 976 647.00
1. 普通住宅	170 369 625.00	0.00	170 369 625.00
2. 非普通住宅	116 236 198.00	0.00	116 236 198.00
3. 非住宅部分	38 370 824.00	0.00	38 370 824.00
（1）商场或店面	35 835 824.00	0.00	35 835 824.00
（2）车库	2 535 000.00	0.00	2 535 000.00
小计	324 976 647.00		324 976 647.00
（二）视同销售	0.00	0.00	0.00

第四步，确认项目的扣除项目金额（如表23-4所示）：

表 23-4

单位：元

项目		企业申报数	核增（减）数	稽查审定数
二、扣除项目金额合计	普通住宅	217 283 440.97	−15 062 110.47	202 221 330.50
	非普通住宅	136 743 646.42	−9 479 083.63	127 264 562.79
	非住宅	18 424 436.43	−1 277 183.83	17 147 252.61
	合计	390 156 529.89	−27 045 690.78	363 110 839.11
（一）取得土地使用权所支付的金额	已售	76 382 399.41	0.00	76 382 399.41
	未售	3 630 944.59	0.00	3 630 944.59
	合计	80 013 344.00	0.00	80 013 344.00
（二）房地产开发成本	已售	196 874 361.44	−19 860 290.72	177 014 070.72
	未售	9 358 699.16	−944 086.80	8 414 612.36
	合计	206 233 060.60	−20 804 377.52	185 428 683.08
	1. 土地征用及拆迁补偿费	0.00	0.00	0.00
	2. 前期工程费	4 975 158.06	−735 658.26	4 239 499.80
	3. 临时设施工程	0.00	0.00	0.00
	4. 建筑安装工程费	144 077 612.40	−9 139 822.77	134 937 789.63
	5. 基础设施费	36 387 820.85	−1 500 000.00	34 887 820.85
	6. 公共设备设施费	10 457 958.00	−314 000.00	10 143 958.00
	7. 开发间接费	10 334 511.29	−9 114 896.49	1 219 614.80
（三）开发费用（含销售费用、管理费用和财务费用）	已售	27 325 676.09	−1 986 029.07	25 339 647.01
	未售	1 298 964.37	−94 408.68	1 204 555.69
	合计	28 624 640.46	−2 080 437.75	26 544 202.71
（四）与转让房地产有关的税金	合计	18 036 203.91	0.00	18 036 203.91
	1. 营业税	16 248 832.35	0.00	16 248 832.35
	2. 城市维护建设税	1 137 418.26		1 137 418.26
	3. 教育费附加	487 464.97		487 464.97
	4. 地方教育附加	162 488.32	0.00	162 488.32
（五）财政部规定的其他扣除项目	已售	54 651 352.17	−3 972 058.14	50 679 294.03
	未售	2 597 928.75	−188 817.36	2 409 111.39
	合计	57 249 280.92	−4 160 875.50	53 088 405.42
	1. 从事房地产开发的纳税人加计20%扣除金额	57 249 280.92		53 088 405.42
	2. 其他			

第五步，计算项目的增值额与增值率（如表 23-5 所示）：

表 23-5

单位：元

项目		企业申报数	核增（减）数	稽查审定数
三、增值额	普通住宅	−46 913 815.97	15 062 110.47	−31 851 705.50
	非普通住宅	−20 507 448.42	9 479 083.63	−11 028 364.79
	非住宅	19 946 387.57	1 277 183.83	21 223 571.39
四、增值额与扣除项目金额之比（增值率）	普通住宅	−21.59%	5.84%	−15.75%
	非普通住宅	−15.00%	6.33%	−8.67%
	非住宅	108.26%	15.51%	123.77%
五、适用税率（%）	普通住宅	0.00%		0.00%
	非普通住宅	0.00%		0.00%
	非住宅	50.00%		50.00%

第六步，计算应补缴（退）税款金额（如表 23-6 所示）：

表 23-6

单位：元

项目		企业申报数	稽查审定数
六、速算扣除系数（%）	普通住宅	0.00	0.00
	非普通住宅	0.00	0.00
	非住宅	0.15	0.15
七、速算扣除数	普通住宅	0.00	0.00
	非普通住宅	0.00	0.00
	非住宅	2 763 665.47	2 572 087.89
八、应缴土地增值税税额	普通住宅	0.00	0.00
	非普通住宅	0.00	0.00
	非住宅	7 209 528.32	8 039 697.81
	合计	7 209 528.32	8 039 697.81
九、已预缴土地增值税税额		569 852.52	569 852.52
十、应补（退）土地增值税税额		6 639 675.80	7 469 845.29

附录一　现行有效的土地增值税政策

序号	法规名称	法规文号	发文日期
1	中华人民共和国土地增值税暂行条例	国务院令第138号	1993年12月13日
2	中华人民共和国土地增值税暂行条例实施细则	财法字〔1995〕6号	1995年1月27日
3	财政部关于对一九九四年一月一日前签订开发及转让合同的房地产征免土地增值税的通知	财法字〔1995〕7号	1995年1月27日
4	财政部关于印发企业缴纳土地增值税会计处理规定的通知	财会字〔1995〕15号	1995年3月7日
5	国家税务总局关于印发《土地增值税宣传提纲》的通知	国税函发〔1995〕110号	1995年3月16日
6	国家税务总局关于印发《土地增值税纳税申报表》的通知	国税发〔1995〕90号	1995年5月17日
7	财政部 国家税务总局关于土地增值税一些具体问题规定的通知	财税字〔1995〕048号	1995年5月25日
8	财政部 国家税务总局 国家国有资产管理局关于转让国有房地产征收土地增值税中有关房地产价格评估问题的通知	财税字〔1995〕61号	1995年6月23日
9	国家税务总局 国家土地管理局关于土地增值税若干征管问题的通知	国税发〔1996〕4号	1996年1月10日
10	国家税务总局 建设部关于土地增值税征收管理有关问题的通知	国税发〔1996〕48号	1996年4月5日
11	国家土地管理局关于做好土地增值税征管中地籍管理工作的通知	国土籍价字〔1996〕12号	1996年4月18日
12	国家税务总局关于进一步加强土地增值税征收管理工作的通知	国税发〔1996〕227号	1996年12月10日
13	国家税务总局关于广西土地增值税计算问题请示的批复	国税函〔1999〕112号	1999年3月5日
14	国家税务总局关于以转让股权名义转让房地产行为征收土地增值税问题的批复	国税函〔2000〕687号	2000年9月5日
15	国家税务总局关于认真做好土地增值税征收管理工作的通知	国税函〔2002〕615号	2002年7月10日
16	国家税务总局关于武汉宝安房地产开发有限公司缴纳土地增值税的批复	国税函〔2003〕922号	2003年7月31日

续表

序号	法规名称	法规文号	发文日期
17	国家税务总局关于加强土地增值税管理工作的通知	国税函〔2004〕938号	2004年8月2日
18	国家税务总局关于进一步加强城镇土地使用税和土地增值税征收管理工作的通知	国税发〔2004〕100号	2004年8月5日
19	财政部 国家税务总局关于土地增值税若干问题的通知	财税〔2006〕21号	2006年3月2日
20	财政部 国家税务总局关于土地增值税普通标准住宅有关政策的通知	财税〔2006〕141号	2006年10月20日
21	国家税务总局关于房地产开发企业土地增值税清算管理有关问题的通知	国税发〔2006〕187号	2006年12月28日
22	国家税务总局关于建立土地增值税重点税源户监控制度的通知	国税函〔2007〕544号	2007年5月29日
23	土地增值税清算鉴证业务准则	国税发〔2007〕132号	2007年12月29日
24	国家税务总局关于《进一步开展土地增值税清算工作》的通知	国税函〔2008〕318号	2008年4月11日
25	国家税务总局关于印发《土地增值税清算管理规程》的通知	国税发〔2009〕91号	2009年5月12日
26	国家税务总局关于土地增值税清算有关问题的通知	国税函〔2010〕220号	2010年5月19日
27	国家税务总局关于加强土地增值税征管工作的通知	国税发〔2010〕53号	2010年5月25日
28	国家税务总局关于转让地上建筑物土地增值税征收问题的批复	国税函〔2010〕347号	2010年7月26日
29	中国注册税务师协会关于印发《土地增值税清算鉴证业务指导意见（试行）》的通知	中税协发〔2011〕110号	2011年12月14日
30	国家税务总局关于进一步做好土地增值税征管工作的通知	税总发〔2013〕67号	2013年6月20日
31	国家税务总局关于深入开展土地增值税清算工作的通知	税总发〔2013〕658号	2013年12月2日
32	国家税务总局关于开展2014年全国税收执法督察工作的通知	税总发〔2014〕38号	2014年3月18日

附录二　土地增值税纳税申报表

附件一

（从事房地产开发的纳税人适用）

税款所属时间：年　月　日　　　　　　　　　　　　　　填表日期：年　月　日

纳税人编码：　　　　　　金额单位：人民币元　　　　　　面积单位：平方米

纳税人名称		项目名称	
业别		经济性质	
开户银行		银行账号	

项目地址			
纳税人地址		邮政编码	
主管部门		电话	

项目		行次	金额
一、转让房地产收入总额 1=2+3		1	
其中	货币收入	2	
	实物收入及其他收入	3	
二、扣除项目金额合计 4=5+6+13+16+20		4	
1. 取得土地使用权所支付的金额		5	
2. 房地产开发成本 6=7+8+9+10+11+12		6	
其中	土地征用及拆迁补偿费	7	
	前期工程费	8	
	建筑安装工程费	9	
	基础设施费	10	
	公共配套设施费	11	
	开发间接费用	12	

续表

3. 房地产开发费用 13=14+15		13	
其中	利息支出	14	
	其他房地产开发费用	15	
4. 与转让房地产有关的税金等 16=17+18+19		16	
其中	营业税	17	
	城市维护建设税	18	
	教育费附加	19	
5. 财政部规定的其他扣除项目		20	
三、增值额 21=1－4		21	
四、增值额与扣除项目金额之比（%） 22=21÷4		22	
五、适用税率（%）		23	
六、速算扣除系数（%）		24	
七、应缴土地增值税税额 25=21×23－4×24		25	
八、已缴土地增值税税额		26	
九、应补（退）土地增值税税额 27=25－26		27	

授权代理人	（如果你已委托代理申报人，请填写下列资料）为代理一切税务事宜，现授权______（地址）______为本纳税人的代理申报人，任何与本报表有关的来往文件都可寄与此人。 声明人签字：______	声明	我声明：此纳税申报表是根据《中华人民共和国土地增值税暂行条例》及其《实施细则》的规定填报的。我确信它是真实的、可靠的、完整的。 授权人签字：______

纳税人签章		法人代表签章		经办人员（代理申报人）签章		备注	

（以下部分由主管税务机关负责填写）

主管税务机关收到日期		接收人		审核日期		税务审核人员签章	
审核记录						主管税务机关盖章	

附件二：附表参考表样1

附表一

房地产转让收入明细表

金额单位：元

收入类别	申报合计数	年度	年度	年度	年度	年度	年度	年度	审定合计数	备注
现金										
实物										
其他										
合计										
主管税务机关审核意见：										

附表二

取得土地使用权所支付的金额明细表

所属清算期：　　　　金额单位：元

项目	申报合计数	年度	年度	年度	年度	审定合计数	备注
合计							
主管税务机关审核意见：							

附表三

土地征用及拆迁补偿费明细表

金额单位：元

项目	申报合计数	年度	年度	年度	年度	年度	审定合计数	备注
合计								
主管税务机关审核意见：								

附表四

前期工程费明细表

金额单位：元

项目	申报合计数	年度	年度	年度	年度	年度	审定合计数	备注
合计								
主管税务机关审核意见：								

附表五

建筑安装工程费明细表

金额单位：元

项目	申报合计数	年度	年度	年度	年度	年度	审定合计数	备注
合计								
主管税务机关审核意见：								

附表六

基础设施费明细表

金额单位：元

项目	申报数	年度	年度	年度	年度	年度	审定合计数	备注
合计								
主管税务机关审核意见：								

附表七

公共配套设施费明细表

金额单位：元

项目	申报合计数	年度	年度	年度	年度	年度	审定合计数	备注
合计								
主管税务机关审核意见：								

附表八

开发间接费明细表

金额单位：元

项目	申报合计数	年度	年度	年度	年度	年度	审定合计数	备注
合计								
主管税务机关审核意见：								

附表九

利息支出明细表

金额单位：元

项目名称		项目地址			
银行同期利率：					
金融机构名称	借款时间	借款金额	借款期限	利率	允许列支利息金额
合计					
主管税务机关审核意见：					

附表十

与转让房地产有关税金缴纳情况明细表

金额单位：元

项目	入库合计数	年度	年度	年度	审定合计数	备注
营业税						
城建税						
教育费附加						
合计						
主管税务机关审核意见：						

附表参考表样 2

附表一

与收入相关的面积明细申报表

项目	行次	普通住宅	非普通住宅	商铺	车库	办公楼	会所	学校等公共配套设施	其他	合计
		1	2	3	4	5	6	7	8	9＝1＋2＋3＋4＋5＋6＋7＋8
使用土地面积	1									
总建筑面积	2									
可售建筑面积	3									
已售建筑面积	4									
未售建筑面积	5									
自用建筑面积	6									

附表二

转让房地产收入明细申报表

	项目	金额	备注
转让收入形式	货币形式取得的收入		
	非货币性收入		
	视同销售收入		
	合计		
转让收入类别	销售货币金额		
	换取非货币性资产作价金额		
	分配股东作价金额		
	分配投资人作价金额		
	用于职工福利作价金额		
	用于职工奖励作价金额		
	用于赞助作价金额		
	对外投资金额		
	抵偿债务金额		
	取得其他收益金额		
	合计		

附表三

扣除项目及成本结转明细申报表

项目	总成本费用	可售建筑（土地）面积	单位造价	累计已售建筑（土地）面积	已售面积占总可售面积（已售土地面积占总土地面积）%	销售成本	账面已结成本	差异数
	1	2	3=1/2	4	5	6=1×5	7	8=6−7
一、取得土地使用权所支付的金额								
二、房地产开发成本								
土地征用及拆迁补偿费								
前期工程费								
建筑安装工程费								
基础设施费								
公共配套设施费								
开发间接费用								
三、房地产开发费用								
利息支出								
其他房地产开发费用								
合计								

附表四

取得土地使用权所支付的金额明细申报表

	项目名称	有效凭证金额	本次扣除金额	本次未扣除金额	备注
支付土地价款情况	支付的土地出让金				
	支付地价款金额				
	缴纳的有关税费				
	其中：				
	合计				
支付土地征用费用情况	土地征用费用				
	耕地占用税				
	劳动力安置费				
	安置动迁用房支出				
	拆迁补偿款				
	合计				

附表五

前期工程费明细申报表

项目名称	有效凭证金额		本次扣除金额	本次未扣除金额
	总计	其中：非招投标合同金额		
规划费用				
设计费用				
项目可行性研究费用				
水文费用				
地质费用				
勘探费用				
测绘费用				
七通一平支出				
合计				

附表六

建筑安装工程费明细申报表

项目名称	有效凭证金额		本次扣除金额	本次未扣除金额
	总计	其中：非招投标合同金额		
建筑工程费用				
安装工程费用				
其他建筑安装工程费用				
合计				

附表七

基础设施费明细申报表

项目名称	有效凭证金额		本次扣除金额	本次未扣除金额
	总计	其中：非招投标合同金额		
开发小区内道路				
供水工程支出				
供电工程支出				
供气工程支出				
排污工程支出				
排洪工程支出				
通讯工程支出				
照明工程支出				
环卫工程支出				
绿化费用				
其他设施工程发生的支出				
合计				

附表八

公共配套设施费明细申报表

项目名称	有效凭证金额		本次分配扣除金额	本次未扣除金额
	总计	其中：非招投标合同金额		
物业管理用房费用				
变电站费用				
热力站费用				
水厂费用				
居委会用房费用				
派出所用房费用				
幼儿园用房费用				
学校用房费用				
托儿所用房费用				
公共厕所费用				
自行车棚用房费用				
邮电通讯用房费用				
其他非营业性公共设施费用				
合计				

附表九

开发间接费用明细申报表

项目名称	有效凭证金额	本次扣除金额	本次未扣除金额	备注
管理人员工资				
职工福利费				
折旧费				
修理费				
办公费				
水电费				
劳动保护费				
周转房摊销费				
其他发生的间接费用				
合计				

附表十

利息支出明细申报表

行次	金融机构名称	借款金额	借款期限	利率	允许列支利息金额
1					
2					
3					
4					
6					
7					
合计					

附表十一

扣除项目汇总申报表

项目		有效凭证金额	本次扣除金额	本次未扣除金额	备注
1. 取得土地使用权所支付的金额					
2. 房地产开发成本					
其中	土地征用及拆迁补偿费				
	前期工程费				
	建筑安装工程费				
	基础设施费				
	公共配套设施费				
	开发间接费用				
3. 房地产开发费用					
其中	利息支出				
	其他房地产开发费用				
4. 与转让房地产有关的税金					
其中	营业税				
	城市维护建设税				
	教育费附加				
5. 财政部规定的加计20％扣除数					
合计					

附表十二

与转让房地产有关的税金明细申报表

项目	行次	应缴纳税款金额	实际缴纳税款金额	备注
营业税	1			
城市维护建设税	2			
教育费附加	3			
土地增值税	4			
	5			
	6			
	7			
合计	8			

附录三　土地增值税清算鉴证模板

土地增值税清算鉴证报告

(2012) 土增鉴字　号

____________公司：

我们接受委托，于______年______月______日至______年______月______日，对贵单位______（项目）土地增值税清算税款申报进行鉴证审核。贵单位的责任，对所提供的与土地增值税清算税款相关的会计资料及证明材料的真实性、合法性和完整性负责。我们的责任是，按照国家法律法规及有关规定，对所鉴证的土地增值税纳税申报表及其有关资料的真实性和准确性，在进行职业判断和必要的审核程序的基础上，出具真实、合法的鉴证报告。

在审核过程中，我们本着独立、客观、公正的原则，依据《中华人民共和国土地增值税暂行条例》及其实施细则、有关政策规定，按照《土地增值税清算鉴证业务准则》的要求，实施了包括抽查会计记录等必要的审核程序。现将鉴证结果报告如下：

一、土地增值税清算税款申报的审核过程及主要实施情况

（主要披露以下内容）

（一）简要评述与土地增值税清算税款有关的内部控制及其有效性。

（二）简要评述与土地增值税清算税款有关的各项内部证据和外部证据的相关性和可靠性。

（三）简要陈述对纳税人提供的会计资料及纳税资料等进行审核、验证、计算和进行职业推断的情况。

二、鉴证结论

经对贵公司____________（项目）土地增值税清算税款申报进行审核，我们确认：

1. 收入总额：______元；

2. 扣除项目金额：______元；

3. 增值额：______元；
4. 增值率（增值额与扣除金额之比）：______%；
5. 适用税率：______%；
6. 应缴土地增值税税额：______元；
7. 已缴土地增值税税额：______元；
8. 应补（退）缴土地增值税税额：______元。

清算事项的具体情况详见附件。

本鉴证报告仅供贵公司报送的主管税务机关受理土地增值税清算审核之用，不得作为其他用途。非法律、行政法规规定，鉴证报告的全部内容不得提供给其他任何单位和个人。

税务师事务所所长（签名或盖章）：
中国注册税务师（签名或盖章）：
地址：

税务师事务所（盖章）
年　月　日

附件：

1. 税务师事务所和注册税务师执业证书、注册税务师协会备案证明复印件（略）。
2. 涉税鉴证业务约定书。
3. 企业基本情况和土地增值税清算税款申报审核事项说明（格式附后）。
4. 土地增值税纳税鉴证有关附表。具体包括：

(1)《土地增值税清算税款鉴证主表》
(2)《土地增值税清算税款鉴证明细表一：普通住宅》
(3)《土地增值税清算税款鉴证明细表二：其他商品房》
(4)《房地产转让收入鉴证表》
(5)《清算中面积审核调整明细表》
(6)《扣除项目汇总表》
(7)《取得土地使用权所支付的金额鉴证表》
(8)《土地征用及拆迁补偿费鉴证表》
(9)《前期工程费鉴证表》
(10)《建筑安装工程费鉴证表》
(11)《基础设施费鉴证表》
(12)《开发间接费用鉴证表》
(13)《公共配套设施费鉴证表》
(14)《利息支出鉴证表》

(15)《与转让房地产有关的税金鉴证表》

(16)《土地增值税缴款情况汇总表》

5. 土地增值税清算税款申报审核事项有关证明材料（复印件）（略）。

附件二

土地增值税清算鉴证业务约定书（范本）

编号：__________

甲方（委托方）：__________

甲方税务登记号：

乙方（受托方）：__________

乙方税务师事务所执业证编号：

兹有甲方委托乙方提供涉税鉴证业务，依据《中华人民共和国合同法》及有关规定，经双方协商，达成以下约定：

一、委托事项

（一）项目名称：

（二）具体内容及要求：

（三）完成时间：

二、甲方的责任与义务

（一）甲方的责任

1. 根据《中华人民共和国税收征收管理法》及其有关规定，甲方有责任保证会计资料及纳税资料的真实性和完整性。

2. 按照现行税收法律、法规和政策规定依法履行纳税义务是甲方的责任。这种责任还应当包括：(1) 建立、完善并有效实施与会计核算、纳税申报相关的内部控制。(2) 符合会计准则及其有关规定。(3) 严格按照税收规定进行纳税调整。

3. 甲方不得授意乙方人员实施违反国家法律、法规的行为。

4. 基于重要性原则、截止性测试的性质和审核过程中的其他固有限制，以及甲方内部控制的固有局限性，经乙方审核后仍然可能存在未被发现的风险，乙方出具的鉴证报告不能因此减轻甲方应当承担的法律责任。

（二）甲方的义务

1. 按照乙方要求，及时提供完成委托事项所需的会计资料、纳税资料和其他有关资料，并保证所提供资料的真实性和完整性。

2. 确保乙方不受限制地接触任何与委托事项有关的记录、文件和所需的其他信息，并答复乙方工作人员对有关事项的询问。

3. 为乙方工作人员提供必要的工作条件和协助，主要事项将由乙方于外勤工作开始前提供清单。

4. 按本约定书的约定及时足额支付委托业务费用以及其他相关费用。未按规定时间支付委托费用的，应按约定金额________%的比例支付违约金。

三、乙方的责任和义务

（一）乙方的责任

1. 乙方应严格按照现行税收相关法律、法规和政策规定以及《注册税务师管理暂行办法》及其有关规定，本着独立、客观、公正的原则，对甲方提供的有关资料进行审核鉴证。

2. 乙方应当制定合理计划和实施能够获取充分、适当证据的审核程序，为甲方的委托事项提供合理保证。

3. 乙方有责任在鉴证报告中指明发现的甲方违反国家法律法规且未按乙方的建议进行调整的事项。

（二）乙方的义务

1. 乙方应当按照约定时间完成委托事项，并出具真实、合法的鉴证报告。

2. 除下列情况外，乙方应当对执行业务过程中知悉的甲方信息予以保密：(1) 取得甲方的授权；(2) 根据法律法规的规定，为法律诉讼准备文件或提供证据；(3) 监管机构对乙方进行行政处罚所实施的调查、听证、复议等程序。

3. 由于乙方过错导致甲方未按规定履行纳税义务的，乙方应当按照有关法律、法规及相关规定承担相应的法律责任。

4. 属于乙方原因未按约定时限完成委托事项并给甲方造成损失的，应当承担相应的赔偿责任。

四、约定事项的收费

（一）按照注册税务师行业收费的有关规定，完成本委托事项费用为人民币（大写）________元整。

（二）上述费用自本约定书生效之日起________日内预付业务费用总额的________%；其余费用按________方式支付。

（三）由于无法预见的原因，导致乙方从事本委托事项完成的实际时间较本约定书签订时预计的时间有明显的增加或减少时，甲乙双方应通过协商，相应调整本约定书第四款第（一）项所述业务费用总额。

（四）由于无法预见的原因，导致乙方人员抵达甲方工作现场后，本约定书项目不再进行，甲方不得要求退还预付的业务费用；如上述情况发生于乙方人员完成现场审核工作之后，甲方应另行向乙方支付人民币元的补偿费，该补偿费应于甲方收到乙方的收款通知之日起________日内支付。

（五）由于无法预见的原因，发生的与本次委托事项有关的其他费用（包括交通、食宿费等），由双方协商解决。

五、鉴证报告的出具和使用

（一）乙方应当按照国家发布的相关业务准则所规定的格式和类型，出具真实、合法的鉴证报告。

（二）乙方向甲方出具鉴证报告一式________份。

（三）甲方不得修改或删节乙方出具的鉴证报告；不得修改或删除重要的数据、重要的附件和所作的重要说明。

六、约定事项的变更

如果出现不可预见的情形，影响审核鉴证工作如期完成，或需要提前出具审核报告时，甲乙双方均可要求变更约定事项，但应提前通知对方，并由双方协商解决。

七、约定事项的终止

（一）本约定书签订后，双方应当按约履行，不得无故终止。如遇法定情形或特殊原因确需终止的，提出终止的一方应提前通知另一方，并由双方协商解决。

（二）在终止业务约定的情况下，乙方有权就本约定书终止之日前对约定事项所付出的劳动收取合理的费用。

八、适用法律和争议解决

本约定书的所有方面均应适用中华人民共和国的法律进行解释并受其约束。与本约定书有关的任何纠纷或争议，双方均可选择如下一种解决方式：

1. 提交________进行仲裁；
2. 向有管辖权的人民法院提起诉讼。

九、本约定书的法律效力

（一）本约定书经双方法定代表人签字或盖章并加盖单位公章之日起生效，并在双方履行完成约定事项后终止。

（二）本约定书一式二份，甲乙方各执一份，具有同等法律效力。

十、其他事项的约定

本约定书未尽事宜，经双方协商另行签订的补充协议，与本约定书具有同等法律效力。

甲方：	乙方：
（盖章）	（盖章）
法人代表：（签名或盖章）	所长：（签名或盖章）
地址：	地址：
电话：	电话：
联系人：	联系人：

签约日期：
签约地点：

附件三

企业基本情况和土地增值税清算税款申报审核事项说明

一、基本情况

（一）企业基本情况
1. 企业名称：
2. 成立日期：
3. 税务计算机代码：
4. 税务登记证号：
5. 地址：
6. 法人代表：
7. 注册资本：
8. 企业类型：
9. 经营范围：
10. 股东及股权比例情况：
11. 其他：
（二）项目基本情况
1. 项目名称及地址。
2. 项目概况。列明开发项目类型、占地面积、取得相关批文的情况、项目建筑结构情况、项目装饰装修情况。
3. 项目建设规模。列明总建筑面积、拆迁户回迁面积、公共配套设施面积、总可售面积、总留用面积，并分别说明普通住宅、其他商品房、其他开发项目的建设规模。

4. 普通住宅的判定情况：

(1) 项目规划容积率：

(2) 该项目属于______级土地，清算时该级别土地上商品房平均交易价格______元，普通住宅销售价格上限______元。

(3) 单栋号楼户均建筑面积及售价

①______号楼，共有______套住房，总建筑面积______平方米，户均建筑面积______平方米，总售价______元，平均单价______元。

②______号楼，共有______套住房，总建筑面积______平方米，户均建筑面积______平方米，总售价______元，平均单价______元。

③______号楼，共有______套住房，总建筑面积______平方米，户均建筑面积______平方米，总售价______元，平均单价______元。

④______号楼，共有______套住房，总建筑面积______平方米，户均建筑面积______平方米，总售价______元，平均单价______元。

5. 项目销售情况。列明取得预售许可证情况，实际开始销售日期、截至清算基准日已售面积、未售面积，已售面积占可售面积比例，已售面积占总建筑面积比例等，并分别按普通住宅、其他商品房、其他开发项目予以说明。

6. 项目设计情况。说明设计方案是否由境外机构或境外人员提供，以及项目设计的其他情况。

二、主要会计政策和税收政策

1. 公司执行______会计准则或《××会计制度》及有关规定。
2. 公司会计核算方法：
3. 主要内部控制制度：
4. 土地增值税清算条件：
5. 开发产品完工的标准：
6. 成本费用的分配标准：
7. 开发产品销售收入确认的标准：
8. 开发产品视同销售确认收入的标准：
9. 与土地增值税清算项目相关的税收政策：
10. 其他政策：

三、土地增值税的审核情况

(一) 土地增值税应税收入的审核

截至______年______月______日止，贵公司自报本项目土地增值税应税收入______元；经审核，确认土地增值税应税收入为______元，比自报数调增/调减______元，其中：

1. 销售普通标准住宅______平方米，取得销售收入自报应税收入______元；经审核，调增/调减收入______元，确认收入______元。

2. 销售其他商品房项目______平方米，取得销售收入自报应税收入______元；经审核，调增/调减收入______元，确认收入______元。

3. 视同销售房地产______平方米，销售收入：(1) 按本企业当月销售的同类房地产平均价格______元；或 (2) 按本企业在同一地区、同一年度销售的同类房地产平均价格______元；或 (3) 参照当地当年、同类房地产的市场价格、评估价值确定。自报应税收入______元；经审核，调增/调减收入______元，确认应税收入______元。

（二）土地增值税扣除项目的审核

截至××年××月××日止，贵公司自报本项目土地增值税应税扣除项目总额______元；经审核，确认土地增值税扣除项目总额______元，比自报数调增/调减______元，其中：

1. 取得土地使用权所支付的金额。贵公司自报取得本项目的土地使用权支付金额为______元；经审核，由于××原因，应调增/调减______元，确认允许扣除的取得土地使用权所支付的金额为______元。

2. 房地产开发成本。贵公司本项目自报房地产开发成本______元；经审核，由于××原因，应调增/调减______元，确认允许扣除的房地产开发成本为______元。其中：

(1) 贵公司自报土地征用及拆迁补偿______元；经审核，由于××原因，应调增/调减______元，确认允许扣除的土地征用及拆迁补偿为______元。

(2) 贵公司自报前期工程费______元；经审核，由于××原因，应调增/调减______元，确认允许扣除的前期工程费为______元。

(3) 贵公司自报建筑安装工程费______元；经审核，由于××原因，应调增/调减______元，确认允许扣除的建筑安装工程费为______元。

(4) 贵公司自报基础设施费______元；经审核，由于××原因，应调增/调减______元，确认允许扣除的基础设施费为______元。

(5) 贵公司自报公共配套设施费______元；经审核，由于××原因，应调增/调减______元，确认允许扣除的公共配套设施费为______元。

(6) 贵公司自报开发间接费______元；经审核，由于××原因，应调增/调减______元，确认允许扣除的开发间接费为______元。

(7) 四项成本测算的说明：经测算，贵公司______类商品房的前期工程费、建筑安装工程费、基础设施费、开发间接费之和高于税务机关核定标准。其中高层住宅______平方米，四项成本______元，每平方米______元；多层住宅______平方米，四项成本______元，每平方米______元。经审核，无正当理由，应按税务机关核定标准扣除______元。(或经审核，由于××原因，应据实扣除。)

3. 房地产开发费用。

(1) 本项目发生的财务费用中，借款利息支出能够全部提供金融机构票据证明的，应据实扣除，扣除金额为______元。其他房地产开发费用按取得土地使用权所支付金额______元与开发成本______元之和的5%扣除______元。因此，贵公司此项目可扣除金额为______元。

(2) 本项目发生的财务费用中，借款利息支出未能全部提供金融机构票据的，其房地产开发费用按取得土地使用权所支付金额______元与开发成本______元之和的10%扣除______元。因此，贵公司此项目可扣除金额为______元。

4. 与转让房地产有关的税金。

贵公司自报转让房地产有关税金为______元；经审核，应调增/调减______元，调整后贵公司可扣除的转让房地产有关税金为______元。其中：

(1) 贵公司自报转让房地产有关营业税税金为______元；经审核，应调增/调减______元，调整后贵公司可扣除的转让房地产有关营业税税金为______元。

(2) 贵公司自报转让房地产有关城市维护建设税税金为______元；经审核，应调增/调减______元，调整后贵公司可扣除的转让房地产有关城市维护建设税税金为______元。

(3) 贵公司自报转让房地产有关教育费附加费为______元；经审核，应调增/调减______元，调整后贵公司可扣除的转让房地产有关教育费附加费为______元。

5. 税收规定的其他扣除项目。

贵公司根据税收有关规定，允许按取得土地使用权所支付金额______元与开发成本______元之和的20%加计扣除。因此，贵公司其他扣除项目的金额为______元。

(三) 增值额及增值率的审核

贵公司自报转让房地产土地增值税的增值额为______元；经审核，应缴土地增值税的增值额为______元。其中：

(1) 普通住宅土地增值税的增值额为______元，增值率为______%（计算公式）。

(2) 其他商品房土地增值税的增值额为______元，增值率为______%（计算公式）。

(四) 应缴土地增值税的审核

贵公司自报转让房地产土地增值税税额为______元；经审核，应缴土地增值税税额为______元，已缴税款为______元，免缴税额为______元；应补（退）税额为______元。其中：

1. 普通住宅应缴土地增值税税额为______元；已缴税额为______元，免缴税额为______元，应补（退）税额为______元。

2. 其他商品房应缴土地增值税税额为______元；已缴税额为______元，免缴税额为______元，应补（退）税额为______元。

(五) 清算时单位建筑面积成本费用

经测算，该项目清算时单位建筑面积成本费用为______元。（清算时单位建筑面积成本费用＝清算时允许扣除项目总金额/清算总面积）

四、应当披露的其他事项

附件四

土地增值税纳税鉴证有关附表

附表一

土地增值税清算税款鉴证主表

清算截止日期：　年　月　日　　　　　　　　　　　　　　　　金额单位：元

纳税人名称		计算机代码	
项目名称		项目地址	
项目		行次	审核数
一、转让房地产收入总额		1	
其中	转让土地收入	2	
	转让地上建筑物及其附着物收入	3	
二、扣除项目金额合计		4	
1. 取得土地使用权所支付的金额		5	
2. 房地产开发成本		6	
其中	土地征用及拆迁补偿费	7	
	前期工程费	8	
	建筑安装工程费	9	
	基础设施费	10	
	公共配套设施费	11	
	开发间接费用	12	
	按核定标准扣除的四项成本数	13	
3. 房地产开发费用		14	
其中	利息支出	15	
	其他房地产开发费用	16	
4. 与转让房地产有关的税金		17	
其中	营业税	18	
	城市维护建设税	19	
	教育费附加	20	
5. 财政部规定的加计20%扣除数		21	
三、增值额		22	
四、增值额与扣除项目金额之比（%）		23	
五、适用税率（%）		24	
六、速算扣除系数（%）		25	
七、应缴土地增值税税款		26	
八、免缴土地增值税税款		27	
九、已缴土地增值税税款		28	
十、项目清算应补（退）土地增值税税额		29	
十一、项目单位建筑面积成本费用		30	

填表说明：

1. 清算项目直接转让土地使用权、全部为普通住宅或其他商品房、在建工程项目整体转让的，只填写本表，不需填写明细表。

2. 如四项成本按核定标准扣除，填入本表第13行，则第8、9、10、12行填“0”。

3. 本表第30行：项目单位建筑面积成本费用＝允许扣除项目总金额/清算总面积。

附表二

土地增值税清算税款鉴证明细表一：普通住宅

清算截止日期：　年　月　日　　　　　　　　　　　　　　　　　　　　　　　　　　金额单位：元

纳税人名称			计算机代码		
项目名称			项目地址		
项目容积率		项目所在土地级别		该级别普通住宅单价上限	

楼号	总套	住宅总建筑面积	户均建筑面积	总售价	平均单价

已售面积		清算的普通住宅面积		普通住宅应分配成本比例	%

项目		行次	审核数
一、转让房地产收入总额		1	
二、扣除项目金额合计		2	
1. 取得土地使用权所支付的金额		3	
2. 房地产开发成本		4	
其中	土地征用及拆迁补偿费	5	
	前期工程费	6	
	建筑安装工程费	7	
	基础设施费	8	
	公共配套设施费	9	
	开发间接费用	10	
	按核定标准扣除的四项成本数	11	
3. 房地产开发费用		12	
其中	利息支出	13	
	其他房地产开发费用	14	
4. 与转让房地产有关的税金		15	
其中	营业税	16	
	城市维护建设税	17	
	教育费附加	18	
5. 财政部规定的加计20%扣除数		19	
三、增值额		20	
四、增值额与扣除项目金额之比（%）		21	
五、适用税率（%）		22	
六、速算扣除系数（%）		23	
七、应缴土地增值税税款		24	
八、免缴土地增值税税款		25	
九、已缴土地增值税税款		26	
十、项目清算应补（退）土地增值税税额		27	

填表说明：

1. 已售面积是指本次清算的已售建筑面积总数；清算的普通住宅面积是指本次清算的已售普通住宅建筑面积总数。
2. 普通住宅应分配成本比例＝清算的普通住宅面积/已售面积。
3. “楼号”按单栋号填写，所需行次不够的，可自行增加。

附表三

土地增值税清算税款鉴证明细表二：其他商品房

清算截止日期：　年　月　日　　　　　　　　　　　　　　　　　金额单位：元

<table>
<tr><td colspan="2">纳税人名称</td><td colspan="2"></td><td>计算机代码</td><td colspan="3"></td></tr>
<tr><td colspan="2">项目名称</td><td colspan="2"></td><td>项目地址</td><td colspan="3"></td></tr>
<tr><td colspan="2">已售面积</td><td></td><td colspan="2">清算的其他商品房面积</td><td></td><td>其他商品房应分配成本比例</td><td>%</td></tr>
<tr><td colspan="4">项目</td><td>行次</td><td colspan="3">审核数</td></tr>
<tr><td colspan="4">一、转让房地产收入总额</td><td>1</td><td colspan="3"></td></tr>
<tr><td colspan="4">二、扣除项目金额合计</td><td>2</td><td colspan="3"></td></tr>
<tr><td colspan="4">1. 取得土地使用权所支付的金额</td><td>3</td><td colspan="3"></td></tr>
<tr><td colspan="4">2. 房地产开发成本</td><td>4</td><td colspan="3"></td></tr>
<tr><td rowspan="7">其中</td><td colspan="3">土地征用及拆迁补偿费</td><td>5</td><td colspan="3"></td></tr>
<tr><td colspan="3">前期工程费</td><td>6</td><td colspan="3"></td></tr>
<tr><td colspan="3">建筑安装工程费</td><td>7</td><td colspan="3"></td></tr>
<tr><td colspan="3">基础设施费</td><td>8</td><td colspan="3"></td></tr>
<tr><td colspan="3">公共配套设施费</td><td>9</td><td colspan="3"></td></tr>
<tr><td colspan="3">开发间接费用</td><td>10</td><td colspan="3"></td></tr>
<tr><td colspan="3">按核定标准扣除的四项成本数</td><td>11</td><td colspan="3"></td></tr>
<tr><td colspan="4">3. 房地产开发费用</td><td>12</td><td colspan="3"></td></tr>
<tr><td rowspan="2">其中</td><td colspan="3">利息支出</td><td>13</td><td colspan="3"></td></tr>
<tr><td colspan="3">其他房地产开发费用</td><td>14</td><td colspan="3"></td></tr>
<tr><td colspan="4">4. 与转让房地产有关的税金</td><td>15</td><td colspan="3"></td></tr>
<tr><td rowspan="3">其中</td><td colspan="3">营业税</td><td>16</td><td colspan="3"></td></tr>
<tr><td colspan="3">城市维护建设税</td><td>17</td><td colspan="3"></td></tr>
<tr><td colspan="3">教育费附加</td><td>18</td><td colspan="3"></td></tr>
<tr><td colspan="4">5. 财政部规定的加计20%扣除数</td><td>19</td><td colspan="3"></td></tr>
<tr><td colspan="4">三、增值额</td><td>20</td><td colspan="3"></td></tr>
<tr><td colspan="4">四、增值额与扣除项目金额之比（%）</td><td>21</td><td colspan="3"></td></tr>
<tr><td colspan="4">五、适用税率（%）</td><td>22</td><td colspan="3"></td></tr>
<tr><td colspan="4">六、速算扣除系数（%）</td><td>23</td><td colspan="3"></td></tr>
<tr><td colspan="4">七、应缴土地增值税税款</td><td>24</td><td colspan="3"></td></tr>
<tr><td colspan="4">八、免缴土地增值税税款</td><td>25</td><td colspan="3"></td></tr>
<tr><td colspan="4">九、已缴土地增值税税款</td><td>26</td><td colspan="3"></td></tr>
<tr><td colspan="4">十、项目清算应补（退）土地增值税税额</td><td>27</td><td colspan="3"></td></tr>
</table>

填表说明：

1. 其他商品房包括普通住宅以外的各类商品房。

2. 已售面积是指本次清算的已售建筑面积总数；清算的其他商品房面积是指本次清算的已售普通住宅以外的各类商品房建筑面积总数。

3. 其他商品房应分配成本比例＝清算的其他商品房面积/已售面积。

附表四

房地产转让收入鉴证表

取得收入起止日期：　　　　　　　　　年　月　日至　年　月　日　　　　　　　　　金额单位：元

纳税人名称	计算机代码			
项目名称	项目地址			
开发商品房收入类别	普通住房	其他商品房	其他项目	合计
销售货币金额				
换取非货币性资产作价金额				
分配股东作价金额				
分配投资人作价金额				
用于职工福利作价金额				
用于职工奖励作价金额				
对外投资金额				
抵偿债务金额				
取得其他收益金额				
合计				

填表说明：

1. 直接转让土地使用权、在建工程整体转让的清算项目，收入数填入其他项目栏中。

附表五

清算中面积审核调整明细表

单位：平方米

纳税人名称		计算机代码			
项目名称		项目地址			
项目		行次	面积	数据来源	备注
一、总建筑面积 1＝2＋6		1			
二、可售面积 2＝3＋4＋5		2			
其中	已售面积	3			
	已自用面积	4			
	未售（用）面积	5			
三、不可售面积 6＝7＋8		6			
其中	允许扣除的公共配套设施面积	7			
	其他面积	8			
四、清算成本分摊比例 9＝3/1		9	%	—	
五、本期清算面积 10＝3＋7×9		10		—	

填表说明：

1. 只转让土地使用权或在建工程整体转让的项目不填写此表。
2. 数据来源是指获取面积数据依据的资料，如政府主管部门文件、权属证书、规划证书、销售证书、测绘数据、销售合同等。
3. 已自用面积指已出租或自用一年以上的房产。
4. 如允许扣除的公共配套设施为出让用地，则“取得土地使用权所支付的金额”和“土地征用及拆迁补偿费”分摊的比例应单独计算，公式为：清算成本分摊比例＝本期清算面积/总建筑面积。

附表六

扣除项目汇总表

金额单位：元

纳税人名称		计算机代码			
项目名称		项目地址			
项目		有效凭证金额	清算成本分摊比例	本次扣除金额	本次未扣除金额
1. 取得土地使用权所支付的金额					
2. 房地产开发成本					
其中	土地征用及拆迁补偿费				
	前期工程费				
	建筑安装工程费				
	基础设施费				
	公共配套设施费				
	开发间接费用				
按四项成本核定数扣除					
3. 房地产开发费用					
其中	利息支出				
	其他房地产开发费用				
4. 与转让房地产有关的税金					
其中	营业税				
	城市维护建设税				
	教育费附加				
5. 财政部规定的加计20%扣除数					
合计					

附表七

取得土地使用权所支付的金额鉴证表

金额单位：元

纳税人名称		计算机代码		
项目名称		项目地址		
项目	有效凭证金额	清算成本分摊比例	本次扣除金额	本次未扣除金额
支付的土地出让金				
支付地价款金额				
缴纳的有关税费				
其中：				
合计				

附表八

土地征用及拆迁补偿费鉴证表

金额单位：元

纳税人名称		计算机代码		
项目名称		项目地址		
项目名称	有效凭证金额	清算成本分摊比例	本次扣除金额	本次未扣除金额
土地征用费用				
耕地占用税				
劳动力安置费				
安置动迁用房支出				
拆迁补偿款				
合计				

附表九

前期工程费鉴证表

金额单位：元

纳税人名称		计算机代码		
项目名称		项目地址		
项目名称	有效凭证金额	清算成本分摊比例	本次扣除金额	本次未扣除金额
规划费用				
设计费用				
项目可行性研究费用				
水文费用				
地质费用				
勘探费用				
测绘费用				
七通一平支出				
合计				

附表十

建筑安装工程费鉴证表

金额单位：元

纳税人名称		计算机代码		
项目名称		项目地址		
项目名称	有效凭证金额	清算成本分摊比例	本次扣除金额	本次未扣除金额
建筑工程费用				
安装工程费用				
支付给承包方费用				
其他建筑安装工程费用				
其中				
合计				

附表十一

基础设施费鉴证表

金额单位：元

纳税人名称		计算机代码		
项目名称		项目地址		
项目	有效凭证金额	清算成本分摊比例	本次扣除金额	本次未扣除金额
开发小区内道路				
供水工程支出				
供电工程支出				
供气工程支出				
排污工程支出				
排洪工程支出				

续表

通讯工程支出					
照明工程支出					
环卫工程支出					
绿化费用					
其他设施工程发生的支出					
其中					
合计					

附表十二

开发间接费用鉴证表

金额单位：元

纳税人名称			计算机代码		
项目名称			项目地址		
项目		有效凭证金额	清算成本分摊比例	本次扣除金额	本次未扣除金额
管理人员工资					
职工福利费					
折旧费					
修理费					
办公费					
水电费					
劳动保护费					
周转房摊销费					
其他发生的间接费用					
其中					
合计					

附表十三

公共配套设施费鉴证表

金额单位：元

纳税人名称		计算机代码		
项目名称		项目地址		
项目	有效凭证金额	清算成本分摊比例	本次扣除金额	本次未扣除金额
物业管理用房费用				
变电站费用				
热力站费用				
水厂费用				
居委会用房费用				
派出所用房费用				
幼儿园用房费用				
学校用房费用				
托儿所用房费用				
公共厕所费用				
自行车棚用房费用				
邮电通讯用房费用				
其他非营业性公共设施费用				
其中				
合计				

附表十四

利息支出鉴证表

金额单位：元

纳税人名称		计算机代码							
项目名称		项目地址							
金融机构名称	借款时间	借款金额	借款期限	利率	银行同期利率	允许列支利息金额	清算成本分摊比例	本次列支金额	本次未列支金额
合计									

附表十五

与转让房地产有关的税金鉴证表

金额单位：元

纳税人名称		计算机代码			
项目名称		项目地址			
项目	行次	普通商品房	其他商品房	其他项目	合计
营业税	1				
城市维护建设税	2				
教育费附加	3				
	4				
	5				
合计					

填表说明：

1. 直接转让土地使用权、在建工程整体转让的清算项目，缴纳税款数填入其他项目栏中。

附表十六

土地增值税缴款情况汇总表

金额单位：元

纳税人名称		计算机代码	
项目名称		项目地址	
税款入库日期	行次	缴款书号码	金额
合计			

附录四　税务局相关土地增值税清算文书

附件一

土地增值税清算申请表

单位：平方米

纳税人名称		计算机代码	
纳税人地址		联系人及电话	
项目名称		项目总建筑面积	
项目地址		可销售总面积	
已预（销）售总面积		已预（销）售面积占应销售面积比例（%）	
纳税人申请理由： 单位签章：　　　　法人签章：　　　　年　月　日			
主管税务机关意见： 签字：　　　　年　月　日			

填表说明：

1. 房地产开发企业应在办理土地增值税清算前据实填写本表。
2. 本表申请项目应与原填报的土地增值税项目登记表项目一致。
3. 项目清税终了后，本表与土地增值税项目登记表、纳税申报表及清税相关资料一同存档销号。
4. 本附表一式两份，送地方主管税务机关审核盖章后，由税务机关留存一份，退回申请单位一份。

附件二（一）

土地增值税清算通知书（主动清算）

______地税清税（审）〔　〕______号

______纳税人（申请人）：

根据《中华人民共和国土地增值税暂行条例实施细则》、《国家税务总局关于房地产开发企业土地增值税清算管理有关问题的通知》、《××市地方税务局房地产开发企业土地增值税清算管理办法》有关规定，你（单位）申报的__________项目，已符合土地增值税清算条件，请你单位自收到本通知之日起 30 日内，到____________办理土地增值税清算申请手续。逾期按《征管法》有关规定执行。

特此通知

你（单位）如需查询有关情况，可拨打电话______询问。

签章：

年　月　日

备注：本通知单由纳税人留存。

附件二（二）

土地增值税清算通知书（被动清算）

______地税清税（审）〔　〕______号

______纳税人（申请人）：

根据《中华人民共和国土地增值税暂行条例》、《中华人民共和国土地增值税暂行条例实施细则》和《国家税务总局关于房地产开发企业土地增值税清算管理有关问题的通知》、《××市地方税务局房地产开发企业土地增值税清算管理办法》，你单位的____________项目，已符合土地增值税清算的条件，请你单位自收到本通知书后，做好自行清算或委托中介机构的清算，并于______年______月______日前到____________办理土地增值税清算申报手续，逾期按《征管法》有关规定执行。

特此通知

你（单位）如需查询有关情况，可拨打电话______询问。

签章：

年　月　日

<table>
<tr><th colspan="2">纳税人签收回执</th></tr>
<tr><td>收件人：</td><td rowspan="2">单位签章：</td></tr>
<tr><td>收件日期：</td></tr>
</table>

备注：本通知单送达纳税人签收盖章后，税务机关留存。

附件三

土地增值税清算材料清单

纳税人名称：
清算项目名称：
清算项目座落地址：　　　　　　　　　　　　　　　　　　　　　　编号：第　号

序号	材料名称	备注
1		
2		
3		
4		
5		
6		
7		
8		
9		
10		
11		
12		
合计		

附件四

土地增值税清算受理通知书

______地税清税（审）〔 〕______号

______纳税人（申请人）：

经审查，你（单位）申报的____________清算税款项目，符合受理条件，现予受理。本机关将于受理后90日内做出核准决定。

你（单位）如需查询有关情况，可拨打电话______询问。

签章：

年　月　日

说明：本通知书与税务文书《送达回证》一并使用。

附件五

土地增值税清算补充材料通知书

______地税清税（审）〔 〕______号

______纳税人（申请人）：

经审查，你（单位）申请的____________清算税款项目，需补正清税材料。请你（单位）于接到本通知书之日起30日内补正有关清税材料。补正材料时间不计入本次清税核准时限内。

需要补充提交的清税材料及要求如下：

如需了解有关情况，可拨打电话______询问。

签章：

年　月　日

说明：本通知书与税务文书《送达回证》一并使用。

附件六

土地增值税清算中止核准通知书

______地税清税（审）〔 〕______号

______纳税人（申请人）：

经审查，你（单位）申请的____________清算税款项目，需补正清税材料，本机关决定中止核准。请你（单位）于接到本通知书之日起30日内补正有关清算材料。补正材料时间不计入本次清算核准时限内。

需要补正的申办材料和要求如下：

你（单位）如需了解有关情况，可拨打电话______询问。

签章：

年　月　日

说明：本通知书与税务文书《送达回证》一并使用。

附件七

土地增值税清算终止核准通知书

______地税清税（审）〔 〕______号

______纳税人（申请人）：

根据《中华人民共和国税收征收管理法》及实施细则、《中华人民共和国土地增值税暂行条例》及实施细则、《北京市地税局房地产开发企业土地增值税清算管理办法》等有关政策规定，经对你（单位）申请的__________清算项目情况进行了审核，税务机关认为不符合土地增值税清算税款正常核准的有关规定，决定终止核准。

终止核准的理由如下：

处理意见：

□核定征收土地增值税

□其他处理意见__________

你（单位）对本通知如有异议，可自收到本通知之日起六十日内依法向______申请行政复议；或者自收到本通知之日起三个月内依法向人民法院起诉。

签章：

年 月 日

说明：本通知书与税务文书《送达回证》一并使用。

附件八

土地增值税核定征收通知书

______地税清税（核）〔 〕______号

______纳税人：

根据《中华人民共和国税收征收管理法》及实施细则、《国家税务总局关于房地产开发企业土地增值税清算管理有关问题的通知》的有关规定，税务机关决定对你（单位）__________项目按确定的销售收入______%的征收率，核定征收土地增值税。

核定征收的理由如下：

你（单位）对本通知如有异议，可自收到本通知之日起六十日内依法向______申请行政复议；对行政复议决定不服的，可以依法向人民法院起诉。

签章：
年　月　日

说明：本通知书与税务文书《送达回证》一并使用。

附件九

土地增值税清算核准通知书

______地税清税（审）〔　〕______号

______纳税人（申请人）：

根据《中华人民共和国税收征收管理法》及实施细则、《中华人民共和国土地增值税暂行条例》及实施细则、××市地税局《房地产开发企业土地增值税清算管理办法》等有关政策规定，经对你（单位）申请的______清算项目的《鉴证报告》及附送的相关材料进行了审核，暂未发现问题，准予核准。

你（单位）对本通知如有异议，可自收到本通知之日起六十日内依法向______申请行政复议；或者自收到本通知之日起三个月内依法向人民法院起诉。

签章：
年　月　日

说明：本通知书与税务文书《送达回证》一并使用。

附件十

土地增值税四项成本核定通知书

______地税清税（核）〔　〕______号

______纳税人：

根据《中华人民共和国税收征收管理法》及实施细则、《国家税务总局关于房地产开发企业土地增值税清算管理有关问题的通知》的有关规定，税务机关决定对你（单位）__________项目房地产开发成本中前期工程费、建筑安装工程费、基础设施费、开发间接费按核定标准扣除，其中高层住宅______平方米，核定四项成本______元，每平方米______元；多层住宅______平方米，核定四项成本______元，每平方米______元。

核定扣除的理由如下：

你（单位）对本通知如有异议，可自收到本通知之日起六十日内依法向__________申请行政复议；对行政复议决定不服的，可以依法向人民法院起诉。

签章：

年　月　日

说明：本通知书与税务文书《送达回证》一并使用。

附件十一

土地增值税清算审核流程表

纳税人名称：　　　　　　　　　　　　计算机代码：

收件日期	收件人	发件日期	备注

附件十二

土地增值税清算补税通知书

纳税人名称：　　　　　　　　　　　　　计算机代码：

<table>
<tr><td colspan="2">依据你单位的土地增值税清算申报情况，经审核，你单位的____________项目，需补缴土地增值税______元。
以上款项限你单位在接到本通知书之日起 15 日内办理有关手续，并调整有关账目。

税务机关印签章
年　月　日</td></tr>
<tr><td>告知事项</td><td>同税务机关在纳税上有争议时，必须先依照法律、行政法规的规定缴纳或者解缴税款及滞纳金，然后可以在收到税务机关填发的缴款凭证之日起六十日内向上一级税务机关申请复议。</td></tr>
</table>

注：本表一式二份，第一联交纳税人，第二联交管理所（科）。

参考文献

1. 刘玉章．土地增值税清算大成［M］．北京：机械工业出版社，2010.

2. 罗涛主编．土地增值税清算管理实务［M］．武汉：武汉大学出版社，2010.

3. 郭洪荣．房地产开发企业土地增值税清算鉴证实务［M］．北京：中国市场出版社，2009.

4. 程德元．拆迁补偿方式不同对土地增值税清算结果的影响［J］．中国税务，2008（1）.

5. 刘天永．关注房地产企业土地增值税的清算［EB/OL］．http://taxlawyer.blog.tianya.cn.2008-06-11.

6. 樊剑英．房地产开发企业纳税实务与风险防范［M］．大连：大连出版社，2011.

7. 胡俊坤．纳税评估模型与案例——地方税纳税评估手册［M］．北京：中国市场出版社，2011.

致　谢

本书编写过程中，北京中经阳光税收筹划事务所提供了编写素材，各位编委精心整理资料、挑选案例，本书属于集体智慧的结晶。

鉴于土地增值税属于地方税种，各地政策有所不同，为了尽可能的把土地增值税的体系著述完整，该书在编写过程中借鉴了一些同行的论著，同时参考引用了部分互联网上的相关资料，有些在网络上没有注明来源，所以我们引用时没有注明作者，请涉及的作者见谅，我们在这里向这些无名支持者致以诚挚的感谢。

本书编写过程中，许多地方税务局的朋友们也提供了大力支持。他们提供了大量土地增值税清算案例，使读者能获取真实、丰富的案例资料与实操方法。

本书写作过程中，也得到了阳光财税前沿地产学员们的大力支持。他们不断反馈其在实践中遇到的问题，也是应他们的强烈要求，我们组织编写了本书。

在此，向上述所有为此书的编写、出版付出心血的编委、读者及朋友们致敬！也希望得到更广泛读者的支持，为本书提供宝贵意见和建议，以便再版修订，衷心地谢谢大家！

《房地产智库》编委会

2014 年秋于北京